Collection In-texte

PORTRAITS DE LA RÉVOLUTION ET DE L'EMPIRE

publié avec le concours
du
Centre National des Lettres

Collection
IN-TEXTE
dirigée par Jacques JOURQUIN

DANS LA MÊME COLLECTION :

Louis XIV : *Mémoires.* Présenté et annoté par Jean Longnon. 1978.

Madame de Staël : *Considérations sur la Révolution française.* Présenté et annoté par Jacques Godechot. 1983.

Magellan : *Le premier tour du monde.* Récit par Pigafetta, présenté et annoté par Léonce Peillard. 1984.

Philippe André-Vincent : *Pour une vraie théologie de la libération.* Essai. 1987.

Autour de Las Casas. Actes du colloque du Ve centenaire. Publié avec le concours du C.N.R.S. 1987.

Gracchus Babeuf : *La guerre de la Vendée et le système de dépopulation.* Présenté et annoté par R. Secher et J.J. Brégeon.

CHARLES NODIER

PORTRAITS DE LA RÉVOLUTION ET DE L'EMPIRE

préface, bibliographie, chronologie
par Jean-Luc Steinmetz
notes par Jean d'Hendecourt

TALLANDIER

Tome premier

LE DERNIER BANQUET DES GIRONDINS
RECHERCHES SUR L'ÉLOQUENCE
RÉVOLUTIONNAIRE
SOUVENIRS

PRÉFACE

Un témoin romanesque

à Pierre-Georges Castex

Tout est vérité, tout est mensonge.
Charles NODIER, *La Fée aux Miettes*, ch. XXV

I

« Age de vingt-cinq ans, taille de 5 pieds 6 pouces et demi, ou un mètre 800 mm, cheveux et sourcils châtains, les cheveux coupés à la Titus, nez gros et relevé, yeux bruns, menton avancé, bouche grande, visage ovale, tête un peu penchée, parlant et s'exprimant très bien, démarche tenant de l'indolence [1]. » Tel est le signalement donné le 4 prairial an XIII (23 mai 1805) du jeune Nodier, alors en fuite à travers le Jura et qui ne reparaîtra que quelques mois plus tard à Besançon, lorsqu'il craindra moins les poursuites judiciaires dont il était alors l'objet. A vingt-cinq ans, il a déjà derrière lui une vie aventureuse ; mais faut-il s'en étonner, à une époque qui compta parmi les plus troublées de notre histoire ? Les mésaventures qu'il subit ressemblent fort à celles que connurent bon nombre de ses contemporains. Il est vrai qu'en certains cas il força quelque peu la note, son exaltation et sa frénésie naturelle lui conseillant toujours d'en faire plus qu'il ne fallait.

Il était né[2] en 1780 à Besançon, « vieille ville espagnole », dira Hugo son compatriote. Cette bonne cité et la Franche-Comté, province frontière, resteront dans son souvenir comme des lieux aimés, le centre originel où se constitua l'enfance, où l'adolescence prit son envol. L'histoire, presque fatalement, devait marquer cet enfant qui montrera envers elle le plus grand scepticisme, sans doute parce qu'il en constata fort tôt les vicissitudes. 1789 sonne l'heure de la Révolution. Melchior son père, magistrat, est élu l'année suivante maire de Besançon, puis nommé président du tribunal criminel du district.

C'est assez dire qu'occupant une place privilégiée, il n'avait rien à redouter de la fureur des émeutiers. Le jeune Nodier semble participer très tôt (ne le considérera-t-on pas comme un « enfant prodige » ?) aux divers rituels politiques mis en place par la Révolution. En 1792, il prononce gravement son discours de récipiendaire devant la société des Amis de la Constitution, un club de tendance jacobine. Il est alors fervent partisan des idées nouvelles et subit en cela l'influence de son père. Celui-ci, cependant, ne trouve rien de mieux, dans cette France déchirée par les factions, girondins et montagnards, que de l'envoyer à Strasbourg pour des raisons qui, malgré ce qu'en dit le principal intéressé, demeurent obscures. Il y voit sans doute Euloge Schneider, mais rien n'assure que l'ancien capucin, devenu accusateur public, ait pris soin de lui donner quelques leçons de grec, comme l'affirment la plupart des biographes. Bientôt la tête de ce pseudo-magister tombe sous la guillotine. A Strasbourg également, si, du moins, il faut en croire les *Souvenirs* que Nodier rédigera plus tard, il est conduit en tant qu'accusé devant Saint-Just. L'inflexible conventionnel, pour une fois magnanime, l'aurait épargné ! Il connaît aussi Pichegru, commandant alors les armées du Rhin. Quelque temps (à le croire) il remplira auprès du général les fonctions de secrétaire.

Durant la tragique année 1794, le pouvoir sanguinaire des montagnards est jeté bas (moins d'un an après l'exécution des principaux girondins). Le 9 thermidor voit la chute de Robespierre. Inquiet de la réaction thermidorienne, le père de Nodier envoie son fils aux environs de Besançon, à Novilars. Mais bientôt Nodier revient dans sa ville où il crée dès 1797 la société des Philadelphes qui reste encore assez mystérieuse, en dépit des révélations que lui-même fit à son sujet. Plus qu'une réunion d'affidés ayant un dessein politique, il faut surtout considérer en elle un petit groupe d'écrivains en herbe – ce que prouvera, du reste, un ensemble d'*Essais littéraires*[3] publié trois ans plus tard. Nous reviendrons sur l'importance que Nodier attacha, dans les débuts de son existence, à ces sociétés secrètes, si secrètes à vrai dire (malgré ses aveux) qu'elles demeureront à tout jamais d'une estimation difficile.

Les Philadelphes eurent, du moins, une réalité qui, dans cette période angoissante, permit à Nodier de résister à la rigueur des temps.

Illustre déjà par ses victoires en Italie, Bonaparte, après la campagne d'Egypte, avait pris le pouvoir par le coup d'Etat du 18 brumaire (9 novembre 1799). L'événement, s'il put d'abord réjouir Nodier et ses amis (il publie un éloge du premier consul dans le *Bulletin politique et littéraire du Doubs* de décembre 1800), soulève bientôt en eux plus d'une inquiétude. La liberté, dont la Révolution dans ses meilleurs jours leur avait inculqué le respect et presque la dévotion, leur paraissait menacée par cet aventurier, glorieux certes, mais qui briguait un pouvoir personnel dont tout laissait penser qu'il se transformerait en tyrannie. Si la brillante conquête de l'Italie les avait brièvement exaltés, ils avaient vite deviné que l'idéal républicain dont certains se réclamaient ne saurait être incarné par cet ambitieux. Ce que nous dit Nodier dans son *Histoire des Sociétés secrètes de l'armée* correspond, bien entendu, à une vision repensée de l'histoire ; mais il enregistre là certaines aspirations du moment. La venue au pouvoir de Bonaparte n'avait pu qu'irriter d'autres généraux, ses frères d'armes, et plus précisément Malet, Pichegru, puis Moreau. C'est autour de ces hommes, habilement inspirés par un maître d'œuvre plus obscur, le colonel Oudet, que Nodier inventera la vie de la société des Philadelphes.

Cependant, aux alentours de 1802 et précisément quand Bonaparte devenu Napoléon s'apprête à prendre le titre d'empereur, Nodier vient à Paris et fréquente non plus les Philadelphes (laissés à Besançon), mais un étrange groupe, celui des Méditateurs[4], férus de primitivisme, vêtus de lin, végétariens, aimant les rudes accents des poésies anciennes (les *Psaumes* ou les *Chants d'Ossian*). C'est en leur sein qu'il découvre son premier grand amour, Lucile Franque, bientôt ravie par la mort. A cette époque, Nodier compose un poème satirique, *La Napoléone*. Ce brocard obtient un certain succès. On ne sait trop pourquoi l'auteur éprouva vite le besoin de sortir de l'anonymat et d'avouer qu'il l'avait écrit (nous sommes le 25 frimaire, en 1803). Il est alors emprisonné au Dépôt, puis à Sainte-Pélagie, geôles dont il rappellera les charmes inattendus dans *Les prisons de Paris sous le Consulat*. Il rencontre là tout le beau monde des opposants. Certains, comme Bonneville, deviendront ses amis. Il croise même, assure-t-il (mais les preuves sont là qu'il n'en fut rien !), le marquis de Sade, avant que celui-ci fût envoyé à Charenton [5]. Incarcéré fin décembre à Sainte-Pélagie, Nodier, trente-six jours plus tard, est relâché – ce qui prouve bien, du reste, que la police ne prenait guère au sérieux le pamphlet versifié de ce jeune homme impétueux qui, d'ailleurs, pour se rétracter, se hâte de publier sa très bonapartiste *Prophétie contre Albion* [6].

Libéré, il lui est cependant interdit de rester à Paris. Il doit rejoindre Besançon et y résider sous surveillance, sans pouvoir sortir de la ville. Il se résout à regagner les pénates paternelles. Que fait-il alors en cette année 1804 ? Il compose, très certainement en souvenir des Méditateurs et de son premier amour les *Essais d'un jeune barde*. Ossian ? Werther ? La littérature romantique prend ainsi naissance. Déjà, en 1802, il avait publié son premier roman, *Les Proscrits* [7], puis, l'année suivante, *Le peintre de Saltzbourg* [sic]. Le mal du siècle, celui de *René*, se perçoit dans ces pages qui témoignent de la déréliction d'une génération perdue. L'incorrigible Nodier ne se contente d'ailleurs pas de rêver à une évasion toute poétique. L'action le réclame de nouveau. Avec un certain Léclanché, Pyrault et le Philadelphe Buguet, il joue encore à la conspiration. L'enjeu est d'importance. Il s'agit ni plus ni moins d'enlever l'empereur, à son retour d'Italie où il vient de se faire couronner roi. La police arrête Léclanché et les autres. Nodier, qui curieusement avait eu vent du projet d'arrestation, est allé à Dôle prévenir son ami, mais n'a pu le faire à temps. Voyant pris ses complices, il s'empresse de quitter Besançon et, la police à ses trousses, vagabonde sur les routes du Jura, accueilli çà et là par des sympathisants de sa cause. Cet épisode, qui n'est pas imaginaire, montre bien la décision du jeune homme de ces turbulentes années. Plus tard, les *Suites d'un mandat d'arrêt* relateront savoureusement les péripéties de cette échappée. Il reste que Nodier, mémorialiste inventif de l'histoire des Philadelphes, donnera dans ce dernier texte des proportions excessives à la conspiration dite de l'Alliance, en agitant toujours derrière de simples velléités l'ombre du mystérieux colonel Oudet, le parfait prétendant au rôle de tyrannicide.

Il faut croire cependant qu'une bonne étoile veillait sur lui, étoile d'autant plus lucide que la réputation de son père lui valait, quoi qu'il fît, d'évidentes protections. Aussi voit-on Jean de Bry, le nouveau préfet du Doubs, le prendre sous son aile. Nodier apparemment se calme. Il se marie. La littérature, mais aussi la philologie, l'entomologie détournent provisoirement le cours de ses passions politiques. L'âme de toute conjuration n'était-elle pas morte ? En effet, Oudet, gravement blessé sur le champ de bataille de Wagram, le 6 juillet 1809, décède quelques jours plus tard. Un juste avait quitté la terre. Pichegru, autre Philadelphe pressenti, avait été arrêté en 1804 et retrouvé mort dans sa cellule. Moreau, le Cunctator, compromis dans la même conjuration, vivait désormais en exil. Il était temps pour Nodier de faire peau neuve et, malgré sa haine de l'empereur (décidément protégé par les dieux !), de rentrer dans le rang. Nodier accepte l'ironie du sort (en l'occurrence son ami d'enfance Edouard Dunod de Charnage) qui lui fait obtenir un poste, éloigné certes, dans l'administration impériale. Il est nommé bibliothécaire à Laybach, capitale de la province illyrienne, le pays des vampires. C'est là qu'il rencontre Fouché dont, ancien conspirateur, il aurait pu tout craindre, alors qu'il s'aperçoit vite que le duc d'Otrante prend soin de lui.

La vaste rétrospective historique à laquelle nous convie Nodier dans son *Histoire des sociétés secrètes* et dans ses *Souvenirs et portraits* ne s'étend pas au-delà de cette période[8]. Ces dix années (de 1793 à 1813) correspondent aussi aux errements de sa jeunesse. Nodier ensuite, après la chute de l'Empire, s'installe définitivement à Paris. Il collabore à différents journaux, se fait un nom de plus en plus entendu dans le milieu du romantisme. Certes l'histoire connaîtra encore bien des bouleversements : la première Restauration, les Cent-Jours, Louis XVIII, et Charles X (Nodier et Hugo assistent au sacre à Reims), la révolution de Juillet, puis le règne de Louis-Philippe, roi des Français. Mais Nodier ne sera plus guère inquiété par le pouvoir[9]. Il en recevra même des récompenses et Charles X, en 1824, le nomme bibliothécaire de l'Arsenal que Nodier transformera bientôt, au cours de réceptions mémorables, matinées ou soirées, en véritable « boutique » du romantisme. La stabilité sociale étant trouvée, l'œuvre extrêmement variée, souvent contradictoire, pleine d'ironie et de mélancolie, se développe au fil de publications en revues ou sous forme de livres, parfois déroutants comme l'*Histoire du roi de Bohême et de ses sept châteaux* (1830), l'un des joyaux de la goguenardise romantique. Nodier conquiert de haute main un territoire littéraire qui restait encore à peu près inoccupé : le fantastique. Il s'y impose sans mal ; ceux de la Muse française ou du Cénacle lui laissent volontiers ce domaine dans lequel, de plus en plus, il se promène avec un sens de la flânerie qui s'accorde merveilleusement avec le style du rêve. A partir de 1832 paraissent ses *Œuvres complètes* en onze volumes chez le célèbre Eugène Renduel. Elles regroupent la plupart des textes publiés jusqu'alors. Nodier ne juge pas opportun, toutefois, d'y insérer son *Histoire des Sociétés secrètes.* Il en exclut pareillement le roman des *Proscrits.* En revanche, il recueille pour la première fois dans le tome VII *Le dernier banquet des girondins.* De même, il veille à rassembler dans les volumes suivants (VIII et IX) ses *Souvenirs de la Révolution* précédemment donnés mois après mois dans le périodique du célèbre docteur Véron, la *Revue de Paris.* Ils seront bientôt suivis des *Souvenirs et portraits de l'Empire.*

II

Les textes de Nodier ici rassemblés relèvent, à première vue, d'une inspiration très diversifiée. Pour couper court à tout embarras qui résulterait d'une approche trop globale de ces publications, il est sans doute recommandable de les considérer en tant que genres et selon leur déroulement chronologique. Le mieux, dans un premier temps, conseille de repérer ce que nous en dit Nodier lui-même, de prélever les éléments d'auto-commentaire répartis dans le texte et qui nous introduisent à sa pensée foncière.

Première en date, l'*Histoire des Sociétés secrètes* [10] se maintient dans un secret volontaire, contredit cependant par sa présence même. Le livre n'a pas été repris par Nodier ; il s'en est expliqué plus tard, peut-être quand les révélations qu'il apportait ne risquaient plus de lui nuire. Le catalogue de la Bibliothèque nationale continue d'enregistrer l'ouvrage sous quatre noms dont le sien. Mais il est presque certain qu'il en fut l'auteur à part entière. Certes, par une habileté qui tient presque de la coquetterie, le narrateur prétend qu'il est « étranger à l'art d'écrire » et qu'il a « passé quinze ans dans la poudre et les armes ». Ainsi pouvait-on penser que le livre était l'œuvre d'un militaire. Certain portrait néanmoins laisse entrevoir Nodier en personne, comme le donateur placé au bas du tableau, et nous le reconnaissons sous les traits d'un nommé Spartacus : « Spartacus, un peu plus avancé en âge, quoique très jeune encore, se distinguait par une exaltation qui était capable de tous les sacrifices, et par une facilité de caractère, par une expansion de sensibilité, qui le mettait en rapport avec tout le monde. » Ce Spartacus va entrer en relation avec Léclanché et participer à la conspiration du café Marullier dont restent d'historiques témoignages. Dans cette véritable œuvre cryptique, Nodier d'ailleurs ne peut s'empêcher de laisser paraître son propre nom, lorsqu'il cite intégralement son pamphlet *La Napoléone*. Cette ode, rejetée dans la note troisième du livre, n'en équivaut pas moins à une signature adventice. On s'apercevra bientôt, en effet, que dans l'œuvre du Bibliomane (tel était son surnom parmi les romantiques de 1830) le rêve aussi bien que la réalité des conspirations ont une importance extrême. L'*Histoire des Sociétés secrètes* produit au grand jour (mais anonymement) une transgression. Aboutissement de certains romans qui lui sont antérieurs, elle amorce déjà l'ensemble futur des *Souvenirs*, et Nodier n'est pas dupe du lieu frontalier qu'il occupe : « [...] je persiste à croire, qu'il n'y a rien de plus semblable à un roman qu'une histoire secrète, qui offre des circonstances très particulières et dont on ne peut citer les témoins. »

Le dernier banquet des girondins, pour sa part, correspond plutôt à une sorte d'essai dramatique inscrit dans l'histoire [11]. Ces ultimes moments des condamnés rappellent ceux que passa Socrate avec ses disciples avant de boire la ciguë. La présence personnelle de Nodier, auteur avoué cette fois, paraît également dans les notes. On y voit poindre son émotion de dramaturge ; et les noms favoris qui peupleront ses *Souvenirs* se pressent sous sa plume – qu'il mentionne Cazotte auquel il consacrera un conte [12], qu'il rappelle les théories sur la métempsycose de son ami le docteur Saiffert [13] ou qu'il décrive minutieusement un objet : la montre de Vergniaud. Cette montre, qui marqua aussi l'heure de la mort du girondin le plus célèbre, Nodier la voit sur sa table, quand il écrit : il en restitue les moindres détails et c'est un peu comme si se transmettait ainsi, par une contagion mystérieuse, la vie de ceux dont il nous a parlé.

A ce *Banquet*, Nodier jugea bon d'annexer des *Recherches sur l'éloquence révolutionnaire*, études pour un livre qu'il imaginait plus riche en développements et qu'il voit désormais comme une « glose » de son drame. Parfois, même dans de telles remarques, la tendance à l'anecdote revient et Nodier tout entier se donne comme regard de référence : « Je n'avais pas seize ans » [14], précise-t-il à telle page. Mais ce sont bien ses écrits historico-biographiques, malicieusement intitulés *Souvenirs et portraits,* qui inaugurent une certaine présence de Nodier au texte. Cette présence est évidemment sujette d'un principe contradictoire : l'aveu, qui satisfait le narcissisme du narrateur, et le témoignage sur autrui, qui tend à faire disparaître le moi au profit de l'autre, encore que tout jugement sur autrui ne puisse se dispenser du moi tout-puissant. La réserve et l'exaltation de Nodier se disent là : l'orgueil des timides. Sans inutiles précautions oratoires, il nous prévient qu'il nous offre les débris d'un livre. De quel livre ? De ses mémoires. Mais il y a chez lui une singulière défiance envers la continuité de toute œuvre qu'il assimile consciemment à ce que nous pourrions appeler la *ratio.* Le monde de Nodier repose sur l'intuition d'une individualité fragmentée, divisée par le sommeil (ou le sentiment) en cantons obscurs. De la même façon, l'existence claire, diurne, se présente comme une fantaisie. La légèreté de Nodier (doublée certes de mélancolie) ne peut accepter le fil d'une destinée toute faite. Ce constructeur de châteaux en Espagne sait qu'on ne bâtit que des monuments en ruine. Aussi cherche-t-il *a priori* à se débarrasser de tout ce que pourraient présenter de solide, voire de pesant, de tels souvenirs et, même si parfois, au cours de ses narrations, il remet en cause le dilettantisme dont il se réclame, il tient d'abord à nous assurer (c'est ainsi se rassurer soi-même) qu'il ne nous livre que des « historiettes », de « légères esquisses » ou mieux encore « des causeries sans conséquences ». Il intercepte ainsi l'interprétation, semble rendre à l'avance son témoignage aléatoire. C'est qu'en effet, il recherche un certain ton – celui de la mémoire – qui, selon lui, ne peut passer que par la bouche. Oui, nous retrouvons ici l'une des images dans laquelle la légende le saisit : accoudé à sa cheminée et contant, longuement, merveilleusement ; séduisant tout un auditoire avec cet art verbal auquel il fut si attentif et que notent aussi bien ses remarques sur l'éloquence que tel de ses portraits, quand il entend littéralement ceux dont il nous parle. Ailleurs il affirme : « J'ai promis [...] plus de traits que de portraits, et plus d'anecdotes que d'histoires, la conversation d'une veillée et non point la matière d'un livre. » Et dans l'une de ses lettres, datée du 29 décembre 1829[15], il confie à Jean de Bry : « Depuis longtemps j'ai adopté une méthode de composition [...] Je m'imagine que je lis tout ce que j'ai fait, à mesure que j'y mets la dernière main, dans un petit cercle de quatre personnes [...] Je fais ma lecture à haute voix dans un salon bien éclairé, devant quatre fauteuils où mon imagination n'a pas de peine à voir mes quatre auditeurs. » Dans une certaine mesure, ces *Souvenirs*, débris d'un livre de mémoires rêvé, miment des improvisations brillantes. Le langage vif y supplante les effets du style écrit. Du moins, Nodier le souhaiterait-il, fasciné par le primesaut, la facilité de l'oral et croyant sans doute, tout comme Rousseau, à l'étonnante sincérité de la parole, à la proximité qu'elle entretient avec les êtres et les choses.

Cependant, Nodier nous laisse toujours dans l'indécision quand nous essayons de mesurer ce que vaut pour lui le statut de l'écriture. Car si la mémoire – et nous y reviendrons – se présente parfois sous la forme d'une source que capte parfaitement la parole, il n'empêche aussi qu'elle prend place comme précieux dépôt dans des livres. Tout parleur qu'il est, Nodier nous laisse entrevoir aussi un ouvrage privé (comme celui d'Amiel) dont il n'offrirait ici que les lambeaux. Concluant la première partie de ses *Souvenirs*, il affirme que ces pages sont extraites « d'un long journal de sa [*ma*] vie ». Est-ce dire que cet ouvrage existait ? Dans les *Suites d'un mandat d'arrêt*, il attire notre attention sur le fait qu'il ne rédige pas de « compositions littéraires », mais tire ces récits « pièce à pièce ». Ailleurs encore, il use d'expressions identiques. A quoi bon cette fragmentation, pourrions-nous dire ? Sans doute pour échapper à la pleine identité, pour se perdre et nous perdre, tout en projetant des moments, des instants, des images intenses. La composition lasse Nodier. La matière orale [16] l'inspire (la mise en condition de l'auditeur, la séduction). L'histoire s'éparpille en une série de nouvelles, qui ne se bornent pas, du reste, à surprendre, car selon le vœu de Nodier, elles comportent aussi un enseignement moral. Mais le Bibliomane souhaite avant tout obéir à une certaine dérive, aller, comme Montaigne, « à sauts et à gambades » et peut-être ainsi retrouver le bizarre mouvement de la vie, non progressive, non continue, sujette à des différences d'intensité, proie de l'exaltation ou de l'abattement, de la frénésie ou du marasme. « Lambeaux de conversation, répète-t-il encore, verbiage vague, incomplet, négligé, trop individuel d'ailleurs, qui a tous les défauts des contes de la veillée et qui ne saurait en avoir le charme. » La digression est de mise ; la marge l'emporte ; l'ensemble et le tout sont négligés au nom d'une expérience de la dispersion éprouvée dans la vie même et qui semble rejoindre le flottement de toute une génération, l'inconstance d'*Adolphe*, par exemple.

III

L'historiette du Bibliomane est, par certains effets de contiguïté, voire par de troublantes rencontres, greffée sur cette histoire qu'elle ne cesse pourtant de contester en affirmant une réalité individuelle défiant toutes les appropriations sociales. L'individualité de Nodier vit au cœur d'un criant paradoxe puisque, toute déshéritée qu'elle soit, si singulière qu'elle s'éprouve, elle passe son temps à s'agréger à de petits groupes (Philadelphes, Méditateurs, plus tard cénacle romantique) nécessaires, semble-t-il, à son expansion particulière. Solitaire, il rejoint d'autres solitaires, engagés par un serment dans une grande aventure mystérieuse qui imprègne le fond des *Souvenirs* et semble bien constituer l'aveu et la rêverie d'une mémoire (et des *Mémoires* qui devaient la consigner). Au hasard des réminiscences propres à Nodier, le lecteur rencontre alors de grandes figures historiques. D'une façon d'autant plus irremplaçable qu'il connut ces hommes, qu'il les capta dans son regard. Si l'*Histoire des sociétés secrètes* dissimule leur auteur, si *Le dernier banquet des girondins* répond au genre des « propos de table » et autres *colloquia*, si les *Recherches sur l'éloquence* relèvent peu ou prou de l'étude stylistique, les *Souvenirs*, en revanche, ne maintiennent plus à distance celui qui écrit, et nous lisons par-dessus son épaule la dictée de sa pensée, à l'intersection d'un univers personnel et d'une histoire nationale [17]. Cependant l'anecdote domine le témoignage précis, le détail. Nodier se présente comme le rescapé de maintes aventures qui lui ont fait traverser des régimes politiques, fréquenter des êtres illustres et plus d'une fois risquer la mort. Sans vraiment comprendre ce qu'il a vu (comme Fabrice del Dongo à Waterloo, surpris d'entendre auprès de lui siffler les balles), il témoigne avec une certaine innocence, feinte dans quelques cas. Et l'on est tout à la fois surpris et charmé qu'il figure dans tant de scènes mémorables ; la volonté d'un père lui fait connaître le sanguinaire Schneider ; le hasard le jette dans la prison d'Auriet et de ses complices ; il sait gré au carbonarisme d'avoir caché un instant « sa triste jeunesse » ; dans les prisons de Paris, il rencontre, sous le Consulat, des « physionomies ou naïves ou fortes » ; il est l'ami de Malet et de l'insurpassable Oudet.

La saveur spécifique du souvenir relève souvent la narration, nous tient attentifs, en écoute : « Je soupais tous les soirs en ce temps-là, dans un mauvais petit café de la rue des Marais, qui était tenu par un bonhomme nommé Putode », note-t-il dans ses réflexions sur Oudet ; et son séjour à Strasbourg lui rappelle toujours la bonne hôtesse Madame Teutch. Dans le nouveau cycle de *Souvenirs*, qui ne sera regroupé qu'en 1841, la présence d'éléments personnels est plus nettement indiquée, créant une profondeur, une résonance affective. Charlotte Corday (qu'il n'a jamais vue) éveille une rétrospection, non loin des *Souvenirs de jeunesse*. L'intérêt que Nodier et Julie B. portent à la malheureuse guillotinée, leur haine pour le monstre Marat les rapprochent. Cette complicité se double d'un amour inavoué. « Il y a dans ce retour de la pensée vers les jours les plus gracieux de la vie quelque chose de divin », conclut Nodier, alors même qu'il vient de retracer l'une des scènes les plus violentes de la Révolution. L'évocation de Pichegru, tout en faisant écho à l'un des passages des premiers *Souvenirs*, se place elle aussi sous le signe de l'adolescence, et les sensations si spécifiques de la mémoire y sont analysées. De la même façon, les *Suites d'un mandat d'arrêt* révèlent une véritable « opération de la pensée » en quête de cette « féerie éteinte » qu'est la jeunesse. Nous ne sommes plus alors dans le cadre de la grande histoire, mais, par échos, nous ressentons le flux de ses vagues. Le vagabondage de Nodier mêle l'aventure d'un conspirateur à la fugue d'un écolier.

La rédaction de tels *Souvenirs* a très certainement conduit leur auteur à nous faire des aveux décisifs, non tant sur l'histoire de France (nous y reviendrons) que sur lui-même. Apparaît dans ces volumes un nouveau style de la mémoire qui va se développer, dans les décennies suivantes, chez deux écrivains, du moins, Nerval et Chateaubriand. Nodier les annonce tous deux ; sans doute sa paresse, son désenchantement lui ont-ils interdit de faire une œuvre là où Nerval [18], découvrant la circularité du temps mnésique, composera la merveille de *Sylvie*, « souvenirs du Valois », et là où Chateaubriand [19] inscrira la fragilité du passage dans les zones d'ombre et de clarté qui composent le massif historique. Il n'empêche que, venue de Rousseau, puis de Sénancour, une résurrection du passé se produit sous la plume de Nodier qui n'a rien à voir avec les hautes ambitions de la grande histoire (Augustin Thierry, plus tard Michelet), ni avec le fouillis anecdotique d'un Brantôme, voire d'un Saint-Simon [20]. Tout passe par lui et il est, en soi, un style. Tout en garantissant les faits qu'il rapporte (en dépit d'un penchant avéré pour la fiction), il convient de sa manière exagérée, qui trahit en fait son caractère emporté, ce tempérament excessif qui l'incita dans sa jeunesse à tremper dans des actions héroïques et contestataires. L'histoire vue par lui se trouve continuellement déformée par une sensibilité en éveil, un nervosisme presque pathologique.

L'émotivité anime sa pensée ; elle aiguise tous ses sens ; elle lui fait percevoir une certaine vérité des actes et des êtres. En cela homme du XVIIIe siècle, il est lié au monde par un réseau de sensations. Sa rencontre avec les autres met d'abord à l'épreuve son « impressibilité nerveuse ». Nodier connaît de telles caractéristiques de sa personne, défauts ou qualités, c'est selon. Elles situent dans un étrange porte-à-faux les pages de ses souvenirs, « frivoles pour ceux qui cherchent l'histoire », « froids pour ceux qui cherchent le sentiment ». Car, par une pudeur de dernier instant, il ne se résout ni tout à fait à se dire (bien que tourné sur lui-même, il répète, comme Pascal, que le moi est odieux), ni tout à fait à dire les autres.

Double est alors notre régime de lecture, quand nous parcourons ses textes : tantôt nous repérons des épisodes ou des portraits historiques. Tantôt, selon un fil plutôt discontinu, nous suivons les agissements de Nodier lui-même. La présence du je, regard et audition, atteste l'objectivité de l'information. Cependant, cette première personne ne se limite pas à être une somme de perceptions dont elle assurerait la transparente circulation. Elle désigne l'émergence d'un volume psychologique, mieux, d'un destin en train de se constituer et peut-être d'un héros en herbe. L'œuvre « historique » de Nodier (acceptons provisoirement ce qualificatif) nous met en face de sa réalité particulière. Dès lors, nous devons accepter la force disruptive du sujet écrivant l'histoire [21]. Ces pages consacrées à la Révolution et à l'Empire nous deviennent précieuses par leur infidélité même.

Avant tout, nous devons voir qu'elles sont, pour la plupart, les retombées d'un grand rêve que Nodier, déjà âgé quand il les composa, ne sut mener à bien. Lassitude, désabusement durent compter dans ce renoncement. Du moins s'accorda-t-il le bonheur de rappeler, par bribes, son passé, de confectionner un *Nodier par lui-même,* dont *Moi-même,* l'un de ses premiers écrits, alors qu'il n'était qu'un tout jeune homme, présentait déjà l'esquisse de pure ironie [22]. Au long d'une vingtaine d'années, à travers des romans et des essais, en se servant du je, en recourant aussi à des personnages mimétiques, il tente d'édifier une personnalité de papier à côté de son essence toujours fugace. Il n'y parviendra d'ailleurs jamais réellement, brossant tour à tour des autoportraits en proscrit, en peintre, en moine, en suicidé, en conspirateur, etc., ces multiples projections de lui-même devant s'achever, pour une assomption toute provisoire, dans la trinité du *Roi de Bohême* : Breloque, Théodare et don Pic de Fanferluchio. Mais, aux alentours de 1829, il décide d'ouvrir pour nous sa mémoire. Il faut cependant remarquer la curieuse retenue à laquelle il obéit d'abord (au moment où il pourrait se dévoiler), puisque, voulant parler de lui, il ne trouve rien de mieux que de nous parler des autres, ceux-ci représentant des alibis de taille pour que nous lisions, comme marginalement, ce qui le concerne. « J'ai imaginé que mes souvenirs pourraient se sauver de la foule à la faveur de quelques noms historiques dont ils sont marquetés par le hasard. » Comme s'il estimait de peu d'intérêt la matière de sa vie, Nodier, que fascine cependant son être mouvant et contradictoire, pense que l'autre va lui permettre de se dire à la faveur d'un étrange tour de passe-passe, faisant communiquer l'individuel et l'universel. Ainsi, grâce à des personnalités illustres, il indique sa présence et trouve à leur contact sa propre teneur. Car lui-même fut longtemps un être problématique – comme cette génération dont le René de Chateaubriand reste le plus authentique représentant. Quand Nodier écrit enfin ses souvenirs, il réunit les morceaux d'un moi longtemps éparpillé, et témoigne ainsi, après coup, sur l'histoire, et plus encore, sur une « génération perdue ». En amont de ses *Souvenirs*, il faut imaginer quelqu'un qui se cherche. Les différents récits autobiographiques dissimulés que sont ses romans montrent quelle acuité prenait pour lui la question ontologique, celle de l'individu, au moment où l'on proclamait les Droits de l'homme et du citoyen, droits qui n'allaient pas sans d'horribles contreparties. *Le dernier banquet des girondins* rapporte ce jeu de mots fait par l'un des condamnés à mort : « Nous aurions dû voter l'indivisibilité de la tête et des vertèbres. »

IV

La fiction, mot dont Nodier est l'un des premiers à faire un usage tout moderne, semble à ses yeux universellement répandue. De sorte que raconter l'histoire n'est pas si différent de raconter des histoires. La somme des histoires forme, qui sait ? l'histoire qui, dans ce cas, ne répond pas à l'illusion homogénéisante d'un système, à la visée d'un sens (absent, en fait).

Dans tous les ouvrages que nous présentons, Nodier constate la valeur à la fois dramatique et romanesque de cette époque.

De là son dessein dans *Le dernier banquet des girondins* de composer, plutôt qu'un dialogue socratique, une « alliance adultère du drame et de l'histoire ». Introduit par un long préambule en prose, Le *Banquet* fait dialoguer des êtres au seuil de la mort, harmonise leurs dernières paroles : « Il y a d'ailleurs dans une scène suprême comme celle-ci quelque chose d'épique et de théâtral qui jette hors de leur système normal toutes les organisations humaines. » Il cherche ainsi, comme il le fera dans certains *Contes*, une tonalité mêlée, carnavalesque. L'idée de saisir le sublime à travers le quotidien se perçoit dans un tel essai qui n'attirera pas, que je sache, un metteur en scène, mais tend à proposer un genre hybride où l'excès devient loi. Nodier, en effet, dans son enfance, a trouvé un plein équivalent du théâtre dans les scènes de chaque jour auxquelles il assista. L'ère révolutionnaire haussait au ton de la tragédie la vie courante et façonnait les hommes en héros ; elle les dotait de ce paroxysme qui caractérise si bien les êtres de fiction. « La tragédie courait les rues », assure-t-il, en nous aidant ainsi à concevoir l'influence que de telles actions réelles purent avoir sur la littérature. S'accordant en cela avec l'idéologue Bonald, il pense que « la littérature est l'expression de la société »[23]. Les désordres sociaux qui souvent contraignent à vivre audacieusement expliqueraient mieux l'avènement du romantisme que de longues discussions théoriques tenues dans l'ombre des cénacles. Comme le marquis de Sade estimait le roman noir le naturel produit des révolutions[24], Nodier considère que le roman historique s'est tramé sous ses yeux. Si bien qu'il lui suffit de redire ce qu'il a vu pour entrer de plain-pied dans la fiction, pour en aiguiser les angles, pour en capter l'énergie. Qu'il narre ses souvenirs, et il offre presque automatiquement matière à des œuvres que, par lassitude sans doute, il se refusa néanmoins à construire. « Dans ces réminiscences amassées sans ordre [...] je ne me suis avisé d'aucun système de composition ; mais quel tableau, grand Dieu, pour ces grands écrivains qui sont de grands peintres, un Walter Scott, un Victor Hugo, un Alfred de Vigny, que ces jours d'exception ![25] ».

Le roman, le drame, la tragédie environnent donc toujours la vie publique. De l'un à l'autre se fait le passage. A telle enseigne que, lors de la bataille du pont de Kiel, les spectateurs d'une pièce, le *Brutus* de Voltaire, sont continuellement informés dans la salle de théâtre du combat qui se déroule non loin de là. Pareillement, les hommes se muent en êtres hors du commun, et Nodier se plaît parfois à nous montrer de simples artisans prenant proportions d'individus illustres, tel Chevalier, le ferblantier de Besançon. A tout instant, il croise sur son chemin des figures romanesques. Les compagnons de Jéhu lui rappellent ceux de *Charles Moor* ou de *Robert chef des brigands.* Telle situation (celle de la fille du geôlier d'Yssengeaux éprise du jéhuiste Laurent) dépasse, selon lui, « les fantaisies romantiques du Moyen Age ». Il voit en Hippolyte Bonin qui le recueille lors de sa fuite à travers le Jura « une espèce d'Abélino ou de Sbogar au petit pied ». Lui-même, placé dans des difficultés sans nombre, se perçoit comme le héros de son livre *Le peintre de Saltzbourg*, naïve contre-épreuve de mes tristes aventures de jeune homme ». Cependant, cette sorte de *supervision* que lui impose la réminiscence d'œuvres littéraires, il tente parfois de la remettre en cause afin de nous faire croire à l'étrangeté réelle de ce qu'il nous montre. « Pour Oudet – nous prévient-il – il ne s'agit pas d'être romanesque, il s'agit de témoigner. » Nous verrons cependant l'ambiguïté d'un tel témoignage, à tout prendre invérifiable.

Le roman en suspens dans nombre de ses *Souvenirs*, il nous resterait (il lui resterait) à l'écrire, s'il ne l'avait déjà construit lui-même. Il s'agit, en fait, d'un roman de la formation, constamment repris, et qui semble s'être édifié dans le moment même où Nodier se formait, c'est-à-dire fort tôt dans son histoire, en sorte que l'on pourrait croire que plusieurs de ses fictions ont influé sur sa vie. Que l'on considère *Les Proscrits* ou *Le peintre de Saltzbourg, Adèle, Thérèse Aubert, Jean Sbogar* ou *Mademoiselle de Marsan* [26], on doit convenir qu'en de tels livres Nodier retrace au fur et à mesure, non sans transpositions nombreuses, le « roman de sa [ma] vie ». Des constantes s'y remarquent qui relèvent à la fois de l'histoire et d'une scène fantasmatique dont il n'est pas dit qu'il parvint jamais à se dégager. Il est important de promener sur les *Souvenirs et portraits* cet éclairage oblique accusant de nouveaux contours et dessinant une perspective secrète. On admettra d'abord que le secret (en tant qu'il se livre pour partie) commande l'écriture et la vie de Nodier. De quel ordre est-il ? Seules des hypothèses peuvent être formulées, mais elles ont de quoi troubler. A l'origine, Nodier ne porte pas son patronyme, mais le nom de sa mère. Ce n'est que plus tard (quand il aura onze ans) que son père le reconnaîtra. Ce secret connu, ce secret de Polichinelle, s'est peut-être reporté sur sa vie, la dotant constamment d'une part d'ombre et de mystère (pour quoi il se retrouvait si bien dans les rêves [27]). La figure du géniteur encombre visiblement Nodier et, bien qu'il l'aimât, il n'oubliait pas la vision qu'il avait eue, enfant, de celui-ci président du tribunal et ami d'Euloge Schneider, sanglante image de l'autorité [28], auquel il avait été confié à l'âge de treize ans. Dès lors, dans sa vie, se répéteront les rencontres avec diverses incarnations de la maîtrise, que celle-ci soit bienveillante ou maléfique. L'histoire telle que la transmet Nodier semble déformée, quelles que soient les précisions dont il enrichit son récit, par une vision évidemment intérieure. Si, la plupart du temps, ses *Souvenirs et portraits de la Révolution et de l'Empire* écartent l'occurrence de l'amour (narrée dans les *Souvenirs de jeunesse*), ils multiplient, en revanche, le rapport avec des êtres de pouvoir et sont dominés par la lutte contre une puissance inique. Le véritable bannissement qu'a subi Nodier n'est pas un bannissement individuel. Il atteignit toute une génération. Les régimes se succèdent ; les proscriptions demeurent ; l'exil se perpétue. Nodier le proscrit annonce la parole de Vigny assignant au créateur une place atopique : « le poète subit un ostracisme perpétuel [29]. » Nodier, banni, est surtout un « enfant perdu ». Au sens propre : un enfant d'abord sans père. Au sens figuré, pareillement : le roi et Dieu sont morts. De tels pères, de telles vérités au nom desquelles Balzac encore écrira, se recommandant du catholicisme et de la monarchie[30], Nodier en ressentira constamment la perte, même s'il fut d'abord gagné aux idées révolutionnaires. Dès lors, étroitement intriquées, la vie et l'histoire vont sécréter un romanesque où la barre du réel n'est pas toujours aisément repérable. Frénétique et dépressif tour à tour, Nodier, en vertu de ce qu'il appelle « liberté » (une valeur certes que la Révolution lui avait transmise) entreprend une œuvre de « salut public » qui signifie avant tout une démarche pour lui-même, afin d'échapper au solipsisme, au spleen, au suicide. L'aventure se joue, à la fois sur le plan de la réalité et sur celui de la fiction. Parfois l'une sert l'autre. La ligne de démarcation demeure fragile, et les *Souvenirs* inaugurent souvent des actes dont l'existence ne portait que les virtualités. Dans le sentiment d'abandon, dans la déréliction exilique, que reste-t-il ? « le pistolet de Werther[31] » ? Nodier, au hasard de ses rencontres vraies ou imaginaires, trouve une autre réponse : la société secrète. Il aurait pu choisir celle du cloître, comme il fut tenté de le faire un instant. Il préfère le monde actif des conspirateurs. Le conspirateur, à côté du révolutionnaire, exalte les forces d'excès à l'œuvre dans l'homme. Il tient de « l'insensé » et de « l'être illustre ». Mais surtout il sert une grande cause. Du fond d'une zone préservée (comme celle qu'occupaient les Préadamites dans les pyramides[32]), la conjuration projette le vouloir de la liberté à l'assaut du pouvoir inique. Ce pouvoir, aux yeux de Nodier, nul doute que Napoléon ne l'ait incarné. Si Marat et Robespierre sont des mauvais pères occasionnels, Napoléon représente celui qui durablement dévia les sources de la liberté. L'expansion des fils ne peut se faire sous cette poigne d'acier. Napoléon, d'ailleurs, n'est-il pas lui-même un fils de la Révolution qui voulut prendre la place du père, alors que Nodier souhaite de plus en plus rendre cette place à celui qui l'occupa depuis les débuts de l'histoire nationale : le roi ? De là les « lambeaux » qu'il présente et qui, tout détachés qu'ils soient, admettent une reliure commune, une relecture unificatrice. Ces morceaux, *membra disjecta*, résultent bien d'un grand corps primitif que Nodier nous laisse entrevoir dans son *Histoire des sociétés secrètes* et dans plusieurs de ses fictions. Le cortège des mauvais pères admet sa rigoureuse contrepartie. Bon nombre de *Portraits* portent sur le devant de la scène les génies bienveillants, les Euménides : Fourier, Malet, Oudet, Pichegru, tous ces héros d'une conjuration qui, selon Nodier, étendit ses réseaux sur l'Europe. Ainsi trace-t-il le paysage infra-social et révèle-t-il un fond secret de l'histoire. S'il existe bien une histoire « à ciel ouvert » du Consulat et de l'Empire, son véritable tissu est composé d'une toile arachnéenne que l'on retrouve aussi bien en Italie (les carbonari) qu'en Allemagne (le *Tugend-Bund*). *Mademoiselle de Marsan* conduit le lecteur dans ce milieu mêlé : « J'abuse jusqu'à un certain point des privilèges du contenu en introduisant cette page d'histoire dont la forme n'annonce qu'un roman, mais elle ne sera contée que pour une page de roman pour quiconque n'a pas vu l'histoire de près. » Voir l'histoire de près, selon Nodier, c'est alors rencontrer ce qui, aux yeux de tout autre, relèverait du pire romanesque. La conspiration, telle la horde mythique des fils, cherche donc à détrôner le père de violence afin de rétablir le père symbolique, le roi, tenant de Dieu son pouvoir [33]. La lutte est sanglante. Elle prend, on le devine, des proportions ontologiques, parce qu'une génération perdue joue là son existence à quitte ou double et, sortant du suicide romantique, tente de se vouer à l'action cryptique pour rétablir une lumière occultée. Certes apparaîtront d'autres variantes de ce canevas. Les Bousingots de 1830 se voudront plutôt régicides. D'autres, cédant désormais à la légende, idolâtreront Napoléon[34]. Nodier dès 1818 avait élaboré la haute figure du brigand Jean Sbogar. Découvrant lors de son séjour illyrien de 1813 les exactions d'un certain Philippe Sbogar, il n'avait fait, du reste, que prélever dans la réalité un écho de son rêve. Ne soyons donc pas autrement étonnés de le voir achever ses *Souvenirs de l'Empire* sur la mention de Sbogar « dont les journaux de Paris ont si bien prouvé que j'avais volé le type à lord Byron, par anticipation sans doute[35]. » Sur l'illustre bandit, sur le colonel Oudet, sur Pichegru, sur d'autres, Nodier édifie un univers qui lui est propre. Nous pouvons nous prendre à ses fantômes, confondre le corps et le reflet. Parmi tous ces personnages, il en est un cependant qui prend les dimensions d'une hantise : le colonel Oudet. Les propos de Nodier restent notre principale source d'information à son sujet[36] ; mais, de l'*Histoire des Sociétés secrètes* aux *Portraits de la Révolution et de l'Empire*, il apparaît comme une sorte de sage, un modèle interne, âme de toutes les conjurations, être hors pair, presque mythique, un envoyé, un prédestiné. L'auteur des *Philadelphes* n'hésite pas à le mettre en parallèle avec Napoléon : « Il est resté depuis sa mort ma première pensée, et si la gloire de Bonaparte [...] n'a jamais offusqué de rayons importuns, c'est surtout, et je ne le dissimule point, parce que son éclat factice a obscurci, a éteint celui d'Oudet, dont l'âme supérieure planait de si haut sur la sienne. »

Tel est le paradoxe que nous impose Nodier. Son sens du secret, son goût du caché, sa vénération du « génie inconnu » l'engagent à donner à Oudet une importance sans commune mesure avec celle que le colonel eut réellement. En cet homme, sur lequel les historiens se taisent, il tient le personnage à la hauteur de ses propres chimères, et cela d'autant plus que cette existence presque sans traces, il pouvait la transformer à son gré, la sublimer. C'est donc au fond (et à la faveur) de l'obscurité qu'il place un foyer de rayonnement vindicatif, une source de justice. Par le biais d'une intrigue en grande partie imaginaire, il assure le lien toujours délicat entre l'histoire et la fiction : « Il est le seul, le véritable héros de mes récits », assure l'anonyme (à savoir Nodier) auteur de l'*Histoire des Sociétés secrètes.* Il le compare bientôt à des êtres littéraires : « Il était né Werther, et le monde l'avait fait Lovelace », ou encore à des chefs légendaires : « Rien ne ressemble mieux à la puissance du Vieux de la Montagne. » A l'incomplétude du véritable Oudet vite emporté par la mort, il s'empresse de substituer un héros virtuel, sublime jusque dans l'inaboutissement de ses projets. Les tentatives réitérées, les retardements révèlent alors un dessein superbe (la procrastination d'Hamlet ?). La silhouette falote du colonel jurassien connaît une sacralisation. Grâce à lui, Nodier rééquilibre l'histoire, apparemment vouée à la seule violence et menacée par les tyrans. Oudet l'obscur offre l'occasion de constituer en son nom et place un personnage merveilleux, tel, à vrai dire, qu'il défie toute description. Le portrait superlatif qu'en fera Nodier plus tard (en 1829) se conclut sur une impossibilité. En vertu même de sa signification utopique, Oudet se dérobe à l'art du biographe. Motif à discours, ombilic de l'action secrète, il finit aussi – chargé de trop de sens – par devenir indicible.

Avec une étonnante simplicité et ce naturel si propre à son art, Nodier nous aura introduits dans les souterrains de l'édifice social. Il nous découvre non les menées d'une secte occulte, mais des volontés d'indépendance dissimulées dont il approuve le juste projet. Les figures décisives de ce grand drame mystérieux interfèrent, il est vrai, avec des modèles littéraires, au point qu'on pourrait les croire sorties de célèbres fictions. Voici le Charles Moor de Schiller, le Corsaire de Byron et le Sbogar de Nodier lui-même. On attend le Lorenzaccio de Musset, le Léo Burckart [37] de Nerval. A croire que la conspiration offrait la seule issue possible pour ces orphelins de la Révolution. Inemployée, l'énergie de ces jeunes hommes ne se tourne pas contre eux-mêmes dans un mouvement de désespoir. Elle vise le tyran, dût-elle n'aboutir qu'à l'échec et finir sous la guillotine. Tel fut le roman vécu qui sauva Nodier (mais dont il traversa les périls). Refusant de suivre ses plus morbides inclinations, il se voua corps et âme (il nous en assure) à quelque idéal « libertaire », avant d'estimer que la littérature valait seule qu'on s'y attachât, quitte à défier son emprise par l'humour.

V

Au fond de tous les textes rassemblés dans ce volume, l'histoire est présente, inévitablement. Mais que recouvre un tel terme pour Nodier ? Si la vie singulière des êtres appartient aussi à la vie des sociétés, si l'enchaînement chronologique implique une série d'événements majeurs dont nous subissons tous les conséquences, il dépend cependant de nous seuls d'y percevoir un sens ou non. L'attitude de Nodier semble nette sur ce point, c'est-à-dire parfaitement sceptique. Tempérament nerveux, impulsif, il s'était certes engagé dans la grande aventure des conspirations. Il avait pris parti, au risque d'en mourir. Etait-ce parier sur l'histoire ? C'était, du moins, s'y intéresser au point d'user toutes ses forces afin qu'un régime l'emportât sur un autre ; et le légitimisme du Nodier des années 1810 n'est point à remettre en cause. Mais, au moment où il croyait aux vertus de l'action, il n'est pas certain qu'il ait songé que quelque politique fût bonne. Nodier a conscience des miasmes qu'il faut expulser. Il ne croit pas cependant qu'un gouvernement quelconque offre une réponse adaptée aux insatisfactions de la société. Son activisme contestataire fut d'ailleurs le fruit du hasard : « La force des événements, la nécessité des circonstances [...] m'ont jeté pendant dix ans de ma vie dans la sphère agitée des conspirations. » L'occasion se présentait, l'opportunité. Mais précisément, pouvait-on infléchir le cours de l'histoire ? Nodier, amateur de coïncidences, se plaît à nous montrer les bizarreries du sort : Malet arrêté par une imprudence, Oudet mourant à Wagram, et l'empereur toujours protégé par sa bonne étoile. Le retour de la royauté en 1815 correspondit peut-être à une sorte de justice transcendante, un châtiment des fautes. Déjà Nodier avait pris soin de conclure *Le dernier banquet des girondins* par cette formule : « Trente minutes après, vingt et un des juges du roi de France avaient comparu devant leur juge éternel. »

Partisan (en 1830) de la monarchie constitutionnelle, dans laquelle il voit des « concessions réciproques[38] » et qu'il n'hésite pas à qualifier de « sublime », il représente bien toutefois l'homme d'une génération perdue (il aime à le redire), à la fois nostalgique de l'ancien régime (dans la mesure où celui-ci se confond pour lui avec le monde rêvé de la petite enfance, de l'origine) et conscient des acquis majeurs de la Révolution. Son désir de liberté correspond à une appétence physique plus que politique. Nodier est d'une curiosité sans limite, d'une sensibilité exacerbée et c'est au nom d'un caractère expansif qu'il réclame en tous domaines une liberté dont son écriture plus précisément offre le continu témoignage, par son vagabondage et son indépendance. Tout conspirateur qu'il fût, il s'opposa toujours néanmoins à l'anarchie. Sa vision des révolutions, marquée par le traumatisme des exécutions capitales, ne retient de tels mouvements que l'illégalité et la violence ; elle y perçoit « l'expression d'un intérêt nouveau qui lutte contre une possession ancienne, c'est-à-dire une tentative qui a pour objet de substituer le fait au droit et la tyrannie au pouvoir [39] ». Car la tyrannie lui est insupportable et singulièrement la tyrannie populaire, « la pire de toutes [40] », celle qu'exerça sous ses yeux un Euloge Schneider et dont Marat fut l'agent le plus cruel. Napoléon lui-même n'atteindra pas ces limites en dépit du sang que trop facilement il répandit.

Les choix que Nodier fit à certaines époques ne l'empêchent pas de jeter un discrédit général sur la politique. « Qu'est-ce qu'une opinion, qu'est-ce qu'un rôle, qu'est-ce qu'un caractère politique ? Un habit à la mode du temps jeté sur de pauvres automates que le jeu des circonstances fait mouvoir ; une carmagnole de 1793 qu'on retourne [...] [41] » Le monde réel, lorsqu'il connaît pareilles agitations, renvoie au monde des marionnettes que Nodier a toujours considéré comme une saisissante réplique de celui des hommes.

Les œuvres en ce cas ne seraient-elles pas des objets vrais dont les événements seraient les ombres ? Nul ne sait, avec Nodier, s'il est hors ou dans la caverne de Platon, si le théâtre de Séraphin [42] ne supplante pas la Chambre des Pairs et si Polichinelle ne détient pas la vérité [43]. Quel serait alors le devoir de l'historien, sinon constater la flottante absurdité qui préside aux actions humaines ? Nodier n'est, en effet, jamais tendre pour ceux dont il aurait pu, à l'occasion, se réclamer. Non sans humour, il rappelle que dans sa jeunesse il montrait quelque disposition pour cette forme d'écriture. Encore adolescent, quand il rencontra Pichegru, ne fut-il pas chargé par le général de mettre en ordre les mémoires de Custine ? Et ne signale-t-il pas (dans son portrait de Fouché) qu'à vingt-six ans il se croyait encore doué pour de tels écrits ? Mais il déteste le style de la plupart des historiens (il aime Plutarque, cependant). Il en accuse la pesanteur, le caractère monumental, alors que le requiert la fluidité de la conversation. Il dénonce « l'histoire comme elle est faite, l'histoire positive, l'histoire classique, l'histoire universitaire, l'histoire académique, l'histoire de gazetier, l'histoire d'historiographe, avec cette plume qu'ils appellent le burin de Clio » [44].

Pris dans une contradiction insoluble, la règle de l'impassibilité [45] que, selon lui, l'historien doit avant tout respecter, et la vivacité de son caractère, il semble ne pas tenir compte des nouvelles formes d'histoire qui se développent alors sous l'impulsion d'un Augustin Thierry et bientôt d'un Michelet [46]. Trop flâneur pour s'engager dans de vastes reconstitutions, à vrai dire bien étrangères à son talent intimiste ou onirique, il perçoit bien, en effet, qu'il ne saurait dominer, fût-ce au nom d'une vision poétique, des sujets si grandioses dont le frappe d'ailleurs l'incohérence. Car, à quoi bon l'impassibilité devant le chaos ? Et pourquoi l'exactitude, si tout trahit l'approximation ? Sans refuser les généralités nécessaires, Nodier place au premier plan le détail, l'anecdote, le témoignage qui brusquement se révèlent essentiels. L'effet surprend parfois, comme, dans *La chute d'Icare* de Breughel, le laboureur qui occupe la majeure partie du tableau, cependant qu'en un coin ne subsiste qu'un signe écumeux de la catastrophe. Nodier est certes un témoin, mais un témoin qui rêve sa vie. Reste à savoir si l'accommodation sentimentale dont il déforme les événements ne propose pas une façon plus pertinente de les voir. Il occupe la place indiscrète du compagnon de second rang, du voyeur malgré lui qui, d'un homme illustre, retient des traits inconnus, des réactions typiques, une spécificité inattendue. L'intimité nous est révélée, non point systématiquement (il ne s'agit pas de faire des chroniques scandaleuses), mais au hasard, selon des occurrences. Et cette intimité finit par créer des lieux d'intensité imprévus, exorbités, apportant une vision ironique des êtres, brisant l'armature de leur fausse grandeur, non sans conserver le mystère de leur énergie. L'enthousiasme ou la fureur de Nodier lutte contre « le cœur impassible » de l'historien ; car il sait le charme de sa vision fragmentaire et, se refusant à reconstruire stratégiquement l'espace et le temps, il crée, par morceaux, une fertile irisation.

Parfois, cependant, nous devinons en lui la prescience d'un mouvement transhistorique, dont plusieurs de ses textes dessinent l'horizon. Nodier, en effet, ne veut en aucun cas concéder aux idéologies progressives de son époque, en quoi il rappelle Gautier et annonce Baudelaire et Flaubert. Il déteste le monde utilitaire qui sacrifie l'art au nom de la « perfectibilité ». Il dénonce le positivisme qui menace[47]. A ces théories, il oppose l'étonnante hypothèse d'une palingénésie[48] qui remet fondamentalement en cause le progrès continu. Cet idéalisme, qui n'est qu'apparemment inspiré de Ballanche, suppose que l'homme compréhensif va sortir de l'homme actuel et qu'un véritable « primat du spirituel » se fera jour. Les œuvres « historiques » de Nodier n'illustrent guère de telles idées, mais on peut être sûr qu'ainsi s'organisait sa vision intérieure. Son scepticisme n'exclut donc pas une pensée d'ensemble, un « dégagement rêvé » (Rimbaud) qui, presque mystiquement, rejoint la grande théodicée hégélienne. En face de quoi l'histoire telle qu'elle est perçue au jour le jour n'est qu'un capharnaüm d'inanités dans lequel il serait vain de vouloir mettre bon ordre, sauf à défendre la liberté, vrai principe de la nature humaine, vraie vocation de la création. Ces hauteurs philosophiques, Nodier s'y élève parfois ; il ne souhaite jamais toutefois en occuper la place ; son humour incomparable reprend vite le dessus.

Partisan des causes perdues (et ce sont souvent les plus justes), il est bien l'un de ces hommes que déçurent l'histoire et leurs engagements. Amateur ou dilettante, en sondant le fond des choses, il n'a découvert que le masque. Traversant la société, il en a scruté les lois de tendance qui relèvent toutes de l'ambition. La vertu, à laquelle il lui arriva de croire, il l'a vue réduite à rien ou honteusement parodiée. Et le monde « positif de l'histoire » lui semble de plus en plus le lieu privilégié où s'exerce le mensonge. De là à déduire que la fiction serait plus crédible, il n'y aurait qu'un pas qu'il franchira dans ses contes. Ainsi *Paul, ou la ressemblance* est une « histoire véritable et fantastique ». La cohabitation de ces deux qualificatifs témoigne d'un univers variable où l'extraordinaire s'insinue dans le quotidien. La positivité, la réalité s'en trouvent atteintes, et déplacé l'accent de la vérité. Souvenons-nous ici de la conclusion de *Jean-François les bas-bleus*, autre conte [49] : « La vérité est inutile. » Qu'est-ce à dire ? Non pas sans doute, qu'elle n'existe pas ; mais que l'affirmer ne sert de rien, puisque nul n'en tient compte. Certes, il n'est pas permis de truquer l'histoire. Mais qui peut la dominer, sauf Dieu ? Et ne vaut-il pas mieux offrir de grands ou de petits témoignages, sans pour autant conclure ?

Nodier finit donc par affirmer un véritable mépris de « l'autorité historique sur laquelle sont fondés tant de mensonges [50] » et par contester les « tristes notions » des biographies. Douteur et dériseur, il donne réponse à tout par une sorte de haussement d'épaules, qui est aussi sa façon de se détourner de la vie. Il accompagne ce geste d'un de ses maîtres mots : « QU'IMPORTE », « pour toutes les questions possibles, la plus irréplicable des solutions [51] ».

Et l'on comprend dès lors comment s'agencent, dans une figure complexe, ses doutes et ses convictions. Les contes et les romans qu'il écrivit n'étaient que façon de révéler le réel. Quant à ses souvenirs, ils répandent sur l'authenticité des faits une lumière imprévue et diffusent d'étranges images qui se fixent à leur tour dans notre mémoire. L'histoire se dote des qualités du conte. Excluant le système qui permet de comprendre ou d'expliquer, fuyant l'impassibilité, elle équivaut en ce cas à des « souvenirs d'enfance [52] ». Il y a là, sous la plume d'un homme vieillissant, une naïveté (ne disait-on pas « le bonhomme Nodier » ?) et l'acuité singulière que prennent les années de jeunesse quand l'âge les focalise. Ainsi la grande histoire se confond-elle avec le passé d'un homme. Les premières émotions [53] sont liées à d'illustres événements. « Je me suis conservé enfant par dédain d'être homme [54] », affirme Nodier. Voyez ce que son regard a retenu de Saint-Just, de Pichegru, des malheurs de la Révolution, des conspirations de l'Empire. Nous est présentée une expérience dérivée par une parole, un style, à moins qu'elle ne se complique d'une interprétation délirante : la grande affaire des Philadelphes ! Moments d'enfance ; rêveries d'adolescent ; mais encore, adolescence d'une nation, puberté d'un peuple. L'identification est possible. Même les textes impersonnels, *Le dernier banquet des girondins*, les morceaux sur l'éloquence révolutionnaire participent d'un monde héroïque, dramatisé, innervé d'un surcroît d'énergie, celui que l'enfant voit dans les êtres des contes. Les proportions sont changées. L'air du fantasme prête aux actes et aux physionomies un caractère insolite qui fait que nous voulons en savoir plus. Ainsi se transforme la vie pour peu qu'on la raconte. Ainsi le monde devient livre et parviennent à coïncider les chambres de la mémoire. Une nouvelle fois l'histoire de France rentre dans la légende [55]. Elle y trouve, à la mesure de l'écrit pour laquelle elle semble uniquement s'être déroulée, son inconstante vérité.

Jean-Luc STEINMETZ
9 février 1987

Je remercie Jacques-Remi Dahan, qui prépare pour les éditions Droz la publication de la correspondance de Nodier, d'avoir bien voulu relire ces pages.

Notes de la Préface

1. – p. 9. D'après l'article « Nodier mémorialiste. *Suites d'un mandat d'arrêt* » de Marius Dargaud, *RSH*, 1951, p. 276.
2. – p. 10. Pour la vie de Nodier, consulter le livre, désormais classique, de Léonce Pingaud, *la Jeunesse de Charles Nodier, les Philadelphes*, Besançon, Dodivers, 1914.
3. – p. 11. *Essais littéraires, par une société de jeunes gens*, Besançon, 1800. Nodier y donne trois poèmes. Il existe une copie de ces *Essais* (appartenant à une collection particulière) à la Bibliothèque de Besançon (manus n° 1393).
4. – p. 12. Sur les Méditateurs, on se reportera aux pages qui leur sont consacrées dans le livre de Paul Bénichou, *le Sacre de l'écrivain, 1750-1830*, Corti, 1973, p. 208-219 et p. 330-346, ainsi qu'à la précieuse étude de J.-R. Dahan, « Charles Nodier et les Méditateurs » dans *Lendemains*, Berlin, n° 25-26, janvier 1982, p. 83-94.
5. – p. 13. C'est, en effet, le 27 avril 1803 que Sade sera transféré à Charenton (pour y rester jusqu'à sa mort). Nodier ne sera arrêté qu'au mois de décembre de la même année.
6. – p. 13. *Prophétie contre Albion*, Paris, Mme Cavanagh, an XII (1804), in-12, 6 p. Cet opuscule paraît en février. Il sera repris en juillet 1804 (la même année) dans *Essais d'un jeune barde* (même éditeur).
7. – p. 13. Sur ce texte capital, voir de Hermann Hofer, *Les Proscrits.* Der Roman als Revolution – die Revolution als Roman », *Lendemains*, op. cit., p. 29-33.
8. – p. 15. L'essai d'autobiographie qu'il rédigea sans doute pour Sainte-Beuve (qui devait faire un article sur lui dans la *Revue des Deux Mondes* du 1er mai 1840) ne va guère au-delà de cette date. Voir sa publication pour la première fois dans *la Fièvre et autres contes* (de Nodier), Th. Bouchard, coll. « L'Homme au sable », 1986, p. 41-44.
9. – p. 15. Nous simplifions cependant, car durant les Cent-Jours il doit quitter Paris et se réfugier chez le duc de Caylus au château de Buis. De même, sous le ministère Polignac, avant la révolution de 1830, sa pension littéraire sera réduite. Nodier, par ailleurs, n'aura nulle sympathie pour Louis-Philippe, le nouveau monarque.
10. – p. 16. Sur cette publication, voir de Hans Peter Lund, « Les Philadelphes, histoire des sociétés secrètes de l'armée » dans *Colloque*

du deuxième centenaire de Charles Nodier, Annales littéraires de l'université de Besançon, Paris, Les Belles-Lettres, 1981, p. 41-56.

11. – p. 18. Nodier précise aussi que pour les faits, son texte s'inspire de l'article de journal ou de la relation d'almanach, pour les discours, du pastiche, pour le dialogue, du centon.
12. – p. 18. Voir la note vingt-huitième. *M. Cazotte* paraît dans la *Revue de Paris* en 1836.
13. – p. 18. Voir la note quarante-deuxième. Le personnage est également mentionné dans *les Prisons de Paris sous le Consulat*. On consultera aussi dans *la Fièvre*, *op. cit.* « Le Docteur Guntz », p. 21-23.
14. – p. 18. Début du texte « Les Députés en mission » dans *Recherches sur l'éloquence révolutionnaire.*
15. – p. 19. Lettre publiée par nos soins dans *Europe*, n° Nodier, juin-juillet 1980, p. 61.
16. – p. 21. De là l'intérêt profond de Nodier pour le conte. Ce « Bibliomane » finit par s'opposer au livre et par contester l'imprimerie, bel exemple d'une technique moderne qui ne sert qu'à multiplier les textes inutiles (selon lui). Voir à ce sujet l'article de J.-R. Dahan, « Nodier et la mort du livre » dans *Colloque Nodier, op. cit.* p. 210-222.
17. – p. 22. Voir de Brian G. Rogers, « Souvenir et mystification » dans *Europe*, *op. cit.*, p. 116-124.
18. – p. 24. La dette de Nerval envers Nodier est considérable. Elle est affirmée dans le *Voyage en Orient* (« bon Nodier, belle âme divine »), et les *Petits Châteaux de Bohême* sont un hommage évident à l'*Histoire du roi de Bohême et de ses sept châteaux.* Enfin, bien des éléments des *Souvenirs de jeunesse* (1832) de Nodier, notamment *Séraphine* et *Clémentine* annoncent *les Filles du feu.* Voir de Jean Richer, « Nodier et Nerval » dans *Cahiers du Sud*, n° 304, 1950, p. 364-371.
19. – p. 24. Voir de Michel Salomon, *Charles Nodier et le groupe romantique*, Paris, 1908.
20. – p. 24. Assurément Saint-Simon est l'exemple d'un style (d'une personne) reformant l'histoire à la lumière de ses obsessions. Nodier tient de lui par l'emportement, mais non par le rêve d'ambition et l'obséquiosité maniaque.
21. – p. 25. Voir de Michel de Certeau, *l'Ecriture de l'histoire*, Gallimard, 1975 « Bibliothèque des histoires », notamment « La Fiction de l'histoire » : « [...] le discours historique suppose la *raison du lieu.* Il légitime une place, celle de sa production, en ‹ comprenant › les autres dans un rapport de filiation ou d'extériorité. » (p. 354).
22. – p. 25. *Moi-même* a été republié en 1985 aux éditions José Corti avec une préface de Daniel Sangsue (dont on attend aux mêmes éditions *Le Récit excentrique*). C'est dans ce livre (p. 84) que Nodier se nomme « Charles anonyme trois étoiles ».
23. – p. 28. Nodier citera plusieurs fois cette phrase. Bonald l'avait écrite

dans son livre, *la Législation primitive considérée dans les derniers temps par les seules lumières de la raison* (1802).

24. – p. 28. Dans son *Idée sur les romans* précédant *les Crimes de l'amour* (an VIII, 1800).

25. – p. 28. Dans « De la réaction thermidorienne et des compagnons de Jéhu » (voir ici-même). Vigny allait publier en 1832 *Stello* dont une partie raconte la mort d'André Chénier. Plus tard (1873), Hugo donnera *Quatre-vingt-treize*. Remarquons que Nodier ne mentionne pas Balzac et, par exemple, *Un épisode sous la Terreur* (paru anonyme, il est vrai, en 1830).

26. – p. 29. Autant de romans à la première personne et dont le thème est lié à l'histoire contemporaine. Le Charles Münster du *Peintre de Saltzbourg* est un banni, un proscrit, errant depuis deux ans. Le Gaston de Germancé d'*Adèle*, âgé de 28 ans, a l'expérience d'une douzaine d'années de malheur. Les plus proches de la personnalité de Nodier sont *Jean Sbogar* (publié en 1818 sans nom d'auteur) et le Maxime de *Mademoiselle de Marsan* (1832), récit d'une conspiration. On voit, dans ce dernier livre, « cinq ou six jeunes gens sensibles et généreux, mais aigris par les malheurs de l'humanité et par les excès des tyrans ». Le narrateur porte le même prénom que le Maxime Odin des *Souvenirs de jeunesse* publiés à la même époque.

27. – p. 30. C'est d'ailleurs comme un mauvais rêve que Nodier considérera toute cette période. Dans *L'Apocalypse du solitaire*, il imagine qu'il a dormi de 1789 à 1823 : « Et j'appris en pleurant que tout le monde avait fait depuis trente ans le même rêve que moi, et que ce rêve n'était pas bon. »

28. – p. 30. La scène capitale a frappé Nodier. Dans ses *Souvenirs*, il souhaite s'en détourner, mais parfois y est confronté presque malgré lui, comme dans « Suites d'un mandat d'arrêt ». On lira dans ses contes *Histoire d'Hélène Gillet*, qui s'en prend à la peine de mort.

29. – p. 31. Dans *Stello*, ch. XXXVII, Gosselin, 1832.

30. – p. 31. Avant-propos de la *Comédie humaine*, daté de juillet 1842.

31. – p. 31. « Je le déclare avec amertume, avec effroi ! le pistolet de Werther et la hache des bourreaux nous ont assez décimés ! Cette génération se lève et demande des cloîtres. » *Les Méditations du cloître* (1803) repris dans *Œuvres complètes*, Renduel, 1832, t. II, p. 129. Ces phrases curieusement annoncent la réflexion de Barbey d'Aurevilly sur *A Rebours* de Huysmans : « Après un tel livre, il ne reste plus à l'auteur qu'à se tirer un coup de revolver ou à se jeter au pied de la croix. »

32. – p. 31. C'est indiquer ici les rapports du mythe et de l'histoire – ce qu'envisage Nodier dans « De la maçonnerie et du carbonarisme ». Son attitude envers la franc-maçonnerie est prudente. Daniel Ligou a fait le point sur la question dans « La vision maçonnique de Charles Nodier », *Colloque Nodier*, *op. cit.*, p. 241-253. On sait

que Nodier et Nerval conteront l'un et l'autre l'histoire d'Adoniram le grand architecte préadamite et de la reine de Saba (l'un dans *la Fée aux miettes*, l'autre dans son *Voyage en Orient*).

33. – p. 33. En arrière-plan de ce que nous suggérons ici, le *Totem et tabou* de Freud, son *Moïse et le monothéisme* et, pour le relais moderne qui en fut fait, de Julia Kristeva, *Histoires d'amour*, notamment « Le malaise dans la cure », Denoël, 1983.

34. – p. 33. Ce sera le cas de Nerval et de sa fixation sur Napoléon, notamment dans les sonnets de manus. Dumesnil de Gramont (que nous datons de 1841). Voir notre présentation de ces textes dans Nerval, *Œuvres complètes*, Bibliothèque de la Pléiade, t. I (à paraître).

35. – p. 33. *Jean Sbogar* paraît d'abord anonyme chez Gide en 1818, en 2 vol. in-12. La citation que nous donnons est extraite de la préface au *Sbogar* repris dans les *Œuvres complètes* (t. I).

36. – p. 33. Sur Oudet, Nodier lui-même cite quelques témoignages : Beauchamp (*Vie privée de Moreau*), Lemare (brochure sur les conspirations), Cadet-Gassicourt (*Voyage en Moravie*). L'auteur de l'*Histoire des sociétés secrètes* dit de lui qu'il était « l'homme le mieux organisé que la nature ait produit peut-être dans les temps modernes » – Augustin Thierry parle abondamment d'Oudet dans son livre *les Grandes mystifications littéraires*, Plon, 1911, p. 153-165.

37. – p. 35. *Léo Burckart* est représenté le 16 avril 1839 au théâtre de la Porte-Saint-Martin et paraît la même année avec un appendice sur les sociétés secrètes d'Allemagne (chez Barba, Desessart).

38. – p. 37. Dans *Souvenirs et Portraits*, « Le général Malet, le colonel Oudet ».

39. – p. 37. Dans *Le dernier banquet des girondins.*

40. – p. 37. Epilogue du volume VIII des *Œuvres complètes : Souvenirs et portraits de la Révolution.*

41. – p. 37. Dans le portrait de Réal.

42. – p. 38. Célèbre théâtre d'ombres chinoises auquel les romantiques (A. Bertrand, Gauthier), mais aussi Baudelaire firent souvent allusion.

43. – p. 38. En 1831, Nodier publie un texte sur Polichinelle.

44. – p. 38. Fin du portrait du colonel Oudet.

45. – p. 38. « La véritable pierre de touche de l'histoire » est de ne pas laisser voir ses opinions, prétend-il dans les préliminaires aux *Souvenirs et portraits.* Mais lui-même ne respectera guère cette règle.

46. – p. 38. Voir de Boris Rëizov, l'*Historiographie romantique française (1815-1830)*, éditions en langues étrangères, Moscou, [s.d.].

47. – p. 40. Sur ce pessimisme de Nodier, voir de Hans Peter Lund, « La Critique du siècle chez Nodier », Copenhague, *Revue Romane*, n° 13, 1978, p. 175-191.

48. – p. 40. Nodier publie « De la palingénésie humaine et de la résurrection » dans la *Revue de Paris* en mai 1832. En réponse à ce texte, Balzac publie dans la même revue en octobre une *Lettre à*

Charles Nodier, affectueuse, mais pleine de réserves. Sur les rapports de Nodier et de Ballanche, consulter de L.M. Porter, « Charles Nodier and Pierre-Simon Ballanche » *Orbis litterarum* XXVII, 1972, p. 229-236.

49. – p. 41. On se reportera au commentaire que nous avons fait de ce conte dans *Smarra, Trilby et autres contes*, Garnier-Flammarion, 1980, p. 409-410.

50. – p. 41. Dans le portrait de Pichegru.

51. – p. 41. A la fin du portrait d'Oudet.

52. – p. 41. Un autre souvenir d'enfance se trouve dans *Séraphine*, dans les *Souvenirs de jeunesse* (1832). Les autres nouvelles de ce recueil rappellent plutôt les amours de Nodier jeune homme.

53. – p. 42. Au sujet des girondins, Nodier remarque : « Je leur devais les premières émotions, les premiers sentiments qui fussent éclos dans mon cœur d'enfant ; la sympathie, l'admiration, l'enthousiasme [...] ».

54. – p. 42. Dans le portrait de Réal, Nodier poursuit : « Voilà le secret de ma mémoire et de mes livres. »

55. – p. 42. De façon particulièrement clairvoyante, Michel Delon note à ce propos : « La dispersion du moi et l'éparpillement de l'histoire [...] cherchent confusément une nouvelle écriture autobiographique et historique que notre modernité n'a sans doute pas encore trouvée. » *Europe*, n° Nodier, « Nodier et les mythes révolutionnaires », p. 42.

AVERTISSEMENT A L'ÉDITION

L'histoire des souvenirs de Nodier a connu des vicissitudes qu'il importe de décrire brièvement. On en compte trois éditions principales : celle de Levasseur en 1831, celle de Renduel, celle de Charpentier en 1850. La première, en deux volumes, présente un texte incomplet. Elle porte le titre *Souvenirs, épisodes et portraits pour servir à l'histoire de la Révolution et de l'Empire*. En 1833, cet ensemble a été refondu par Nodier lui-même aux tomes 7 et 8 de l'édition de ses *Œuvres complètes* commencée par Renduel en 1832, sans titre particulier, les chapitres initiaux étant ventilés sous les appellations « Souvenirs » et « Portraits ». Ce texte de 1833 possède quelques différences d'avec le précédent. Nodier a ajouté *Le dernier banquet des girondins* qu'il méditait depuis longtemps et dont il vient d'achever la rédaction. En revanche, et semble-t-il sur les conseils de son éditeur, il supprime le chapitre « Les émigrés en 1799 ». En effet, ces lignes tiennent davantage de la nouvelle que du souvenir d'histoire. Il est donc normal de les voir rejetées sous un autre titre *(Thérèse)* au tome 10 de l'édition Renduel. Enfin, l'auteur opère des changements de titres (mais non de contenu) dans le cadre d'une restructuration du 1er volume (soit le 7e de l'édition Renduel), de sorte que l'ordre originel des chapitres est modifié. Ainsi donne-t-il sa figure définitive au vaste ensemble intitulé en 1833 *Recherches sur l'éloquence révolutionnaire.* Il place dans cette rubrique le chapitre *Gironde* (anciennement *Convention nationale, éloquence de la tribune*), le chapitre *Montagne* (anciennement *Robespierre l'aîné*), le chapitre *Les députés en mission* (anciennement *De Robespierre le jeune et de la Terreur*). Le chapitre *Sociétés populaires,* inchangé, clôt ce massif. Il n'y a pas de différences notables entre le tome 2 de l'édition Levavasseur et le tome 8 de l'édition Renduel, mis à part quelques inversions de chapitres, sans signification.

Enfin, en 1841, Nodier fait paraître chez Magen et Comon un ouvrage intitulé *Nouveaux souvenirs et portraits* comprenant *Charlotte Corday, Saint-Just et Pichegru, Suites d'un mandat d'arrêt, Pichegru, Réal,* que l'on retrouve intégralement reproduits au tome 9 de l'édition Renduel, à la différence près que, dans cette dernière, Nodier a ajouté les lignes consacrées à Fouché.

Puis vient l'édition Charpentier (*Souvenirs et portraits pour servir à l'histoire de la Révolution et de l'Empire,* 1850), la plus répandue (5 réimpressions entre 1857 et 1884), celle qui a eu le mérite de mieux faire connaître ces textes de Nodier. Pour établir sa version, Charpentier est parti du principe que les deux éditions antérieures étaient lacunaires. On avait laissé de côté nombre d'articles écrits par Nodier dans différentes revues. Pour remédier à cet oubli, il a donc inséré 12 chapitres supplémentaires et non 15 comme il le revendique dans l'avertissement à son édition. En effet, *Charlotte Corday, Recherches sur l'éloquence révolutionnaire* et *Fouché* qu'il déclare inédits se retrouvent chez Renduel. Ces ajouts sont considérables et à mon sens infondés. *C'est la raison pour laquelle la présente édition reprend les volumes 7, 8 et 9 du texte publié par Renduel, c'est-à-dire la version que Nodier avait lui-même fixée.*

L'édition de Charpentier est critiquable à plusieurs points de vue. Elle a été établie après la mort de Nodier selon le principe que ce dernier ne s'était jamais soucié de collationner ses propres œuvres, en oubliant tout de même qu'il avait collaboré de très près à la réalisation de la version Renduel. De plus, outre le fait que la lecture en est assez indigeste, cette édition dénature dans une certaine mesure le projet de Nodier. En effet, les ajouts de Charpentier portent surtout sur des points d'érudition et de critique littéraire (c'est le cas de *La Révolution de l'Education nationale*, de *La Convention et la grammaire*, du *Mouvement intellectuel et littéraire sous le Consulat et l'Empire*) qui ont bien peu à voir avec la visée proprement historique de Nodier. Celle-ci consiste à tracer des « portraits » de personnages historiques qu'il a connus directement ou non et de remémorer des « souvenirs », où des faits intéressant la France révolutionnaire et impériale se mêlent à une trame personnelle. Ces souvenirs de Nodier se trouvent à la croisée de l'histoire d'un pays et de l'histoire d'un individu. C'est une dimension que Charpentier brouille.

D'autre part, ce dernier a profondément remanié l'équilibre d'ensemble de l'ouvrage de Nodier en plaçant les chapitres selon une progression chronologique qui va des débuts de la Terreur jusqu'en 1830. Or, la disposition retenue par Nodier, celle-là même de la présente édition, est tout à fait différente. Le tome 7 de l'édition Renduel *(Le dernier banquet des girondins, Recherches sur l'éloquence révolutionnaire)* est parcouru par l'affrontement inexpiable entre la Gironde et la Montagne. Dans le tome 8, Nodier opposait la Terreur révolutionnaire *(Euloge Schneider)* à la Terreur blanche *(De la réaction thermidorienne)* ; les sociétés secrètes contre-révolutionnaires *(Les compagnies de Jéhu)* aux sociétés secrètes révolutionnaires *(De la maçonnerie et du carbonarisme)*.

L'odyssée personnelle de l'auteur sous la Révolution, évoquée au tome 9 *(Saint-Just et Pichegru)* reprend en écho celle du tome 8 *(Euloge Schneider)*. *Les prisons de Paris sous le Consulat* (tome 8) et *Suites d'un mandat d'arrêt* (tome 9) dialoguent à plusieurs dizaines de pages d'intervalle pour dénoncer l'arbitraire napoléonien.

Beaucoup plus que ne l'ont pensé ses contemporains et la postérité, l'œuvre de Nodier possède une architecture interne voulue, concertée, subordonnée à une philosophie précise de l'histoire en général, et de l'histoire de la Révolution en particulier, que M. Delon a bien dégagée [1].

Quant aux *Philadelphes,* ils offrent le bon exemple d'une mystification littéraire – il est vrai que Nodier y avait un goût très vif – et d'une querelle d'attribution. L'ouvrage parut anonymement en 1815 chez Gide et connut deux éditions la même année sous le titre *Histoire des sociétés secrètes de l'armée et des conspirations militaires qui ont eu pour objet la destruction du gouvernement de Bonaparte,* l'usage ayant consacré l'appellation *les Philadelphes* puisque cette étrange organisation occupe une place centrale dans l'ouvrage. Très vite, le bruit courut que Nodier en était l'auteur, chose que jamais il ne voulut reconnaître. Dans une lettre à Weiss, non datée, il explique que le livre a été rédigé collectivement et qu'il n'y est pas « pour près d'un cinquième » [2]. Dans son dictionnaire, Barbier [3] cite le nom des collaborateurs de Nodier, à savoir Rigomer-Bazin, Didier et Lemare,

Nodier n'ayant participé à l'entreprise que pour une faible part. En fait, cette notice se fonde sur les déclarations mêmes de Nodier[4], qui revendique la seule paternité de deux fragments – un portrait d'Oudet et une analyse de la procédure de Malet – concluant qu'il serait temps de retrancher de ses écrits un livre auquel « je n'ai pas fourni cinquante pages ». Quant au premier des rédacteurs cités, il s'agit de Jacques Rigomer-Bazin (voir note 34 des *Philadelphes*). Enfin, Quérard[5] signale que Lombard de Langres, auteur de deux ouvrages sur les jacobins, revendique les *Philadelphes*, ce qui explique que le catalogue de la Bibliothèque nationale lui attribue cette œuvre, et non pas à Nodier.

La question est passablement embrouillée, et il est difficile de la trancher en toute certitude. Cependant, si Nodier n'a pas été le seul rédacteur des *Philadelphes*, il est maintenant admis par beaucoup qu'il a volontairement minimisé sa participation et qu'à l'inverse son rôle fut déterminant. Trop d'indices convergent pour qu'on puisse raisonnablement voir en lui l'auteur principal de l'ouvrage. On retrouve la même philosophie de l'histoire fondée sur une exaltation de l'individu, une défense identique de Malet, la même conception (parfois au mot près) des sociétés secrètes, en particulier la franc-maçonnerie et le carbonarisme. Jusqu'au style qui diffère peu. Ainsi le lecteur attentif retrouvera-t-il des tournures identiques, les mêmes références culturelles à l'Antiquité. Enfin, la reproduction en annexe de *La Napoléone*, le poème qui valut un mois de prison à Nodier en 1804, ne peut être attribuée au hasard.

Le texte des *Philadelphes* qui suit les portraits est la reproduction de l'original de 1815 et non celle que Charpentier a placée au deuxième tome de son édition.

En effet, sans doute pour ne pas rendre plus lourd un ensemble qui l'était déjà suffisamment, il a retiré les notes explicatives de Nodier, une centaine de pages dans l'original, ici rétablies. Plus encore que le texte même, elle font ressortir l'empreinte indélébile de Nodier. Au lecteur d'en juger...

Jean d'HENDECOURT

Notes de l'Avertissement

1. – p. 52. M. Delon, Nodier et les mythes révolutionnaires, in *Europe,* juin-juillet 1980.
2. – p. 53. Ch. Nodier, *Correspondance inédite* publiée par A. Estignard, Paris 1875, p. 145. Cité par H.P. Lund « Les Philadelphes » in *Colloque Nodier,* Paris, 1981, p. 45.
3. – p. 53. A. Barbier, *Dictionnaire des ouvrages anonymes,* Paris 1872-1879.
4. – p. 53. *Dictionnaire de la conversation,* Paris 1837, t. 43 ? p. 323*sq.*
5. – p. 53. J.M. Quérard, *Les Supercheries littéraires dévoilées,* Paris 1847-1853, 4 vol.

I

LE DERNIER BANQUET DES GIRONDINS

AU LECTEUR

La forme de ce petit écrit est devenue si commune, et j'aurais si mauvaise grâce à lutter contre les hommes de talent qui en ont fait usage, que mon premier besoin est de me justifier de cette maladresse et de cette prétention.

Mes amis savent que les girondins sont composés depuis plus de six ans [1], et qu'ils ont subi au milieu d'eux l'épreuve de la lecture, avant que personne se fût avisé de cette alliance un peu adultère du drame et de l'histoire. Je ne chercherai certainement pas à prouver qu'elle vaille quelque chose comme objet d'art. Ce qui m'importe est de me défendre d'un plagiat [2], et je n'attache d'ailleurs au reste de la question que l'importance qu'elle mérite ; mais je ne suis pas éloigné de croire qu'un ouvrage de ce genre serait aussi bon qu'un autre, si par hasard il était bon. C'est une hypothèse dans laquelle je suis complètement désintéressé.

L'idée m'était donc venue, comme à tout le monde, que la manière la plus vive et la plus saisissante de présenter des personnages historiques était de les mettre en scène dans une circonstance solennelle de leur vie, et de leur faire parler, selon les traditions qui nous en restent, le langage qu'ils ont dû tenir alors [3]. Cette combinaison n'était pas neuve, même quand je croyais l'inventer, et aucune école classique n'a fait grande estime des modèles que je suivais à mon insu. Pour les faits, c'est l'article du journal ou la relation de l'almanach ; pour les discours, c'est le pastiche ; pour le dialogue, c'est le centon.

Un brillant récit de M. Bailleul que j'avais recueilli, à vingt-cinq ans, en traversant Amiens, féconda lentement dès lors une pensée déjà familière à mon imagination. J'en vis surgir je ne sais quelle scène vivante et forte que je me flattai de mettre en action un jour, quand le privilège de la publicité serait rendu aux écrivains indépendants. A vingt-cinq ans, on croit tout ce que l'on espère, et on espère tout ce qu'on a désiré.

C'est qu'il n'existait rien, selon moi, de plus magnifique dans toutes les histoires du temps passé que ce banquet des martyrs de la liberté qui devisent entre eux de leur république chérie, de sa grandeur et de sa chute ; des destinées éventuelles d'un pays abandonné aux Barbares, et sans doute réservé à la tyrannie ; des rôles passagers qu'ils ont joués sur le grand théâtre de la révolution, et qui vont tragiquement finir sur un échafaud, mais qu'agrandit au-delà de toute proportion l'approche d'une mort éclatante ; et puis qui, ramenés par une résipiscence grave et sublime à réfléchir sur l'essence même de leur âme, consomment cette veillée glorieuse à s'interroger et à discourir sur l'immortalité, avec autant de liberté d'esprit qu'ils l'auraient fait sous les voûtes du Portique ou les ombrages d'Académus.

Imaginez-vous que l'élite du genre humain était représentée là, dans une salle de la Conciergerie ; le noble et le plébéien, le prélat et l'homme de guerre, le poète et le tribun, le spiritualiste épris de ses espérances et l'incrédule dupe de son savoir ; et que tout cela, joyeux comme dans une soirée de fête, allait mourir le lendemain. Il n'y avait pour eux ni appel en cassation ni recours en grâce ; il n'y avait pour eux ni combat à soutenir ni victoire à rêver ; il n'y avait que la guillotine et le bourreau.

Ce poème des Thermopyles de la liberté, vous le concevez mieux que moi ; c'était celui que je me faisais quand j'avais encore du travail, de la patience et de la vie à dépenser. A force d'y réfléchir, j'y renonçai avec le sentiment de dérision amère que dut éprouver Dédale quand il s'aperçut que ses ailes de cire fondaient au soleil. Je compris qu'il attendait quelque Platon, qui daignerait s'aider de la verve satirique d'Aristophane dans un tableau de l'école d'Eschyle ; je pense encore, en vérité, qu'il ne faudrait rien de moins, et ce n'est pas cela, Dieu m'en est témoin, que je viens offrir au public, comme on dit dans les préfaces ; mais un sujet pour le premier venu qui saura le sentir et le faire, comme je croyais le faire quand j'avais un avenir : sujet admirable à concevoir, sublime à exécuter, qui est à dix mille lieues de la portée de mes plus hautes ambitions, à moi qui n'ai plus que dix pas à imprimer sur la face de la terre.

« Vieillard, me dirent les journaux qui font peser la responsabilité de ce titre respectable sur ma cinquantième année, qui peut donc vous déterminer à jeter aux yeux et aux dents de la critique une ébauche dont vous connaissez si bien les imperfections ?... »

Hélas, messieurs, c'est qu'elle m'avait coûté des études assez longues, assez pénibles, des veilles assez laborieuses ; et que les études et les veilles de ma jeunesse sont devenues la seule fortune de mon vieil âge. Produire, qui n'est pas pour moi une loi d'instinct, est pour moi une loi de nécessité ; loi naturelle, honorable, qui ne manque pas de douceurs tant qu'on a des forces pour la subir, car l'homme qui se plaint d'être obligé à travailler est à peine digne de vivre. Ces études cherchées avec amour, recueillies avec conscience, approfondies avec conviction, mais toutes pâles, toutes froides, toutes mortes, laisseront cependant peut-être un galbe au dessinateur, un effet au coloriste, une inspiration au peintre ou au poète. Mon éditeur l'a pensé, et je désire vivement qu'il ne se soit pas trompé, parce qu'on ne m'ôterait pas de l'esprit que ce livre sera beau quand il sera fait par un autre.

Qu'il me soit permis d'expliquer ici l'importance que j'attache à mes matériaux, en réduisant toutefois leur valeur réelle à sa plus simple expression. Cela sera bientôt fait.

Les girondins furent les grandes figures historiques de mon enfance, les héros de la première tragédie qui ait frappé mes regards, les oracles de ma rhétorique. Je leur dois les premières émotions, les premiers sentiments éclos dans mon cœur d'enfant ; la sympathie, l'admiration, l'enthousiasme. Je me pénétrais de leurs paroles et de leurs écrits ; je les lisais, je les relisais, je les apprenais par cœur. Je m'identifiais peu à peu avec la partie la plus intime et la plus privée de leur vie ; je m'accoutumais à vivre en imagination au milieu d'eux, à les observer dans le repos de la solitude, à les écouter dans la chaleur des débats. Je finis par me trouver quelquefois plus savant sur leur existence intérieure que la mémoire de leurs propres enfants, dont plusieurs sont devenus mes amis ; quant à la forme de leur style, à la physionomie de leur langage, au caractère si imposant et si divers de leurs facultés tribunitiennes, c'étaient choses difficiles à imiter dignement, mais des gens d'une haute portée qui les ont bien connus m'accordent le mérite d'être vrai comme une contre-épreuve, et fidèle comme une version d'écolier. Mes tentatives en ce genre n'ont pas été entièrement infructueuses, puisqu'un de mes pastiches de Vergniaud, que je croyais avoir donné fort explicitement pour un pastiche, a pris place dans ses œuvres.

Il est cependant facile de concevoir que cette esquisse étroite où l'homme ne paraît qu'un moment devait nécessairement se ressentir de la contraction forcée du sujet. On ne jette pas vingt personnages dans un acte sans être obligé de les indiquer par des traits saillants qui sont plutôt leur charge que leur portrait. Ce serait manquer l'objet de la composition la plus frivole que de reculer devant la circonstance qui caractérise un personnage, quand le drame entier profite de ce détail. J'ai donc pressé, condensé mes notions et mes souvenirs, parce que les limites de l'action ne me permettaient pas de les étendre et de les développer. Vergniaud [4], qui avait tant de goût, s'exprimait autrement que par *apophtegmes* poétiques ; il était simple, et souvent naïf dans le langage privé. Fauchet [5] ne revenait que par boutades oratoires au langage biblique ; il en avait, hélas ! parlé un autre. Mais l'homme que j'essayais de peindre, ce n'était pas l'homme considéré sous l'aspect général de sa vie ; c'était le conventionnel frappé d'un arrêt de mort, et que Samson attend à la porte. Le biographe embrasse tout ; l'historien du dernier jour ne voit que la fin : le premier peut ne rien négliger, le second se borne à étudier la crise et à raconter l'agonie.

Il y a, d'ailleurs, dans une scène suprême comme celle-ci, quelque chose d'épique et de théâtral qui jette hors de leur système normal toutes les organisations humaines. C'est alors, si je m'en fais une juste idée, que doivent ressortir avec une vive saillie les moindres reliefs du caractère, et se dessiner d'un trait vigoureux ses moindres linéaments. Le modèle insouciant, négligé, distrait dans le cabinet du poète ou dans l'atelier du statuaire, ne pose pas à demi devant l'échafaud. Il tombe s'il est faible, ou il est lui tout entier. Quand l'âme est près de se débarrasser de ses derniers langes, elle ne fait pas de façon pour se montrer à nu. Si la dernière nuit des girondins n'est pas celle que j'ai conçue, elle a dû étrangement lui ressembler.

Elle lui ressemblait du moins dans tous les détails qui me sont parvenus, dans tous ceux qu'il n'est pas permis à l'histoire d'inventer, et que j'ai puisés avec soin aux sources les plus authentiques [6]. Il suffit de s'être occupé quelquefois de composition littéraire, comme tout le monde l'a fait, pour comprendre à merveille que si j'avais créé mes épisodes, je les aurais créés autrement ; on m'accordera sans doute assez d'intelligence des combinaisons vulgaires du roman ou de la nouvelle, pour ne pas supposer, par exemple, que j'eusse mis en scène à peu de pages de distance deux personnages accessoires trop semblables par leur dévouement, comme le domestique de Duprat [7] et le suisse de Gensonné [8], si je n'avais dû accepter ce défaut par fidélité à mon système. Et cependant ce défaut serait grave dans un sujet d'invention ; mais je serais bien étonné s'il se présentait souvent à l'avenir dans un sujet historique. Les ménechmes [9] de vertu n'embarrassent pas nos phrénologistes. Les âmes généreuses ne se montrent pas tous les jours à la paire.

J'ai encore à me justifier d'avoir fait asseoir au banquet des girondins trois hommes détournés par l'expérience des voies de la république, et dont nos historiens, fort superficiels en cette matière, n'ont pas daigné constater avant moi le retour expiatoire aux vieilles doctrines sociales. Je citerai, dans mes notes, les autorités sur lesquelles je m'appuie à l'égard de Fauchet et de Duchâtel[10]. Quant à Lehardy[11], celui-là m'épargne la peine de prouver qu'il était royaliste. Il l'a dit. Je me serais bien gardé de sacrifier une vérité de fait aussi essentielle, à l'entente d'un plan et à l'effet d'une opposition, dans un livre qui, en dernière analyse, n'est fait que pour renseignement.

Voilà bien des pages pour quelques pages qui ne méritent guère d'être lues, et qui ne sont bonnes qu'à refaire, comme je viens de le répéter formellement ; mais j'ai une excellente raison pour défendre un de mes ouvrages qui n'a pas paru : c'est que le jour où il a paru, je me hâte de l'oublier, ce qui m'a donné, durant toute ma carrière littéraire, vingt-quatre heures d'initiative sur le public.

Ils firent en commun un dernier repas, où ils furent tour à tour gais, sérieux, éloquents.

Thiers,
Hist. de la Révolution, tom. V, p. 391 [12].

PERSONNAGES

ANTIBOUL, Charles-Louis, avocat à Saint-Tropez, député du Var, âgé de 40 ans.

BOILLEAU, Jacques, avocat et juge de paix à Avallon, député de l'Yonne, âgé de 41 ans.

BRISSOT, Jacques-Pierre, dit de Warville, né au village d'Ouarville, près de Chartres, homme de lettres, député d'Eure-et-Loir, âgé de 39 ans.

CARRA, Jean-Louis, né à Pont-de-Veyle, homme de lettres, journaliste, gardien de la Bibliothèque nationale, député de Saône-et-Loire, âgé de 50 ans.

DUCHASTEL, Gaspard, né à Roabuçon, près de Thouars, cultivateur, député des Deux-Sèvres, âgé de 27 ans*.

DUCOS, Jean-François, né à Bordeaux, homme de lettres, député de la Gironde, âgé de 28 ans.

DUFRICHE-VALAZÉ, Charles-Éléonore, né à Alençon, ancien lieutenant d'infanterie, avocat, homme de lettres, député de l'Orne, âgé de 43 ans.

DUPERRET, Claude-Romain-Lauze, gentilhomme

* Ce nom est souvent écrit Duchastel. On affecta de l'écrire Du Chastel, dans la procédure, parce que cette orthographe semblait impliquer un crime de plus, la noblesse. Rien ne prouve qu'il ait été « garde-du-corps du tyran », comme l'insinuèrent aussi les journaux de cette époque. Au reste, je déclare à partir d'ici qu'il n'y a rien de plus difficile que de se procurer des notions exactes, même dans leur pays natal, sur ces grands citoyens en l'honneur desquels la Convention, affranchie de ses oppresseurs, a décrété depuis des solennités anniversaires (Notes de Charles Nodier).

languedocien, cultivateur, député des Bouches-du-Rhône, âgé de 47 ans.

DUPRAT, Jean, né à Avignon, négociant, député des Bouches-du-Rhône, âgé de 33 ans.

FAUCHET, Claude, né à Dorne, dans le Nivernais, homme de lettres, prêtre, évêque constitutionnel du Calvados, député de ce département, âgé de 49 ans.

FONFREDE, Jean-Baptiste BOYER, né à Bordeaux, négociant, député de la Gironde, âgé de 27 ans.

GARDIEN, Jean-François-Marie, avocat, député de la Vienne, âgé de 43 ans.

GENSONNÉ, Armand, né à Bordeaux, avocat, député de la Gironde, âgé de 35 ans.

LACAZE, Joseph, né à Libourne, négociant, député de la Gironde, âgé de 42 ans.

LASOURCE, Marie-David Albin dit, né à Angles en Languedoc, ministre de la religion réformée, député du Tarn, âgé de 38 ans.

LEHARDY, Pierre, né à Dinan, docteur en médecine, député du Morbihan, âgé de 35 ans.

LESTERPT-BEAUVAIS (B), né à Florac, avocat au Dorat, député de la Haute-Vienne, âgé de 45 ans.

MINVIELLE, Pierre, né à Avignon, négociant-associé d'une maison de soierie, député des Bouches-du-Rhône, âgé de 28 ans.

SILLERY, Charles-Alexis (BRULART de GENLIS, marquis de), né à Paris, député de la Somme, âgé de 57 ans.

VERGNIAUD, Pierre-Victurnien, né à Limoges, avocat, député de la Gironde, âgé de 35 ans*.

* Qui croirait que les prénoms de Vergniaud ne sont pas exactement connus ? On l'appelle presque toujours Pierre-Victorin, au lieu de Pierre-Victurnien, qui était son nom véritable. Chose bien plus étrange encore ! il n'est pas décidé s'il terminait sa signature par un D ou par un X. Le *Moniteur* l'écrit Vergniaux, les biographes l'écrivent comme moi ; je m'en

VIGER, ou VIGÉ, Louis-François-Sébastien, né aux Rosiers en Anjou, ancien officier de marine, ancien magistrat, membre de l'Académie d'Angers ; en dernier lieu, grenadier de volontaires ; député du Maine-et-Loire, âgé de 36 ans**.

Jean-Baptiste MORAND, domestique de Duprat.

Pierre ROMONT, de Payerne, ancien cent-suisse, guichetier de la Conciergerie.

suis rapporté à l'orthographe de l'orfèvre qui a reproduit son nom dans la boîte d'une montre dont il sera souvent parlé ici. Les plus proches parents que je lui aie connus signent des deux manières.

** VIGER ou VIGÉ. L'orthographe du nom de Viger est aussi fort équivoque, et ceci se comprend mieux. Plusieurs l'écrivent Vigée, par fidélité mécanique à l'orthographe d'un nom littéraire beaucoup plus populaire à cette époque. Viger, comme Minvielle, n'a paru à la Convention nationale que pour mourir.

Il était près de dix heures, le 30 octobre 1793 au soir*, quand les portes de la Conciergerie s'ouvrirent, pour laisser rentrer vingt et un prisonniers qui descendaient du tribunal.

Quatre guichetiers les précédaient, armés de longues pelles de fer, sur lesquelles étaient plantées des torches de résine brûlantes. Un groupe de soldats s'arrêta dans l'intérieur ; le bruit des fusils et des piques annonçait que l'extérieur était gardé. Ces militaires n'appartenaient à aucune troupe régulière ; ils ne

* L'action commence le 30 octobre 1793 à dix heures du soir et finit le 31 octobre à onze heures et demie. La date de l'exécution des girondins est presque une question. La moitié des actes les plus immédiatement contemporains la placent au 31 octobre, et l'autre moitié au 1er novembre ; mais tous sont d'accord sur la date du jugement qui est du 30 octobre, vieux style, neuvième jour du deuxième mois de l'an II de la République. Il est incontestable que ce jugement prononcé vers dix heures du soir fut exécuté le lendemain, qui était le 31 octobre. Cette méprise s'explique aisément ; la condamnation des girondins concourait avec l'introduction du nouveau calendrier où les mois avaient été fort judicieusement réglés à trente jours, comme ils le seront quand nous aurons obtenu les deux premiers éléments d'une société intelligente, un alphabet et un calendrier. Jusque-là nous n'avons pas fait un pas au-delà des sauvages dans la civilisation. L'inscription de la montre léguée par Vergniaud à mademoiselle Adèle Sauvan, au moment où il marchait à l'échafaud, porte la date du 1er novembre ; mais quand cette inscription fut substituée par un goût malheureux, ou par une précaution touchante, à quelques égratignures d'épingle que la main de Vergniaud avait tracées, la confusion de ces dates s'était augmentée par l'habitude. Il est bien probable, du moins, que cette opération ne fut confiée aux soins d'un graveur que lorsqu'il n'y avait plus de danger à la faire ; et celui-ci tomba dans une erreur assez naturelle, en oubliant que le mois d'octobre avait trente et un jours. La date du 1er novembre est donc abusive dans la montre et dans les biographies. Le 1er novembre, Vergniaud était mort.

portaient le chiffre ou l'uniforme d'aucun bataillon. Leurs moustaches épaisses, leurs vêtements en désordre, leurs bonnets couleur de sang, le bruit rauque de leurs voix et de leurs rires témoignaient assez qu'ils faisaient partie de ces janissaires de la Commune, dont le peureux Hébert[13] avait stimulé le dévouement hideux à force de rage et de vin. C'était dans cette cohorte que les maires du palais recrutaient depuis le 31 mai des témoins, des juges, des geôliers, des bourreaux. C'était septembre armé.

Les portes se refermèrent. Tous les prisonniers en jugement étaient rentrés. Une partie des prisonniers de l'intérieur avaient attendu leur retour dans les salles, autant qu'on le leur avait permis, par complaisance pour les moins hostiles, par condescendance pour les plus riches. Les autres l'épiaient à travers les grilles des cours et les barreaux serrés des fenêtres. Un sentiment de curiosité inquiète, de profonde et muette attention, les suivait dans leur marche. Aucun cri ne s'éleva, car il avait été impossible de trouver sur la physionomie des accusés du matin l'éclaircissement d'un doute qui tourmentait tout le monde. On reprit courage, on espéra, on pensa qu'ils n'étaient pas jugés.

Le premier qui parut était un homme à peine parvenu à l'âge où l'on cesse d'être jeune pour commencer la vie sérieuse de la réflexion et de la maturité. Des formes élégantes, une tenue recherchée, un peu trop recherchée peut-être, une physionomie vive, spirituelle, mobile, qu'animait un sourire presque inaltérable dont l'expression riante, mordante, sardonique, suivant les occasions, révélait quelque arrière-pensée malicieuse, formaient les traits caractéristiques de ce député. Sa vaste chevelure renversée sur le front et chargée de poudre à la manière du temps, mais dans laquelle il aimait à passer souvent la main, sans craindre d'en déranger la symétrie, prêtait à sa tête élevée, faiblement penchée en arrière, un air de majesté très favorable à la pompe du débit oratoire. Il marchait avec l'aplomb d'un ministre qui va prendre possession du cabinet, et parlait en marchant, avec l'attention d'un homme qui veut être écouté, à ceux de ses collègues qui l'entouraient, dirigeant tour à tour sur chacun la portée de sa phrase infaillible, mais sans élever la voix, sans gestes, sans mouvements passionnés, sans inflexions véhémentes, du ton d'un causeur indifférent, avec la limpidité facile d'un discours qui coule de source, et dont aucune passion profonde, aucun intérêt pressant, aucune émotion sensible ne trouble le cours naturel. Autour de Gensonné – c'est le nom de ce personnage à l'attitude calme et à l'esprit reposé –, gravitaient en quelque sorte, comme suspendus à ses paroles, avec une avidité curieuse mêlée de soumission et de respect, Lacaze [14], Gardien [15], Lesterpt-Beauvais [16], Antiboul [17], les clients les plus assidus de ce talent égal et pur qui avait honoré dix ans le barreau et la tribune. Ceux-ci, dont les traits ne manifestaient d'ailleurs d'autre impression que celle d'une déférence silencieuse, semblaient retenir leur haleine et suspendre leurs pas pour ne rien perdre de ces accents d'une éloquence grave et douce que le groupe suivant couvrait de moment en moment d'éclats tumultueux.

C'est que les trois hommes qui venaient ensuite se trouvaient rarement réunis sans qu'il s'élevât entre eux une contestation orageuse, quoiqu'il existât d'ailleurs à peu de chose près une grande analogie dans leurs affections et leurs principes ; mais il ne fallait qu'une étincelle pour allumer dans ces âmes inflammables de violents incendies qu'un souffle éteignait aussi aisément. L'ardente exaltation de leur caractère était si connue à la Convention nationale, qu'on ne les aurait pas vus sans étonnement dévouer leur vie à la cause périlleuse de l'ordre et de la modération, si cette alliance d'une organisation impétueuse et d'une profonde bienveillance avait été alors un phénomène nouveau, surtout pour les observateurs qui ont étudié le tempérament moral de quelques-unes de nos provinces ; Duperret[18], dont quarante-six hivers n'avaient pas refroidi la fougue languedocienne, était un de ces gentilshommes à l'éducation chevaleresque et aux traditions de duel et de guerre, dont les mœurs de castel, exemptes de l'influence de la cour, avaient conservé jusque-là sans altération le vieux type d'héroïsme barbare et de galante politesse qui distingua les paladins : amis sûrs, ennemis courtois comme les héros des Amadis, mais qui faisaient passer au-dessus de toutes les doctrines la dernière raison de l'épée*. Viger[19], angevin mobile à la tête bretonne, ne s'était arrêté à rien dans le choix de sa carrière sociale, mais il avait touché à tout. Officier de mer, officier de terre, homme de loi, magistrat, littérateur, académicien, il s'était fait simple soldat dans l'âge mûr, et l'esprit des camps avait prévalu sur ses autres penchants, quand il vint subir pendant quelques jours sa dernière métamorphose au sénat d'un peuple en révolution. La vie pratique du troisième aurait dû le placer sur une ligne bien différente, mais Lasource[20] était pénétré aussi des feux de ce soleil méridional

* Dans les deux assemblées législatives dont il a fait partie, il n'a pris d'autre titre que celui de cultivateur, qui convenait seul en effet à sa vocation politique. Son fils, qui a donné depuis des écrits très remarquables, a rétabli ce point de sa biographie en attribuant à sa famille une origine, sinon plus honorable, au moins plus illustre. Tous les faits qui concernent Duperret sont détachés ici ligne à ligne des pages du *Moniteur*.

qui fait bouillir le sang jusque dans les veines d'un ministre de paix. Interprète de la parole de Dieu dans le culte réformé, personne n'avait payé cependant un plus large tribut aux passions effrénées du temps. Sa dialectique impétueuse ne s'épanchait d'ordinaire qu'en agressions et en menaces, et ses emportements se prenaient souvent à ses propres amis dans les discussions les plus pacifiques. Une sympathie difficile à expliquer, à moins qu'elle ne résultât du besoin de la dispute, avait étroitement rapproché dans la prison ces trois tribuns de fer dont les formes anguleuses ne se heurtaient jamais sans fracas. On ne fut donc pas surpris de les entendre parler avec une violence qui leur était habituelle, et que la parole incisive et cavalière, mais plus euphémique et plus posée de Duperret, ne parvenait point à calmer. On ne supposait pas qu'ils pussent parler autrement. On se demandait seulement par quel hasard l'intrépide Valazé[21] manquait à ce groupe querelleur où il avait coutume de faire sa partie avec une énergie de légiste profès, qui justifiait la réputation des imperturbables bretteurs de Caen et d'Alençon. On le chercha inutilement dans la foule. Valazé n'y était pas.

Derrière eux marchait un homme seul qui ne témoignait nulle envie de se rapprocher de personne, et qui se suffisait à lui-même dans un soliloque monotone dont on ne perdait pas une parole, tant il avait soin de le répéter à chaque station, mais qui n'en était pas moins inintelligible pour les écoutants. « Vive la République ! » disait Boilleau, le juge de paix d'Avallon, en frappant à coups réitérés sur sa tabatière : « Vive la République une et indivisible ! vive la Montagne impérissable ! je ne suis pas fédéraliste moi ! je suis un bon et sincère montagnard ! »

Cette profession de foi, trop tardive dans le député

naguère autrement inspiré, qui avait appelé Marat un « monstre » quelques mois auparavant, excitait à des degrés différents la gaieté de deux couples amis qui s'avançaient presque ensemble sur les pas de Boilleau [22], la figure épanouie et les bras entrelacés. C'étaient quatre jeunes gens.

Des premiers, l'un avait la physionomie plus calme et plus réfléchie que les autres. On devinait à le voir que son front de vingt-sept ans avait pu déjà se rider au souci des passions et des affaires, et que ce qui lui manquait d'expansion tenait moins à une préoccupation momentanée qu'à une ancienne habitude. Le second avait toute la vivacité de son âge, et son œil assuré, radieux, resplendissant d'une pure joie, brillait de cette assurance étourdie qui ne messied pas à une forte jeunesse. Il fredonnait un refrain, essayait un air, improvisait un couplet, et puis il échangeait avec son compagnon un regard et un sourire, car ils étaient unis par un étroit attachement dont quelque alliance de famille avait encore resserré le lien fraternel, et l'histoire même embrassera dans un souvenir commun les noms jumeaux de Boyer-Fonfrede [23] et de Ducos [24].

L'autre couple était animé d'une gaieté plus bruyante, qui se manifestait d'ordinaire par des éclats étourdissants, mais qui semblait enchérir ce jour-là sur sa folie accoutumée. Aussi le nom des deux négociants d'Avignon, Duprat et Minvielle [25], courait sur la bouche des spectateurs, longtemps avant qu'ils eussent paru. Le rôle violent et sans excuse qu'ils avaient joué dans les révolutions de leur malheureuse patrie paraissait cependant de nature à leur laisser des souvenirs assez austères pour tempérer ces joyeux emportements, mais, revenus depuis quelques mois à des sentiments plus doux, ils goûtaient le prix de leur retour aux idées sociales et de leur expiation précoce,

Minvielle surtout, qui n'avait fait dans la Convention nationale qu'une apparition d'un moment, et que les brutales antipathies de la Montagne avaient jeté dès le jour de son admission dans le parti modéré*. Agé de vingt-sept à vingt-huit ans, il était avec Duchastel le plus beau des accusés, et la douceur de ses inclinations naturelles, rendues à leur propre instinct, avait promptement racheté les torts vrais ou faux que lui donnait sa réputation ; car il y a des jours dans les annales d'un peuple en délire où la plus simple résipiscence peut avoir tout l'héroïsme de la vertu. On aurait dit que la providence indulgente eût voulu le payer, même sur la terre, du courage de cette libre réparation, en lui épargnant jusqu'à la tristesse du remords. Son rire naïf et inextinguible, comme celui

* Il est impossible de justifier Minvielle de ses violences d'Avignon avant la réunion du Comtat, mais quelles violences une guerre civile ne peut-elle pas du moins expliquer dans un adolescent de tête ardente que n'éclaire pas encore l'expérience de l'histoire ? Ce n'est pas d'ailleurs ici une question de notre révolution. C'était pour le pays de Minvielle une question d'Etat et de patrie, comme celles qui ont soulevé depuis la Grèce et la Belgique. Il n'y a certainement pas un conventionnel que les biographies aient d'ailleurs plus faussement apprécié, ou pour mieux dire il n'y a pas une seule biographie qui parle de Minvielle avec connaissance de cause. On assure par exemple que ses crimes révoltèrent tellement la Montagne elle-même qu'elle le repoussa avec horreur comme factieux et comme assassin. C'est prêter à la Montagne une délicatesse bien timorée, et au parti de la modération qui fit admettre Minvielle une bien étrange abjuration de principes. Cette discussion fournit à Guadet une de ses improvisations les plus éloquentes. Il est vrai que Minvielle était accusé d'une tentative d'assassinat, désignation impropre d'une altercation menaçante et qui faillit devenir tragique, selon l'usage du pays, mais qui ne fut point suivie d'effet. Le dénonciateur était Duprat l'aîné[26], le plus fougueux révolutionnaire d'Avignon, qui avait demandé à grands cris la tête de son frère le modéré, le fédéraliste, le conspirateur, de Duprat le conventionnel. Minvielle, si étroitement uni à Duprat le jeune, s'était livré à cette occasion à tous les emportements dont son caractère était capable. Voilà le crime que lui reprochait Marat, et pour lequel il est permis d'être plus indulgent que Marat, qui était ordinairement moins méticuleux en matière de crimes.

d'un enfant heureux de peu de chose, avait souvent troublé à la tribune le montagnard le plus intrépide ; il avait enrichi d'un accompagnement bizarre la basse solennelle de Danton et les glapissements féroces de Marat. Devant le Tribunal révolutionnaire, on venait de l'entendre couvrir dix fois la voix fausse et vagissante de Fouquier-Tinville, les cris des huissiers, et la sombre rumeur de l'auditoire. Au moment où nous parlons, il l'interrompit tout à coup pour déployer les grâces de sa belle tournure, et rajuster d'une main nonchalante les boucles dérangées de ses cheveux. Il croyait avoir aperçu une femme qui se montrait à peine, en effet, à travers les ombres de la cour, appuyée sur le bras d'un guichetier compatissant et sensible – il y en avait un alors à la Conciergerie – ; mais ce que cherchait le regard attentif et inquiet de cette femme, ce n'était pas Minvielle.

Cette diversion subite permettait à Brissot[27] d'achever quelques phrases qu'il adressait à son plus proche voisin. Le premier de ces interlocuteurs était un homme de trente-six à quarante ans, grêle, court, un peu contrefait, dont la figure commune n'offrait de remarquable qu'une excessive pâleur encore augmentée par les veilles et par le travail. Ses vêtements étaient fort simples, mais d'un goût singulier, ses cheveux ronds, plats et sans poudre, comme ceux des quakers, et toutes ses manières empreintes d'une sorte d'originalité qu'on n'aurait retrouvée d'ailleurs ni dans ses discours ni dans ses écrits. Comme publiciste et comme philosophe, il ne s'était distingué de la foule des hommes qui ont acquis par l'étude un assez grand nombre d'idées, et qui ne les expriment pas mal, qu'à la faveur de quelque teinture des langues étrangères, et de nouvelles sciences politiques qui avaient produit la Révolution. Comme orateur, il était plus riche en pensées qu'en formes et plus disert qu'éloquent, mais il possédait le genre de talent oratoire le mieux approprié au besoin des gouvernements représentatifs, l'érudition des affaires et la lucidité des expressions. Il avait commencé par affecter les manières de Jean-Jacques Rousseau à qui ses amis le comparaient volontiers, et s'il lui était fort inférieur en génie, il ne lui cédait pas du moins en probité de caractère et en chaleur de sentiments. Il et vrai de dire que dans toutes les circonstances où la fortune aurait pu le placer, Brissot aurait été un homme remarquable, et qu'entraîné au-delà de sa portée naturelle par le véhicule des révolutions, il avait quelque droit de se regarder comme un homme extraordinaire. Cette conviction lui inspirait pour lui-même une sorte de complaisance qui se manifestait dans sa manière de s'exprimer, ou pour mieux dire dans l'attention caressante avec laquelle il s'écoutait. Aussi les explosions extravagantes de Minvielle et Duprat l'avaient désagréablement interrompu dans l'allocution qu'il adressait à Carra[28], quand elles commencèrent à éclater sous les voûtes de la prison.

Celui-ci était de tout le parti de la Gironde l'homme qui inspirait le moins d'intérêt. Cinquante années aventureuses passées à travers l'Europe dans des professions occultes et même suspectes, s'il fallait en croire les chroniques diffamatoires de la basse littérature ; une réputation au moins obscurcie par des préventions qui n'avaient jamais été entièrement justifiées, mais qui n'avaient jamais été entièrement détruites ; un genre d'instruction peu national qui ne se composait que de notions hétéroclites sur les subtilités de la physique ou sur les vaines hypothèses de l'étymologie ; une conversation diffuse et indigeste où se confondaient les opinions les plus disparates, les propositions les plus téméraires, les paradoxes les plus effrénés, dans un chaos d'hyperboles effrayantes d'exagération et de mensonge ; la violence enfin de ses doctrines politiques qui ne paraissaient se modérer que depuis le procès du roi, tout se réunissait pour mal disposer en sa faveur le grand nombre des esprits raisonnables ; et cependant, on convenait assez généralement dans le cercle étroit de ses habitudes familières, où il était mieux connu et devait être mieux apprécié, qu'il y avait de la bonne foi dans son charlatanisme et de la candeur dans sa folie. Brissot, qui en faisait peu de cas, ne dédaignait pourtant pas son entretien, parce qu'il lui trouvait quelque aptitude à le suivre dans ses raisonnements, et des connaissances d'ailleurs extrêmement rares parmi les membres les plus éclairés de la Convention. Pour cette fois, Carra ne l'avait écouté qu'imparfaitement. Il était préoccupé lui-même de sa grande théorie physique sur l'éternelle reproduction des modes et des accidents de la matière, la plus creuse, la plus vivace et la plus obstinée de ses chimères philosophiques, et il regrettait amèrement de la laisser imparfaite, car il doutait, non sans motif, qu'aucun de ses adeptes en eût conservé l'entier souvenir avec tous les syllogismes, tous ses dilemmes, tous ses théorèmes et tous ses corollaires.

Quoique Brissot s'arrêtât de temps en temps pour insister par une pause calculée sur une nuance importante de sa pensée, on remarqua quelque vide entre eux et le député qui les suivait ; et on put juger à l'espèce d'affection avec laquelle ce nouveau personnage s'isolait, que ce n'était pas sans dessein qu'il se tenait si soigneusement éloigné de ses collègues. Son âge était déjà assez avancé, mais la supériorité qu'il paraissait rechercher devait être fondée sur une autre espèce de droits, car il avait conservé dans ses manières quelque chose d'aisé, de poli et de gracieux qui appelait la bienveillance et ne demandait pas le respect. Ce n'était, à le bien considérer, qu'un jeune homme vieilli par le temps et non par le caractère. Ses cheveux mêmes ne trahissaient pas ses années, tant les soins de la toilette en avaient habilement dissimulé la blancheur. Une propreté élégante que rehaussaient quelques ornements d'un luxe alors réprouvé ; les bijoux qui étincelaient à ses doigts, et qu'il livrait au jeu de la lumière en déployant sa main à travers les nœuds flottants de sa cravate, son port droit et cérémonieux, sa marche courte et méthodique, le sourire même d'une haute bonté qui volait sur ses lèvres protectrices, et qui répondait de côté et d'autre à tous les regards, tout annonçait en lui un courtisan tombé dans les rangs populaires par l'effet des événements qui venaient de s'accomplir, et impatient de ce rôle déplacé qui l'avait assimilé malgré lui à de simples citoyens. Cet aristocrate de la Gironde était en effet un homme de cour qui passait pour n'avoir ambitionné la faveur de l'opinion que dans l'intention d'en faire hommage à une amitié élevée, mais dont la conscience naturellement droite avait depuis longtemps sacrifié l'une et l'autre aux devoirs de l'honnête homme. Satisfait d'échapper par la mort même à la responsabilité de sa vie historique, il reprenait avec fierté l'ascendant qu'il croyait tenir de son rang et de sa naissance, et le moment de sa chute du faîte des honneurs populaires l'avait replacé tout à coup à ses propres yeux au-dessus de ses égaux de la veille. C'était encore la familiarité complaisante du collègue, mais relevée par l'abandon sans conséquence du grand seigneur.

Sillery [29], que nous venons de voir, était le plus âgé de ces hommes d'Etat que la Convention muette de terreur avait abandonnés le 2 juin aux fureurs de la Montagne. Duchastel, qui marchait après lui, aussi solitaire et plus pensif, en était le plus jeune. Elevé dans les soins d'une ferme, quoique sorti d'une famille qui avait, dit-on, des prétentions à la noblesse, son enfance robuste s'était développée au milieu des mâles exercices et des pratiques religieuses du Vendéen, mais la guerre civile le surprit à cet âge où aucune opinion n'est invariablement formée, et où les illusions deviennent facilement des passions quand elles ont de la grandeur. Duchastel combattit pour la Révolution contre ses compatriotes, et son nom ne resta pas sans gloire dans cette guerre française où il y avait du courage et de l'honneur sous les deux drapeaux. On apprit cependant qu'il s'était refusé à tout avancement, et à cette époque où deux hautes vertus des républiques, le désintéressement et la modestie, étaient, par une exception rare dans notre histoire, estimées à leur valeur, le soldat se vit avec surprise transformé en député, sans avoir ambitionné ces nouveaux hasards plus dangereux que ceux des batailles. C'est ainsi que Duchastel était venu s'asseoir à vingt-cinq ans dans la Convention nationale, et qu'il y avait assisté à l'ouverture du procès de Louis XVI. L'aigreur de ces débats, si peu judiciaires et si étrangers à ses mœurs, avait consterné son cœur ; épouvanté de l'importance inattendue de sa mission, et des étranges devoirs qu'elle allait lui imposer, il fut près de succomber aux émotions douloureuses qui envenimaient de jour en jour ses blessures mal cicatrisées. L'héroïsme de l'humanité le défendit seul des atteintes de la maladie, et mourant, il se fit porter à la tribune, pour y proférer sous les menaces et sous les poignards un vote d'absolution. Cette circonstance solennelle avait laissé dans son caractère, dans ses habitudes, dans ses traits, une profonde impression d'attendrissement et d'effroi, que la rare beauté de ces formes et de cette figure apolloniennes dont parle Louvet[30] rendait encore plus pathétique. Aucun sentiment agréable n'avait semblé depuis éclaircir sa physionomie naturellement grave et rêveuse. On le voyait immobile, silencieux, pénétré d'une préoccupation inconnue, comme un homme qui cherche à se recueillir et à se rendre compte d'un mystère pénible et mal débrouillé. Dans la soirée du 30 octobre, on ne remarqua pas sans surprise qu'une sérénité qui indiquait l'oubli des inquiétudes et le calme du cœur commençait à renaître sur son visage. Seulement, quand il traversa la partie de la cour intérieure où la coquetterie présomptueuse de Minvielle avait été éveillée par une vision fugitive, il s'arrêta un moment, les regards fixés sur le même point, pour y chercher sans doute le même objet, qui parut en effet avec la rapidité d'une ombre, et puis disparut dans le corridor, derrière une porte qui redescendait lourdement sur ses gonds*. Duchastel avait imposé sa main sur son front, en élevant ses yeux vers le ciel ; mais sa main était retombée, son front était aussi pur qu'auparavant, ses yeux brillaient d'une pensée douce qui n'avait plus rien de vague ni d'incertain ; ses lèvres souriaient sans amertume ; le bruit de l'absolution des accusés, qui n'avait cessé de

* Cet épisode d'un amour de prison a deux grands défauts ; le premier, c'est d'être romanesque, prétention insupportable dans un travail historique studieusement fait, qui annonce le ferme dessein d'être aussi vrai que possible ; le second, c'est d'être commun dans un genre où le commun est intolérable. Je ne peux l'excuser qu'en attestant qu'il m'a été raconté plusieurs fois, avec des variantes de peu d'importance ; il n'en fallait pas davantage pour m'imposer le devoir de le conserver, même sous la forme assez obscure que lui a laissée l'incertitude de mes enseignements. Sa brièveté lui méritera d'ailleurs quelque indulgence. Il n'occupe en tout qu'une page.

s'accroître sur leur passage, finissait de se confirmer, quand un nouveau spectacle renouvela toutes les anxiétés, et les termina.

Dix-sept accusés étaient rentrés dans le parloir des prisonniers, et vingt et un le matin avaient franchi le préau. Ce calcul occupait tous les esprits quand survint un dernier groupe, qui offrait plus de profondeur apparente que les autres, quoiqu'on ne vît se dessiner que trois têtes au-dessus de cette masse projetée en ombres noires par la clarté des derniers flambeaux ; et on en conclut que les hommes qui la fermaient devaient marcher courbés, parce qu'ils portaient quelque chose.

Les deux premiers des arrivants étaient bien connus de leurs compagnons de captivité, qui avaient eu assez de temps pour se faire à leurs mœurs et à leur esprit, dans l'intimité de la prison où toutes les âmes se mettent à découvert, et personne ne s'étonnait de n'avoir pas encore aperçu Vergniaud, qui arrivait partout le dernier, parce que, dans ses distractions habituelles, il avait toujours oublié quelque chose. C'était donc Vergniaud d'abord, Vergniaud, le front haut, l'œil errant sur tous les objets sans les regarder, imposant dans l'abandon même de sa démarche et de ses manières, de toute la grandeur qui s'attachait au souvenir de ses paroles ; insouciant de la minute qui venait de s'écouler, insouciant de la minute à venir ; la main droite occupée à jouer dans les breloques de sa montre, comme à la tribune du manège ; la main gauche égarée des plis de son jabot fatigué aux touffes mal ordonnées de ses cheveux qu'il avait laissés croître depuis qu'il n'avait plus de domestiques ; Vergniaud rêvant, et qui pourrait dire à quoi Vergniaud rêvait, si ce n'est à l'objet le plus étranger à sa situation présente, au thème imparfait de son premier plaidoyer, au mouvement interrompu de son dernier discours, à une idée, à un sentiment dont le fil allait se rompre dans sa vie.

A son oreille se penchait un homme beaucoup plus âgé, sans être vieux, qui murmurait d'une voix grave comme les chants de l'église quelques paroles puissantes, car Vergniaud tournait de temps en temps la tête de son côté avec un commencement d'attention qui ne tardait pas à s'évanouir. Celui-ci était un prêtre en effet, et sa longue chevelure tonsurée, qui descendait sans soin sur ses épaules, annonçait qu'il avait repris dans la captivité les insignes respectables de son ancien état, comme il en avait repris le langage, car Fauchet avait abjuré depuis près d'un an l'argotisme puéril des sociétés secrètes, si cher à son ami Bonneville[31]*, son rival d'éloquence et d'ingénuité,

* Nicolas Bonneville, d'Evreux, collaborateur de Berquin, traducteur du *Théâtre allemand,* poète, publiciste et philosophe, associé de Fauchet dans la rédaction de la *Bouche de fer ;* un des hommes les plus élevés d'esprit et de cœur que la période révolutionnaire ait produits, aurait sans doute laissé plus de souvenirs comme écrivain dans une époque plus favorable aux lettres. Le désordre des temps qui favorisait la fougue de sa jeune imagination, et surtout la malheureuse habitude d'un verbiage maçonnique porté au dernier degré d'impénétrabilité par le docteur Seyffer et quelques autres illuminés d'Allemagne, le détournèrent d'une voie où il y avait de nombreux succès à recueillir ; mais rien ne pouvait détourner cette belle organisation de la modération et de la vertu. Passionné pour la liberté, mais ennemi de tous les excès et incapable de condescendre à l'idée d'une violence politique, il fut dénoncé comme royaliste par Marat, et la beauté remarquable de ses traits le défendit seule des furies de la populace. Il était l'ami d'André Chénier[32] qu'il devança dans d'admirables dithyrambes contre les assassins de septembre, et André Chénier lui-même ne les a pas surpassés. Il fut depuis celui de Thomas Paine[33], de Kosciuszko[34], et l'hôte assidu de tous les malheureux de tous les partis ; car des entreprises industrielles l'avaient fait riche un moment. La publication du *Bien informé,* rédigé de moitié avec Louis-Sébastien Mercier, le rendit odieux à Bonaparte qui le ruina par la saisie illégale de ses presses, dès la première année du gouvernement consulaire. C'est le temps où je le connus dans les prisons et où je reçus de lui ce beau type de Fauchet tout neuf encore dans sa mémoire, mais que le temps et la

pour revenir aux magnifiques inspirations de la Bible. Ce grand caractère de la pensée qui s'était manifesté dans ses derniers discours, et qui avait souvent frappé Vergniaud lui-même, se reproduisait depuis dans les moindres élans de sa vive sensibilité, dans les moindres détails de ses causeries familières. – Et c'était ce prodigieux ascendant de la seule langue oratoire qu'il n'eût pas connue, qui saisissait par moments l'attention étonnée de Vergniaud, trop fidèle aux leçons des orateurs classiques dont il aurait été le maître.

Le troisième, c'était le bon docteur Lehardy, sage et savant médecin de Dinan, fort ignoré aujourd'hui des biographes, quoique l'exemple de sa nomination ne soit pas à dédaigner chez un peuple qui cherche encore un bon système électoral, et qui n'est guère sur la route de le trouver, s'il faut s'en rapporter aux apparences. L'acte de son élection porte qu'il a été choisi à l'unanimité et par acclamation, comme le plus homme de bien*.

Lehardy soutenait de ses deux mains une tête

succession de tant d'impressions diverses ou contraires, ont nécessairement beaucoup altéré sous ma plume. Bonneville dont les premiers vers, si gracieux, si doux, si nouveaux dans notre langue, avaient vivement excité la prédilection de la reine, qui prit sous sa protection l'essor de cette muse de dix-huit ans, a survécu de beaucoup à la Restauration. Il est mort bien pauvre, et n'ayant pas une chaise où s'asseoir, dans une échoppe de bouquiniste de la rue des Grés. Une demande, hélas trop tardive, de M. de Vigny, de M. Victor Hugo et de moi, à mon illustre ami M. de Martignac, toujours si disposé à protéger le talent et à secourir le malheur, n'aboutit qu'à payer les frais de l'enterrement.

* Ces renseignements, et tous ceux qui le concernent dans la suite de cet essai, m'ont été donnés il y a plus de vingt-cinq ans par madame Magot, sœur de Lehardy, femme d'un ancien et brave capitaine d'infanterie devenu receveur des contributions à Saint-Ylie, près de Dôle. Je lui ai dû en même temps la communication d'un grand nombre de lettres de son généreux frère, plus honorables les unes que les autres pour le caractère de ce digne homme, et dont j'ai grand regret de n'avoir pas pu conserver quelques traits simples et touchants, d'un grand bonheur de sentiment et d'expression.

abattue sur une espèce de claie couverte d'un drap sanglant.

Et on comprit alors pourquoi on n'avait compté que vingt girondins.

Le convoi tout entier fut enfin réuni dans la salle où les députés s'assemblaient chaque soir pour prendre leur repas. La table était servie, les sièges disposés. Un vieux serviteur, étranger à la maison, mais qui était parvenu à s'y introduire ; un guichetier à la mine sévère, mais aux soins compatissants, que nous avons déjà entrevu prêtant l'appui de son bras à une pauvre et tendre femme, en avaient fait les apprêts.

Les porteurs déposèrent leur charge au fond de cette salle, et précisément au-dessus du fauteuil où Vergniaud se laissait tomber négligemment, en vertu des droits non abrogés de sa dernière présidence.

Lehardy, qui les avait accompagnés jusque-là d'un air d'attention religieuse que n'éclairait aucune lueur d'espérance, découvrit le cadavre de Valazé. Il détacha les vêtements qui cachaient sa blessure, en approcha un flambeau, la sonda du regard et du doigt, fit deux pas dans la salle, et dit d'une voix ferme et posée :
– Le coup a pénétré le cœur ; il est mort.

– Docteur, répondit Vergniaud, sacrifiez un coq à Esculape, voilà déjà un de vos malades guéri.

C'est alors seulement que l'on fut vaguement informé à la Conciergerie des choses qui venaient de se passer au tribunal. Tous les accusés étaient condamnés sans exception, et ils avaient accueilli leur sentence par le cri de : *Vive la République !* On n'en remarquait pas plus de quatre qui ne se fussent point unis à leurs collègues dans cet élan solennel, Fauchet, Duchastel, Lehardy et Valazé ; les trois premiers, distraits par une méditation inaltérable qui semblait les absorber depuis le commencement de la procédure, et qui les avait rendus étrangers à tous ses détails ; l'autre occupé à se dérober à ses bourreaux sans les avertir par un cri ni par un mouvement. Il dirigea le fer avec une impassibilité si sûre qu'on ne s'aperçut pas de la plus légère émotion dans ses traits ; et quand il échappa aux mains de Gensonné, qui s'efforçait de le retenir assis sur sa banquette, en lui disant : *Que fais-tu donc, Valazé, as-tu peur ?...* – quand il répondit : *Je meurs,* avec le calme stoïque de Brutus, Valazé mourait en effet. Sa dernière parole, c'était son dernier soupir.

Les différents personnages de l'action que nous essayons de décrire s'étaient distribués sur différents points de la salle du festin, les uns en poursuivant l'entretien commencé, les autres en se rapprochant selon les affections ou les intérêts qui pouvaient les occuper encore, et le bruit de quelques conversations confuses venait expirer autour de Vergniaud qui ne prenait part à aucune. Fauchet cependant ne s'était pas éloigné de lui, et ses paroles empruntaient une nouvelle majesté de l'appareil tragique qui l'entourait, car sa tête élevée se perdait presque dans les plis du linceul de Valazé : – Oui, disait-il, une main étendue dans l'attitude de la prédication, oui, Vergniaud, ceci est une des réparations que le vengeur s'était réservées dans sa colère, et trop heureux le genre humain s'il les épuise sur nous ! Le sang appelle le sang, et quiconque a tué de l'épée sera dévoué à l'épée.

– Sacrifice pour sacrifice, ajouta Duchastel en les rejoignant ; après l'homicide, l'expiation.

Vergniaud regarda Duchastel avec quelque étonnement.

– Eh quoi, dit-il, monsieur Duchastel, nous faites-vous entendre le chant du cygne ? Jamais, continua-t-il en souriant, vos lèvres nobles et pures ne s'étaient ouvertes à un pareil nombre de syllabes ! La terreur qui délie quelquefois la langue des muets produirait-elle sur vous le même effet que sur l'enfant de Crésus[35] ?

– Je n'ai point de terreur, répondit Duchastel. Je vais mourir. La terreur est pour les coupables.

– Arrêtez, reprit vivement Vergniaud en promenant un regard inquiet à ses côtés, comme s'il avait craint que le bruit de cette conversation ne parvînt à des auditeurs qui ne seraient pas aguerris à l'entendre ; – arrêtez, Duchastel, et songez que c'est un rôle trop cruel pour votre âge et pour votre caractère que celui de Némésis au chevet des mourants. – Permettez-moi de croire d'ailleurs que les yeux du juge devant lequel ma conscience est prête à se développer sont plus infaillibles que les vôtres, et daignez attendre, pendant quelques heures, cet incompréhensible demain sur lequel je compte comme vous, sans le redouter davantage. Nous avons admiré votre vertu de conviction et de dévouement ; pourquoi ne prendriez-vous pas en pitié notre pénible et rigoureux courage ? Croyez-vous qu'il n'ait rien coûté ? Ce n'est pas l'action qui fait la faute ou le crime aux yeux de la justice éternelle, c'est la conscience. La solution de la question fatale qui nous a divisés n'est pas suspendue pour longtemps. Si votre foi est vraie, si mes espérances ne m'abusent point, elle viendra retentir à nos oreilles, avant que l'aiguille des heures ait achevé de parcourir ce cadran où elle marche si vite. Contenez d'ici là dans votre cœur généreux – réprime, Fauchet, dans le tien – une expansion qui troublerait la fête de nos adieux, peut-être éternels ! car rien de l'homme n'est invinciblement démontré à l'homme. Nous descendons dans l'antre de la Sibylle, et les oracles ne sont pas pour aujourd'hui.

Fauchet s'assit. Duchastel tendit la main à Vergniaud, parce qu'il l'aimait ; et cette discussion sur une affaire solennelle où la moitié des girondins avait rompu violemment avec l'autre ne se renouvela plus.

La confusion des groupes et des discours allait toujours en s'augmentant, et ce n'était pas sans peine qu'on y pouvait saisir çà et là quelques phrases éparses, brusquement enveloppées par des voix confuses, que dominaient de loin en loin les rires bruyants de Ducos et de Minvielle.

– Qui nous empêcherait plus longtemps, s'écria enfin celui-ci, de prendre place à un repas délectable, à un repas digne, s'il en fût jamais, des voluptueuses soirées d'Hérault de Séchelles[36], de Quinette[37] et de Danton avec la brune Gabrielle et Illyrine l'évaporée* ?

– J'y reconnais les soins de Bailleul[38]**, ajouta Ducos, et je conviens qu'il a présidé en conscience à l'ordonnance du festin. Il manque seul au nombre de nos convives ordinaires, et c'est la première fois que

* Je n'aurais pas cru remplir toute ma tâche si j'avais laissé échapper quelques-uns de ces détails du temps qui me sont parvenus par hasard, et qu'on peut trouver assez caractéristiques, mais je me serais fait scrupule de les inventer. J'ai vu des dames, un peu plus mûres d'âge et non pas de raison, revenues des passions et non pas de l'intrigue ; femmes politiques, et qui pis est, peut-être, femmes auteurs. Leurs romans, assez mal écrits, et fort suspects pour l'histoire, ne manquent pas d'un certain intérêt anecdotique, et plusieurs des lettres qui y sont rapportées ont été en autographe dans mes mains.

** Avocat, député de la Seine-Inférieure, alors âgé de 31 ans. Il avait été le compagnon de captivité des proscrits après son arrestation à Provins, et sa conduite énergique et pure à la Convention nationale lui méritait bien cette distinction. On se contenta cependant de le colloquer parmi les soixante-treize dont il partagea la rigoureuse destinée[39] jusqu'à leur rappel solennel et expiatoire dans le sein de l'assemblée. Selon la tradition des vieux amis des girondins, ils étaient convenus entre eux que les absous pourvoiraient au festin funèbre des condamnés, et M. Bailleul, seul échappé à la mort, n'oublia pas, dit-on, cet engagement[40]. Je ne pouvais pas me dispenser de faire allusion à une anecdote si glorieuse pour lui, et qu'il n'appartient qu'à lui de démentir. M. Bailleul est vivant.

notre amitié trouve à se consoler de son absence. Nous lui voterons des remerciements, le verre à la main.

– Cela vaudra mieux pour lui, reprit Minvielle, que le baiser fraternel dans le panier de Sanson. – Et Minvielle rit.

– La séance est ouverte, dit Vergniaud. Je vous convoque au repas libre des anciens chrétiens. Laissons rugir jusqu'à demain les tigres qui nous attendent.

Tout le monde était assis, à l'exception de Duprat qui serrait la main d'un vieux serviteur que nous avons aperçu en passant, et qui lui adressait d'un air presque filial des paroles d'amitié.

– Je te cherchais, Baptiste, et je m'étonnais de ne pas te voir. Oublies-tu que j'aime à commencer le souper en échangeant avec toi une large rasade ? Il serait un peu tard aujourd'hui pour renoncer à mes habitudes.

– Je vous demande pardon, monsieur, répondit Jean-Baptiste Morand* à demi-voix, mais j'étais si pressé de m'informer... et on ne sait à qui se fier dans cette maison... – Il y en a qui parlent des fers, de la détention à perpétuité, de la déportation... – de la mort !

Il se baissa jusqu'à l'oreille de son maître, qui

* La touchante action du domestique de Duprat s'est conservée dans tous les recueils, mais il n'en est pas de même de son nom, sur lequel toutes mes recherches ne m'ont fourni qu'une approximation fort douteuse. Le prix Monthyon[41] n'était pas encore fondé, et s'il avait été possible de le lui décerner en ce temps-là, Jean-Baptiste l'aurait expié à l'échafaud de son maître. Je suis encore plus mal à mon aise avec Pierre Romond, le suisse de Gensonné, dont je n'ai jamais pu retrouver la trace, quoique son histoire ne soit pas moins authentique. Pierre Romond est un personnage vrai dont le nom est d'invention dans mon livre. Il vaut la peine d'être cherché !

s'asseyait à côté des autres pour lui dérober une émotion involontaire dont il avait honte.

– Quelques-uns de ces messieurs seraient-ils en effet condamnés... Mon Dieu ! condamnés à mourir !...

– Nous le sommes tous, Baptiste, condamnés tous à mourir demain, sauf ce diable de Valazé qui s'est bravement tiré d'affaire, pour ne pas avoir de comptes à régler avec le bourreau ; et je me trouverais trop heureux de pouvoir faire la même espièglerie à mes créanciers, si Emilie... pauvre Emilie ! que va-t-elle devenir ?...

Jean-Baptiste s'était laissé presque défaillir au commencement de la réponse de Duprat, et il se retenait à peine au bois de la chaise de ce beau jeune homme qu'il aimait tant ; car Jean-Baptiste avait été son père nourricier. – A ces derniers mots qui retentissaient plus loin que Duprat ne l'aurait voulu, à ce sanglot qui trahissait le désespoir secret du rieur, et qui suspendit un moment la distribution du souper, Jean-Baptiste se releva aussi droit que le lui permettait sa longue stature, un peu courbée par le temps :

– Vos créanciers, monsieur, vous n'en avez plus, dit-il avec fermeté. Ils vous redevaient quelque chose, et ils ont été contents de tout prendre. Quant à madame, elle conserve cette petite maison de Villeneuve qu'elle préférait à celle d'Avignon, et il lui reste avec son domaine, en pleine propriété, les dix-sept cent trente livres de rente de Jean-Baptiste Morand.

– Votre fortune, Baptiste, après avoir arrangé mes affaires, selon toute apparence, du produit de quelques autres épargnes que vous aviez faites dans mon commerce, au temps passager de sa prospérité !... Mais que vous restera-t-il, à vous ?

– L'amour et la crainte de Dieu où j'ai été élevé,

monsieur ; et puis du pain chez madame Duprat. Je n'ai jamais eu d'autre ambition. J'ai commencé par votre pain, et je finirai par votre pain, en tout bien tout honneur, sans avoir fait tort à personne. J'aurais passé avec vous le peu de jours que j'ai encore à vivre. S'il faut que vous partiez le premier... – Hélas ! cela est donc vrai ! – je serai jusqu'à la mort le fidèle domestique de madame Duprat et de vos enfants, comme j'ai été celui de votre père et le vôtre. Je ne me connaissais point de famille ; je n'ai jamais eu qu'un fils à caresser au berceau, et c'est celui que vous êtes venu remplacer dans les bras de ma femme. Elle aussi s'en est allée, sans me laisser aucun devoir à remplir sur terre. Le Seigneur soit loué en toutes choses ! Tout ce que je possédais me provenait de vos parents qui m'ont fait presque riche, et de vous, monsieur, qui preniez plaisir à grossir mon mince trésor de vos libéralités de jeune homme. – Je disais en moi-même : C'est bien ; Jean éparpille sa fortune, mais ses enfants ne perdront pas tout ! Et quand je vous grondais avec le respect que je vous dois, vous vous contentiez de rire comme un fou en appuyant vos mains sur mes épaules ; car vous étiez si aimable et si doux avant la Révolution, vous me traitiez si bien comme un ami, que j'ai pu m'accoutumer... Pardon, monsieur Jean !... que j'ai pu me croire autorisé à vous regarder, moi, comme mon fils et mon héritier...

Duprat se jeta au cou du vieillard. Minvielle les embrassa tous deux, et s'attendrit sans doute un instant, parce que tout ce qui intéressait Duprat lui devenait plus personnel que ses propres intérêts. Jean-Baptiste se prit à pleurer de leur émotion, comme un pauvre homme du peuple qui s'associe sans la comprendre à l'impression qu'il a produite, par la seule puissance de la naïveté et du sentiment ; mais ce mouvement d'une âme généreuse qui l'avait quelque temps distrait et soutenu fit place aux plus cruelles agitations, quand il vint à se rappeler, ainsi qu'au sortir d'un rêve, que Duprat allait mourir :

– O mon Dieu, reprit-il, pourrez-vous permettre cela ! faudra-t-il qu'il meure ainsi, Jean, mon petit enfant, mon pauvre Jean, que j'ai tant réchauffé, tant dorloté sur ma poitrine, en lui disant : Vois-tu, Jeannot, comme le Rhône est large et beau, comme les murailles des remparts sont festonnées ; et veux-tu venir au pied des murailles des remparts pour les toucher de la main ? Ah ! je ne savais pas alors que je vous escorterais un jour jusqu'au pied... Malheur, malheur ! que la Providence nous soit en aide !

Le guichetier enveloppa Jean-Baptiste d'un bras vigoureux pour l'empêcher de tomber, et le traîna jusqu'à la porte qu'il lui ouvrit et qu'il referma sur lui.

– Monsieur Baptiste, dit le marquis de Sillery en se levant, et en saluant respectueusement le vieux domestique à son passage, vous êtes notre ami à tous, et je m'honorerais longtemps, si j'avais longtemps à m'en honorer, de m'être trouvé dans une si belle et si noble conversation.

– Monsieur Burke, monsieur Dupan [42], vous avez beau dire, s'écria Carra, en montrant les larmes dont les joues de Duprat étaient baignées... Ce ne sont pas là des hommes de sang* !

* Il faut rendre à César ce qui appartient à César. Ce mouvement n'est pas de Carra, mais de M. Réal [43], qui l'employa d'une manière merveilleuse et décisive dans le procès du comité révolutionnaire de Nantes. M. Réal devint depuis un des hommes de l'Empire, et dans sa vieillesse virile qui promet de longs jours, il est aujourd'hui connu sous le nom de M. le comte Réal, que je ne lui ai pas donné plus tôt pour

L'effet de cette scène fut vif et général, mais rapide, car la solennité de l'idée commune à tous prévalait sur toutes les distractions. Ce sujet ramenait d'ailleurs chacun des condamnés à ses propres affections et à ses regrets de famille. On imagine aisément qu'ils s'étaient placés de manière à pouvoir s'y livrer avec leurs plus proches voisins sans avoir rien à leur apprendre. Ainsi les mêmes sentiments et les mêmes noms occupaient Ducos et Fonfrede ; Vergniaud et Gensonné se parlaient des mêmes amis et des mêmes souvenirs, quand les méditations de Vergniaud voulaient bien le rendre aux sévères douceurs de ce dernier entretien. Les Bretons Duchastel et Lehardy confondaient pour la première fois des opinions libres et découvertes que leur condamnation venait d'affranchir de toute réserve. Il en était ainsi de la plupart des autres. Brissot, triste, mais résigné, gardait le silence, ou ne l'interrompait que pour laisser échapper, de temps à autre, le nom de son fils avec un soupir. Sillery était plus étranger à ces effusions touchantes, parce que né dans une autre société, il avait vu disparaître dans son naufrage presque tout ce qu'il aimait, et le sentiment de la solitude où ses émotions politiques l'avaient jeté réveillait depuis quelque temps dans son âme le besoin de puiser à une source nouvelle de consolation. Il conversait secrètement avec

ne pas jeter de vague entre les époques. Ma déplorable vie de jeune homme a été loin de lui devoir de la reconnaissance, mais ce sentiment ne saurait influer sur l'expression de mes convictions littéraires ; et je déclare hautement que les brillantes circonstances de position où il s'est trouvé lui ont ravi plus d'avenir que nous n'en avons perdu, mes amis et moi. Trois ou quatre plaidoyers presque improvisés lui promettaient le premier rang au barreau si dramatique de cette période révolutionnaire, qui n'est pas finie. Je les savais par cœur en prison, comme je les sais encore, et je ne me les rappelle jamais sans me sentir ému d'admiration et de regrets sur un si beau talent, malheureusement sacrifié aux honneurs et à la fortune.

Fauchet, et la physionomie évangélique du pécheur converti par l'infortune s'éclaircissait en l'écoutant. Il y avait dans ce prêtre guéri de ses erreurs, et sincèrement revenu à l'espérance et à la foi, quelque chose d'une confiance céleste, qui aurait rendu le courage aux plus incurables douleurs. La sérénité de son sourire et de ses traits annonçait une joie si pure que le martyre pouvait paraître doux à ce prix.

L'Assemblée avait donc alors un aspect sérieux, trop naturel en pareille circonstance, mais qui réprimait péniblement l'expansion de Minvielle, déjà distrait d'une impression momentanée ; car rien n'était capable de fixer la mobilité de son imagination et de tiédir l'effervescence de son sang. Il rompit tout à coup le silence :

– En vérité, c'est donner trop de temps aux pensées pénibles dans une soirée de plaisir et de gloire, où tous les cœurs ne demandent qu'à s'épancher en commun dans les délices du banquet ! Elle marche, la nuit joyeuse, et nous n'avons encore ni bu ni chanté. Nous n'avons pas encore salué les noms chéris de nos camarades, de nos femmes, de nos maîtresses ! A quiconque se souviendra de nous avoir aimés, joie et santé en ce monde.

Président, continua-t-il en se levant et en heurtant son verre contre celui de Vergniaud, vous me ferez raison de ce vieux Madère, et je vous suis caution que vous n'en goûterez jamais un meilleur !...

VERGNIAUD

A vous, Minvielle, et à tous ; mais c'est ici la coupe de Théramène. Laissons le reste au beau Critias [44] !

FONFREDE

Le beau Critias, grand Dieu ! A qui destines-tu ce rôle parmi les repoussants tribuns de la Montagne ? à ce petit Saint-Just, si perpendiculaire, si roide, si empesé, qui, selon Camille [45], porte sa tête comme un Saint-Sacrement ?

LACAZE

A Robespierre, que ce fou de Mercier compare à un loup-cervier en toilette de bal ?

ANTIBOUL

A ce Danton dont la figure hideuse épouvante la liberté* ?

GARDIEN

A Couthon [46], peut-être !...

CARRA

Couthon que la prévoyante nature a sagement privé de ses facultés locomotives pour restreindre ses moyens de nuisibilité ?...

GENSONNÉ

Marat ne réclamera pas, messieurs. Il a pris le même parti que Vespasien. Il est devenu dieu.

DUCOS

Oublions ces malheureux pour ne nous occuper que de la patrie et de nos amis !

Et au même instant vingt noms honorés qui ne parviendront pas tous à la postérité avec la même illustration, mais qui étaient alors l'amour et l'espérance des gens de bien, s'échangeaient sur toutes les bouches. C'étaient Villar, Viennet, Mazuyer, Laurençot, Wandelaincour, Seguin, Noël, Harmant, Quirot,

* Cette violente hyperbole est de Saint-Just.

Casenave, Boissy-d'Anglas, Lanjuinais, Daunou, Pontécoulant, Larivière[47]. C'était Jean de Bry[48] qui exerçait sur le grand nombre les plus vives sympathies, jeune et ardent comme les ardents et les jeunes, puissant par la parole comme les orateurs, riche des acquisitions de l'esprit comme les savants, pénétré déjà de hautes idées morales et religieuses comme les sages. Les proscrits surtout occupaient toutes les pensées, comme s'il n'y avait eu de souffrances et de périls que pour eux. – Où sont-ils ? que font-ils ? que deviendront-ils ? – Ces questions se croisaient, se confondaient, se répétaient de tous les côtés, avec un intérêt d'émotion qui s'augmentait des moindres incertitudes.

– Faut-il le demander ? répondit Gensonné, de ce ton de sensibilité morose et de douce ironie qui était, ainsi que nous le disions tout à l'heure, le trait principal de son esprit. – Echappés depuis cinq mois aux fureurs de la Montagne, ils ont cherché longtemps à la suite de Guadet, puisse la mort épargner un si vigoureux défenseur à la liberté ! – ils ont trouvé sans doute quelque asile inviolable où ils attendent en paix le jour d'assister glorieusement au triomphe de la raison et des bonnes lois sur une fraction en délire. L'enfer même leur en aurait servi, si le voyage d'Orphée pouvait se renouveler dans le monde prosaïque des jacobins, car la lyre d'Orphée, Girey-Dupré nous l'a dit en vers, a passé entre ses mains. – Là, dans une profonde sécurité sur leur sort, et peut-être sur le nôtre, il est aisé de deviner comment ils remplissent leur temps. Je crois, en vérité, que je les vois. – Salles, relit et repolit cette éternelle tragédie qui doit incessamment détrôner Voltaire. Barbaroux, achève de rimer un conte badin, dont les dames n'avoueront pas la lecture, ou bien, l'Hercule de la révolution, vaincu par un nouvel amour, file aux pieds d'une autre Omphale qui le cache dans son boudoir. Valady frissonne au seul nom de l'échafaud qu'il ambitionnait comme le terme le plus glorieux d'une honorable vie, et se plaint, dans sa timidité ingénue, de ne pouvoir finir ses jours au fond de quelque modeste solitude, pareille à celle du vieillard de Virgile. N'entendez-vous pas Louvet, modulant sur tous les tons de sa prose cadencée, un peu froide à mon avis quand elle n'est pas libertine, de tendres invocations à la massive Iris qu'il a baptisée du nom sarmate de Lodoïska [54] ? Buzot, plus enorgueilli qu'il ne le pense lui-même de la royauté imaginaire que lui ont conférée nos ennemis, déclame d'une voix imposante, ou gourmande les esprits irrésolus avec une rigueur impériale. Pétion, fier de ses beaux cheveux blanchis avant l'âge, prêche avec la gravité du patriarche ou la solennité du pontife. Cussy [55] tempête contre sa goutte, et s'en console en buvant plus sec qu'il ne convient à son régime...*

* Quelques-uns des personnages dont il est question dans ce paragraphe ont trop de rapport avec les miens pour que je ne les fasse pas connaître du lecteur. Je les reprends donc selon l'ordre alphabétique :

BARBAROUX, Charles-Jean-Marie, né à Marseille, avocat et homme de lettres, député des Bouches-du-Rhône, âgé de 26 ans (au moment de l'action), mort sur l'échafaud à Bordeaux le 25 juin 1794, après s'être frappé inutilement de deux coups de pistolet [49]. C'était un des membres les plus jeunes et les plus éloquents de la Convention. Sa force et sa beauté en faisaient une espèce de héros épique, dont la physionomie est supérieurement tracée dans d'excellentes pages des *Mémoires* de Louvet et de madame Rolland.

BUZOT, François-Nicolas-Léonard, né à Evreux, avocat, député de l'Eure, âgé de 33 ans, mort l'été suivant dans un champ des environs de Saint-Emilion, où il fut trouvé à demi dévoré par les loups. La Montagne l'appelait le roi Buzot [50], parce qu'elle le regardait comme le chef et l'âme des prétendus complots des fédéralistes.

GIREY-DUPRÉ, Joseph-Marie, né à Paris, homme de lettres et journaliste, âgé de 24 ans, exécuté à Paris vingt jours après les girondins, le 20 novembre 1793 [51]. Il n'était pas de la Convention nationale, mais il avait

– Je bois à tous, et à chacun d'eux en particulier, dit Minvielle en multipliant les rouge-bords.

– Je bois à leur avenir et à celui de la France, dit Ducos.

– Je bois à la République une, indivisible et impérissable, dit Boilleau.

adhéré d'une manière assez vive aux principes des hommes d'Etat pour se signaler à leurs bourreaux. A l'époque où parle Gensonné, il était déjà prisonnier à Bordeaux ; mais il ne fut amené à la conciergerie qu'après la mort de ses amis.

GUADET, Marguerite-Elie, né à Saint-Emilion, avocat, député de la Gironde, âgé de 35 ans, mort sur l'échafaud à Bordeaux le 17 juillet 1794, avec la plus grande partie de sa famille. Guadet fut le rival d'éloquence de Vergniaud et de Gensonné dont il ne cessa pas d'être l'ami. Quelques-uns de ses mouvements oratoires l'emportent même en véhémence tribunitienne sur tout ce qui s'est conservé de plus remarquable dans ce genre, chez les anciens et chez les modernes.

LOUVET, dit de COUVRAY, Jean-Baptiste, né à Paris, homme de lettres et journaliste, député du Loiret, âgé de 29 ans ; mort le 25 août 1797, à l'âge de 33 ans. Le seul des personnages historiques de ce récit qui ait été emporté par une mort naturelle. Le roman de *Faublas* lui avait acquis, très jeune, une réputation d'esprit dont peu d'écrivains de nos jours seraient jaloux. Il y a de l'éloquence, bien qu'un peu apprêtée, dans quelques-unes de ses philippiques, et le récit de sa proscription renferme des pages admirables.

PÉTION ou PÉTHION DE VILLENEUVE[52], Jérôme, né à Chartres, avocat, maire de Paris, député d'Eure-et-Loir, âgé de 40 ans, mort de faim dans les champs de Saint-Emilion, où il fut dévoré par les chiens et les loups, vers le milieu de l'année 1794. Son parti l'avait appelé Aristide. Les biographes ne s'accordent pas même sur l'orthographe de son nom.

SALLES[53], Jean Baptiste, né à Vezelise, médecin et homme de lettres, député de la Meurthe, âgé de 33 ans, exécuté à Bordeaux quelques mois après la mort des girondins, le 20 juin 1794.

Deux des députés nommés plus haut, Mazuyer et Noël, sont morts aussi sous le couteau révolutionnaire. Une multitude d'autres, ou victimes ou fugitifs, échappent à ces rapides revues, déjà trop multipliées par rapport à la dimension de cet écrit. La catastrophe du 31 mai demanderait à elle seule une longue biographie spéciale.

VERGNIAUD

Etre de raison ! puérile chimère, bonne à bercer tout au plus désormais l'imagination d'un enthousiasme à la robe juvénile ! Rappelez-vous ces mots de Barbaroux : « Si j'avais à recommencer ma vie, je la consacrerais tout entière aux nobles études qui élèvent la pensée de l'homme de bien au-dessus de la terre, et je ne m'aviserais jamais de vouloir conduire à la liberté un peuple sans mœurs. Cette foule furieuse n'est pas plus digne d'un gouvernement philosophique que les lazzaroni de Naples et les anthropophages du Nouveau Monde. »* – Barbaroux disait vrai. Il fallait fonder sur une terre cachée aux scélérats la république idéale de Roland. Les vrais sages rêvent des législations avec Platon et des utopies avec Thomas Morus [56]. Ils n'essaient pas de les réaliser.

GENSONNÉ

Vergniaud est décidément le Jacob Dupont [57] de la République** ; il ne croit plus à la liberté.

VERGNIAUD

Je ne crois plus à cette déesse qui vient au milieu des hommes les mains pleines de bienfaits, mais à cette furie qui les enivre et qui les dévore. L'appelez-vous la liberté ? Quand les nations reconnurent d'un commun accord la divinité du soleil, il n'était pas couvert du voile sanglant des orages.

* Ces expressions sont en effet celles de Barbaroux qui a pu s'en servir avant de se séparer de ses amis, mais qui les a consignées plus tard en caractères immortels dans une lettre à son fils au berceau. Nous recommandons aux études des républicains à venir cet admirable monument d'éloquence et de raison.

** C'est le nom d'un conventionnel, d'ailleurs peu connu, qui avait fait à la tribune profession d'athéisme. Il disparut devant l'étrange théisme de Robespierre, et mourut, suivant les biographes, en état de démence.

FONFREDE

O Vergniaud ! notre égalité sociale, qui est écrite dans la nature, ne serait aussi qu'un vain mot !

VERGNIAUD

Procuste avait un lit de fer à la mesure duquel il assujettissait tous les voyageurs, en disloquant les plus petits, en mutilant les plus grands. Ce tyran croyait comprendre fort bien l'égalité.

BRISSOT

Elle peut s'établir graduellement chez un peuple nouveau, ou renouvelé, comme en font les révolutions et les transmigrations ; chez un peuple où tout le monde est également intéressé à l'établissement et au progrès de l'institution qui est la sauvegarde de tous, parce que le mouvement des choses humaines l'a ramené des erreurs de la civilisation à l'innocence des tribus primitives ; – chez un peuple de frères.

VERGNIAUD

Quelle fraternité, grand Dieu, que celle d'Abel et de Caïn !

CARRA

Je crois, moi, comme il est de l'intime essence des choses qui vivent, et même de l'essence des choses qu'abusivement on croit mortes, de parvenir de modification en modification, ou si vous voulez de forme en forme, à leur apogée possible de développement ; je crois, dis-je, que les sociétés actuelles tendent naturellement de toutes leurs forces motrices, et aussi en raison de quelque puissance incidente que je n'ai pas encore suffisamment examinée, à l'établissement définitif de la République.

BRISSOT

Moi, j'ai vu de près les malheurs des peuples, les vices des législations, et l'incurable démence des rois. Je crois, en mon âme et conscience, que la Révolution triomphera.

VERGNIAUD

La Révolution est comme Saturne. Elle dévorera tous ses enfants*.

BRISSOT

Je lui adresserai en mourant un adieu de regret et d'espérance !

VERGNIAUD

Et moi aussi, je lui adresserai un adieu, l'adieu du gladiateur vaincu : Tyran aveugle et féroce, les mourants te saluent ! – Mais de la révolution sublime que ma pensée s'était faite, j'en emporterai le deuil dans mon cœur, comme Mirabeau celui de la monarchie**.

BRISSOT

Ta misanthropie est justifiée par des crimes qui ne me font pas moins horreur qu'à toi, mais elle t'entraîne trop loin. Ton expérience tardive s'est formée dans des jours de désolation et de douleur. Vergniaud mourant n'a vu que le berceau d'Hercule.

* Cette phrase célèbre de Vergniaud a été prononcée dans une question d'assignats. En m'exposant au danger de faire parler des orateurs tels que ceux-ci d'une manière indigne d'eux, je n'ai rien négligé du moins pour recueillir et encadrer leurs plus belles paroles, toutes les fois que j'ai pu les lier au sujet. Ce genre de centon n'a rien de disgracieux, à mon avis, tant qu'il n'est pas postiche et forcé.

** « J'emporte le deuil de la monarchie ; les factieux s'en disputeront les lambeaux. » Dernières paroles de Mirabeau, rapportées par Cabanis.

VERGNIAUD

Hercule au berceau étouffait des serpents. Il n'en vomissait pas.

BRISSOT

Je te parle avec cette connaissance plus calme et plus approfondie des hommes et des événements que l'âge, la méditation et les voyages m'ont donnée. J'ai visité des nations innocentes dans leurs mœurs, simples dans leurs besoins, modérées dans leurs ambitions, et par conséquent heureuses de tout le bonheur que peuvent procurer la modération, la simplicité, l'innocence. J'ai compris alors que l'habitude des bonnes institutions fait les bonnes sociétés, et que cette habitude se contracte vite, car celles-là comme celle que nous nous proposions de fonder sortaient à peine d'une révolution qui avait éclaté et s'était accomplie en peu d'années sous nos yeux. Moïse lui-même disparut dans une tempête, et la législation de Moïse a traversé les siècles.

FAUCHET

Cette tempête venait du ciel, et les vôtres viennent des abîmes.

VERGNIAUD

Bien, Fauchet ! ne justifions pas nos erreurs par des comparaisons forcées. La décrépitude n'enfante plus. On ne fait pas de jeunes institutions avec de vieux peuples.

BRISSOT

C'est un vieux peuple que les colonies américaines. Leur civilisation est née de la nôtre.

VERGNIAUD

Et assez péniblement pour que tous les âges s'en souviennent. Elle a coûté la vie à sa mère.

CARRA

J'opine que s'il est une claire, palpable et irrésistible réponse, une évidence et irréfragable solution au paradoxe sceptique de Vergniaud, c'est elle qui résulte ostensiblement de la révolution d'Amérique, révolution phénoménale, j'en conviens, mais expérimentale et complète.

VERGNIAUD

Je vous proteste, savant Carra, que vingt adjectifs à votre choix, placés, selon votre usage, au-devant de cette démonstration, ne me démontreraient rien de plus. Mes opinions sont arrêtées sur tout ce qui appartient à l'intelligence bornée de l'homme. Nous saurons le reste demain.

CARRA

Il est pourtant positif, incontestable, universellement reconnu...

VERGNIAUD

Que les nations ont leurs mœurs, les temps leurs besoins, les législations leurs *antécédents* nécessaires – passez-moi cette mauvaise expression –, et que toute organisation politique se compose de ces éléments. Brissot, qu'une instruction si vaste et si variée a initié aux secrets les plus relevés des polices humaines, n'a cessé de nous présenter pour exemple cette constitution atlantique, bonne peut-être aux peuples qui se la sont faite, mais qui n'est pas plus applicable à notre monde usé que les cultures de l'Amérique à nos froides régions et à notre sol appauvri. Nous auriez-vous donné un jour, ô mon cher Brissot, les végétaux des tropiques, avec les ravissantes harmonies de leur terre natale, la chaleur vivifiante de leur ciel, l'énergie de leurs saveurs et de leurs parfums ? La question se referme dans ce mystère. – Qu'est-ce, d'ailleurs, qu'un peuple colon ? Une famille adulte, une société de jumeaux majeurs et émancipés, qui ont reçu d'une éducation uniforme des facultés presque toutes pareilles entre elles ; un Etat de convention qui n'a de but que sa durée, de gloire que son indépendance, de liens que ses intérêts. Jeté simultanément dans un monde d'exil, ce peuple y arrive en voyageur, et s'y impose facilement un contrat qui n'est que l'expression des garanties matérielles de sa conservation, que la condition de cette existence relative dont le type n'est gravé nulle part dans la destination de l'homme ; pacte viager qui lie à peine quelques générations, qui n'emprunte rien au passé, qui ne doit rien à l'avenir, parce qu'il n'y a ni passé ni avenir pour une nation d'un jour à laquelle le présent lui-même n'appartient que par hasard, car c'est au hasard qu'elle doit jusqu'à l'air qu'elle respire, et jusqu'à la lumière qui l'éclaire. Il n'y a point de loi fondamentale, il n'y a point de religion politique pour une civilisation expatriée, car il n'y en a point sans patrie : il n'y a point de patrie dans le lieu où nos mères n'ont pas rêvé le berceau de leurs enfants, où nos enfants ne peuvent pas semer des fleurs sur le tombeau d'un aïeul. Le Scythe qui répondit à l'étranger : « Dirai-je aux ossements de nos pères de se lever et de marcher avec nous ? » définit très bien la patrie. La patrie de l'homme naturel n'est pas si large qu'on l'imagine. S'il a tracé un sillon, s'il a bâti une étable, s'il a planté un arbre et logé une femme, s'il a nourri un enfant entre la chaumière où il a été allaité, et le cimetière où il a suivi le convoi de son père, voilà la patrie. – La constitution passagère d'une caravane organisée en peuple est un beau modèle à proposer aux Arabes nomades et aux aventuriers bohémiens. Il faut d'autres bases aux législateurs du vieux monde. – Quand la statue de Pygmalion fut animée d'un souffle de Vénus, les hommes tombèrent à ses pieds et reconnurent qu'elle était belle ; mais Rousseau même ne lui a prêté que le sentiment confus d'une personnalité stérile. Aucun sein ne l'avait portée, aucun regard ami n'avait épié l'essai de ses premiers pas ; aucune oreille n'avait été réjouie du bruit si vague et si doux de ses premiers bégaiements ; jamais ses doigts n'avaient joué dans des cheveux blancs ; jamais son cœur inquiet et curieux n'avait palpité sur un cœur. Fantaisie ingénieuse de l'art, un moment vivifié par le feu de la nature, mais innocente par ignorance et non par pudeur, dépourvue de l'instinct de l'amour par lequel on est aimé, incapable de connaître le bloc même dont elle est sortie ; toute vivante elle touche de toutes parts au néant, et la mythologie l'a si bien senti qu'elle n'a pas daigné la rendre mère. Vos républiques américaines ressemblent beaucoup à cette statue. – Bernardin de Saint-Pierre parle dans son Voyage à l'île Bourbon[58] d'une plante qu'il a remarquée au cap de Bonne-Espérance, et qui développe sur la verdure une fleur éclatante mais fragile que nulle tige ne paraît lier à la terre, et que le moindre souffle flétrit. Vos républiques américaines ressemblent beaucoup à cette fleur. – Quand Moïse, dont vous parliez tout à l'heure, conduisit son peuple à la terre de Chanaan, il ne se contenta pas de lui dire : Je vous mène dans une contrée favorisée du Seigneur, où coulent des ruisseaux de lait et de miel ; il lui dit : Je vous promets une terre qui a été promise à vos ancêtres, et que Dieu a marquée pour le patrimoine d'Israël.

Je comprendrais, quoique avec peine, qu'on refît une civilisation dans la Gaule celtique avec les souvenirs des druides. On n'en fondera point sur des idées purement morales. Telle est la destinée de l'homme. La divinité qui préside aux créations sociales, ce n'est ni la doctrine du philosophe, ni l'expérience du légiste ; c'est la nymphe du poète et la fée du romancier. La sagesse de Numa n'aurait pu se passer d'Egérie [59]. – Venus à la fin d'une société, nous nous sommes follement épris de nos œuvres, en voyant s'entasser derrière nous des ruines sur des ruines, mais nous n'avons rien construit, et Fauchet vous en dira la raison, selon les termes de sa foi, qui est une des mille expressions de l'éternelle vérité, si elle n'est pas la meilleure : c'est que le grand inconnu qui a tout fait de rien n'était pas avec nous, et que le miracle d'une création soumise aux lois de la parole ne se renouvellera plus. – Mon cœur était las comme le vôtre des longues erreurs de tant de générations abruties, et des longs malheurs de tant de générations esclaves. Comme le vôtre, il a ambitionné dans son aveuglement des améliorations impossibles qui ont déjà coûté trop de larmes et trop de sang au genre humain. Les amants de Pénélope n'ont pas été trompés plus amèrement que ceux de la liberté. L'intelligence des nations a des nuits profondes qui détruisent l'ouvrage de ses jours. Tant qu'un siècle léguera au siècle qui le suit une page de l'histoire, une tradition, un monument, il ne sera pas permis de rien édifier. Pour la société, comme pour l'homme qui a vu beaucoup d'années, il n'y a de nouveau que la mort. Les Péliades, qui égorgèrent leur vieux père pour le rajeunir [60], étaient d'habiles républicaines. Elles savaient le secret des révolutions. A la naissance d'un peuple, le sacrifice d'un homme est quelque chose, mais quand ce peuple a vieilli, le gouffre de Curtius ne se referme que sur le peuple tout entier[61]*.

BRISSOT

Quel jour as-tu attendu pour nous dévoiler cette pensée effrayante ?

VERGNIAUD

Sais-tu à quel jour Brutus était arrivé, quand il s'aperçut que la vertu n'était qu'un nom ?

GENSONNÉ

Est-ce à cela que se bornent les révélations de ton esprit familier ? Gracchus égorgé dans le bois sacré jeta de la poussière vers le ciel, et de cette poussière naquit Marius qui écrasa l'orgueil des patriciens[62]. Vergniaud, nous avons un lendemain !... – Je le sais bien, dit Minvielle, un lendemain qui n'en aura plus.

VERGNIAUD

Des républiques qui bâtissent la monarchie ; des monarchies qui bâtissent la république ; et le chaos après.

* Ce discours n'est qu'un pastiche sur la faiblesse duquel je ne me fais pas illusion, mais qui représente du moins avec quelque vérité le mouvement du langage et les formes familières de l'orateur. Je l'avais détaché des *Girondins* comme spécimen dans un fragment *sur l'éloquence de la tribune* qui a trouvé sa place ailleurs, de manière qu'il fera double emploi dans mes *Œuvres,* puisqu'un libraire a jugé à propos de réunir sous ce titre pompeux quelques écrits profondément oubliés qui ne méritaient pas tant d'honneur. J'aurais facilement pourvu à cette redondance inutile en le remplaçant par un autre, car il n'y a rien de plus facile qu'un mauvais pastiche, mais c'est déjà trop d'un pastiche de Vergniaud. Il faut étudier toute sa vie les grands écrivains et les imiter si l'on peut. Il ne faut pas les contrefaire. Ici, la circonstance et le sujet m'excusent peut-être.

BRISSOT

La monarchie anglaise n'est pas le chaos ; elle préside encore à la civilisation des deux mondes.

VERGNIAUD

La monarchie anglaise est d'hier ; quand elle est née d'ailleurs, les éclairs du mont Sinaï n'étaient pas éteints. Ouvre les pages de cette histoire ; tu y retrouveras partout les traditions de l'écriture plus vivantes qu'aux premiers temps de l'Eglise. L'esprit de leur révolution, c'était l'esprit du Dieu de la Bible. Le sceptre de l'opinion, c'était la verge d'or du prophète. La constitution tombait page à page des textes sacrés, et les prêtres marchaient au-devant de la nation avec le glaive du Christ et le livre de la loi. Rends un pareil véhicule à ta république, ou jette un linceul sur son cadavre ; il ne s'animera point.

SILLERY

Observez aussi, monsieur Brissot, que ce peuple éclairé de si hauts enseignements bravait, par sa position géographique, la menace des armes et l'invasion des doctrines ; il est entouré de l'océan comme d'une ceinture. Oserions-nous opposer à un pareil état de société celui d'une nation grande et généreuse, sans doute, mais d'une nation à coutumes disparates, à limites équivoques, à mœurs indécises et mobiles ?

CARRA

D'une nation hybride, hétérogène, sans autochtonéité, sans amalgamation, sans sympathisme ?

FAUCHET

D'une nation sans Dieu ? L'histoire de toutes ces agrégations d'hommes qu'on appelle des sociétés est écrite en caractères ineffaçables dans la Genèse.

L'homme séduit cueille avec ivresse le fruit de l'arbre de la science, et il apprend pour toute science qu'il doit mourir de mort. Le fruit de l'arbre de la science, messieurs, je vous le dis, ce sont les révolutions.

DUCOS

En vérité, mes amis, je ne sais si je me trompe, mais les paroles qui m'arrivent de ce côté ressemblent à celles qu'on entend dans les rêves. Il y a six mois que vous dissertiez comme des encyclopédistes, et voilà que vous prêchez comme des puritains ! O Fauchet ! ne calomnie pas du moins à ton heure dernière les aimables séductions de la femme dans le paradis terrestre, dont elles rachetaient si délicieusement le sublime ennui ! J'ai entendu dire plus d'une fois qu'un cœur d'amant avait palpité sous ton étole apostolique !

FAUCHET

Ma vie n'est pas un exemple, Ducos, et mon heure dernière sera une réparation, si Dieu en reçoit le sacrifice. Il y a plus d'un obstacle à vaincre et plus d'un regret à dévorer sur le chemin du salut.

VERGNIAUD

Comme plus d'un outrage à subir sur celui du triomphe. Prends la main que t'offre Ducos ; il n'a pas voulu te blesser.

MINVIELLE

Allons, Fauchet, un peu d'indulgence pour la gaieté. Votre maître de Galilée prenait plaisir à la joie des enfants. Nous ne rirons pas plus jeunes, comme disait ma pauvre mère, et il m'est avis que nous ne rirons pas plus vieux de beaucoup.

FAUCHET

Que la paix du ciel descende sur toi, cher Ducos, avec les bénédictions que mon cœur te donne !

BRISSOT

Cela est bien ! Quelle pitié pouvons-nous attendre de la postérité, si nous en manquons pour nous-mêmes, nous, hélas ! qui nous sommes égarés les uns par les autres dans la recherche du bonheur public ?

LASOURCE

Je me souviens que le sujet de ma dernière instruction au peuple fidèle de mon auditoire était le verset 22 du chapitre V de saint Matthieu en son évangile : *Celui qui insultera son frère, ou qui lui adressera des paroles menaçantes, mérite d'être condamné dans le conseil.* Heureux qui a mieux profité que moi de cet enseignement ! La fougue de mon caractère ne me livrait que trop vite aux égarements de la colère et des passions, quoique je fusse porté par mes inclinations naturelles autant que par mon ministère à des sentiments tolérants et doux. Je vous prie, Sillery, de vouloir bien oublier nos déplorables disputes*.

* Lasource, préoccupé du projet d'usurpation ou de dictature du duc d'Orléans, n'avait cessé de le poursuivre de cruelles *philippiques.* Ce fut lui qui demanda l'arrestation du prince, et celle de Sillery qu'il devait retrouver à l'échafaud. J'ai appris du vénérable abbé Emery, dont il sera question plus tard, que Lasource et Sillery s'étaient embrassés à plusieurs reprises le jour de l'exécution. En général, et je ne saurais trop le répéter, il n'y a ici de mon invention que l'enchaînement logique des paroles, et j'ai cherché à le rendre aussi rationnel que possible. Tout ce qui fait allusion aux faits est fondé sur des écrits ou des traditions verbales dignes de foi.

SILLERY

D'honneur, monsieur de Lasource, vous ne pouviez rien me proposer de plus agréable. Vous m'avez vu ce soir jeter ma béquille de podagre au milieu du parquet, en disant : « Je suis arrivé ici infirme et malade, mais votre jugement me rend toute l'énergie de ma jeunesse et de ma santé ; voici le plus beau jour de ma vie ! » Eh bien, monsieur de Lasource, croyez que je ne me débarrasse pas moins aisément des infirmités de mon âme, et que je mourrai votre sincère ami. Je ne garde pas même rancune à ces messieurs du tribunal.

LASOURCE

Nous mourons le jour où le peuple a perdu la raison. Les infortunés mourront le jour où il l'aura recouvrée. Lequel vaut le mieux de leur sort ou du nôtre ? Puisse au moins le ciel ne pas se fermer à leur repentir !

MINVIELLE

Ce sont là, grâce à Dieu, des paroles de paix, et il devait en être ainsi, puisque nous avons le bonheur de posséder parmi nous des représentants des deux églises.

CARRA

Il est vrai – passez-moi cette saillie – que nous voilà exactement placés, comme le symbolique animal de Buridan, entre deux boisseaux d'exhortations évangéliques.

GENSONNÉ

Je déclare au nom du bureau que nous pouvions compter un mandataire de plus dans le prochain concile des communions chrétiennes. Fonfrede a été missionnaire, et j'ai entendu cette voix éloquente se préparer aux improvisations de la tribune par les improvisations de la chaire.

FONFREDE

Vains efforts d'une pensée inquiète, qui cherche à se rattacher à tout ce qu'il y a de grand dans l'avenir de l'homme, et qui ne parvient de tentatives en tentatives qu'aux désolantes réalités de la proscription et du supplice !

BRISSOT

A qui le dis-tu, Fonfrede ? Mon indépendance de caractère et de mœurs, ma paisible et laborieuse pauvreté, le sacrifice de ma vie offert depuis longtemps à toutes les passions qui demandent du sang, la popularité même que mes ouvrages m'avaient acquise dans tout le monde civilisé, et qui m'a rendu l'interprète de quatre millions d'Américains dans une question d'humanité, rien ne m'a défendu des excès de cette frénésie populaire ; elle vient de me crier par la bouche de ses juges affidés qu'il fallait mourir !

LESTERPT-BEAUVAIS

Tu as vécu comme Aristide, et tu mourras comme Sidney [63] *.

* Cette phrase est de Girey-Dupré (V. *note p. 98*), qui la prononça peu de temps après devant le tribunal assassin, en répondant à l'interpellation qui lui était faite sur ses rapports avec Brissot. Je la donne ici à un autre, en vertu d'un privilège dont j'ai usé souvent sans dissimuler cette licence, celui de m'emparer de quelques belles paroles des absents, dans les occasions où elles ont pu se présenter naturellement à un de mes personnages.

LASOURCE

Je ne suis pas en arrière de services et de dévouement avec vous, Brissot ! la République me devait une statue pour avoir démasqué le traître La Fayette ; La Fayette, l'idole devant laquelle j'avais si longtemps sacrifié* !

DUCHASTEL

Soyez tranquille, monsieur. L'humanité, indulgente pour vos erreurs, vous accordera peut-être une statue plus durable que les monuments de la République. Elle n'oubliera jamais avec quel courage et avec quel talent vous avez défendu la cause des innocents enfants des émigrés.

VERGNIAUD

La conscience d'une vie utile et bienveillante est, en vérité, le plus doux des privilèges d'une bonne mort. Il ne nous est pas donné comme à Scipion de forcer un sénat injuste à nous suivre au Capitole [64], mais la postérité nous y attend. Plus je réfléchis, moins je vois ce qui manquerait à la gloire de notre nom historique. Je déclare, quant à moi, que mon existence me paraît fort complète.

DUCOS

Fort complète en effet, à la durée près. Oh ! qu'un esprit cultivé en notre barreau de Bordeaux est fertile en joies flatteuses et en consolantes vanités ! La postérité est une chose magnifique, Vergniaud, et le Capitole aussi, moyennant que tout cela vienne à

* V. *Le Moniteur,* séance du Corps législatif, 19 août 1792. Puissent de nouvelles révolutions ne jamais rappeler au noble vieillard dont parle ici Lasource l'ingratitude et l'injustice des républiques !

point ; mais cette imposante perspective ne m'empêche pas de trouver quelque chose à dire au compte interrompu de mes jours. La mesure n'y est pas.

VERGNIAUD

Qu'importe la mesure des jours à qui meurt pour son pays ? Le plus prochain est le meilleur quand il est le plus glorieux. Notre âge politique, c'est celui de nos titres à l'échafaud, et l'échafaud, Ducos, c'est le Capitole des temps mauvais. Ce bonheur était au-dessus de toutes mes ambitions !

DUCOS

En ce cas, réjouis-toi, couronne-toi de fleurs, et baigne-toi dans les parfums. Les compagnons de Léonidas en firent autant avant de passer du champ de bataille à leur vie immortelle.

CARRA

Avec une épitaphe de Simonide que j'ai deux ou trois raisons de croire apocryphe [65].

FONFREDE

Le martyr qui va mourir aux autels de la liberté n'est jamais trop pur ni trop paré.

Sillery rajusta ses cheveux, et releva les longs parements de son gilet blanc.

– Cet incident de la vie qu'on appelle la mort, dit-il, mérite à peine d'être pris en considération, quand on a le bonheur d'y être convenablement disposé par la foi ou par la vertu. Nous avons sur le reste des hommes le précieux avantage de l'attendre à une heure fixe. Inévitable, il faut le subir. Prématuré pour la plupart d'entre vous, messieurs, il est consolant de penser que vous n'aviez aucun moyen honorable d'en retarder le moment.

DUCOS

Il y en avait un. Pendant que nous étions en veine de décrets, et que nous en faisions à la journée, je regrette de n'avoir pas proposé l'indivisibilité de la tête et des vertèbres.

BOILLEAU

Il y en avait un autre. C'était de prêter la main à l'œuvre de la Montagne qui a peut-être sauvé la patrie.

MINVIELLE

Et qui n'a pas sauvé Boilleau, l'ingrate ! Hélas, c'est une méprise !

BOILLEAU

Vous rappelez-vous la menaçante prophétie de Danton ? « Le bronze qui doit former la statue de la liberté est en pleine fusion. Si nous manquons le moment de le couler, il nous dévorera tous ! »

VERGNIAUD

Il les dévorera ! – Et notre gloire, à nous, sera d'avoir mieux aimé mourir leurs victimes que leurs complices !

– Malédiction, dit Viger, en appuyant sa main sur la place où il avait l'habitude de chercher la poignée de son sabre, dans ses fougueuses argumentations à la Convention nationale ; – Malédiction ! qui nous reproche de n'avoir pas été leurs complices ? Nous autres soldats, nous tournons la face à la mort, et nous ne transigeons pas avec le crime ! La responsabilité d'un forfait politique est le sauve-qui-peut des lâches. Que Dieu pardonne à ceux qui l'acceptent, comme dirait M. l'abbé Fauchet ! – Je m'étonne, messieurs, que vous n'ayez pas compris un meilleur moyen que les vôtres de réduire au silence une méchante cohue d'énergumènes qui pâlissaient à la vue du fer ! Je vous reconnais pour des avocats très diserts et des gens de beaucoup d'esprit, choses auxquelles je m'entends de profession, puisque j'étais membre de l'Académie d'Angers ; mais jamais discours, si beau qu'il fût, n'a fini une révolution. La seule puissance qui fût capable d'assurer au milieu de nos désordres la conservation des idées sociales, ce n'était pas celle de la rhétorique avec ses phrases cadencées et ses précautions oratoires ! C'était, mordieu, celle de la force, d'une force virile et martiale qui procède par les démonstrations de l'épée ! – Nous en avons des preuves mémorables dans les anciennes histoires. – A la pointe de l'épée, messieurs, rien qu'à la pointe de l'épée – Duperret que voilà peut le dire, et Valazé que voilà aussi vous le dirait, s'il le pouvait – nous aurions mis à la raison en cinq minutes, pour ne pas exagérer, toute cette couarde et hargneuse louvetaille de la Montagne. Cela valait mieux que de vous complaire, comme des légistes, en longues harangues du goût d'Isocrate et de Cicéron : – Ah ! ah ! ah ! ah ! une, deux ! Robespierre est mort ! – Une, deux ! le beau Lacroix fera défaut à l'appel nominal du soir ! – Une, deux ! Collot d'Herbois[66] crie merci, le misérable ! mais il ne l'obtiendra pas...

Et tout en parlant ainsi, Viger, entraîné par la chaleur de l'action, n'en oubliait pas la pantomime nécessaire.

– Quel horrible carnage, s'écria Minvielle ! Arrêtez-moi cette homme-là.

– Voilà, continua Viger, comment se fondent les bonnes constitutions, et non pas avec je ne sais quel fatras élégant de prétendues raisons d'hommes d'Etat qui n'ont jamais rien enseigné à ceux qui ne veulent pas apprendre ! Excusez, Vergniaud ! pardon, Gensonné ! car je ne voudrais pas pour les oreilles de Chabot offenser le cœur d'un ami, non, pardieu, je ne le voudrais pas ! mais je soutiens qu'il fallait me suivre, quand je vous montrais de la pointe de mon sabre le chemin de Versailles, et que cette canaille, plus peureuse encore qu'insolente, m'ouvrit par deux fois, s'il vous en souvient, un large passage sur la terrasse. – Ce n'est pas dans le cœur gangrené d'une ville impure, échue en patrimoine à toutes les tyrannies populaires, comme la voirie aux corbeaux, qu'on pouvait rassembler les éléments d'une saine république. C'était partout ailleurs, car le principe social nous aurait suivis, et c'est à lui que les nations se rallient toujours. Qui sait maintenant d'où il rentrera dans Paris, s'il y rentre jamais ? – de l'Orangerie de Saint-Cloud peut-être !

DUPERRET

Sans m'emporter comme M. Viger, moi dont le caractère est naturellement fort doux, et qui me flatte d'avoir vécu avec vous tous, messieurs, dans les termes de la politesse, je ne peux me dispenser de rendre témoignage à ce qu'il y a de judicieux dans son opinion. Le jardin était là, fort commode à mon avis pour ce genre de discussion, et c'était plaisir, raison, économie à nos commettants, que de vider ainsi les questions en deux ou trois passes d'épée, au lieu de les traîner scandaleusement en débats honteux qui tournent toujours, vous pouvez l'avoir remarqué, au profit des fourbes et des pervers. Je ne suis pas discoureur, mais j'ai le coup d'œil prompt et la main assurée. Vous m'auriez vu serrer la lame de ce bellâtre d'Hérault de Séchelles et de ce flandrin de Tallien[67] !

Quelle boutonnière je réservais à Dubois-Crancé[68], l'Apollon du gros David ! Nous avions arrangé cela, Viger, Dufriche et moi...

DUCOS

Dans votre sagesse...

DUPERRET

– Vous persiflez, je crois, monsieur Ducos, s'écria Duperret en le regardant de travers, et en froissant impatiemment sa serviette.

DUCOS

Non, Duperret, non vraiment ! je badine selon mon usage, et je vous prie de ne pas m'ajourner à quelqu'un de ces rendez-vous où deux braves se coupent impitoyablement la gorge. C'est un soin qui ne nous regarde plus. Nous ferions tort à la Montagne d'un de ses privilèges.

DUPERRET

A la bonne heure, car, aussi bien, j'ai juré de ne me fâcher de ma vie ! Cependant, si on m'avait cru, et si, comme dit M. Viger, d'autres que Dufriche et moi l'avaient suivi dans son héroïque sortie, vous n'auriez pas les mains liées demain par un malotru de bourreau, pour aller recevoir, en place publique, ce que notre vénérable ami, M. Lamourette*, appelle une chiquenaude sur le cou.

* LAMOURETTE, Adrien, né à Tervent, dans le Boulonnais, homme de lettres, prêtre, évêque constitutionnel de Lyon, membre du Corps législatif, exécuté à Paris à l'âge de 52 ans, le 10 janvier 1794, soixante-dix jours après les girondins. Il dut se trouver en même temps qu'eux à la Conciergerie, où M. l'abbé Emery le réconcilia, comme il avait fait pour Fauchet, avec Dieu et l'Eglise. C'est de la bouche même de M. l'abbé Emery qu'a été recueillie l'expression fort connue à laquelle on fait allusion ici, et qui est rapportée par la plupart des biographes.

CARRA

En vertu de la figure de mots qui est communément nommée euphémisme.

DUPERRET

Par le saint Evangile* ! on ne termine pas autrement les guerres de partis ; mais je n'eus pas ébloui un moment ces gens-là de la lueur de mon sabre, que vous autres, girondins, vous avez tous crié haro, comme des Normands !

VERGNIAUD

Phocion était la hache des discours de Démosthène[69]. Duperret, Dufriche et Viger étaient l'épée des trames de la Montagne.

DUPERRET

Et si vous l'aviez voulu, cette épée aurait coupé le nœud gordien de la Révolution.

FAUCHET

Une autre épée la coupera.

GENSONNÉ

Celle de Cromwell...

DUCHASTEL

Celle de Monck[70]...

VERGNIAUD

Celle de Thrasybule[71], peut-être !

VIGER

Qui sait ? La France est en guerre avec l'Europe, et la guerre seule produit des hommes capables de diriger les Etats !

* Duperret était protestant, ce qui explique l'interjection familière que la tradition lui attribue.

DUPERRET

Qui sauvent les peuples de leurs propres fureurs après les avoirs défendus des attaques de l'étranger.

VERGNIAUD

Comme Pélopidas !

DUCHASTEL

Comme Alfred !

FAUCHET

Comme Macchabée[72], messieurs, comme Macchabée !

CARRA

Ce qui est arrivé devant irrésistiblement arriver encore, ainsi que je l'ai prouvé – ainsi que j'ai du moins commencé à le prouver ; ainsi que je le prouverais de la manière la plus évidente...

Ici Carra laissa échapper un long soupir. Ensuite il continua :

– Tous les événements de l'avenir n'étant, dis-je qu'une inévitable répétition du passé, il me paraît vrai en principe qu'une épée terminera infailliblement la Révolution. Cela arrive de toute nécessité quand l'avenir des nations est en litige entre le droit et la force.

LEHARDY

Et une révolution n'est autre chose que l'expression d'un intérêt nouveau qui lutte contre une possession ancienne, c'est-à-dire une tentative qui a pour objet de substituer le fait au droit et la tyrannie au pouvoir.

VERGNIAUD

Si ce n'est pas là le but de toute révolution, c'est à la vérité sa fin ordinaire ; il vient alors un guerrier qui jette son glaive dans la balance comme Camille, et malheur aux vaincus.

DUPRAT

Vous me rappelez ce que me disait à ce sujet un jeune capitaine d'artillerie avec lequel je soupais il y a plus d'un an à Beaucaire*. Je répéterais au besoin ses propres paroles... « Ils marcheront dans les révolutions, et ils n'en recueilleront pas les fruits. Ils feront des constitutions et ils les violeront. Ils se rendront odieux au peuple et au genre humain par des excès qui avaient disparu de l'histoire depuis Sylla et les triumvirs. Un homme alors paraîtra, guidé par la fortune et par le dieu de la gloire. Il dira : Je vous ai laissé des lois, et vous les avez foulées aux pieds. Qu'avez-vous fait du sang de nos braves, inutilement versé pour la patrie ? – Et il les chassera devant lui comme une paille légère ! »

VERGNIAUD

Il y a de l'avenir dans ce capitaine à la parole poétique ! il sera Marcellus [73] !

MINVIELLE

Je l'ai vu. C'était un Corse d'assez petite taille, à l'œil noir, luisant, profond, au maigre et long profil, au teint couleur de pierre, aux cheveux plats et

* Bonaparte pouvait s'y être effectivement rencontré en ce temps-là. Un des petits pamphlets politiques par lesquels il paya son tribut aux orageuses passions de l'époque était intitulé : *Le souper de Beaucaire*, et on n'ignore pas qu'il fut imprimé à Avignon dans les premiers mois de 1793, c'est-à-dire sous les yeux des amis de Duprat.

tombants, qui parlait peu, et ne parlait que par phrases sentencieuses et pittoresques. Il s'appelle, je crois, Buonaparte.

ANTIBOUL

Eh quoi ! est-il de cette nation dont on a dit que les Romains ne voulaient pas y prendre des esclaves* ?

FRONFREDE

Ballottés entre des aristocrates imbéciles qui ne rêvent que le passé, et des démagogues furieux qui n'ont d'autres instincts que ceux de la destruction, de la rapine et de l'assassinat, les Français seraient peut-être un jour trop heureux d'en recevoir un maître !

VERGNIAUD

Il y a des époques de dissolution où la tyrannie elle-même ne peut pas s'établir chez les peuples. La tempête des révolutions se construit quelquefois de son propre effort une digue imposante en roulant des rochers sur ses rivages, mais le reflux vient qui les emporte en passant. Tous les pouvoirs qui ne sont pas fondés sur des institutions anciennes et nécessaires, identifiées par un long usage avec le génie national, sont des colosses sans base. Montesquieu compare la féodalité du Moyen Age à un arbre immense qui couvrait l'Europe de ses larges rameaux et de son épais ombrage, mais il faut un sol compact et profond

* Ce reproche est loin d'avoir rien d'injurieux en soi, car il ne peut être que fort honorable pour un peuple de ne point paraître propre à la servitude ; mais il fut saisi avec empressement dans sa mauvaise acception par les nombreux ennemis du gouvernement impérial, quand Napoléon eut ouvertement rompu avec le principe révolutionnaire, parce qu'il n'en avait plus besoin. La phrase dont il est question, devenue promptement populaire, courut la France sous le nom de M. Lanjuinais[74], un des membres de la faible opposition du sénat où se conservaient encore quelques sentiments de liberté.

à l'arbre social pour y lier de vastes et puissantes racines qui ne trouveraient où se prendre sur le sol mouvant de cette Europe de sable et de boue que le temps nous a faite. Une révolution est le plus grand jour du peuple ; mais comme le plus grand jour du soleil, elle ne promet plus que décadence. Elle éclate en brillantes vertus, par la même raison qui fait, au dire des philosophes, que la flamme a des habitants, mais on ne sème rien de vivace dans la cendre. Le despotisme sera désormais transitoire en France comme la liberté.

DUCHASTEL

A moins que la liberté ne s'y arrête un jour florissante, sous les auspices de ce pouvoir que vous venez de définir, et qui est fondé sur des institutions anciennes et nécessaires. Oh ! laissez ici, mes amis, toute franchise à mon âme, si près de conquérir son affranchissement immortel ! Vous avez cru détruire la monarchie ; vous n'avez fait que la renouveler, en la réduisant par une réaction violente à la nécessité de subir, lors de son prochain rétablissement, les conséquences de son principe essentiel et les conditions de son origine. La monarchie ne fut en effet dans notre vieille civilisation que la garantie armée des libertés publiques. Elle tombait de vétusté dans sa forme altérée par des siècles de corruption sociale. Elle se relèvera puissante et rajeunie sur des fondements désormais inébranlables. Oui, la monarchie se relèvera ! les planches de l'échafaud n'ont pas bu la dernière goutte de ce noble sang des Bourbons qui est le sang même du pays, et qui n'a jamais coulé sans que la France en tressaillît d'épouvante et de douleur jusqu'aux entrailles de la terre !...

Ici un vague murmure d'étonnement, d'inquiétude

et de colère, couvrit peu à peu, et puis interrompit tout à fait le discours de Duchastel.

– Oui, la monarchie se relèvera, et les Bourbons reviendront, s'écria Lehardy, avec la vigueur sonore et stentorée de ces poumons de fer qui l'avaient rendu si redoutable à la Montagne.

– Ils reviendront de la captivité de Babylone, reprit Fauchet, en fixant son regard extatique aux voûtes de la prison comme si elles s'étaient ouvertes pour lui montrer le ciel ; – oui, la monarchie se relèvera triomphante, et les murailles du temple avec elle !...

– Vive la République, dit Ducos, et respect aux opinions ! nous avons tous quelque raison pour les croire aujourd'hui fort dégagées entre nous d'ambition et d'intérêt. Il n'est pas clairement prouvé d'ailleurs, continua-t-il en riant, que Fauchet soit visité de l'esprit de prophétie, ou bien il l'est un peu hors de propos, comme cet homme dont parlait le vieux Cazotte[75*],

* CAZOTTE, Jacques, né à Dijon en 1720, guillotiné à Paris dans sa soixante-treizième année, le 25 septembre 1792 ; et qui n'est pas cité assez souvent comme un des esprits les plus ingénieux, un des plus nobles caractères, et un des hommes les plus vertueux du dix-huitième siècle. Il est fait allusion, dans le passage qui donne lieu à cette note, au fameux récit de la prédiction de Cazotte que Laharpe publia seulement quelques années après, mais qui pouvait circuler dès lors dans le monde littéraire et politique. Authentique, cette prophétie serait des plus extraordinaires ; apocryphe, elle prouve au moins que la froide imagination de Laharpe s'était élevée par l'étude des livres saints à un genre de conception dont il n'y a point d'autre exemple dans ses ouvrages. Je suis disposé à croire que Cazotte en a donné lui-même l'idée, quand les premiers développements de la Révolution eurent rendu ce calcul de prévision plus facile et plus vraisemblable. Je me souviens d'avoir vu M. Cazotte, autant qu'on peut se souvenir de l'âge de huit à neuf ans. Il était l'ami de mon père, et les sujets familiers de sa conversation étaient fort propres à fixer les souvenirs des enfants. Le plus aimable des conteurs comme le plus beau des vieillards, il se complaisait en causeries vives et saisissantes qui auraient fait oublier le sommeil aux naturels les plus lourds et les plus paresseux. Son imagination était un conte oriental perpétuel dans lequel il s'attribuait volontiers un rôle, soit qu'il eût réellement pris part aux événements dont

qui annonça pendant trois jours la ruine de Jérusalem, et qui ne fut averti de sa propre mort qu'au moment où il lui était devenu impossible de l'éviter[76].

Tous les girondins se réunirent à l'acclamation de Ducos, à l'exception de ces trois-là. Les cris de *République* et de *Liberté* retentirent longtemps dans ce triste séjour que Fouquier-Tinville avait appelé, avec le cynisme sanguinaire, mais pittoresque, de ce temps de malheur, l'*antichambre de la guillotine*.

Duchastel se leva enfin, quand tous les bruits furent passés, avec cet air calme et fier qui donnait à son jeune âge quelque chose de la gravité d'une vieillesse solennelle, comme à l'enfance boudeuse de Caton :

– Vive le Roi, répondit-il, vivent le Roi et la liberté !... – Il ne serait pas Français, il ne mériterait pas d'être homme celui qui baisserait son front sans rougir devant un pouvoir fondé sur l'esclavage et l'avilissement de ses semblables. Malédiction, ô mon cher pays, sur celui de tes indignes enfants qui formerait à son heure suprême des vœux contraires à ta gloire et à ton bonheur ! Dieu m'est témoin, ou il me sera témoin bientôt, que mon patriotisme ingénu et fidèle ne s'est réconcilié avec la pensée d'une

il parlait, soit qu'il ne pût s'empêcher de s'identifier en racontant avec un de ses personnages. Je n'ai conservé aucune idée de ce qu'on appelait ses visions, parce que je les confondais probablement avec ses histoires, mais j'en ai ouï souvent parler à mon père. M. Cazotte eut, par une exception qui devenait rare, tous les honneurs de la mort politique. L'accusateur public lui avait dit : « Pourquoi faut-il que j'aie à vous trouver coupable après soixante-douze ans de vertus ! Il ne suffit pas d'avoir été bon fils, bon époux, bon père ; il faut encore être bon citoyen !... » L'allocution du président est le plus glorieux hommage qu'ait reçu l'innocence en montant à l'échafaud : « Envisage la mort sans crainte, lui dit-il ; songe qu'elle n'a pas le droit de t'étonner ! Ce n'est pas un pareil moment qui peut effrayer un homme tel que toi. » Sa fille l'avait défendu des assassins de septembre. Elle ne put rien contre ses juges. Et la peine de mort en politique n'est pas le plus grand des forfaits ! Pauvre Cazotte !

monarchie populaire, assise sur les droits imprescriptibles de l'humanité, que dans le désespoir d'une république impossible, ou dans la honte d'une république mensongère et hypocrite qui s'allaite pour grandir du sang des plus pures victimes. Il me sera témoin, frères chéris de vie et de mort qu'il m'a donnés, que cette pensée nouvelle pour moi est éclose dans ma conscience comme un doux rêve dans le sommeil, sans combinaison, sans calculs, quand j'ai commencé à me dévouer pour elle, comme sans peur quand je vais lui payer le tribut de ma belle vie de vingt-six ans, au prix de tant d'amour et de félicité qui m'étaient promis ! Que me demandez-vous ? Mon cœur naturellement chagrin n'était plus disposé à se nourrir des vaines espérances d'amélioration dont nous nous étions flattés. Je ne croyais plus au bonheur des peuples, et cependant je le cherchais encore, et je le cherchais partout, avec l'ardeur qui nous ferait payer le retour d'une illusion agréable, de quelques instants d'erreur et de folie. Je vous suivis de mon attention, de mes vœux, quelquefois de mes sympathies. Je ne trouvai rien, rien que le trouble et le néant. Vous vous débattiez dans le vague et vous ne pouviez plus vous diriger. C'est alors que je reportai mes yeux au rivage d'où vous étiez partis, et que je délibérai d'y retourner. Je m'explique cependant. Ne m'accusez pas d'avoir méconnu ce que les usurpations de l'aristocratie avaient d'humiliant et de douloureux pour une âme fière, ce qui devait l'irriter dans l'orgueil de la noblesse et des cours, la révolter dans leur dépravation ! Quoique né loin de ce théâtre, et pur de ces affronts auxquels je n'ai jamais exposé ma libre et sauvage adolescence, je n'ai point ignoré les jours d'oppression et de détresse dont la Révolution fut l'inévitable résultat. L'histoire m'a montré à nu la conspiration permanente de la tyrannie contre la liberté, du fanatisme contre la raison, d'une routine servile et intéressée contre les progrès de la pensée humaine, contre les idées et les découvertes qui élèvent notre espèce à la hauteur de sa destinée, et qui aplanissent lentement par des conquêtes successives toutes les inégalités de notre vieux monde social. Eh ! mes amis ! le spectre caduc et abruti de l'Ancien Régime, vieillard obscène et fardé, tout chargé de turpitudes et d'extravagances, m'était odieux comme à vous, et j'avais juré de lui livrer une guerre aussi longue que ma vie ! Mais je suis venu, et j'ai vu tomber les pouvoirs légitimes dans la ruine du despotisme, la religion et la morale sous le nom de superstitions et de préjugés, les saintes vérités avec le mensonge, les bonnes et antiques lois avec les abus, les innocents avec les coupables ! Je suis venu, hélas ! et vous m'avez montré Marat ! Vous savez si j'hésitai alors entre l'échafaud et lui ! Du moment où je me sentis consacré à la mort, je réfléchis avec plus de soin, parce que si j'étais sûr de ma bonne foi à l'égard de mes commettants, il me restait un dernier compte à régler avec moi-même, avant le jugement de Dieu. Je reconnus sans peine la vérité de ce que Vergniaud nous disait tout à l'heure, du haut d'une autorité qui vaut mieux que la mienne ! Enfants étourdis et mutins, nous avions marché, heureux de traîner derrière nous les lambeaux de nos langes déchirés et de nos lisières rompues ; nous nous étions précipités dans l'avenir, sans le prévoir, comme dans une route ouverte ; coursiers aveugles et indomptés qui se croyaient attelés au char du monde civilisé, et qui ne traînaient d'abîme en abîme que la claie d'une société suicide. J'ignore ce que vous en pensez, messieurs, mais c'est là ce que nous avons fait !... Les anciennes constitutions de la monarchie que j'ai trop tard étudiées contenaient mille fois plus d'éléments de liberté qu'il n'en sortirait en mille ans de tous les antres de la Montagne ! Et voilà pourquoi je crie : Vive le Roi !

Les mêmes voix ne manquèrent pas d'étouffer ce cri comme la première fois sous un cri presque unanime.

On remarquera seulement que Sillery, vaincu par ses souffrances physiques, s'était penché depuis quelque temps contre la muraille, et paraissait sommeiller.

– Tais-toi, dit Duprat à Minvielle dont la voix dominait toutes les autres quand Lehardy ne parlait point, Sillery dort.

BOILLEAU

Vive la République, une, indivisible et impérissable ! Vive la Montagne !

CARRA

Vive la République une et indivisible ! Quant à la Montagne que j'ai fort expérimentalement connue, et pour laquelle vous proclamez itérativement une adhésion spontanée, retardataire, ainsi qu'on vous l'a fait observer tout à l'heure, je vous déclare, M. Boilleau, qu'elle me rappelle de manière explicite la fantastique montagne de Kaf des fables orientales, qui sert immémorialement de refuge aux djins, aux goules, aux vampires, et à tous les mauvais esprits.

– Ouf ! dit Minvielle.

VERGNIAUD

En vérité, c'est une grande insensée que l'imagination de l'homme ! Vous venez, je crois, de passer en revue toutes les formes éventuelles de la société, et le vœu qui nous rallie presque tous n'exprime en réalité qu'une vague négation des différentes polices auxquelles la terre est soumise. Je vous ai avoué déjà que je ne voyais plus autre chose dans la République anonyme que nous avons décrétée avant tant d'enthousiasme : symbole éclatant de destruction, gage fallacieux de renouvellement, vaine abstraction d'existence ! Il y aura un étrange sujet de méditation pour la postérité dans l'histoire d'une assemblée de législateurs qui ne furent d'accord qu'un jour, et qui ne le furent que sur un mot dont aucun n'aurait accepté le sens dans la signification que lui donnait son voisin. Le mot seul fut une loi ; la chose restait un mystère. La République, messieurs ! un gouvernement fédéral pour Buzot, une utopie d'économistes pour Condorcet[77], un *mob* turbulent et convulsionnaire pour Thomas Payne*, une grande exploitation agricole, industrielle et philanthropique pour Brissot, une immense Athènes renouvelée de Démosthène et de Plutarque pour Ducos ; pour Saint-Just, un monde organisé comme la petite et grossière municipalité de Sparte, aux ilotes et aux rois près ; une orgie perpétuelle et délirante pour le sybarite d'Arcis-sur-Aube** ; une ample et somptueuse curée pour

* *Mob* est un mot anglais qui signifie « populace », dans un sens plus spécialement politique dont nous n'avons pas encore l'équivalent, la *mobilium turba quiritium* d'Horace. Le chevalier Croft pensait que *mob* primitif pouvait être radical dans *mobilis.* Ce rapprochement est au moins fort ingénieux.

THOMAS PAYNE de Thetford, comté de Norfolk, fabricant de corsets, homme de lettres, député à la Convention nationale par quatre départements, âgé de 56 ans au moment de l'action, mort seize ans après en Amérique ; Thomas Payne, que j'ai vu rarement, m'a laissé le souvenir d'un homme de bien, hasardeux en doctrine, réservé en pratique ; sujet à se livrer au mouvement des révolutions, incapable d'en accepter les dangereuses conséquences ; bon par nature, et sophiste par conviction. Il est fort imparfaitement apprécié dans les biographies.

** Nom du lieu natal et de la maison de campagne de Danton.

Chabot[78], une dictature pour Robespierre, une boucherie pour Marat : voilà ce que c'est que la République ! c'est ce dé à plusieurs faces que les jongleurs font rouler sur un pivot rapide aux yeux de la multitude, et qui en reçoit autant de noms en tournant qu'il lui offre de côtés.

– Accordez-moi, continua Vergniaud avec une riante sérénité, que la destinée ne fut pas sévère pour nous quand elle nous permit de soustraire de bonne heure notre vie historique à la responsabilité d'un tel avenir. L'abri salutaire de la mort est à peine assez profond et assez inviolable pour s'y réfugier avec assurance contre les attentats qui vont épouvanter le monde ! Et c'est quand la tyrannie, plus bienveillante qu'elle ne pense, anticipe en votre faveur sur le bienfait de la nature, c'est le jour où vous commencez à être placés hors de la portée de ses atteintes, que vous épuisez votre esprit en vaines prévisions sur les différentes manières de finir entre lesquelles peut se débattre, pendant quelques années encore, une société agonisante ? Qu'importe à celui qui dort du doux sommeil de la tombe, que les générations qui lui succèdent plient un front consterné sous la hache de Robespierre ou sous le sabre de Tamerlan ? qu'elles adorent en rougissant le rosaire imposteur de Louis XI, ou les hideuses amulettes de Marat ? qu'elles se traînent, serviles et mendiantes, sur les parvis d'un palais, ou, ivres de vin et de sang, dans la fange des égouts ? N'avons-nous pas un asile paisible et glorieux, contre toutes les oppressions, au sein de l'éternelle liberté ? C'est dans cette contemplation que l'âme sent qu'elle a des ailes !

BRISSOT

Joie immense en effet, joie qui ferait éclater le cœur du proscrit, s'il mourait assuré du sort de ses enfants !

VERGNIAUD

Et quelle est, suivant toi, Brissot, l'heure de toute une existence séculaire où un homme né pour aimer peut mourir, sans jeter un regard de douleur sur ce qu'il aimait ? C'est le lot de la pourpre comme celui de l'échafaud. Si la mort ne trainaît pas cette cruelle compensation avec elle, connais-tu quelqu'un qui ne voulût de la mort avant le temps où Dieu l'envoie ?

FONFREDE

Ne plaignons pas nos enfants de notre mort ! Elle sera un jour la plus belle portion de leur héritage.

BRISSOT

Ou bien, suivant les vicissitudes que Vergniaud prévoit dans l'avenir incertain de la patrie, elle sera contre eux un jour un nouveau titre de proscription !...

FONFREDE

Qu'il en soit ainsi, quand les malheurs de la patrie imposeront cette destinée à leur courage ! Que mon Henri garde mémoire de son noble baptême de sang, et qu'il se dévoue plutôt à mourir comme nous qu'à transiger avec la faction féroce qui vient d'assassiner la liberté... la liberté qu'elle assassinerait, deux fois !

VERGNIAUD

Ta pensée planera sur lui d'une région inaccessible aux honteuses terreurs de l'homme mortel, et ton génie enflammera le sien d'inspirations dignes de toi ! La sollicitude qui nous occupe aujourd'hui pour les êtres qui nous sont chers est le dernier lien qui nous attache à notre faible humanité ; mais elle se changera en pures délices quand nous pourrons les suivre d'une attention tranquille dans leur captivité passagère de la vie, nous voir renaître en eux, nous complaire dans leurs vertus, nous consoler dans leurs épreuves, en goûtant d'avance l'espoir infaillible de ne les plus quitter. Cette idée est tout pour qui sait en jouir !...

DUCOS

Et n'est rien pour qui la méconnaît. Vergniaud aborde ici une grande question, mais il ne l'a pas tranchée.

MINVIELLE

Tu es bien pressé, Ducos ! La guillotine la tranchera tout à l'heure !

VERGNIAUD

J'ai dû remplir jusqu'à la fin les devoirs de mon ministère avant de m'en départir pour jamais. L'immortalité de l'âme est décidément la seule question qui reste à l'ordre du jour.

Carra tressaillait d'impatience. Tout son système de palingénésie matérielle et de résurrections multiples par le concours et la combinaison des atomes homogènes se représentait à son esprit, sous une abondance incroyable de formes, également difficiles à rendre palpables devant un auditoire qui n'avait pas la clé de sa terminologie scientifique. Il se rongeait les poings de déplaisir de ne pouvoir compter sur assez de patience et de docilité dans ses écouteurs les plus complaisants et les plus assidus, pour prendre le temps de développer ses nomenclatures, d'établir ses axiomes et de tirer ses inductions ; et il se promettait, non sans quelque regret amer du passé, de mieux employer sa vie, la première fois que le hasard le replacerait identiquement dans son individualité de philosophe.

LEHARDY

La solution de ce doute n'est pas une œuvre de parole : c'est une profonde impression de sentiment. Elle est tracée dans le cœur de tout honnête homme dont les vertus ont été mal rétribuées sur la terre. Il n'y a rien d'imparfait dans la création de Dieu, et si la probité persécutée, si l'innocence malheureuse n'avaient point d'appel devant lui, la moralité de cette création sublime ne serait qu'une chimère.

FONFREDE

Cette solution est tracée par la nature dans l'instinct intelligent du seul être organisé qui conçoive le besoin de revivre. Ce que la nature m'a fait désirer parce qu'elle me l'a fait pressentir, elle me le doit.

BRISSOT

Elle est tracée par le raisonnement pour le philosophe dans les écrits de Platon, et la raison humaine ne s'élèvera jamais plus haut. Ce que Platon m'a promis, au nom du grand architecte des mondes, je vais le chercher.

FAUCHET

Elle est tracée par la foi, plus savante que Platon, pour le chrétien plus riche en avenir que le philosophe. Ce que la foi m'a donné, au nom du Seigneur, je vais en prendre possession dans le ciel.

GENSONNÉ

Dans le fait, cette question, qui est d'importance pour nous, ne me paraît pas de nature à être embrassée sous tous ses aspects d'une manière si soudaine. Il me semble que nous nous sommes rarement bien trouvés d'emporter une délibération en matière sérieuse au bond de l'improvisation. Je vous propose de renvoyer celle-ci à la séance du soir.

DUCOS

Sur le rapport de Valazé, qui a pris les devants dans l'intérêt de l'instruction avec son zèle accoutumé*.

DUPRAT

Nous serons alors plus capables de juger en connaissance de cause... et maintenant, messieurs, nous ne pouvons pas nous le dissimuler, nous n'avons pas la tête à nous.

MINVIELLE

Au lieu que tantôt, ce sera merveille ! Nous voterons pour la première fois à tête reposée.

Ces persiflages héroïques, saillies dignes de Socrate, où se complaisent les gens de cœur qui savent mourir, circulèrent au milieu des éclats de rire avec le punch qui remplissait tous les verres**.

* Valazé avait été rapporteur dans le procès du roi, et Ducos, qui partagea son opinion, devait lui tenir compte de son ardeur à soutenir l'accusation, avec toute la constance et toute l'âpreté de son inflexible caractère.

** Cette transition paraîtra un peu brusque dans une discussion qui pouvait donner lieu à de si riches développements. J'en avais probablement ainsi jugé autrefois, car toutes les autres parties de la composition étaient subordonnées à celle-ci dans mes premiers essais. A force d'y réfléchir, et j'y ai mis le temps, je me suis convaincu que cet épisode entièrement philosophique me faisait sortir de la spécialité de l'histoire ; qu'il était de toute invraisemblance qu'il eût occupé beaucoup de moments dans *Le dernier banquet des girondins*, et qu'il ne pouvait que jeter une langueur plus ennuyeuse encore que solennelle dans un drame déjà trop prolongé, dont le sujet est connu et le dénouement prévu dès le frontispice du livre. Qu'aurais-je pu faire d'ailleurs autre chose que de copier le *Phédon*

A compter de ce moment, la conversation devint plus générale, plus bruyante, plus expansive ; les sentiments s'échangèrent avec plus de rapidité, les caractères se dessinèrent avec plus d'énergie. Quelques hautes réflexions, quelques souvenirs graves ou touchants, quelques regrets échappés à l'âme se firent encore entendre de loin en loin ; mais le tumulte des émotions ne tardait pas à les entraîner, à les confondre dans une rumeur presque unanime qui n'exprimait que la joie portée jusqu'au délire. Vergniaud retombé dans ses préoccupations ordinaires ne riait que par

de Platon avec celui de Moïse Mendelssohn[79], en assujettissant la magnifique simplicité de leurs raisonnements à de certaines combinaisons de style, modifiées selon l'éducation, l'esprit et le naturel des personnages, et sur lesquelles je n'ai peut-être insisté que trop jusqu'ici, parce qu'elles m'offraient le seul moyen imaginable de varier au moins, par la couleur tranchée des discours, le fond monotone d'une scène sans action et sans péripétie. Je crois qu'on tombera volontiers d'accord avec moi si on daigne se rappeler que l'époque où l'action se passe est incontestablement la plus étrangère à toute saine idée de psychologie qui se soit rencontrée jamais dans l'histoire de la société, et que je n'aurais pu l'animer dans les débats, pour n'être pas invraisemblable et absurde, que de quelques pâles reflets de la philosophie du XVIIIe siècle dont personne aujourd'hui ne veut entendre parler. Cette combinaison, la seule qui approchât du vrai, aurait jeté quelque ridicule sur les interlocuteurs et sur la question elle-même, et il n'y avait rien de plus contraire à mon dessein. Un homme de beaucoup d'esprit, bien connu par son aptitude à retenir des anecdotes charmantes et des mots délicieux, qu'on chercherait vainement ailleurs, raconte que les girondins dont il a gardé quelque souvenir, finirent par aller aux voix sur la discussion, et que la cause du spiritualisme et de la divinité fut perdue à la majorité d'une voix. Cette historiette est bien triste, mais j'ai le bonheur de n'y pas croire, et dans aucune hypothèse, je ne m'en serais servi. Je me suis donc borné à faire résumer en quelques mots par quatre de mes personnages, Lehardy, Fonfrede, Brissot et Fauchet, les propositions morales, physiologiques, philosophiques et religieuses qu'il aurait fallu développer. Ce texte est vaste, sans doute, et peut donner matière encore à un beau livre, après Mendelssohn et Platon, sous la plume d'un spiritualiste éloquent et passionné. A la considérer sous ce dernier point de vue, je ne fais aucune difficulté de convenir que j'y ai renoncé par impuissance.

intervalles, et quand un trait plaisant et inattendu le rappelait aux convenances d'un festin libre et amical qui s'égaie en finissant, Fauchet, Duchastel, Lehardy, Brissot, plus étrangers encore à ces effusions du plaisir et de la folie, ne les troublaient pas du moins par une attitude austère et mélancolique. Leurs visages étaient empreints d'une telle sérénité qu'il n'y avait pas un de leurs traits qui ne semblât sourire. – La plupart des autres, tout entiers au bonheur d'être encore une fois ensemble, s'y livraient avec une verve d'enthousiasme, cette passion de jouir, et cet abandon de l'insouciance qui distinguent l'esprit français entre tous les caractères nationaux. L'approche d'une mort certaine était oubliée, ou plutôt elle stimulait par un attrait de plus, par la secrète satisfaction de la vanité qui aime à s'exercer chez nous contre les malheurs inévitables, les démonstrations de la gaieté commune. L'émulation du dévouement n'était qu'une chose vulgaire, et qui ne valait pas la peine d'être remarquée entre des âmes si puissantes ; mais l'émulation d'une stoïque indifférence et d'une intrépidité sérieuse n'était pas sans charme pour des esprits si élevés. Les chances de la gloire politique devaient être fort inégales pour les girondins aux yeux de la postérité ; et s'il y avait quelque moyen de compensation pour les faibles et les obscurs, on pouvait le trouver dans la manière de prendre la mort, qui est, en dernière analyse, l'épreuve décisive des véritables supériorités.

Depuis un an, les événements préparaient de jour en jour les girondins au dénouement de la grande tragédie où ils avaient accepté le rôle généreux de martyr, et leurs ambitions jusqu'alors solidaires d'une même cause n'avaient jamais été plus franchement rivales. Il est présumable que, pour quelques-uns, l'émulation dont je viens de parler ne s'éveilla qu'à l'échafaud, qui était le dernier théâtre où elle eût l'occasion de ressaisir ses avantages.

Ducos et Boyer-Fonfrede, dont l'absolution avait été promise à Camille Desmoulins, le tardif Las Casas de la Révolution* tombèrent plus inopinément que leurs amis sous la juridiction intime et sympathique de Fouquier-Tinville et du bourreau. La proscription fut suspendue quelque temps sur eux comme l'épée de Damoclès, et ils faisaient à peine l'apprentissage de la prison, pour le crime alors inexpiable d'avoir défendu leurs collègues et leurs frères opprimés, quand la Montagne les jeta aux furies de la guillotine. L'idée de cette mort inopinée, qu'ils n'avaient pas même encourue, au témoignage de leurs plus cruels ennemis, venait d'apparaître pour la première fois à leur esprit dans le texte d'une de ces tables sanglantes d'assassinat qu'on osait appeler des jugements**. Aussi, je ne sais

* Cette belle expression n'est pas de moi ; elle est de M. Réal dans un des plaidoyers mémorables dont j'ai eu l'occasion de parler, note p. 92.

** Camille Desmoulins était si loin de penser que Ducos et Fonfrede fussent condamnés qu'il sortit de l'audience en versant des torrents de larmes. – Hélas ! s'écriait-il, c'est moi qui les ai perdus en publiant mon *Brissot dévoilé* [80] ! Ducos, mon pauvre Ducos ! – Ce mélange de frénésie, de tendresse et de vanité donne jusqu'à un certain point la mesure des hommes de cette époque. Celui-ci n'était pas méchant, et sa mort a peut-être absous sa vie. Camille Desmoulins, qui avait sonné le glas funèbre des républicains de la Gironde [81], les suivit d'assez près à la mort comme chef de la Conspiration des indulgents ! C'est ainsi qu'on les appelait ! Terrible histoire que celle d'un peuple où les accusateurs des girondins, où les persécuteurs proscrits pour indulgence emportèrent à leur tour les regrets des gens de bien ! Que dis-je ! si nous savions à fond le secret du 9 thermidor, nous y verrions Robespierre lui-même poursuivi comme continuateur du système de Camille qu'il avait sacrifié. Les assemblées politiques font des coups d'Etat contre une influence qui tend à s'agrandir, contre un pouvoir qui s'affermit. Elles n'en font point contre la Terreur. Toutes les fois qu'un gouvernement tombe, on peut établir en principe infaillible qu'il a été modéré dans son système, ou ridiculement maladroit dans la manière d'en changer. Je ne m'en rappelle point d'exemple, mais il y en a.

quel orgueil de courage et d'abnégation leur fit craindre de rester en arrière sur la résignation pleine de grâce et de gaieté de leurs compagnons d'infortune et de gloire ; et, comme il arrive d'ordinaire, ils enchérirent sur leurs transports en cherchant à les égaler. – Le plus sage des Grecs, au jugement des oracles, mourant parmi ses disciples pour la défense des libertés sacrées de la pensée, et s'amusant à aiguiser encore d'ingénieuses ironies, ne trouva que des pleurs pour réponse ; mais ses élèves ne mouraient pas avec lui, et si cette faveur leur avait été accordée, ils seraient morts sans doute en riant comme les Athéniens de la Gironde.

A voir l'ivresse orageuse de cette fête sans exemple, on aurait cru qu'il s'agissait de solenniser une victoire, et c'était quelque chose de pareil en effet, car l'opprobre que la tyrannie triomphante achevait d'imprimer à sa cause par ce monstrueux attentat contre la représentation nationale devait retomber tôt ou tard sur les factieux, et laisser aux générations futures un profond sentiment d'horreur, capable d'empêcher à jamais le retour de leur exécrable puissance. Personne n'en jugeait autrement. – Mais la réflexion n'entrait pour rien dans l'élan désordonné qui entraînait alors tous les esprits. C'était jour de féerie et de délassement.

– Messieurs, s'écria tout à coup Minvielle, si vous voulez bien faire droit à ma motion, cette nouvelle jatte de punch – il nous en revient encore – sera épuisée en l'honneur des belles qui nous ont accordé un peu de compassion dans les mauvais jours que nous venons de subir. C'est le moins que nous leur devions, mais c'est tout ce que nous pouvons faire pour elles en ce moment de délivrance. J'espère que la discrète gravité de M. Duchastel ne refusera pas de rendre cet hommage à une adorable recluse qui touche de près son cœur, ou mes observations m'ont trompé tantôt. Je cherchais son regard par suite d'une méchante habitude que les dames m'ont donnée, et je ne peux guère m'être mépris sur sa direction, car M. Duchastel marche toujours tout seul. Honneur à son bonheur, et compliment sans rancune ! je porte donc cette santé à la divine Cécile de... à la céleste Cécile du... – qui diable me dira son nom !...

– Arrêtez, interrompit violemment Duchastel, que ces derniers mots avaient tiré de sa rêverie... – Le nom d'une femme est un mystère sacré qu'il n'est pas permis de compromettre dans la licence des festins, même quand on peut s'excuser comme vous par l'invraisemblance d'une supposition absurde et l'étourderie d'un cerveau échauffé !... – Vous n'avez pas la tête mûre, Minvielle !...

– Ah ! sur ce point, reprit Minvielle, vous me permettrez de vous contredire. Mûre s'il en fut jamais ; elle va tomber !

– Ne craignez rien pour votre secret, si vous en avez un, dit Vergniaud ; ne craignez rien, mon cher Duchastel ; il sera en sûreté dans quelques heures. Je ne vois pas ici une bouche téméraire qui ose le violer demain. Le plus communicatif de nous tous, Minvielle lui-même avec son abandonnement fougueux et irréfléchi, vous promet comme moi de devenir tantôt, sur ce qui vous concerne et sur une multitude d'autres choses, aussi taciturne que Valazé. Vous n'aurez pas même pour témoins les grues du poète Ibicus[82]. Dissipe ce dernier nuage, Ducos ! Chante-nous un de ces airs qui ont si souvent charmé nos soirées, et qui auraient ému les pierres de notre prison, si les pierres étaient encore sensibles aux chansons du poète. Achille chantait. Chante, Ducos ! prends ta lyre !...

DUCOS

L'éphore le plus scrupuleux n'y couperait pas une corde. Je vais chanter un pont-neuf.

GENSONNÉ

Un pont-neuf ! je croyais que tu aspirais à t'élever aux plus hautes régions du Parnasse à côté de Fabre [83] et de Chénier, et tu te rabaisses au-dessous du vol rampant de Laignelot* jusqu'au badinage trivial de Pons de Verdun [84]** !

* Je ne me crois pas obligé dans ces notes, qui ne sont pas écrites, comme cela se pratique ordinairement, pour grossir le volume, à m'étendre en longues explications sur Fabre d'Eglantine et Chénier. Leurs noms sont trop connus de tous les lecteurs pour avoir besoin d'être rehaussés par le luxe surabondant de la biographie et de la critique. Il n'en est pas tout à fait de même de Joseph-François Laignelot, député de Seine-et-Oise à la Convention nationale, qui vient de mourir fort obscur à l'âge de 80 ans. Jeune encore, Laignelot s'était annoncé au monde littéraire par une tragédie intitulée *Agis,* représentée en 1779, et dont le sujet présente un rapprochement singulièrement remarquable avec la destinée fort imprévue alors d'un tribun qui devait prendre place un jour parmi les juges suprêmes des rois. Personne n'a pu oublier qu'Agis était un roi de Sparte qui fut mis à mort par son peuple. Laignelot a passé fort tranquille à Chaillot les années critiques de la Restauration, fidèle au culte de Marat qu'il avait beaucoup aimé, mais n'épanchant son enthousiasme religieux pour la sanglante idole de la Montagne que dans l'intimité du tête à tête le plus familier : au demeurant, homme doux, tranquille, de mœurs simples, de bonne conversation, fort occupé de littérature, et dont il n'aurait jamais été question, ni de son vivant, ni après sa mort, s'il n'avait fait que des vers.

** Robert Pons, natif de Verdun, et député de la Meuse à la Convention, était un de ces hommes qui réalisent leur esprit en petite monnaie. Il tournait le conte, l'épigramme et le couplet avec une rare facilité, qui l'avait fait surnommer la *Providence de l'almanach des Muses.* Le catalogue de sa bibliothèque annonce un goût éclairé et spirituel quoiqu'un peu bizarre, et il n'est pas douteux qu'il aurait laissé intacte la réputation d'un littérateur aimable, s'il n'avait pas eu la malheureuse fantaisie de devenir un personnage politique. De plus beaux génies que le sien ont échoué contre cet écueil.

DUCOS

Par exception. Je ne m'y retrouverai plus. Cette idée m'est venue pendant l'ennuyeux réquisitoire de Fouquier-Tinville, et je m'y suis livré volontiers pour me distraire du mauvais style du Châtelet*. La pièce est d'ailleurs de circonstance, comme vous allez voir, dans un banquet que nous devons apparemment à la munificence de Bailleul. J'ai rimé sa dernière et disgracieuse Odyssée**.

Et il entonna en effet le plaisant pot-pourri dans lequel il raconte avec une verve si comique l'arrestation de son ami :

Un soir de cet automne,
De Provins revenant...
Quoi ? sur l'air de la nonne
Chanter mon accident ?...
Non, mon honneur m'ordonne
D'être grave et touchant...

* Fouquier-Tinville avait été procureur au Châtelet, et c'est à cela que Ducos fait allusion. Fouquier n'était pas d'ailleurs un homme sans littérature, comme on pourrait le croire au méchant langage de sa *Défense.* Il avait débuté dans la carrière poétique par de petits vers fort doucereux, fort innocents, et surtout fort laudatifs à la gloire de Louis XVI et de sa famille. Les petits vers furent probablement mal accueillis ou mal payés, et c'est peut-être le dédain du distributeur des grâces qui a valu à l'humanité un de ses plus exécrables fléaux.

** On a fort mal dit, comme le remarquait le vieux Beaulieu dans la *Biographie universelle,* que c'était de sa propre arrestation que Ducos voulait parler en improvisant cette chansonnette, qui ne manque pas d'agrément. Ducos fut arrêté à Paris même, en sortant de la Convention. La chanson resta, et je l'ai souvent ouï chanter dans la rue, quelques années après, par une femme jeune encore qu'on disait devenue folle d'amour pour le poète, le jour de son exécution. Ce que je sais positivement, c'est que le contraste de ces traits abattus et de cette voix sanglotante avec les vives saillies de Ducos produisait un effet inexprimable sur mon cœur de jeune homme. J'ai entendu dire que l'infortunée était morte à la Salpêtrière. J'offre avec plaisir ce sujet de nouvelle à mes amis qui en tireront meilleur parti que moi.

La prononciation fortement accentuée de Ducos prêtait une vérité singulière au goût piquant avec lequel il imitait les intonations et les broderies un peu maniérées d'un de ses jeunes compatriotes, déjà célèbre alors, et dont la *Gasconne* avait beaucoup étendu la réputation. Il fut interrompu par de bruyants éclats qui redoublèrent à ce vers solennel :

Peuple français, écoutez-moi sans rire !

Tous les vers naturels ou satiriques, tous les traits remarquables par le sel ou la naïveté de l'expression, furent accueillis avec le même élan, et la plupart se répétèrent en chœur*.

L'enthousiasme des refrains a quelque chose de contagieux ; les refrains couraient avec le punch ; les chansons se succédaient, se croisaient, se perdaient les unes dans les autres, plus vives et plus turbulentes par leur confusion. C'était la boutade soldatesque pour Viger, la romance patoise du Comtat pour Duprat ; pour presque tous, les beaux airs patriotiques

* Tout ceci est exactement historique, et il y avait en effet assez de mots saillants dans le pot-pourri de Ducos pour expliquer cet accès de folle gaieté, même entre des hommes naturellement sérieux, s'il avait éclaté en toute occasion. Ceux-ci sont riants et naïfs :

Je prenais le long du chemin
Un âne pour un jacobin...
. . . .
De frayeur perdant la tête
Pendant ce conflit soudain,
On me prit pour une bête,
Et c'est mon plus grand chagrin.
. . . .
Si j'ai l'air d'un pauvre diable,
C'est que je suis député. Etc.

Le jeune compatriote de Ducos dont il est question un peu plus haut est, comme on sait, le fameux Pierre-Jean Garat[85], qu'un biographe appelle le *Protée musical* et l'*Orphée moderne ;* ce qui veut dire que Garat chantait à merveille, et cela ne dit rien de trop.

de la Révolution, dégagés des cruautés de l'esprit de parti et des obscénités de la populace. La Gironde mourait républicaine, mais elle n'avait jamais mieux compris qu'en ce moment la nécessité de mourir pure de sa malheureuse alliance avec des passions frénétiques, dont le débordement passait sur la République comme une tempête, et ne devait laisser derrière lui que des ruines irréparables.

Vergniaud avait cessé de prendre part à la délirante expansion de ses convives. Depuis quelque temps il roulait sa montre entre ses doigts sans la regarder. Tout à coup il l'ouvrit négligemment en la dégageant de sa double boîte cerclée en cuivre.

– Cinq heures, s'écria-t-il ! Oh ! que les belles nuits passent vite ! Ne nous reste-t-il plus rien de mieux à faire que de boire et de chanter ? Ce n'est pas trop de deux heures peut-être pour penser, pour écrire, pour finir nos arrangements avec le monde, ou du moins pour dormir un peu.

Et quand il eut dit cela, il remonta sa montre par distraction.

– Le monde s'arrangera comme il pourra, répondit Minvielle. Je ne me suis jamais fort soucié de lui, et je m'en soucie moins que jamais. Penser, je m'en avise rarement. Ecrire, c'est un ennui. Quant à dormir, j'ai bien le temps.

Les girondins, subitement ramenés cependant à une pensée sérieuse, s'étaient tournés en silence par un mouvement simultané du côté de Vergniaud, et paraissaient prêts à suivre son exemple, quand la porte de la salle s'ouvrit.

Les concierges et les guichetiers, accompagnés d'un huissier du tribunal, se rangèrent sur deux files pour les reconduire dans leurs cachots à mesure qu'ils répondaient à l'appel de l'officier judiciaire.

– Messieurs, dit Vergniaud en souriant, la séance est levée.

Cinq minutes après, la salle du festin n'avait plus d'hôte que Valazé.

***

Arrivés successivement au vestibule par groupes assortis, suivant l'habitude de tous les jours, les girondins se rangèrent pour la dernière fois sous la direction de leurs guichetiers.

L'adieu accoutumé courut sur toutes les lèvres ; il y fut suspendu par une réflexion rapide. Il n'y avait plus entre eux d'espérances à concevoir, il n'y avait plus de vœux à faire. Les paroles que les hommes s'adressent ordinairement en se quittant pour se revoir n'étaient plus à leur usage. Cette idée a quelque chose d'extraordinaire qui étonne les courages les plus affermis.

Ils se regardèrent, se cherchèrent encore à la lueur des huit torches qui éclairaient l'étroite enceinte, se jetèrent dans les bras les uns des autres, et cette fois-là, presque sans prédilection de parti ni d'affection. Il n'y a rien qui rapproche et qui confonde toutes les nuances d'opinion et d'intérêt comme la présence de la mort.

Ils avaient voulu l'égalité avec tant d'ardeur ! – L'égalité, c'était cela.

Leur émotion était calme et fière, mais elle dut être profonde. Elle interrompit un moment jusqu'au rire inextinguible de Minvielle.

– Messieurs, dit le principal guichetier, à vos places, et que personne ne bouge de son numéro. Dites-vous bonsoir ou bonjour, c'est naturel, et j'y prends beaucoup de plaisir ; mais il faut que le service se fasse, et je ne suis pas ici pour vous attendre ! Vous vous embrasserez demain...

Et ces hommes si puissants une année auparavant, qui avaient démoli en se jouant le trône de Charlemagne, et foulé à leurs pieds toutes les vieilles constitutions des Gaules, se rendirent sans résister à l'ordre du valet des prisons.

Alors, les torches se divisèrent, s'abaissèrent sous des voûtes opposées, se perdirent dans les détours de quelques corridors, et on entendit gronder tout ensemble huit gonds de fer que les girondins ne devaient plus voir tourner devant eux.

Un instant à peine s'était écoulé que le vestibule retentit d'un grand éclat de rire. Les guichetiers revenaient.

Gensonné s'était trouvé tout à coup séparé de ses compagnons ordinaires. Il s'étonna d'être conduit dans un cachot qu'il ne connaissait point, et qui ne paraissait pas pouvoir admettre plus d'un prisonnier. Quoiqu'il lui coûtât d'être éloigné de ses amis pour le peu de moments qu'il avait encore à passer avec eux, il ne pensa pas à se plaindre ; car il avait toute la résignation qui vient de la force ; mais sa surprise redoubla quand il vit le guichetier qui l'escortait refermer la lourde porte en dedans, poser sa lanterne sur le pavé, et s'asseoir sans façon au pied de l'étroite couchette qui composait tout l'ameublement de ce trou. Gensonné recula d'un pas. Le guichetier ôta son bonnet, passa la main dans ses cheveux, et regarda fixement le député.

– Eh bien ! dit Gensonné, dois-je vous avoir ici pour témoin ou pour gardien, maître Pierre, pendant ces heures d'agonie que les lois d'aucun pays n'ont disputées à la solitude et au recueillement ?

– Non ! lui répondit le guichetier, nous allons nous séparer. Mais répondez-moi d'abord : me reconnaissez-vous ?

GENSONNÉ

J'ai quelque réminiscence de vous avoir vu ailleurs, une fois ou deux, je ne sais où, et cette impression m'a légèrement occupé quand je vous ai retrouvé ici.

PIERRE ROMOND

Ne vous rappelez-vous pas du moins le nom de Pierre Romond de Payerne, cent-suisse de Sa Majesté Louis XVI ?

GENSONNÉ

Pierre Romond de Payerne !... C'est aussi un souvenir vague dans mon esprit, un souvenir qui tient du rêve... et qui ne me paraît important ni pour vous ni pour moi. L'occasion ne me paraît pas favorable pour s'en entretenir.

PIERRE ROMOND

Plus favorable que vous ne pensez. Vous n'avez pas oublié sans doute la journée du 10 août. Elle est assez mémorable !

– La journée du 10 août, dit Gensonné en couvrant son front de sa main, je m'en souviens ! Elle n'aurait pas emporté tout l'avenir de la société européenne avec elle, continua-t-il à demi-voix, si des conseils insensés n'avaient prévalu sur les miens*.

* Les hommes politiques de l'Assemblée législative étaient loin de vouloir le renversement du trône, parce qu'ils prévoyaient les suites d'un événement si fertile en malheurs, et qui n'avait point d'avenir possible dans notre civilisation. Gensonné en particulier n'épargna rien pour éclairer la cour sur les dangers de la monarchie ; le rédacteur de l'excellent article qui lui est consacré dans la *Biographie des contemporains*, fort instruit à ce qu'il paraît de tous ces détails, raconte que ce député et ses amis entamèrent une dernière négociation avec les Tuileries, par l'intermédiaire d'un peintre nommé Boze[86], qui était chargé de faire le portrait en pied

PIERRE ROMOND

Le 10 août, monsieur Gensonné, vous avez arraché un soldat suisse à la fureur du peuple.

GENSONNE

J'ai eu le bonheur d'en sauver quelques-uns, et un entre autres que vos traits me rappellent... Mais où voulez-vous en venir ?

PIERRE ROMOND

Nous y sommes, grâce à Dieu. Après m'avoir délivré, vous m'avez conduit chez vous, vous m'avez couvert de vos vêtements ; l'uniforme que je portais m'aurait livré à la mort, vous m'avez donné de l'argent pour vivre et pour regagner mon pays. Je n'ai pas quitté Paris où je pouvais cacher mon nom et mon existence dans un atelier, en travaillant d'un

de Louis XVI, et qui pendant les séances voyait le roi sans témoins. Boze lui présenta même un mémoire que Gensonné avait rédigé, et qui ne manquait par conséquent ni d'éloquence ni de dialectique. La fatalité qui précipitait à sa ruine une malheureuse dynastie voulut que ces offres salutaires des seuls esprits judicieux et prévoyants qu'il y eût alors aux affaires fussent dédaigneusement repoussées ; et ce que l'on aurait peine à croire, c'est que les conseillers de la royauté s'efforçaient de traiter alors avec le parti de Danton ! – C'est une chose instructive dans sa bizarrerie que le retour de circonstances analogues dans toutes les révolutions ; et cette instruction infaillible n'a cependant jamais profité ni aux peuples ni aux rois. Les *« vingt et un »* de 1793 auraient été un point d'appui en 1792 pour la couronne de France, comme les *« deux cent vingt et un »* [87] en 1830. Le ministère à Gensonné, il n'y avait point de 10 août ; le ministère à Casimir-Perier, il n'y avait point de 29 juillet. Tout le monde sait cela, et si la même occasion se présentait mille fois, il arriverait mille fois la même chose, parce qu'il n'y a point d'expérience, point de raisonnement qui puisse prévaloir dans une institution surannée contre l'instinct de suicide, contre la nécessité de mort qui l'entraîne à finir. Dans les positions extrêmes, on ne consulte ni l'observation, ni l'histoire, ni le sens commun. On consulte des courtisans qui se font passer pour capables, des intrigants qui se donnent pour hommes d'Etat, et tout est perdu ; il survient bientôt, pour clore cette combinaison de *« vingt et un »*, quelque terrible catastrophe qui termine tout pour tout remettre en question – le *« vingt et un »* janvier, par exemple.

métier que je sais. – Quand vous fûtes arrêté l'été dernier, je ne pensai plus qu'à solder ma dette envers vous. Cela était cher et difficile, monsieur ; je fus obligé de me faire jacobin pour devenir guichetier ; je parvins à cette distinction que je ne donnerais pas aujourd'hui pour un royaume, avec la protection des amis que je m'étais faits à clabauder dans les clubs et dans les sections. Depuis j'ai attendu, résolu mais patient. Absous, comme je l'espérais, vous n'auriez pas entendu parler de moi ni de ce que je vous dis ; vous êtes condamné, et je m'acquitte.

GENSONNÉ

Qu'entendez-vous par là, mon bon ami ?...

PIERRE ROMOND

La chose la plus simple qu'il soit possible d'imaginer. – J'ai obtenu sans difficulté de la complaisance de mes camarades l'office peu ambitionné d'introduire ce matin l'homme que vous savez... le bourreau. Je dois sortir à six heures, voilà mon ordre. – Vous allez prendre mes habits, jeter les vôtres, et me lier les pieds et les mains sur ce grabat. Six heures sonnant à la chapelle, il ne s'en faut qu'un moment ! Vous sortirez à ma place avec ce trousseau de clés. Vous avez ici la clé du premier guichet ; celle-ci ouvre le second, celle-là le troisième ; celle du quatrième, vous la voyez bien. Remarquez que je vous les présente dans leur ordre, et ne tourmentez pas les serrures comme un homme inexpérimenté, de peur de donner l'éveil. Une, deux, trois, quatre !... un enfant ne s'y tromperait pas. – Après cela, traversez hardiment la salle des guichetiers ; comme ils ont veillé jusqu'au matin pour vous observer, et qu'ils ont prélevé d'amples gorgées sur votre vin, ils ne feront pas attention à vous : ils commencent à sommeiller. – A la dernière porte vers l'extérieur, il y a un gardien de service extraordinaire qui ne nous connaît ni vous ni moi. Il vient d'être dépêché de la Commune. Présentez-lui votre ordre ouvert sans rien dire, sans répondre s'il vous parle ; c'est la consigne ; il ouvrira, vous sortirez ; vous ne ferez pas ma commission, je suppose. – Vous gagnerez un asile, et facilement ; j'en ai bien trouvé un, moi, pauvre soldat suisse, dans la maison d'un des premiers citoyens de France qui ne m'avait jamais vu, et qui, tout à l'heure, ne se souvenait pas assez de moi pour me reconnaître au visage et à la voix ! Je voudrais bien y envoyer avec vous tous vos malheureux amis, mais l'ordre n'est que pour un, et je n'ai pas d'ailleurs la clé des corridors où ils sont renfermés.

– Mais n'entendez-vous rien ? continua Pierre, en faisant sauter les boutons de sa veste à force de se hâter.

– Mon Dieu, monsieur, n'est-ce pas là six heures ?...

– Ce ne sont que les trois quarts, dit Gensonné, tu as le temps.

Ensuite il le regarda, et appuyant doucement les mains sur ses épaules : – C'est de toi seul, dit-il, pauvre et noble garçon, que tu ne t'es pas occupé en concevant ce plan généreux. – Quand l'homme viendra, mon ami, car le bourreau vient toujours, qu'on aille l'appeler ou non, qu'arrivera-t-il de toi ?...

PIERRE ROMOND

Je n'en sais rien... mais on ne fera pas de moi un homme imposant, un grand orateur, un président du Corps législatif et de la Convention nationale ; on en fera ce qu'on voudra ! Ce n'est pas la question. S'il faut souffrir quelques mois, quelques années de prison, je sais souffrir ; s'il faut mourir, je sais mourir ; soldat, c'est mon état, et je mourrai encore votre débiteur, arriéré envers vous de quatorze mois et vingt jours d'existence que vous m'avez conservés au péril de votre vie ! – Au nom de Dieu, finissons-en ! – Tout à l'heure, il sera trop tard pour tous deux !

Gensonné le pressa contre son cœur. – Pauvre Pierre, lui dit-il ! et il essuya quelques larmes. – Garat m'avait donné la même marque d'affection, mais il n'est pas de la destinée de tous les hommes de la recevoir deux fois. – Conserve cet anneau à ton doigt en mémoire de mon amitié ! N'hésite pas... il est sans valeur... il ne vaut pas la peine d'être refusé...

– Vous acceptez donc ? dit le Suisse au comble de la joie.

– Non, mon ami, reprit Gensonné, je n'accepte pas, je refuse.

PIERRE ROMOND

Vous resteriez ? Cela n'est pas possible !

GENSONNÉ

Ecoute seulement ; quand je fus assez heureux pour sauver un homme tel que toi, que faisais-tu ?

PIERRE ROMOND

Ma compagnie était détruite, je restais seul. Je venais de jeter mes armes ; je me sauvais.

GENSONNÉ

Voilà qui est bien. Ecoute-moi. Si une heure auparavant je t'avais proposé de te réfugier chez moi, en abandonnant ta compagnie, que m'aurais-tu répondu ?

PIERRE ROMOND

Cela ne fait pas de difficulté. Je vous aurais dit que j'étais à mon poste, et qu'un poste ne se quitte pas.

GENSONNÉ

Eh bien ! mon ami, ma place est où je suis, comme celle du soldat devant l'ennemi. Quand la liberté n'est plus, le poste des girondins est à l'échafaud.

N'insiste pas, continua-t-il en l'embrassant encore, tu ne ferais que te compromettre sans me servir, car ma résolution est invariable..., et pour cette fois, six heures sonnent.

Pendant cette contestation généreuse, Gensonné ne s'était pas défait du trousseau de clés que le Suisse avait remis entre ses mains. Il s'en servit pour ouvrir la porte du cachot, et il le rendit à Pierre qui le regardait tout consterné.

– Adieu, lui dit Gensonné, adieu mon frère, va où l'on t'envoie, je t'en prie, et s'il le faut, je l'exige au nom de notre amitié ! Si tu tardais, tu serais puni, et je n'aurais pas la consolation de te voir encore une fois ce matin.

Duchastel et Lehardy avaient obtenu d'être réunis en ce dernier moment aux saints abbés Emery* et

* EMERY, Jacques-André, supérieur général de la congrégation de Saint-Sulpice, âgé de 61 ans à l'époque de l'action, mort presque octogénaire en 1811, dans les fonctions de grand-vicaire de l'archevêque de Paris[88]. J'ai eu le bonheur de lui entendre raconter, quelques années auparavant, avec une éloquence naïve et cependant pittoresque et colorée, une partie de ces détails qui ont beaucoup pâli sous ma plume ; et c'est de sa bouche que j'ai recueilli le nom de l'abbé Lothringer[89], sur lequel il m'a été impossible de me procurer d'autres renseignements. Fouquier-Tinville avait laissé vivre l'abbé Emery pour une raison qui peint mieux ce respectable prêtre que les éloges les plus pompeux : « La douceur et la résignation de ce vieux calottin, disait-il, nous valent mieux que vingt guichetiers. Elles empêchent les autres prisonniers de crier. »

Lothringer, dont ils devaient recevoir les secours religieux, et qui n'eurent pas de peine à exciter dans ces âmes tendres et fidèles une ferveur déjà vivement ranimée par la persécution, mais qui ne s'était jamais entièrement amortie. Le premier de ces dignes et excellents prêtres pouvait compter, dans sa glorieuse captivité, des triomphes plus difficiles et plus précieux pour la foi. Sa douce et puissante parole avait réglé depuis plusieurs mois les écarts de l'imagination de Fauchet[90], et rendu en lui au Dieu souverainement indulgent un esprit fait pour le comprendre et un cœur fait pour l'aimer. C'était une noble conquête. Aussi, bien sûr du néophyte qu'il venait de disposer pour le martyre, il s'était empressé d'effacer par son absolution l'apostasie passagère de l'évêque du Calvados, et de lui redonner les pouvoirs de l'Eglise, assez rachetés sans doute par la nouvelle ordination de l'échafaud et par le nouveau baptême du sang. Fauchet, rentré dans son auguste ministère, écoutait sous d'autres murailles la confession de Sillery.

Non loin de là, Carra continuait à développer, devant deux ou trois auditeurs assez inattentifs, son abstruse doctrine de l'éternelle reproduction des êtres, et des éternelles probabilités de la métempsycose physique par les combinaisons incessantes de la matière, qui, dans une succession infinie d'agrégations moléculaires – on sent bien, hélas ! que nous commençons à reprendre les propres expressions du philosophe –, renouvelait essentiellement, et à perpétuité, les mêmes résultats sensitifs et les mêmes modes d'existence ; de sorte, par exemple, que les girondins devaient nécessairement se retrouver au même banquet, dans quelques milliards de siècles, plus ou moins, et une innombrable multitude d'autres fois, pour porter leur tête en sacrifice au glaive des mêmes assassins ;

mais on ne l'écoutait guère, comme nous l'avons dit, et on ne le comprenait pas*.

Duprat donnait au vieux Morand, dans la chambre voisine, des renseignements nouvellement revenus à sa mémoire, sur les ressources que pouvait lui laisser encore l'infidélité de ses débiteurs, et il se félicitait de retrouver dans ses souvenirs quelques moyens d'abord inaperçus d'existence pour ses enfants, sa femme et son ami. Cette idée soudaine et inattendue lui avait rendu toute sa gaieté.

Minvielle ne se mêlait pas volontiers aux conversations affaireuses, et il est vrai de dire qu'il était d'ailleurs fort occupé de son côté. Il jetait quatre à quatre sur le papier des vers exclamatifs à la froide

* Carra avait en effet annoncé à ses amis un livre intitulé : *La résurrection et l'immortalité de l'être en son identité, prouvées par le matérialisme.* Je tiens cette particularité du fameux docteur Saiffert, dont on est étonné de ne pas trouver le nom dans la *Biographie des contemporains.* Saiffert, qui n'est mort qu'en 1809, et avec lequel j'ai eu les rapports que me permettaient mon âge, la bizarrerie de ses systèmes, et l'extrême difficulté qu'il avait à les développer en notre langue, était un véritable illuminé, fort accrédité à la cour de Louis XVI où il s'était formé une nombreuse clientèle sous les auspices de M. le duc d'Orléans, dont il avait été, à l'entendre, le médecin particulier ; ce que je n'ai jamais vérifié, à défaut de m'en informer. Il professait la théorie de Carra, dont il est parlé dans le paragraphe qui correspond à cette note, et il accusait amèrement Carra de la lui avoir dérobée : reproche d'autant plus fondé en apparence, que cet infortuné Carra est bien connu pour un des plus déterminés plagiaires de son temps. Saiffert s'occupait au reste beaucoup moins de sa double profession de médecin et de philosophe, que de rêveries maçonniques ; et je lui ai entendu dire qu'il n'était venu en France que pour y conférer à vingt-huit adeptes le vingt-huitième grade de l'ancien écossisme d'où il prétendait fièrement qu'avait surgi la révolution. J'aurais bien de la peine à le croire. Ce grade était celui du chevalier Kadasch, que nous écrivons et prononçons Cadoche[91], quand il est encore question de le prononcer ou de l'écrire. *Kadasch* est, dit-on, un mot hébreu qui signifie « sacré ». Quant à *cadoche,* il ne signifie rien du tout ; et, sauf quelques mystères qui ont peut-être échappé à ma pénétration, le but et le résultat de cette institution ne sont pas moins insignifiants que son étymologie.

beauté dont il venait d'être question entre Duchastel et lui, et qui avait si cruellement dédaigné ses soupirs ; il les relisait ensuite à haute voix avec des intonations emphatiques ou burlesques, accompagnées de gestes pompeux ; et chacune de ces boutades déclamatoires était couronnée d'un de ces éclats de rire frénétiques auxquels les habitants de la Conciergerie reconnaissaient de loin le beau Minvielle.

A côté d'eux, Duperret debout, désoccupé de soins qu'il avait prévus dès le matin ou dès la veille, s'évertuait à tirer au mur avec la main, comme s'il avait eu en face le fleuret du montagnard le plus aguerri. Quelques pas plus loin, Viger qui s'était endormi en grondant, grondait encore dans son sommeil, la main fortement appuyée sur la barre de son lit, comme sur une épée.

Les députés de la Gironde, à l'exception de Gensonné, avaient été renfermés dans un cachot commun qui a conservé longtemps à la Conciergerie le nom de la « Gironde », mais que de nouvelles constructions, moins bien appropriées au style sévère du bâtiment, ont fait complètement disparaître. Ils se hâtaient d'adresser quelques lignes d'adieu à leurs familles, pendant que Vergniaud, qui affectait l'étrange prétention de n'avoir jamais écrit une seule lettre*, passait le temps à graver le nom d'Adèle et le sien

* Il l'avait dit à la Convention nationale. Le reproche qui avait exigé cette réponse fut renouvelé au tribunal, et Vergniaud se défendit peu ou se défendit mal de sa correspondance avec ses amis de Bordeaux ; mais quelle induction peut-on tirer du procès-verbal des séances du Tribunal révolutionnaire, comme on les lit dans *Le Moniteur ?* La presse était déjà enchaînée, et la publicité des débats enfermée entre les sbires et les complices de la Montagne. Dans la main des tyrans, les garanties de la liberté deviennent des instruments de tyrannie, et c'est ainsi que se font, dans tous les temps, les révolutions de tous les peuples. On doit à quelques résipiscences tardives l'aveu de la supériorité des girondins dans cette dernière lutte. On en jugerait fort mal par les journaux.

avec la pointe d'une épingle, dans la boîte de sa montre*. Prisonnier, concierge ou bourreau, le dépo-

* Mademoiselle Adèle Sauvan n'était qu'une aimable petite fille quand Vergniaud mourut. Peut-être lui était-elle destinée en mariage ; peut-être, comme d'autres hommes tendres et graves que l'amour de l'indépendance a voués au célibat, Vergniaud aimait-il à se dédommager de cette privation volontaire, dans une douce amitié d'enfant. Ce qu'il y a de certain, c'est que l'affection qu'elle lui inspirait paraît avoir été la plus vive qu'on lui ait connue. Quiconque a eu le bonheur de voir depuis mademoiselle Adèle Sauvan sous le nom de madame Legouvé qu'elle portait en 1810, époque de sa mort, sait par combien de précieuses qualités d'esprit et de cœur elle justifiait un sentiment si glorieux pour son adolescence. La montre de Vergniaud fut en effet remise avec fidélité entre les mains d'Adèle, et elle se souvenait d'y avoir trouvé la simple inscription que je rapporte, griffonnée assez peu lisiblement, mais dont il subsiste encore quelques traces. Toutefois, dans la crainte qu'elle ne disparût entièrement un jour, elle se hâta de la faire reproduire avec plus de soin par un graveur, à la place même qu'elle occupait, quand la réhabilitation légale des girondins permit à l'amitié de les avouer sans danger de mort. J'ai déjà dit que l'ouvrier préoccupé par la nouvelle forme du calendrier, s'y est trompé sur la date de l'exécution. Il serait cependant possible que l'erreur fût de Vergniaud lui-même, qui aurait oublié en écrivant que le mois d'octobre avait trente et un jours, et cette distraction est parfaitement vraisemblable ; elle ajouterait un trait piquant de caractère au griffonnage autographe, si nous avions eu le bonheur de le conserver sous le brunissoir de l'orfèvre. La montre de Vergniaud, qui est, à mes yeux, une intéressante relique du plus beau talent de la Révolution, mérite d'être décrite pour les amateurs de ce genre de curiosités. Elle est renfermée dans une boîte d'or très légère de 18 à 19 lignes de diamètre. Le fond est occupé par un verre coloré ou par une plaque émaillée d'azur qui figure une espèce d'étoile à rayons nombreux. Le cadran, qui est numéroté en chiffres arabes, porte le nom de l'horloger Cronier, et le lieu de fabrication : A Paris. Son émail est fort écaillé à l'endroit où se met la clé. L'aiguille est arrêtée sur trois heures moins trois minutes, ce qui marquerait assez la durée de son mouvement, si Vergniaud ne l'a pas remontée depuis l'heure où il se leva pour aller au tribunal ; et on pense bien qu'elle n'a pas servi depuis. Elle est contenue dans un double cercle en cuivre, propre à être garni de deux verres et qui en a conservé un. Bien des lecteurs trouveront que la valeur intrinsèque de ce bijou ne le rendait pas digne d'une description si détaillée ; mais je n'en ai pas de plus précieux, car il est à moi par le bénéfice de l'amitié ; et je ne le donnerais certainement pas pour l'horloge magnifique dont Haroun-al-Raschid fit présent à Charlemagne[92]. Madame Legouvé, qui le tenait de la main de Vergniaud mourant, le laissa par son testament à mon ami Jouy, qu'il suffit de nommer pour rappeler aux amateurs du bon esprit et du bon

sitaire inconnu à qui ce triste gage fut confié, se montra exact et fidèle. C'était le dernier témoignage d'une tendre et chaste amitié qui n'a jamais pu être calomniée. L'Adèle de Vergniaud n'avait que treize ans.

On dit qu'avant de se séparer de ce modeste bijou, Vergniaud souleva, par le jeu d'un ressort qui n'était connu que de lui, la pierre d'un sceau de cornaline qui était suspendu à sa chaîne. Il tira ensuite de cet écrin mystérieux quelques fragments d'un poison subtil qu'il y avait autrefois mis en réserve pour une semblable occasion, et les laissa tomber épars sur la table où ses compagnons achevaient leur courrier mortuaire.

– Amis, leur dit-il, c'était ici la dernière ressource que je me fusse ménagée contre les tyrans de ma misérable patrie, quand je commençai à prévoir leur triomphe ; mais sa vertu, mesurée à mes forces, et peut-être déjà fort altérée par le temps, serait insuffisante entre quatre. Tout fatigué que je suis du voyage, il faut bien que j'aille avec vous jusqu'à l'hôtellerie, puisqu'il n'y a pas de gîte pour tous en chemin.

Lacaze jeta ses bras autour de Vergniaud et le pressa contre son cœur.

Fonfrede fit quelques pas dans le cachot, revint à la table et repoussa vivement le poison.

– La sanglante exécution qu'on prépare, s'écria-t-il en répondant à Vergniaud, est l'acte le plus essentiel

goût un des écrivains les plus ingénieux, les plus aimables et les plus universels de notre époque. Jouy me l'avait laissé dans le sien ; mais je n'ai pas besoin de dire que je le possède par avancement d'hoirie, et qu'il me serait bien triste à voir si je ne le devais qu'au funeste privilège de la survivance. Voilà pourquoi j'ai beaucoup parlé de la montre de Vergniaud, et pourquoi, peut-être, j'ai achevé d'écrire les *Girondins*.

de notre vie politique, celui qui en contient l'instruction, qui en résume la moralité devant l'histoire. C'est sous les yeux du peuple qu'il faut mourir ; et je regrette pour la gloire de Valazé qu'il se soit réduit au rôle obscur de figurant avant le dénouement d'une si belle tragédie.

Ducos se coucha, et s'endormit presque aussitôt en fredonnant le refrain de son air favori qu'il brodait tous les soirs de nouveaux caprices.

Un moment après, Vergniaud resta seul assis devant eux, l'œil à la voûte, les bras croisés sur la poitrine, incapable d'accorder un long intérêt à une pensée épuisée, cédant à sa paresse naturelle, et reposant sa tête sur le dossier de sa chaise avec l'insouciance qui lui était ordinaire.

Le temps amena enfin l'instant fatal et glorieux qui devait rassembler tous les condamnés pour la dernière fois. Le sourire de l'adieu fraternel ne semblait pas avoir quitté leurs lèvres, et leur abord fut si serein qu'on aurait cru qu'ils s'étaient donné rendez-vous pour une fête. Brissot, qu'on avait toujours vu rêveur et abattu, paraissait ce jour-là moins sérieux qu'à l'ordinaire, Sillery plus expansif et moins cérémonieux, Vergniaud moins préoccupé ou livré à des distractions plus riantes. Ducos se frottait les yeux en fredonnant encore. – En vérité, disait le docteur Lehardy en secouant la tête avec une fine expression d'ironie, ceci ressemble à une grande leçon de clinique *in articulo mortis.* Voilà bien des gens qui n'en ont pas pour longtemps ! – Viger promenait un œil menaçant sur les soldats ; Duperret mesurait leur chef d'un regard de dédain ; Fauchet parcourait les rangs de ses amis avec de brèves et tendres paroles qui prenaient tour à tour, selon les personnes, la forme du conseil, de l'encouragement ou de la félicitation ; et puis il les saluait tous à la fois d'une expression de physionomie religieuse et solennelle, comme s'il leur eût adressé dans son cœur une absolution commune. Boyer-Fonfrede se hâtait de reprendre place auprès de son frère d'adoption pour ne pas s'en séparer à la mort. Le vieux Morand pressait de sa bouche les mains de son pauvre maître pendant qu'on les liait, et tout le monde plaignait amèrement ce vieillard en pleurs qui n'allait pas mourir.

Gensonné fut quelque temps à tourner sa vue sur le cercle nombreux des guichetiers pour y trouver Pierre Romond. Il le reconnut à ses yeux rouges de larmes, et il lui sourit.

– Messieurs, dit-il, je remarque avec orgueil que la députation de la Gironde est à son poste. Je vous propose de déclarer qu'elle a bien mérité de la patrie.

– Je réclame le même honneur, dit Minvielle, pour la députation des Bouches-du-Rhône, et je me porte caution de Barbaroux, qui ne fera pas défaut à son mandat.

– Tête et sang, s'écria Viger, je le réclame pour la France entière, qui est fort convenablement représentée ici, sans en excepter le digne mandataire de la commune de Paris.

– J'ai beau chercher, répondit Ducos en riant, je ne trouve pas celui-là...

– Le voilà, répliqua Viger en lui montrant le bourreau.

Pendant qu'ils parlaient ainsi, les condamnés se succédaient sur la sellette de bois où ils venaient subir les hideux préparatifs de l'exécution, avec autant de calme que s'il s'était agi en effet de leur toilette du matin.

Quand ce fut au tour de Duchastel, et au moment où il livrait aux valets de Sanson sa belle et longue chevelure, une main qui ne fut pas vue fit tomber à ses pieds un bouquet de marguerites et d'immortelles qu'attachait un ruban bleu de ciel à liseré noir. Un billet s'en détacha.

– Encore une conspiration ! dit l'officier de justice en se saisissant du papier ; et il essaya de lire.

Le greffier vint au secours de son embarras. Il s'approcha et lut :

« Pour monsieur Duchastel

Mon cœur a partagé votre amour, cher Duchastel, et cependant je n'y ai pas expressément répondu, parce qu'il n'y avait entre nous aucun rapprochement possible sur la terre.

Aujourd'hui vous subissez votre arrêt, je reçois mon acte d'accusation, et vous ne me précédez que de quelques jours au lit nuptial. Allez m'attendre, mon ami. Mon cœur et ma main vous appartiennent dans l'éternité.

Cécile »

– O bonheur ! s'écria Duchastel, ô jour qui rassemble plus de joies dans mon cœur que je ne le croyais capable d'en contenir !... – Puis se retournant du côté de l'exécuteur : – Attache-moi ce bouquet et ce ruban, continua-t-il avec exaltation... C'est moi qui suis le marié !

– Sans rancune, heureux ami, interrompit Minvielle ; vous étiez digne sous tous les rapports d'une préférence qui me condamne à d'éternels regrets, mais que je ne saurais désapprouver. Montrez-vous seulement généreux en me choisissant pour garçon de noce. Vous verrez si je sais faire les honneurs d'un bal !...

Le rapprochement grotesque de ces idées aurait fourni un texte inépuisable à ses bruyantes plaisanteries, que Duchastel n'entendait pas, absorbé comme il l'était dans le sentiment d'une grave et puissante félicité, si, dans l'instant où Minvielle était prêt à redoubler d'éclats et de folies, la première porte de la Conciergerie ne se fût ouverte pour faire passage au convoi.

Et en même temps on s'aperçut d'un mouvement dans l'intérieur, et on entendit un cri.

– Ce n'est rien, dit le délégué du tribunal. Ce n'est pas une révolte. C'est une femme qui meurt.

Les vingt condamnés furent entassés dans la cour sur une longue charrette à ridelles. Ils sortirent suivis d'une autre charrette que traînait un seul cheval, et sur laquelle on avait jeté la claie de Valazé, mal couverte d'un linge grossier qui laissait échapper un de ses bras, un bras pâle et une main ensanglantée.

– Vive la Montagne ! cria le peuple.

– Vive la République ! répondirent les girondins.

Jamais une des journées sombres et pluvieuses de l'automne ne s'était annoncée d'une manière plus lugubre que le 31 octobre. Jamais un brouillard plus ténébreux n'avait voilé le soleil, jamais une pluie plus subtile et plus pénétrante n'avait dû rebuter les curieux qu'appelle ordinairement de toutes parts le spectacle piquant d'un assassinat public commis au nom de la loi, par un égorgeur à brevet qui rentre ensuite paisiblement chez lui sous la protection de la justice, puis se lave les mains et déjeune avec sa femme. Cependant le concours fut immense, et tel qu'aucun événement du même genre n'en avait réuni un pareil. C'était une profonde cohue, mobile comme les flots d'une mer agitée, qui semblait tourmentée de passions et d'émotions diverses, parmi lesquelles dominaient, sans doute, l'étonnement et la terreur, et d'où s'échappaient par intervalles d'épouvantables clameurs, semblables aux grondements du tonnerre dans une tempête. Les condamnés y répondaient par le cri répété de Vive la République ! ou par celui de Vive la France ! dont la voix vigoureuse de Lehardy frappa sur tout son passage les vitrages frémissants.

– Vive la République ! reprenait Gensonné en persiflant... – la République, que vous n'avez pas et que vous n'aurez jamais.

– Soyez soumis aux lois, disait Fonfrede, et n'oubliez pas la France qui est votre mère !...

– Combien faudrait-il de baïonnettes pour disperser cette canaille altérée de sang ? murmurait entre ses dents l'intrépide Viger.

– Ecartez ces enfants, criait Fauchet, les maladroits sont capables de les blesser !...

Souvent aussi toutes les voix confondues en chœur faisaient retentir les airs de ces beaux vers de Rouget de L'Isle, qu'on aurait crus inspirés par la prévision du poète, pour le supplice des girondins :

Allons, enfants de la patrie,
Le jour de gloire est arrivé !
Contre nous de la tyrannie
L'étendard sanglant est levé !...

La voiture s'arrêta enfin, et la multitude suspendit un moment ses acclamations, afin de rester sans trouble et sans mélange au plaisir de ses yeux, car il se passait alors des choses propres à fixer son attention. Le corps de Valazé venait d'être enlevé du petit haquet qui l'avait conduit, pour être transporté sur un brancard placé au-dessus de l'échafaud ; comme il y arrivait, le pied manqua sur les marches glissantes à un des deux porteurs, et le cadavre échappé à leurs mains roula en bondissant de degré en degré jusque sur le pavé de la place. Pendant ce temps-là d'autres aides de l'exécuteur achevaient de s'assurer du jeu de l'instrument, tandis que leur maître debout sous un parapluie vert, et le front couvert de son chapeau que masquait à demi une large cocarde aux trois couleurs, présidait de la parole et du geste aux dernières dispositions de cet exécrable appareil.

Bientôt une rumeur, qu'on ne peut comparer qu'à celle des bêtes féroces auxquelles on porte leur curée, roula sur cet océan d'hommes et de femmes impatients qui attendaient un supplice. Un vieillard montait, escorté et non soutenu, avec plus de légèreté que son âge et ses infirmités ne paraissaient le permettre, et saluait, en souriant à droite et à gauche, les innombrables spectateurs. Parvenu au point le plus élevé de l'estrade, il salua de nouveau en criant : Vive la République ! après quoi il se jeta sous le fer, en répétant le même cri. Cette fois la mort l'empêcha d'achever.

Ses amis suppléèrent à sa voix ininterrompue. *Vive la République !* s'écrièrent-ils en se soulevant de leurs banquettes, dans le transport le plus immodéré d'enthousiasme. *Vive la République !* répondit le peuple en battant des mains.

La voix de Duprat retentissait encore, quand un souvenir subit des derniers entretiens de la veillée vint égayer l'imagination de Minvielle : – Tais-toi, dit-il, c'est trop de bruit ! Sillery dort !

– Pourquoi, répondit Duprat, cette couchette n'en vaudrait-elle pas une autre, si elle avait un oreiller ?

– Tu me fais là, reprit Minvielle avec le rire qu'on lui connaît, la plus sotte question que tu aies faite de ta vie ! A quoi servirait un oreiller quand on n'a plus de tête ?

Les condamnés se succédèrent ainsi avec rapidité sur la planche sanglante, sans que le calme de leur esprit parût s'obscurcir du moindre nuage. Carra seul resta plongé dans une méditation plus morne et plus soucieuse que de coutume.

Boyer-Fonfrede et Ducos étaient assis l'un près de l'autre. Quand on vint pour les séparer, ils se donnèrent un baiser d'adieu.

– Mon frère, hélas ! dit Fonfrede, c'est moi qui t'ai conduit à la mort !...

– Ne me plains pas, répliqua vivement Ducos, et console-toi ! Ne mourons-nous pas ensemble ?

Chaque exécution fut suivie du cri qui avait suivi l'exécution de Sillery, réfléchi, comme par un écho, du haut de l'échafaud sur le char des mourants, et de là sur toute la vaste étendue de la place ; mais s'affaiblissant peu à peu dans le groupe des martyrs à mesure qu'il s'éclaircissait d'un martyr de plus, et s'évanouissant enfin tout à fait au moment où la République descendit tout entière avec Brissot* dans le tombereau des enterreurs.

Il était onze heures quand le massacre commença, et trente minutes après, vingt et un des juges du roi de France avaient comparu devant leur juge éternel.

* Il n'y a pas de doute sur le premier des girondins livrés à la mort ; c'était certainement Sillery ; la plupart des témoins que j'ai consultés s'accordent à croire que Fauchet fut le second, le reste devient très vague, et ce n'est qu'au dernier qu'on retrouve quelques notions vraisemblables ; encore ne sont-elles pas unanimes. J'ai suivi celles qui offrent le plus de probabilité, le cérémonial de l'assassinat judiciaire assignant ordinairement la dernière place dans l'exécution au plus coupable des condamnés, et ce rang revenant de droit à Brissot que l'acte d'accusation présentait comme le chef de la prétendue conspiration des fédéralistes. Cependant plusieurs contemporains croient se rappeler que ce massacre finit à Viger, qui n'avait rien à faire avec le fédéralisme, et qui, ainsi que je l'ai dit ailleurs, avait à peine paru à la Convention nationale. Cette particularité n'est pas au reste de grande importance pour l'histoire qui n'aura déjà que trop de peine à compter nos morts, pour se soucier de l'ordre dans lequel ils ont été frappés.

II

RECHERCHES SUR L'ÉLOQUENCE RÉVOLUTIONNAIRE

LA GIRONDE[93]

Buffon a dit : « Le style est l'homme tout entier[94] » ; proposition vraie en essence, mais contestable en forme, parce que son énonciation elliptique et abstraite a l'apparence d'un paradoxe.

M. de Bonald a consacré la même idée dans un autre aphorisme, qu'on a souvent répété et qu'on répétera toujours, tant qu'il y aura une société et une littérature, parce que jamais une vérité essentielle n'a été revêtue d'une formule plus diaphane : « La littérature est l'expression de la société. »

Comme ce principe s'applique à toutes les époques, on pourrait y rattacher toutes les histoires. Il n'est question ici que de la Révolution.

Si la Révolution est un état exceptionnel dans les formes de la société, la littérature qui s'est développée avec elle sera un état exceptionnel dans les formes de l'esprit humain. Emportée par le torrent qui l'apporta, elle ne laissera point de vestiges. C'est l'opinion générale, et le nom seul de la littérature révolutionnaire paraît impliquer un horrible contresens aux yeux des entrepreneurs brevetés de la critique ; mais, de cette prétendue exception, il est sorti une forme nouvelle de société, et par conséquent, si je ne me trompe, une forme nouvelle de littérature.

Le christianisme lui-même fut longtemps un état exceptionnel dans la société païenne ; l'éloquence des Augustin, des Basile et des Athanase[95] fut longtemps un langage exceptionnel, méconnu des sophistes hellènes et des rhéteurs latins, dont l'art consistait à envelopper une pensée ambiguë dans les replis d'un gryphe oratoire : mais le nom de ces classiques dégénérés, qui attestaient sans doute aussi les exemples de Cicéron et les règles de Quintilien, n'est point parvenu jusqu'à nous, et la voix de Jean, de Luc et de Paul a retenti à travers seize siècles dans la chaire de Bossuet.

La Révolution est donc le commencement d'une double ère littéraire et sociale qu'il faut absolument reconnaître, en dépit de toutes les préventions de parti. On s'imagine ordinairement qu'elle ne peut rappeler que du sang, et qu'on a tout dit quand on a épuisé la liste de ses excès et de ses proscriptions. C'et l'erreur de l'irréflexion ou l'exagération de l'antipathie. Le pathétique, le grand, le sublime s'y rencontrent souvent à côté de l'horrible, comme on a vu les dieux assis à ce festin de Tantale, où l'on servit de la chair humaine.

Toutes les époques signalées de l'histoire sont remarquables par ce fait singulier que des hommes investis d'une espèce de destination providentielle leur ont servi de précurseurs. Ainsi des génies audacieux avaient élaboré, pour ainsi dire, à leur insu, vers la fin du XVIIIe siècle, les matériaux d'une révolution prête à éclore dans la politique ; ainsi d'admirables écrivains composaient, peut-être sans le savoir, une langue énergique et naïve pour une révolution près d'éclore dans la littérature. Diderot est, suivant moi, l'Isocrate qui a présidé aux exercices de notre tribune ; Beaumarchais est le maître de la nouvelle école de ces publicistes quotidiens qui arment de traits acérés tantôt la saine logique des intérêts nationaux, tantôt les subtiles arguties des factions, auxiliaires légers et à peine connus du gros des combattants, mais dont l'intervention habile et opiniâtre ne contribue pas faiblement aux succès les plus décisifs.

Diderot et Beaumarchais étaient cependant des écrivains tout à fait isolés qui ne sortaient d'aucune école littéraire, qui ne ressemblaient qu'à eux seuls, mais dont l'originalité avait, dans le premier, quelque chose de solennel comme la rumeur d'un orage près d'éclater ; dans le second, quelque chose de cynique et de dérisoire comme l'inspiration d'un démon malicieux qui s'égaie aux angoisses d'un monde expirant. Toute la révolution était là, et cependant la révolution n'était pas encore, si ce n'est dans le style. Beaumarchais et Diderot n'appartenaient pas plus à l'Académie que Jean-Jacques Rousseau, le législateur, mal compris de cette génération vaine et confuse ; et si les révélations hardies du philosophe n'avaient rien appris au cabinet des rois, la commission perpétuelle du Dictionnaire ne croyait pas avoir gagné un mot aux brûlantes compositions de l'enthousiaste, et aux saillies éblouissantes du bouffon. La députation de l'Académie aux tribunes politiques est assez curieuse. Elle se composait, je crois, de Bailly[96], dont le talent élevé n'avait rien de populaire, et qui n'obtint, en effet, dans son trop court passage aux affaires, que la popularité de la vertu ; de Target[97], académicien enté sur un avocat, qui ne se fit pas même distinguer au second rang des avocats, après le jeune Barnave[98] ; et de Condorcet, dont l'inintelligible métaphysique aurait versé quelque ridicule sur sa vie, s'il ne s'était dérobé à tous les souvenirs antérieurs par l'intérêt qui s'attache à sa mort[99]. C'est qu'une académie était un corps essentiellement en dehors du mouvement du langage et du mouvement du pays, une institution que l'on aurait cru fondée par une habile prévision de Richelieu pour immobiliser l'esprit humain, pour pétrifier la parole, et qui représentait notre état littéraire précisément comme la cour représentait notre état social. On sait que les académies on beaucoup profité depuis ce temps-là.

J'ai souvent entendu dire que l'Assemblée constituante avait été la plus éloquente de nos assemblées politiques, et je le croirais volontiers dans un sens relatif. A l'époque de la Révolution personne n'était gâté par l'éloquence ; la discussion des intérêts de tous était chose nouvelle pour chacun ; et le port assuré, l'attitude imposante, la féconde verbosité d'un député qui parlait d'abondance, comme s'il en avait toujours fait son état, devaient remplir l'auditoire de cet étonnement de nouveautés que tous les peuples confondent avec l'admiration. Ce sentiment se serait épuisé promptement, s'il n'avait été ravivé par des chances plus dramatiques, et dans lesquelles les intérêts personnels fussent un peu plus impliqués. La polémique des premières assemblées nationales était tumultueuse, mais non mortelle. A la Convention chaque orateur apportait sa tête pour pleiger son opinion, comme dans cette république de Charondas [100] où l'on ne pouvait demander une modification de la loi qu'en montant à la tribune la corde au cou. Une séance de la Convention était une bataille ou une tragédie.

Vergniaud s'est trouvé rarement sur le terrain de la polémique. Insouciant par caractère, et peut-être par sagesse, il aima mieux faire le sacrifice de sa vie que de la disputer. S'il répond à une agression, c'est quand l'attaque lui est immédiatement personnelle, et il était rare qu'on osât s'attaquer immédiatement à Vergniaud. Alors il se renferme dans les faits essentiels de sa défense, et il les développe sans ornements, parce qu'il croit le plus naturel des artifices indigne d'une bonne cause. Au mois d'avril 1793, Robespierre l'accuse de modération, et la modération est un grief qui emporte la peine de mort. La réplique de Vergniaud est terre-à-terre comme celle qu'il aurait faite au barreau de Bordeaux dans quelque discussion sur un mur mitoyen. A peine son imagination l'emporte dans cet admirable mouvement :

« Je sais, Robespierre, que la liberté est toujours active comme la flamme ; qu'elle est inconciliable avec ce calme parfait qui ne convient qu'à des esclaves. Si on s'était borné à nourrir le feu sacré qui brûle dans mon cœur aussi ardemment que dans vos âmes impétueuses, de cruels dissentiments n'auraient pas éclaté dans cette assemblée. Je sais bien que dans nos tempêtes révolutionnaires, comme dans celles de l'océan, le peuple est difficile à calmer comme les flots battus par les orages. Mais le ministère du législateur est de prévenir ces désastres par de sages conseils, et non de les entretenir par des manœuvres imprudentes. Si pour être patriote, Robespierre, il fallait se déclarer le protecteur du meurtre et du brigandage, vous pouvez prendre acte de ma déclaration : je ne suis pas patriote, je suis modéré. »

Ce discours, d'ailleurs peu remarquable, trahit l'abattement de Vergniaud, mûr avant le temps pour la mort, à force d'apathie et de paresse. C'est ce jour-là qu'il eut la gloire d'arracher à la Montagne le seul rire qui ait déridé son front sourcilleux. Robespierre avait dénoncé la correspondance de Vergniaud.

« Ma réponse est facile, dit Vergniaud ; je n'ai jamais écrit une lettre. »

J'ai cité à dessein ce passage, parce qu'il nous met à demi dans la confidence du talent de Vergniaud. Nourri d'excellentes lectures classiques, il en avait approprié le souvenir, avec toute la puissance de sa magnifique imagination, aux moindres questions de la tribune. Ainsi cette comparaison d'un peuple tourmenté par les révolutions à une mer que soulèvent les tempêtes, et d'un sage législateur à un bon pilote, est probablement plus vieille qu'Homère. Je ne sais comment, si naturellement appliquée dans une question de personnes, elle a pour moi un charme étrange de nouveauté. Voilà ce que Vergniaud affectait par-dessus toutes choses : les comparaisons tirées des scènes naturelles qui s'adressent à tout le monde, et les allusions aux souvenirs consacrés de la mythologie et de l'histoire, qu'une riche mémoire lui fournissait avec une intarissable abondance. Joignez à cela quelques figures suspensives du discours qui tiennent l'esprit des auditeurs en haleine ; le doute, la réticence, l'interrogation ; et vous aurez à peu près la mesure d'un des plus grands orateurs des temps modernes. Mais, il faut l'avouer, cette mesure est circonscrite, si on la compare à la vaste carrière qui était alors ouverte à l'orateur ; et si on osait essayer d'imiter le langage de Vergniaud, on dirait que Popilius a enfermé sa tribune aux harangues dans un cercle de sa baguette [101].

Que Vergniaud s'écrie :

« La Révolution est comme Saturne ; elle dévorera tous ses enfants. »

Qu'il dise, en appuyant sa main sur l'épaule de son ami, le médecin Lehardy, condamné avec lui à la mort :

« Docteur, vous pouvez consacrer vingt coqs à Esculape ; tous vos malades sont guéris. »

Qu'il se livre presque endormi à la planche de la guillotine, en recommandant au bourreau, qui ne le comprenait pas, de porter le reste de la coupe au beau Critias, cette forme le caractérise ; elle est le sceau de son génie ; elle rappelle Montesquieu, qu'il avait beaucoup étudié, et deux écrivains trop méconnus aujourd'hui, dont Vergniaud faisait, après Montesquieu, sa lecture la plus accoutumée, quand Vergniaud daignait lire ; le philosophe Delisle de Salles [102], dont la pompe un peu artificielle n'exclut, dans ses bons écrits, ni une vraie majesté ni une solide éloquence ; et le philanthrope Dupaty [103], prosateur éblouissant, auquel on n'a jamais reproché que d'heureux excès de l'imagination et de l'esprit. C'est du père que je parle. On pourrait aisément s'y tromper.

Si l'on pousse plus loin l'examen du style de Vergniaud, on y trouvera une grande et spirituelle intelligence de cette dialectique romaine, perfectionnée par Cicéron, exagérée par Sénèque, et dont l'effet résulte d'un cliquetis brillant de figures abruptes et serrées, qui se précipitent brusquement les unes sur les autres avec une autorité toujours croissante, parce que la conséquence d'une proposition est si intimement liée à sa forme, qu'elle ne laisse jamais un moment à la réponse. Les discours de Vergniaud en sont hérissés ; mais il en diversifie admirablement la physionomie, en faisant passer cette figure hardie à travers toutes les modifications qu'elle peut subir, depuis l'affirmation qui doute jusqu'à la négation qui affirme. Quelquefois il se saisit même du texte d'une accusation capitale pour y enchaîner pièce à pièce les parties essentielles de sa défense. Ainsi, dans le discours que j'ai cité, il se joue du grief essentiel de la dénonciation de Robespierre, en le reproduisant de phrase en phrase, et de phrase en phrase affaibli par le tour caustique d'une méprisante ironie.

« Nous, les complices de Dumouriez [104] ! » dit Vergniaud.

Et de cette idée, qui est celle de l'attaque, découlent

inépuisables toutes les preuves de l'éloignement qui existait ou qui devait exister entre le parti de Dumouriez et les girondins.

Vergniaud se croit-il obligé à prouver devant le Tribunal révolutionnaire qu'il a rempli tous les devoirs que la République pouvait attendre du plus dévoué de ses enfants ? Il convertit sa plaidoirie en apologie historique, sans renoncer à cette forme contradictoire qui avait donné jusqu'alors tant d'éclat à ses discours. Il ne répond plus à ses juges, il les interroge.

« Que fallait-il faire, dit-il, pour assurer le triomphe de la République ? Je l'ai fait. »

Et dans ce cadre rempli, pendant une heure, de magnifiques développements, placés entre cette question toujours la même, et cette solution qui ne change pas, il renferme tout le récit d'une vie politique qui ne devait attendre que des couronnes. On croirait qu'il ne lui restait plus qu'à prendre pour péroraison la dédaigneuse défense de Scipion, injustement accusé comme lui, et que le peuple, et les juges, et les bourreaux vont le suivre au Capitole !

« Que faut-il faire encore, ajoute-t-il, pour consolider la République par l'exemple des plus énergiques de ses enfants ? Mourir ? Je le ferai. »

Ici l'éloquence est portée à son plus haut degré, parce que, suivant l'expression du grand maître de l'éloquence, elle est non seulement dans la parole, mais dans la vie de l'homme qui parle ; et si cela n'est pas sublime, la notion du sublime ne m'arrivera jamais.

J'ai dit que Vergniaud avait donné beaucoup de place dans le système d'ailleurs peu calculé des compositions, aux images naturelles, aux peintures de la campagne, aux émotions innocentes de la vie ; et il a cela de commun avec tous les beaux génies qui sont arrivés à l'époque de la décadence des peuples ou de leur renouvellement. Leur caractère dominant est une mélancolie douce et timide, qui n'aspire qu'à la solitude rêveuse du désert, ou au sommeil tranquille du tombeau. Ce trait suffirait pour marquer son impuissance à se mettre à la tête des affaires d'un grand pays, métier d'ambition, d'égoïsme, et presque de cruauté, qui force irrésistiblement le cœur le plus noble à l'oubli de ses jeunes sentiments et de ses affections familières, et qui réduit peut-être tel homme de cœur et de talent à devenir je ne sais quoi, un grand seigneur.

Vergniaud est admirable, je le répète, dans l'expression de ces allégories gracieuses, dont le charme et l'harmonie s'embellissaient encore de l'implacable austérité des discussions ordinaires. C'est comme un hymne d'Apollon, apporté de la Grèce par Iphigénie, et chanté inutilement aux fêtes sanglantes de Tauride. Veut-il peindre la liberté et l'égalité ? C'est « sous la figure de deux sœurs qui s'embrassent, et non de deux tigres qui se dévorent ». S'il implore le jour de l'émancipation des peuples, il craint de le voir apparaître « dans les nuages ténébreux de la tempête ». Il le demande « à l'orient d'un soleil sans nuages ». C'est la voix d'un ange fidèle de Milton[105], égaré parmi les démons, et dont la harpe résonne au milieu des hurlements du pandémonium. C'est l'Abbadonna de Klopstock, quand il eut pénétré avec horreur les mystères de Satan[106].

Après cela, le caractère connu de Vergniaud, et jusqu'à sa fidélité trop scrupuleuse à ces études poétiques des collèges qui ont encore aujourd'hui quelque grâce, mais qui déjà n'étaient plus françaises, font assez deviner qu'il ne fut jamais ce qu'il pouvait être. La muse de la tribune révolutionnaire, c'était la véhémence, c'était la fureur ; et Vergniaud, incapable d'arriver à la fureur, n'a presque jamais été véhément. On trouve une sorte d'abattement jusque dans son enthousiasme. Si la nature lui avait donné la fougue de Mirabeau, il aurait dompté aisément la Montagne ; mais, pour en revenir à ses figures favorites, auxquelles une nouvelle lecture m'a accoutumé, il n'avait pas la foudre de Jupiter, et il combattait les titans. C'était bien plus d'ailleurs qu'Ossa sur Pélion, c'était Vésuve sur Etna ; et on ne ferme pas la bouche des volcans en y jetant des fleurs. Son génie avait trop de culture pour un peuple qui venait de se faire agreste et sauvage, trop d'éclat pour des jours d'orage et de ténèbres. Vergniaud manque d'ailleurs des passions du temps, et pour être d'un temps, pour exprimer une époque aux yeux de la postérité, il faut avoir ses passions et même ses excès. Il met la main sur un crime pour le réprimer ; il ne le saisit pas, et il se laisse prendre. C'est une créature de volupté, de dédain et d'oubli, qui a l'instinct du courage, et qui n'en a pas l'élan. Mettez à la place de sa nonchalante langueur quelque généreuse frénésie, et la Montagne tombe ; malheureusement, on peut dire de lui ce que Saint-Just disait de Danton : « Vergniaud dormait. »

Si j'ai compris le talent de Vergniaud qui est admirable, mais qui n'est pas assez complètement celui qu'il fallait, il avait quelque chose de systématique et d'arrangé qui convient merveilleusement aux débats monotones du barreau, ou aux élucubrations méthodiques des sociétés littéraires, mais qui rencontre peu d'accord et de sympathie dans les tumultueuses et discordantes logomachies des partis. Il faudrait arriver là avec une âme jeune, sincère, effervescente et vigoureuse. Vergniaud n'avait que trente-quatre ans, c'est tout au plus l'âge de la force ; mais il avait reçu une éducation sévèrement classique, et il était avocat.

D'après ce que j'ai dit de ce monde oratoire, dans lequel tous les discours de Vergniaud sont jetés, sans en excepter ses improvisations, on comprendra aisément que, de tous les orateurs de la Révolution, il n'y en a point dont le pastiche soit plus facile, bien qu'il n'y en ait peut-être point de plus parfait. C'est qu'il lui manque simplement d'être tout à fait lui ; c'est qu'il lui manque, comme on dit aujourd'hui, cette individualité qui fait valoir toutes les autres qualités de l'orateur et de l'écrivain. C'est Virgile gémissant au tombeau de Marcellus ; c'est Rousseau absorbé dans les *Rêveries du promeneur solitaire ;* c'est Bernardin sous les bambous des pamplemousses. Ce n'est pas ce Vergniaud intime et personnel que l'on voudrait trouver, l'homme après le grand homme. Je sais au moins que Ducos et Boyer étaient frères d'alliance ; que le dernier était riche et bienfaisant ; que Brissot était pauvre, et qu'à travers tant de chances de séduction et tant d'occasions de rapines, il avait conservé ses mains pures de la flétrissure la plus honteuse qu'une révolution puisse imprimer sur des mains généreuses, celle de l'or. La vie des grands hommes est dans leur parole, et la parole de Vergniaud n'est qu'une mélopée sonore et merveilleuse, dont on éprouve l'enchantement, sans se rendre compte du mystère qui le produit. On jugera de la vérité de cette impression à la lecture de la plupart de ses discours.

Cette députation de la Gironde, qui a donné son nom à un parti et presque à une France, appuyait Vergniaud de talents énergiques et brillants dont l'ensemble ne se reproduira jamais. C'était Guadet, avec son scepticisme frondeur et ses altercations grondeuses ; c'était Gensonné, avec sa discussion insidieuse et son ricanement sournois. Mais la Révolution n'avait que quatre ans, et ces grands orateurs, qui y étaient arrivés hommes faits, appréciaient mal leur position. Quand Louvet renouvelle, dans son admirable accusation contre Robespierre, le *Quousque tandem* de Cicéron [107], je tressaille d'enthousiasme. Quand je me rappelle qu'il prononce tout cela devant l'armurier Noël Pointe et devant le tisserand Armonville [108], qui vont détruire, d'une imprécation obscène ou d'une apostrophe brutale, l'effet de son discours et de son dévouement, je frémis d'étonnement et de douleur. Il ne faut comparer à aucune éloquence l'éloquence révolutionnaire. C'est un langage de contagion dont la rhétorique n'a pas le secret.

La nature avait refusé ce secret d'une époque d'exception à Vergniaud et à la plupart de ses amis : Fonfrede, lui seul, a développé quelques inspirations pleines de fougue et d'impétuosité dans les séances qui précédèrent le 31 mai. Je suis convaincu qu'il y avait en lui les éléments d'un grand talent ; mais la mort lui apporta la palme du martyre avant qu'il eût achevé de conquérir la couronne de l'orateur. On a écrit depuis, dans les biographies, qu'il avait été destiné, jeune, à la carrière des missions, la seule qui laissât quelque place, avant la Révolution, aux mouvements de l'éloquence passionnée. Si ce fait est vrai, il fournit un argument de plus à la théorie infaillible des influences de l'éducation.

On ne saurait se dispenser de parler ici de Brissot, bien qu'il n'ait pas laissé un nom éminent comme orateur. C'était un homme probe, instruit, disert et plein de bonne foi dans ses convictions, dont une organisation débile et souffrante, et une profonde mélancolie avaient empreint le langage d'une onction assez touchante, mais qui manquait de cette puissance énergique de l'âme qui va graver en traits de feu ses impressions dans l'âme des autres. L'homme du même parti qui possédait au plus haut degré le don de ces inspirations véhémentes qui éclatent comme la foudre en explosions soudaines et terribles, c'était Isnard, génie violent, orageux, incompressible, qu'exaltaient des passions fortes, et un esprit de religiosité qu'on croirait presque incompatible avec elles. Maximim Isnard, parfumeur à Draguignan, où je crois qu'il existe encore, avait reçu une éducation conforme à cette organisation extraordinaire. Sa mémoire, riche et ornée, fournissait abondamment aux élans de sa brusque improvisation. Ce n'était cependant pas un de ces discoureurs dont la parole infatigable s'étale avec complaisance dans les colonnes d'un journal. Son éloquence ne procédait guère que par phrases, ou pour mieux dire, que par exclamations ; mais ce cri formidable ne manquait jamais son effet, et il portait dans l'assemblée, subitement émue, l'admiration ou la terreur. Quand Narbonne[109] prête serment, comme ministre de la guerre, devant la seconde législature, Isnard se lève de sa place, et lui crie :

« Monsieur, la responsabilité, c'est la mort ! Qu'êtes-vous ? dit-il à la Convention nationale en lui montrant la Montagne, le jouet d'un enfant féroce, une machine à décrets dans les mains du bourreau ! »

Isnard présidait cette assemblée, quand une foule ivre de rage vient demander quelques têtes pour l'échafaud :

« Si la modestie n'était pas aussi une vertu républicaine, répond-il, je m'affligerais de n'être pas compris dans cette liste glorieuse ; la Convention nationale vous accorde les honneurs de la séance. »

Une voix menaçante s'élève au milieu de ce peuple soudoyé. Isnard reprend avec une fermeté impassible :

« Dites à vos commettants que le jour où Paris attentera à la liberté de la Convention nationale précédera d'un jour celui où le voyageur cherchera sur quelle rive de la Seine cette ville a existé. »

Envoyé en mission à Marseille après le 9 thermidor, il est entouré de la jeunesse tragique des compagnies de Jéhu [110], qui se plaint de n'avoir point d'armes pour frapper les terroristes :

« Eh bien ! s'écrie-t-il, si vous manquez d'armes, déterrez les os de vos parents qu'ils ont assassinés ! »

Le plus long de ses discours est son accusation contre Fréron [111] ; c'est là qu'il déploie avec une incroyable ostentation de richesses toute la magnificence des plus belles formes oratoires, mais particulièrement l'énumération, l'apostrophe et la prosopopée. Cette figure d'énumération domine la composition tout entière, et il y enchaîne une de ces répétitions énergiques qui retentissent profondément dans l'âme des auditeurs. Sa proscription terminée il raconte qu'il est venu dans le pays natal rafraîchir sa vie à la source des plus tendres sentiments, et reconnaître ces délicieuses campagnes de la Provence, peuplées des heureuses émotions de son enfance ; il les rappelle, il les décrit complaisamment, telles qu'il les avait vues autrefois, et puis tout à coup la scène change ; il n'aperçoit qu'un théâtre sanglant chargé de ruines encore fumantes, et il demande avec effroi quel fléau a porté ses horribles ravages dans la terre favorite de la nature :

« Ces tours superbes qui frappaient d'admiration les voyageurs ravis, est-ce la foudre qui les a renversées ?... »

Et une voix d'une monotonie solennelle, et terrible comme un écho anticipé de l'histoire, lui répond :

« C'est Fréron » Et avec cette question qui se renouvelle à chaque pas, avec cette solution toujours attendue, et de plus en plus effrayante, il poursuit jusqu'à son terme cette verrine [112] accablante, à laquelle Fréron eut le courage de survivre par une grâce d'état toute spéciale.

Ce discours extraordinaire n'est cependant pas bon, dans l'acception exacte du terme. Il est gâté par une autre figure dont Isnard faisait l'abus le plus fatigant, et qui était, à vrai dire, le moule naturel des conceptions de cet esprit exalté, sans direction positive, sans principes fixes en aucune matière, sans goût, sans règles et sans mesure, auquel il faut reconnaître les brillantes saillies du génie, mais qu'on ne proposera jamais pour modèle. Cette figure, c'est l'hyperbole, et non l'hyperbole à la manière de Balzac [113] et même du père Lemoine [114], mais plus digne quelquefois de La Calprenède [115] et de Cyrano [116]. Vous l'entendrez crier à Fréron que si l'échafaud qui lui est destiné pouvait s'élever sur une base composée des innombrables cadavres de ses victimes, il serait vu de la France entière. Legendre [117] avait dit quelque temps auparavant, en parlant des massacres de Nantes :

« Les navigateurs s'affranchissent maintenant du baptême du tropique, pour ne pas se baigner dans le sang de leurs parents. » On croirait que Corneille avait prévu ces exagérations quand il peignait dans *Pompée* [118],

Des montagnes de morts privés d'honneurs suprêmes,
Que la nature force à se venger eux-mêmes,
Et dont les troncs pourris exhalent dans les vents
De quoi faire la guerre au reste des vivants. [119]

Il ne faut toutefois pas juger ces images hors de nature, sans se rappeler que tous les objets de comparaison qui pouvaient fixer la pensée se ressentaient alors de cette allure désordonnée de l'imagination et de la parole. L'imprécation se faisait géante pour prendre les proportions du crime qu'elle accusait. L'hyperbole de Corneille est outrée, parce que les spectateurs de sa tragédie ne sont pas assez vivement émus d'un souvenir récent de *La Pharsale*, [120] pour se représenter, au neuvième vers de la première scène, les effroyables résultats des guerres civiles ; mais l'auditoire d'Isnard et de Legendre a vu des cadavres accumulés et des rivières sanglantes, et leur hyperbole n'est plus qu'un tableau.

Entre la Plaine que je viens de quitter et la formidable Montagne de la Convention, l'instinct du bien, l'expérience des maux, le besoin du repos qui est naturel aux âmes droites et pures, quelque méticulosité peut-être de mœurs et de caractère avaient réuni un tiers parti dénué de toute puissance pour bien faire, de toute influence pour empêcher de faire le mal, et qui assistait aux fêtes sanguinaires de la Terreur, indigné et muet, comme Caton aux fêtes impudentes de Flore. C'est là qu'on trouverait avec ceux dont j'ai parlé, ou qui me restent à nommer, les hommes les plus instruits et les plus spirituels de cette assemblée mémorable. Cependant leurs noms se reproduiront rarement dans une galerie oratoire de la Convention nationale. Ils y apparaissent tout au plus, comme Lanjuinais, Boissy d'Anglas et Vernier [121], aux jours de danger et d'émotion publique. A part quelques nuances qu'indique l'histoire, et qui n'appartiennent pas à la critique littéraire, on peut rapporter à cette catégorie les Dulaure [122], les Daunou [123], les de Bry, les Chénier, les Grégoire, les Villars, les Pons de Verdun, les Viennet, les Wandelaincour. Plusieurs d'entre eux, et Jean de Bry surtout, dont l'esprit harmonieusement vaste embrasse une multitude d'idées et de connaissances qu'il sait rendre et communiquer avec une élégance facile et ferme, paraissaient appelés aux succès de la tribune. Ils les ont presque évités, et les circonstances étaient si fortes, le fait dominait de si haut la puissance de la raison appuyée de tous les prestiges du langage, qu'on oserait à peine dire que leur silence ait été une calamité nationale. Il faut remonter aux extrêmes de l'Assemblée, pour y rencontrer ces grandes physionomies tribunitiennes, phénomènes des jours de malheur, qu'on admire comme les météores, et qui ne laissent derrière elles, comme les météores, que des désastres irréparables et des souvenirs de mort.

Il faut avouer que les puissances populaires de la Montagne, qui représentaient beaucoup plus exactement les passions de la majorité (et c'est pour cela qu'elles étaient populaires), étaient par conséquent le signe et la valeur exacte de notre démocratie française, l'organe d'une nation qui n'est plus contenue par un pouvoir, et qui n'en veut point reconnaître. Ce qui m'étonne, c'est que ces idées n'aient pas été appréciées alors, et qu'un principe accablant comme celui de la souveraineté du peuple n'ait pas désarmé une opposition composée d'hommes qui l'avaient proclamée les premiers. C'était une inconséquence grossière que de se révolter contre ces volontés tumulteuses, qui n'étaient, en dernière analyse, que l'expression de l'omnipotence des peuples, une fois qu'on l'avait instituée ; et la Gironde était véritablement contre-révolutionnaire, suivant les termes de sa propre logique. C'est ce défaut de position qui l'a perdue. Il suffit de se transporter dans un ordre de conséquences déduites des systèmes du temps, pour concevoir que la tribune devait se taire devant les tribunes, les tribunes devant la Commune, et la Commune devant toute agrégation d'hommes qui s'appelait le peuple. On avait transporté l'aristocratie dans les masses, où elle est effrayante, au lieu de la concentrer, comme dans les monarchies, sur des familles d'élection, où elle n'est que ridicule. C'était une combinaison sauvage et monstrueuse ; mais elle était, et l'homme qui lutte contre une démocratie établie avec la participation de sa volonté doit demander l'échafaud comme Kersaint [124] et Manuel [125], mais il ne lui est pas permis de discuter. Les montagnards sont de cruels logiciens, mais les girondins sont des sophistes. Et c'était la Montagne qui occupait l'avant-garde de cette plèbe séditionnaire, toujours prête à la gagner de vitesse, et qu'elle ne laissait en arrière qu'à force d'excès. C'était de cette tourbe effrénée qu'elle avait reçu toutes ses conditions d'existence, et on s'étonne qu'elle ait été violente et furieuse ! Qu'aurait-on voulu qu'elle fût ? C'est un état de force majeure.

En un mot, ces girondins, qui ont trouvé tant de sympathies dans le parti modéré de la Révolution, étaient d'excellents orateurs, mais qui rappelaient mieux le Portique que le Forum, et dont la turbulence démocratique n'avait jamais besoin d'être tempérée par les cadences harmonieuses du flûteur de Gracchus. A côté d'eux ou au-dessous se trouvaient encore d'habiles praticiens du langage, qui auraient été, dans un ordre de choses naturel, l'honneur de la tribune ; mais la pensée du temps n'appartenait ni aux uns ni aux autres. Elle était placée dans une région où l'on ne pénétrait pas sans une sorte de délire, dans un monde qui ne sera jamais social, mais qui était le monde que la Révolution avait fait, et ce monde était par malheur aussi réel et aussi indispensable qu'un autre.

LA MONTAGNE [126]

J'ai dit que l'autorité de la parole avait appartenu à la Montagne, non pas dans ce sens convenu où la parole est l'expression du goût et de l'esprit ; mais dans celui où elle représente la pensée dominante et les passions d'une époque ; et c'est ainsi qu'on définirait l'éloquence. Je ne parle certainement ici ni de Marat, qui ne s'énonçait que par hurlements sauvages, ni de Barère [127], aristocrate déguisé en jacobin, dont les études et les inspirations n'avaient rien de révolutionnaire, et qui suppléait à ce défaut de position oratoire par une flasque abondance de lieux communs élégants, Léthé limpide et froid, au murmure duquel s'endormaient tous les jours, pendant une heure, les tempêtes de l'assemblée ; ni même de Robespierre, quoique Robespierre, mal jugé sous le rapport du talent, ait laissé de très belles pages, et, par extraordinaire, les pages les plus empreintes de spiritualisme et de sensibilité qui soient sorties des presses de la Convention : phénomène qui n'est pas un argument, et qui ne prouvera rien contre l'histoire, quand l'histoire sera éclaircie.

Je parle de quelques tribuns dont le nom n'a jamais été prononcé en rhétorique ; de Legendre, si bien comparé au paysan du Danube ; de Danton, qui avait sur Legendre la supériorité de l'étude sur l'instinct et du génie sur l'enthousiasme ; et surtout de Saint-Just, qui s'était fait, à part de la société tout entière, un langage, un caractère et une république.

Au reste, j'ai besoin de rappeler qu'il n'est ici mention que de la puissance et des prestiges de la parole. Les sirènes faisaient mourir les amants que le charme de leurs concerts attirait auprès d'elles ; mais l'antiquité ne les accuse pas d'avoir mal chanté.

Je n'hésite donc pas à répéter, malgré l'étrangeté de cette proposition, qu'il faut chercher peut-être dans les discours de Robespierre presque tout ce qu'il y avait de spiritualisme et de sentiments humains dans l'éloquence conventionnelle. En effet, à part quelques touchantes inspirations de Brissot auxquelles j'ai ailleurs rendu justice, et qui respirent une tendre et profonde mélancolie, ce n'est pas à la Gironde qu'il faut demander ce genre d'impressions qui descendent de haut. Essentiellement classique, elle ne se représente l'esprit de la nature que sous des formes matérielles. Son langage est l'expression élégante et forte de la philosophie et de la littérature du XVIIIe siècle, animées de toutes les ressources d'un beau génie qui réunit quelquefois la véhémence entraînante de Rousseau à la piquante ironie de Montesquieu ; mais il n'y a point de Dieu dans sa froide mythologie, et Robespierre accusait Guadet de n'avoir jamais entendu sans sourire le nom de la providence. Fauchet imprima bien un caractère religieux et solennel à quelques-uns de ses derniers discours ; mais ces discours n'appartiennent plus à la polémique révolutionnaire. Fauchet, frappé d'une illumination soudaine, et rappelé, comme saint Paul, par le Dieu qu'il avait persécuté, redevient, dans ces jours d'agonie qui précèdent son supplice, un orateur chrétien.

La question serait étrangement déplacée si je la mettais là. C'est comme si je m'occupais gravement d'établir quel fut le plus sincèrement dévot, de don Juan ou de Tartuffe, et je doute que la postérité s'avise jamais de s'en informer, quel que soit un jour le vaste loisir dont elle doit goûter les douceurs sous l'empire affermi de l'ordre légal et des libertés constitutionnelles.

Robespierre n'était nullement organisé en homme

religieux, et son éducation sèchement philosophique n'avait certainement fait de lui qu'un athée ; mais les circonstances, en le portant sur un terrain tout à fait nouveau, le forcèrent à pénétrer dans les mystères de l'organisation des peuples. Sa popularité, acquise par deux grandes qualités de l'homme d'Etat, l'austérité des mœurs et le désintéressement le plus éprouvé lui donnaient le pouvoir presque sans son aveu, et pour assumer sur sa tête toute cette puissance qui régénère les nations, il n'avait plus besoin que de la faire écrire dans la loi. C'est alors qu'il rêva sans doute aux éléments essentiels des institutions politiques, et qu'en suivant les conséquences d'une ambition qu'il pouvait croire salutaire avec quelque motif, il arriva jusqu'à un Dieu. Une fois cette pensée acquise, il dut sentir intimement que la civilisation recommençait, et la France répondit à cette révélation de son cœur par un cri de joie unanime.

Les orgies scandaleuses des athées, le mythisme impur et dégoûtant des fêtes de la Raison[128], les stupides emblèmes de cette idolâtrie absurde qu'on essayait de substituer à des traditions au moins respectables par leur ancienneté, toutes les extravagances d'un temps extravagant parmi tous les temps avaient ouvert à Robespierre les avenues d'un trône. Médiocre peut-être, mais exhaussé par l'opinion et les événements, il comprit les avantages de sa position et de sa fortune, comme Bonaparte dut les comprendre un peu plus tard. Robespierre n'était pas parvenu au temps de souscrire un concordat avec le pape ; il le fit avec le ciel ; il rendit la France à Dieu pour la prendre, et ce charlatanisme solennel, renouvelé de tous les voleurs de couronnes des temps anciens et modernes, n'eut pas moins de succès chez le peuple le plus perfectionné des temps modernes qu'il n'en avait eu chez les barbares des temps anciens. J'ai entendu souvent ridiculiser la déclaration du peuple français « qui reconnaissait l'Etre Suprême et l'immortalité de l'âme ». J'avoue que, les dogmes admis, le côté bouffon de cette formule m'échappe tout à fait, et pour compléter ma pensée, j'ajoute que je la trouve très convenable et très belle. Seulement pour l'apprécier il faut prendre la peine de se transporter au temps. « Rien n'était plus. » C'est donc ici la pierre angulaire d'une société naissante. C'est le renouvellement d'un monde ; c'est le cri de ce monde éclos d'un autre chaos, qui se rend compte de sa création, et qui en fait hommage à son auteur ; l'élan de la société entière, le jour où elle a retrouvé les titres oubliés de sa destination éternelle. Quand on juge ces choses-là dans de petites circonstances, avec de petits organes dont les petites impressions se réfléchissent dans de petites âmes, on a peut-être le droit de trouver ridicule ce qui serait effectivement ridicule dans les temps ordinaires : mais telle n'était pas la situation de Robespierre. Au point où il était placé, et où il était venu sans le savoir, il fallait recommencer, et il recommençait en homme sensé, par le commencement.

Il y a plus. Rien ne prouve qu'il savait lui-même pourquoi il faisait ce qu'il faisait. Il obéissait à je ne sais quel instinct qui répond d'une manière inexplicable aux besoins d'une époque, et qui ne manque jamais au jour où il est indispensablement attendu. Il se trouve dans la masse d'individus la plus anti-sociale un esprit de socialité qui s'éveille à la décadence des nations, et qui recueille avec amour les débris de leur civilisation pour la refaire. Ce n'est pas une faveur spéciale de quelque organisation privilégiée, c'est une chance de conservation ou de réédification qui se reproduit éternellement dans l'espèce. Les circonstances font les hommes, et la plupart des hommes ne sont rien que par elles. Retirez la Révolution de l'histoire, et Robespierre ne sera très probablement qu'un avocat de province, tout au plus digne de l'Académie d'Arras ; Bonaparte, qu'un excellent officier, hargneux, difficile à vivre, et d'assez mauvaise compagnie, qui couve inutilement un génie stérile. Jetez l'un et l'autre avec une impulsion invincible au milieu d'un monde ébranlé jusque dans ses fondements, et ce monde va changer de face.

Tout se ressentit de ce mouvement immense, et la parole de l'homme, qui est le signe essentiel de l'esprit social, s'en ressentit plus que tout le reste. Il y a une éloquence de temps, une éloquence d'événements, de passions et de sympathies, qui ressemble à celle du génie dans ses causes et dans ses effets, parce que son génie, à elle, réside dans la pensée universelle, et qu'elle ne jette pas un son du haut de la tribune qui n'aille exciter un long retentissement et un enthousiasme simultané dans l'âme de la multitude.

Je n'ai pas dissimulé que c'était là, tout au plus, l'éloquence de Robespierre, et cependant je conviens que son talent a grandi à mes yeux dans une proportion indéfinissable depuis que je l'ai comparé. La nature n'avait rien fait pour lui qui semblait le prédestiner aux succès de l'orateur. Qu'on s'imagine un homme assez petit, aux formes grêles, à la physionomie effilée, au front comprimé sur les côtés, comme une bête de proie, à la bouche longue, pâle et serrée, à la voix rauque dans le bas, fausse dans les tons élevés, et qui se convertissait, dans l'exaltation et la colère, en une espèce de glapissement assez semblable à celui des hyènes : voilà Robespierre. Ajoutez à cela l'attirail d'une coquetterie empesée, prude et boudeuse, et vous l'aurez presque tout entier. Ce qui caractérise l'âme, le regard, c'est en lui je ne sais quel trait pointu qui jaillit d'une prunelle fauve, entre deux paupières convulsivement rétractiles, et qui vous blesse en vous touchant. Vous devinez tout au plus au frémissement nerveux qui parcourt ses membres palpitants, au tic habituel qui tourmente les muscles de sa face, et qui leur prête spontanément l'expression du rire ou de la douleur, au tressaillement de ses doigts qui jouent sur la planche de la tribune comme sur les touches d'une épinette, que toute l'âme de cet homme est intéressée dans le sentiment qu'il veut communiquer, et qu'à force de s'identifier avec la passion qui le domine, il peut devenir, de temps en temps, grand et imposant comme elle. C'est une singulière méprise que d'avoir appelé Bonaparte « la Révolution incarnée ». Il n'y a rien de plus dissident dans toutes les combinaisons des événements et de la pensée. Bonaparte était tout simplement le despotisme incarné. La Révolution incarnée, c'est Robespierre avec son horrible bonne foi, sa naïveté de sang, et sa conscience pure et cruelle.

Les combinaisons de Robespierre devenu maître de la Terreur n'étaient pas même le calcul d'une ambition spéculative. Il avait senti que ce système ne pouvait pas durer, et il croyait sa main assez forte pour retenir le char de la Révolution sur la pente où il descendait dans l'abîme. Quant à s'en faire à lui un char d'ovation et de triomphe, je doute qu'il y ait pensé avec une grande puissance de résolution, puisqu'il ne profita point de la fête religieuse du 20 prairial [129] pour franchir tout ce qui restait de barrières entre la dictature et lui.

J'ai le malheur d'être assez vieux pour me rappeler distinctement cette cérémonie, et j'étais, grâce au ciel, assez jeune pour en jouir sans mélange des terribles impressions de cette époque. Je n'y voyais qu'une pieuse solennité, à laquelle je portais toute l'effusion d'un cœur disposé à croire, et que l'idée de Dieu a toujours charmé, même dans ces moments d'amère déception où elle ne l'a pas convaincu. Jamais un jour d'été ne s'était levé plus pur sur notre horizon. Je n'ai trouvé que longtemps après, au midi et au levant de l'Europe, cette transparence de firmament à travers laquelle le regard semble pénétrer d'autres cieux. Le peuple y voyait du miracle, et s'imaginait qu'il y avait, dans cette magnificence inaccoutumée du ciel et du soleil, un gage certain de la réconciliation de Dieu avec la France. Les supplices avaient cessé, l'instrument de la mort avait disparu sous des tentures et des fleurs. Un bruit d'amnistie se répandait de tous côtés, et si Robespierre avait osé confirmer cette espérance, toutes les difficultés s'aplanissaient devant lui. Mais il s'enivra de la joie publique, et trop confiant dans cette faveur mobile, dont aucun homme ne fut investi au même degré, il remit peut-être à d'autres jours un projet dont l'exécution ne paraissait plus lui offrir aucun obstacle.

Il avait pourtant fait tous les frais de sa tentative, et la foule comprenait, sans s'étonner, qu'elle allait avoir un maître. C'était partout un instinct d'ordre qui faisait sentir à tout le monde le besoin de la sécurité, et sans doute celui d'un pouvoir modéré qui maintient la société avec sagesse dans des bornes légales. Il n'y avait pas une seule croisée de la ville qui ne fût pavoisée de son drapeau, pas un seul batelet de la rivière qui ne voguât sous des banderoles. La plus petite maison portait sa décoration de draperies ou de guirlandes ; la plus petite rue était semée de fleurs, et, dans l'ivresse générale, les cris de haine et de mort s'étaient évanouis comme la dernière rumeur d'une tempête à l'aspect d'une matinée pacifique. On se rapprochait sans se connaître, on s'embrassait sans se nommer ; les banquets publics servis dans les rues réunissaient le riche au pauvre, l'aristocrate au jacobin, et cette cohue énorme fut sans confusion, sans dispute, sans accident. Le repos était une nécessité si universelle ! Les uns avaient si grande hâte de jouir sans trouble de ce qu'ils avaient acquis ; les autres étaient si fatigués de douleurs et si altérés de consolations, le peuple si las d'émotions qui ne sont pas faites pour sa simple et saine intelligence ! – Enfin le cortège arriva. C'était la première fois qu'on voyait les membres de la Convention astreints à un costume uniforme, et cette particularité, propre à la monarchie et aux gouvernements aristocratiques, pouvait passer pour une espèce de révélation. Léonard Bourdon [130] avait presque de la tournure, et Armonville [131] lui-même ne manquait pas d'une sorte de dignité. L'habit de cérémonie des conventionnels faisant la Fête-Dieu par l'ordre de Robespierre était bleu barbeau, noué de la ceinture tricolore. Leurs sabres, leurs chapeaux, leurs rubans, leurs panaches, la majesté affectée de leur marche processionnelle, ce mélange d'hiérophantisme et de patriciat sauvages, ces cris d'un peuple émerveillé, à qui l'on vient de rendre Dieu par décret, il faut avoir vu tout cela pour le croire, et pour comprendre que tout cela était très beau. Chaque député tenait un bouquet de fleurs. Robespierre portait seul un habit bleu foncé. Il avait un bouquet sur le cœur et un bouquet énorme à la main. Il lui était trop difficile de donner à sa morne physionomie l'expression du sourire, qui n'a peut-être jamais effleuré ses lèvres ; mais je me souviens qu'il tenait levés avec fierté sa tête blême et son front lisse, et que son œil, ordinairement voilé, exprimait quelque tendresse et quelque enthousiasme. Ce sont ces qualités qu'on lui conteste, même comme orateur, et dont j'ai dit qu'il restait des traces dans ses discours, surtout depuis l'époque dont je parle, et où il avait nécessairement compris la necessité de rattacher la France révolutionnaire à la société européenne. Celui du 20 prairial est si connu, qu'il serait superflu d'en rapporter quelques fragments. C'est le seul qu'on ait jamais cité ; mais il y a dans les autres de beaux mouvements qui n'avaient jamais été exprimés avec cet air d'énergie et de nouveauté, et dont le développement ne manque pas, je pense, de ce mérite du style que notre délicatesse française fait passer avant toutes les autres puissances de la parole.

Voyez, par exemple, ce discours du 7 prairial [132], où il convoque la France aux pieds de l'Eternel auteur des choses, et où il supplie la République de rappeler parmi les mortels la liberté et la justice exilées. Il comprend cependant qu'il reste une ressource aux ennemis de la vérité, l'assassinat ! Et voilà ce mot qui se prolonge comme un refrain solennel à travers de magnifiques périodes à la manière d'Isnard et de Vergniaud.

« Eh bien ! ajoute-t-il, si vous voulez étouffer les factions, elles vous assassineront ! J'en conviens ; et nous n'avons pas fait entrer dans nos calculs l'avantage de vivre longuement. Ce n'est point pour vieillir que l'on déclare la guerre à tous les tyrans, et, ce qui est bien plus dangereux encore, à tous les crimes. Quel homme sur la terre a jamais défendu impunément les droits de l'humanité ?... Je trouve, au reste, pour mon compte, que la situation où les ennemis de la République m'ont placé n'est pas sans avantage ; plus la vie des défenseurs de la liberté est incertaine et précaire, plus ils sont indépendants de la méchanceté des hommes. Entouré de leurs complots et de leurs assassins, je vis d'avance dans le nouvel ordre de choses où ils veulent m'envoyer ; je ne tiens plus à mon existence passagère que par l'amour de la patrie et par la soif de la justice. Plus ils sont empressés de terminer ma carrière ici-bas, plus je sens le besoin de la remplir d'actions utiles au bonheur de mes semblables, et de laisser au moins au genre humain un testament dont la lecture fera pâlir les tyrans. »

Il faut avouer que nous aurions peu d'objections contre une pareille éloquence, si elle était scellée du timbre de l'antiquité, et honorée de l'approbation banale des rhéteurs. Ce que j'y remarque surtout, c'est ce sentiment de courageuse tristesse et de prévision tragique qui me paraît l'expression tout entière de l'époque, et dont je trouve cependant peu d'autres exemples dans les orateurs révolutionnaires.

Les esprits absolus qui ne veulent rien accorder à Robespierre ont été obligés de recourir à la supposition commune et commode d'un faiseur obligeant qui fournissait à ses travaux oratoires, et sans doute à ses improvisations, le fruit de quelques veilles éloquentes dont il n'a jamais trahi le secret. Robespierre avait pour secrétaire, à l'époque de sa mort, un jeune homme nommé Duplay, fils de son hôte le menuisier [133], et dont on prétend qu'il avait secrètement épousé la sœur. On l'appelait Duplay le boiteux, parce qu'il avait été grièvement blessé à Valmy, dans une des premières journées militaires de la Révolution. C'était un de ces esprits jeunes et fervents, en qui la fermentation des idées nouvelles avait hâté le développement de quelques facultés que toute autre époque aurait laissées stériles et méconnues ; mais rien n'a prouvé dans le reste de sa vie, et il a survécu de beaucoup à Robespierre, que la nature l'eût doué à un degré remarquable du talent de parler et d'écrire*. C'est d'ailleurs sur des lambeaux écrits en entier de la main de Robespierre, et qui avaient toute la soudaineté, tout l'abandon, tout le désordre même d'une composition hâtive, qu'a été imprimé le fameux discours du 8 thermidor, qui précéda la catastrophe de moins de vingt-quatre heures, et ce discours est certainement ce que Robespierre a laissé de plus remarquable. Il est surtout vraiment monumental, vraiment digne de l'histoire, en ce point qu'il révèle, d'une manière éclatante, les projets d'amnistie et les théories libérales et humaines qui devaient faire la base du gouvernement à venir, sous l'influence modératrice de Robespierre, si la terreur n'avait triomphé le 9 thermidor, et qui triomphèrent à leur tour, malgré ce sanglant coup d'Etat, parce que la nation, fatiguée d'oppression et de massacres, ne comprenait plus de coup d'Etat qui ne dût être le signal de son affranchissement.

« Je ne connais que deux partis », dit Robespierre, et il n'est pas inutile de rappeler aux lecteurs prévenus que c'est lui qui parle ainsi ; « je ne connais que deux partis, celui des bons et celui des mauvais citoyens... Le cœur flétri par l'expérience de tant de trahisons, je crois à la nécessité d'appeler la probité et tous les sentiments généreux au secours de la République. Je sens que partout où se rencontre un homme de bien, en quelque lieu qu'il soit assis, il

* J'ai fait quelque part une mention moins avantageuse de Duplay, mais on m'a démontré que j'étais trompé par une confusion de noms, et rien ne me coûte moins que de me rétracter, quand je me trompe. C'est, au reste, sur des événements dont tous mes contemporains sont, autant que moi, les témoins et les juges, la seule inexactitude de faits qui m'ait été reprochée.

faut lui tendre la main, et le serrer contre son cœur. Je crois à des circonstances fatales qui n'ont rien de commun avec les desseins criminels ; je crois à la détestable influence de l'intrigue, et surtout à la puissance sinistre de la calomnie... Ce sont les méchants seulement qu'il faut punir des crimes et des malheurs du monde... Ceux qui nous font la guerre ne sont-ils pas les apôtres de l'athéisme et de l'immortalité ?... Que m'importe qu'ils poursuivent l'aristocratie – s'ils assassinent la vertu ? »

Je continue à copier, et je m'y crois autorisé ; le dernier discours de Robespierre est devenu si rare, qu'il peut passer pour inédit.

« On veut, s'écrie-t-il, m'arracher la vie avec le droit de défendre le peuple ! Oh ! je leur abandonnerai ma vie sans regret. J'ai l'expérience du passé, je vois l'avenir ! Quel ami de la patrie peut survivre au moment où il n'est plus permis de la servir et de défendre l'innocence opprimée ?... Comment supporter le supplice de voir cette horrible succession de traîtres, plus ou moins habiles à cacher leurs âmes hideuses sous le voile de la vertu ou sous celui de l'amitié, et qui laisseront à la postérité l'embarras de décider lequel des persécuteurs de mon pays fut le plus lâche et le plus atroce ?... En voyant la multitude des crimes que le torrent de la Révolution a roulés pêle-mêle avec les vertus civiques, j'ai craint quelquefois, je l'avoue, d'être souillé aux yeux de l'avenir par le voisinage impur de tant de pervers, et je m'applaudis de voir la fureur des Verrès et des Catilina de mon pays tracer une profonde ligne de démarcation entre eux et les gens de bien. J'ai vu dans toutes les histoires les défenseurs de la liberté accablés par la calomnie, égorgés par les factions ; mais leurs oppresseurs sont morts aussi. Les bons et les méchants disparaissent de la terre, mais à des conditions différentes... Non, Chaumette[134], non, la mort n'est pas un sommeil éternel. La mort est le commencement de l'immortalité. »

Les probabilités de la haute fortune politique de Robespierre étaient changées. Il devait se défendre, le 8 thermidor, de ce plan, vrai ou faux, de dictature réparatrice qu'il aurait trouvé, six semaines auparavant, trop facile à exécuter. Sa réponse à cette accusation est un de ces modèles d'ironie spirituelle dont on citerait à peine l'équivalent dans les meilleurs discours de Mirabeau. Il n'y a rien nulle part de plus ingénieux, de plus fin et de plus noble à la fois.

« Quel terrible usage les ennemis de la République ont fait, dit-il, du seul nom d'une magistrature romaine ! Et si leur érudition nous est si fatale, que n'avons-nous pas à redouter de leurs intrigues et de leurs trésors ! Je ne parle pas de leurs armées. Mais qu'il me soit permis de renvoyer au duc d'York[135] et à ses écrivains royaux les patentes de cette dignité ridicule qu'ils m'ont expédiées les premiers. Il y a trop d'insolence à des rois qui ne sont pas sûrs de conserver leurs couronnes, de s'arroger le droit d'en distribuer si largement. »

Ce trait sublime : « Je ne parle pas de leurs armées », est de la hauteur de Nicomède et de Corneille[136].

Le chant du cygne de Robespierre, ce long codicille *in articulo mortis*, ne manque pas, comme on voit, de beautés de style et de beautés de sentiment ; mais il est vague et mal ordonné, ce qui ne prouve rien à la vérité contre la logique de l'orateur, car on s'aperçoit qu'il a été composé d'un jet, et qu'il n'a pu être revu. C'est un plaidoyer improvisé en face de l'échafaud, et qui n'offre, au total, que la paraphrase diffuse, mais éloquente, d'une seule pensée.

« Eh quoi !... je n'aurais passé sur la terre que pour y laisser le nom d'un tyran !... un tyran !... Si je l'étais, ils ramperaient à mes pieds, je les gorgerais d'or, je leur assurerais le droit de commettre tous les crimes, et ils seraient reconnaissants !... Qui suis-je, moi que l'on accuse ? un esclave de la liberté, un martyr vivant de la République, la victime encore plus que le fléau du crime... Otez-moi ma conscience... je suis le plus malheureux de tous les hommes. »

Ces citations sont choisies dans les meilleures pages de Robespierre. Elles donnent sa mesure la plus large comme personnage politique et comme écrivain. Aussi la seule induction que je prétende en tirer, je le répète, c'est que Robespierre n'était pas tout à fait si nul qu'on l'a fait au gré des thermidoriens, et que la tribune a souvent retenti depuis d'accents moins imposants et de périodes moins sonores. Mais, encore une fois, il n'a jamais figuré qu'au second rang parmi les orateurs de la Montagne. Jusqu'au mois d'avril 1794, il y fut dominé de très haut par l'ascendant de Danton, l'homme à la voix stentorée, aux improvisations jaculatoires, aux idées abruptes, aux images fortement colorées, espèce de tribun voluptueux, dans lequel il y avait l'étoffe d'Aristippe [137] et de Démosthène. Depuis la mise en accusation de Danton, la première place appartient à Saint-Just, écolier aventureux, qui était sorti tout formé du moule d'une révolution ; type unique chez les modernes du spartiate de Lycurgue et du légiste de Dracon ; âme stoïque et inflexible que la nature n'avait peut-être pas faite cruelle, mais qui ne répugnait pas à la rigueur et même à la cruauté, quand il s'agissait d'attester son impassibilité par quelque résolution féroce ; l'homme le plus puissamment organisé de cette partie de l'assemblée, et qui, séide fidèle et sincère de Robespierre, dont l'intègre et incorruptible austérité l'avait soumis, s'exerçait dans une carrière plus forte à la vocation de Mahomet.

Pour ne plus revenir sur cette question, dont je ne me dissimule pas l'étrangeté ; pour me justifier de cette justification tout à fait relative d'un homme qu'on ne peut défendre de tout sans démence ; pour en finir avec la polémique excitée par cette hypothèse que j'ai hasardée le premier, et qui ne pouvait pas, à la vérité, être admise sans contestation, il suffit de reporter l'attention du lecteur sur la statistique et la physionomie morale de la Convention au 9 thermidor. Si la tyrannie méthodique, si la terreur organisée en système avaient un siège quelque part, c'était dans ces comités de gouvernement, depuis longtemps déjà désertés par Robespierre. L'attaque partit du sommet de la Montagne, et des hommes les plus aveuglément dévoués aux excès furieux de la démocratie en délire : de Billaud-Varennes[138], le lion des jacobins ; du farouche Collot d'Herbois[139], le plus cruel de leurs proconsuls ; d'Amar[140], de Vadier, de Voulland[141], de Legendre, de Fréron, ligue de furieux ou de malades, qui sauva la patrie sans le vouloir, et dont le seul but était d'exploiter la Révolution au profit de la dévastation et de la mort. Tels étaient les chefs de cet exécrable parti des thermidoriens, qui n'arrachait la France à Robespierre que pour la donner au bourreau, et qui, trompé dans ses sanguinaires espérances, a fini par la jeter à la tête d'un officier téméraire ; de cette faction à jamais odieuse devant l'histoire, qui a tué la République au cœur dans la personne de ses derniers défenseurs, pour se saisir sans partage du droit de décimer le peuple, et qui n'a pas même eu la force de profiter de ses crimes. Robespierre la connaissait si bien, qu'il dédaigna de lui adresser la parole, et que, se tournant vers une autre partie de l'assemblée, pure, mais mobile et méticuleuse, qui renfermait beaucoup de vertus privées et peu de forces politiques, il implora de cette majorité flottante l'appui des honnêtes gens. Elle ne répondit pas. Brutus, plus expert que Robespierre dans la science des révolutions, ne serait point tombé dans cette erreur. Il n'attendit rien de la vertu aux champs de Philippes ; il la nia, et livra son cœur au poignard amical de Straton [142]. L'histoire montre partout quelle espèce de secours il y a lieu d'attendre des honnêtes gens dans les circonstances extrêmes comme celle-ci, où il ne s'agissait de rien moins que du triomphe de la tyrannie des comités sur la cause de l'humanité et la justice. Un chef de parti qui n'a plus de ressources que dans le dévouement et l'énergie de ce qu'on appelle les honnêtes gens, doit s'envelopper de son manteau et se brûler la cervelle.

LES DÉPUTÉS EN MISSION [143]

Je n'avais pas douze ans ; mais à l'époque dont je parle, la forte éducation des événements venait, si l'on peut s'exprimer ainsi, d'émanciper l'enfance. Il n'y avait point de spectateur froid dans ce grand drame, et les distractions qui suivaient nos études de collège étaient plus sérieuses et plus imposantes que les hautes leçons de l'histoire et de la poésie. La tragédie courait les rues.

C'était à Besançon ; tout annonçait à la société

populaire une séance solennelle. La foule se pressait depuis le matin à ses portes. Deux conventionnels devaient, dit-on, y demander réciproquement leur tête, et, dans ce temps-là, ces figures oratoires étaient autre chose que d'effrayantes hyperboles. Le résultat ne tardait pas à les vérifier. C'est cette séance que je veux raconter [144], non qu'elle se distingue par une grande importance historique de mille événements du même genre, mais parce qu'il me sera peut-être permis d'en tirer une induction qui est, je ne sais pourquoi, toute neuve, et que j'ai à peine indiquée jusqu'ici. On verra si elle sort évidemment des faits.

Robespierre le jeune fut envoyé en mission dans le département de la Haute-Saône au mois de mai 1794, trois mois à peu près avant le 9 thermidor [145]. Je ne sais quel était l'objet particulier de son voyage, mais personne n'a oublié l'immense intensité de ce pouvoir proconsulaire. Toutefois il devait le partager avec un de ses collègues. Celui-ci se nommait Bernard de Saintes [146].

Bernard était un homme de cinq pieds neuf pouces, d'une cinquantaine d'années, dont la taille était droite et très menue, le port raide et assuré, la physionomie d'une imperturbable austérité, que n'avait jamais égayé un sourire. Ses yeux étaient ardents, ses sourcils noirs, son teint bilieux et bronzé, sa maigreur effrayante. Il avait le parler bref et sévère, sans élégance et sans chaleur, mais non pas sans je ne sais quelle autorité menaçante qui résultait de tout l'ensemble de sa redoutable personne. Athée déclaré, et irréconciliable ennemi de tout ce qui pouvait rappeler un culte, il s'était empressé d'échanger ses deux prénoms d'Adrien-Antoine, contre les mots qui concouraient avec eux dans le ridicule calendrier du docteur Romme [147], et ceux-ci étaient Pioche et Fer. On n'aurait pas mieux rencontré pour caractériser le terrible Bernard. J'ajouterai, afin de rendre tous mes souvenirs, qu'il passait pour avoir des mœurs sobres et pures, et que son républicanisme inflexible et cruel était en lui une espèce de religion.

Robespierre arriva à Vesoul, mais il ne descendit point à l'hôtel qu'occupait son collègue. Il alla prendre son logement chez un procureur nommé Humbert, qui était connu par des principes fort opposés à la Révolution, et dont le nom se trouvait même porté sur la liste des suspects, mais qui avait eu l'étrange bonheur de faire ses premières études avec Robespierre l'aîné. Cette particularité imprima le mouvement le plus singulier à l'opinion. Le soir, après avoir communiqué avec Bernard pendant plusieurs heures, Robespierre se rendit à la société populaire, la remercia de ses travaux, l'encouragea dans son zèle, et par une péripétie tout à fait inattendue, lui apprit qu'on s'était trompé dans les départements sur la juste et bonne direction du gouvernement révolutionnaire, qui n'avait pour objet que le bien de tous, et qui ne devait se faire connaître que par des bienfaits. Il parla de conciliation, d'indulgence, d'amnistie universelle, et descendit de la tribune au milieu d'une rumeur d'étonnement qui ne présentait d'ailleurs rien d'hostile. Au lever du soleil, huit cents détenus d'opinion furent rendus à la liberté, en vertu d'un arrêté signé *Robespierre et Bernard.* L'aspect de la ville changea en un moment. Elle offrit le tableau d'une fête. Les cris de Vive Robespierre se firent entendre partout : des jeunes filles en robe blanche, des épouses consolées, des mères qui venaient de revoir leurs enfants qu'elles croyaient perdus à jamais entourèrent la modeste retraite du représentant, et la décorèrent de fleurs et de rubans. Le nom de Bernard ne fut pas prononcé au milieu de ces hommages naïfs et indiscrets. Il rentra à Besançon, la rage et l'envie dans le cœur.

C'était à la séance de la veille qu'il avait paru, et qu'il s'était accusé d'une lâche faiblesse, déterminée par les perfides séductions de Robespierre. Il venait de rendre à la liberté des aristocrates pour qui la vie était déjà un bienfait du peuple, et qui n'auraient dû sortir des prisons que pour aller à l'échafaud. Rien ne pouvait expier ce fatal abus de pouvoir que la mort de deux représentants traîtres à la patrie, et il suppliait la société populaire d'apostiller la dénonciation qu'il adressait au Comité de salut public, pour lui demander la tête de Robespierre et de Bernard. La société populaire ajourna sa délibération, jusqu'au moment où elle aurait entendu Robespierre. Bernard se retira de la séance en disant qu'il n'y pouvait reparaître que comme accusé. Je ne sais si je me trompe, mais ces folies, aujourd'hui incroyables, avaient au moins un grand caractère, et faisaient vivre l'âme dans une haute région de passions et d'idées.

Après cette avant-scène indispensable, nous allons ouvrir les grilles de la vieille église des Capucins, où siégeait le club peu turbulent de la noble cité de Besançon, si connue par la douce gravité de ses mœurs. Il est vrai qu'elle n'avait fait en quelque sorte que reprendre des habitudes républicaines à peine effacées, et dont une partie s'était conservée dans la tradition. Peu engagée envers les Bourbons, dont elle était depuis cent ans la conquête, elle se pliait aisément à une nouvelle forme de police qui se rapprochait un peu de sa police ancienne, et presque tout le monde y serait arrivé sans brisement, si la Révolution mieux faite n'était pas tombée dans d'indignes mains, comme elles tombent toutes. Le jour dont je parle, un sentiment universel de fatigue et de douleur brisait l'âme de tous ces patriotes si longtemps entraînés des erreurs aux excès, et je les voyais se serrer la main avec un sourire amer et un geste de pitié.

Le président de la société populaire était un de ces hommes élevés de caractère, élevés de talent, inaccessibles à tout reproche, qu'on s'étonnait quelquefois de voir mêlés au mouvement passionné de l'époque, mais dont l'impénétrable secret ne doit pas être discuté. Son calme plein de fermeté et de douceur, son éloquence pleine d'heureuses insinuations et de sages ménagements, la noble dignité de ses manières l'avaient fait choisir pour dominer sur cette scène inquiétante, et pour en changer habilement le cours, si elle devenait trop grave. Bernard était assis immobile au bout d'une banquette, reconnaissable seulement aux rayons de feu qui sortaient de ses yeux enfoncés, et qui lui donnaient quelque chose de la physionomie d'un oiseau de proie. Enfin Robespierre entra.

Robespierre le jeune n'avait qu'une trentaine d'années, mais sa tournure fatiguée, son regard obscurci par des lunettes de couleur, son front peu garni de cheveux, ses traits longs et prononcés, son teint hâve lui donnaient l'air beaucoup plus vieux. Il avait une redingote fauve, un grand pantalon blanc, un gilet fort ouvert qui laissait voir de très beau linge. Le col de sa chemise retombait des deux côtés de sa cravate ; mais il y avait dans sa négligence même du goût et de la propreté. Il monta à la tribune.

Tout le monde attendait en silence, quand un épisode qui caractérise ce temps-là vint porter sur un autre point l'attention de l'auditoire. Il se trouvait parmi les membres de la société un ferblantier à la taille colossale, aux formes athlétiques, à la voix de stentor, qui ne prenait jamais la parole que pour des motions d'ordre assez remarquable par leur concision énergique et par leur tour original. C'était le « paysan du Danube » de l'assemblée. « Citoyens, dit-il, les règlements de notre société interdisent l'entrée de son enceinte aux femmes ; je suis marié, je suis père, et je n'y ai jamais amené ni ma fille ni ma femme. Robespierre, qui n'est ni marié ni père, y a amené une femme. Je demande qu'elle sorte, ou que le procès-verbal atteste au moins qu'un républicain a protesté aujourd'hui contre l'aristocratie de Robespierre. » Il faut se rappeler ce que c'était alors que Robespierre, il faut savoir quelles étaient les suites presque inévitables de ces polémiques de club, pour apprécier cette anecdote. Robespierre parut étonné, mais il fit un signe, et la femme qui l'avait accompagné sortit de l'enceinte : au même instant tous les regards se fixèrent sur elle. Je ne la trouvai ni belle ni jolie, et cependant son aspect me fit une profonde impression. Il y avait quelque chose de pénétrant, de caustique, et presque d'infernal dans son regard et dans son sourire. On supposait à peine qu'elle fût la maîtresse de Robespierre, dont l'âpreté cénobitique et la physionomie pâle et macérée semblaient exclure l'idée de l'amour. Chose étrange ! dans ce temps où l'idée de Dieu passait pour un préjugé, le bruit se répandit que la compagne de Robespierre était une créature d'une organisation supérieure, qui avait le privilège de lire dans les âmes, et qu'il la conduisait avec lui pour le seconder dans un mystère de rédemption, où elle était chargée de la séparation des bons et des mauvais. J'atteste ce fait pour l'avoir entendu répéter cent fois. Pauvre peuple !

Le tumulte s'apaisa. La voix de Robespierre se fit entendre. Le timbre en était assez monotone, glapissant dans les tons hauts, qu'il affectait volontiers pour varier son débit, sans nombre, sans vibration, tout à fait incapable de se prêter aux inflexions de la grâce ou à l'onction du sentiment, mais éminemment propre, selon moi, aux figures d'ironie et de dérision. J'ai souvent entendu dire depuis que Robespierre le jeune était un homme nul. Je ne le crois pas. J'étais certainement fort peu en état de le juger alors comme orateur ; mais aujourd'hui même, que je crois l'entendre encore, je me rappelle à merveille la distribution de son discours, évidemment improvisé, et j'y trouve de l'esprit et du talent. Il commença par rappeler les faits de son passage à Vesoul, et par expliquer la conduite qu'il y avait tenue. Il entra franchement dans le fond de la question, en déclarant, comme il l'avait fait, qu'à l'exception de quelques grandes communes, il n'y avait point de fédéralistes dans les départements. Il ajouta que le nombre des suspects avait été multiplié par une extension cruelle des lois, et porté beaucoup au-delà de son expression raisonnable. Il insinua adroitement que c'était une manœuvre de l'aristocratie, cachée sous le masque d'une fausse ferveur patriotique, et qui cherchait à prouver à l'Europe que ce n'était pas l'immense majorité de France, la France presque unanime, qui voulait la révolution. Il termina cette déduction adroite de principes en déclarant que le devoir des patriotes était de faire adorer la Montagne, et non de la faire craindre. Il n'évita pas de laisser échapper le nom de la Terreur, terme alors sacramentel, et de lui rendre des actions de grâces, mais en ajoutant, ce sont ses termes, que ce système était sauveur et non conservateur, et qu'utile au triomphe de la liberté, il ne pouvait que nuire à son affermissement. C'étaient là les généralités de la question.

Il passa ensuite à ce qui lui était particulier, c'est-à-dire à ses rapports avec Bernard de Saintes, et à la dénonciation que celui-ci avait portée contre lui. Cette partie de la discussion, très longue et très peu variée dans la forme, est ce qui m'a laissé le sentiment le plus positif de la direction essentielle de son esprit. Ce fut une interminable ironie sur la nullité morale et politique de Bernard de Saintes, toute nourrie d'allusions à l'exiguïté de son corps. « Il croyait que quelqu'un de ce nom s'était glissé dans la Convention nationale par le trou de la serrure. S'il s'était trouvé auprès de Bernard, c'était sans l'apercevoir. Il se souvenait à peine de l'avoir vu s'effacer quelquefois entre deux membres de la Montagne ; il ne l'avait reconnu à Vesoul que parce qu'il était sûr de n'avoir jamais rien rencontré de plus mince. » Les éclats de rire des tribunes couvraient tous ces quolibets, débités avec un calme effrayant ; j'allais dire cruel, tant ils révélaient de haine et de froide vengeance dans un homme qui tenait une si grande part de l'omnipotence révolutionnaire.

C'est dans ce moment que le président crut devoir faire intervenir son autorité conciliatrice. Il interrompit Robespierre, et conjura sa colère au nom des intérêts de la liberté, dont les défenseurs ne se divisaient pas sans danger pour elle ; au nom de l'harmonie des citoyens, qui était troublée par ces débats ; au nom de sa propre gloire et de l'illustration « d'une famille appelée à de si hautes destinées ». Cette phrase, échappée à une mauvaise habitude de cour ou à un faux calcul de convenances, suggéra à Robespierre le jeune un mouvement remarquable. Il me parut éloquent, et c'est une raison pour que je ne cherche pas à rendre ses paroles. Il s'éleva contre cette « illustration » et ces « destinées » promises à une famille. Il s'indigna contre le penchant de certains hommes à rétablir dans l'opinion les privilèges qu'on venait d'arracher à la noblesse ; il indiqua cette tendance comme un des plus grands obstacles qu'on pût opposer à la liberté. Il ajouta que si son frère avait rendu quelques services à la cause de la patrie, son frère en avait reçu le prix dans la confiance et l'amour du peuple, et qu'il n'avait, lui, rien à réclamer. « Ces acceptions de noms, continua-t-il, sont une des calamités de l'Ancien Régime ! Nous en sommes heureusement délivrés, et tu présides cette société, toi qui es d'une famille d'aristocrates et qui es le frère d'un traître !... Si le nom de mon frère me donnait ici un privilège, le nom du tien t'enverrait à la mort. » – Puis, retournant à sa tournure favorite, et s'adressant au ferblantier : « Rassure-toi, brave républicain : ce n'est pas aux Robespierre que l'aristocratie des noms commencera, et si étroite et si légère que soit la tête de Bernard, la mienne ne pèsera pas plus que la sienne dans la balance de la justice. » Il descendit de la tribune au milieu de nouveaux éclats de rire et de nouvelles acclamations, traversa l'enceinte, rejoignit sa compagne, et se rendit à sa chaise de poste. La cour de l'auberge était pleine de femmes qui l'attendaient avec impatience pour lui présenter les réclamations des détenus. Il n'avait qu'un mot à dire pour éteindre toutes ces espérances qui se manifestaient par mille démonstrations de tendresse, car il était, dans ce temps-là, facile d'être aimé. Les pouvoirs de sa mission avaient cessé aux bornes du département. Il ne pouvait plus rien pour personne ; mais il promit à la foule, si émue par son refus, qu'il porterait sa plainte à la Convention, qu'il dévoilerait devant elle les injustes et horribles rigueurs des proconsuls, et finit par cette phrase que je n'ai pas pu oublier : « Je reviendrai ici avec le rameau d'or, ou je mourrai pour vous ; car je vais défendre à la fois ma tête et celle de vos parents. » La voiture partit, suivie de cris de douleur.

Toute la famille des proscrits pleurait, et, chose qu'on aurait peine à croire si on ne le savait pas de toute la certitude du souvenir, elle pleurait Robespierre !

Sa prédiction alternative se réalisa. Trois mois après, arriva le 9 thermidor ; Robespierre le jeune n'était pas accusé. Il s'écria qu'il voulait partager le supplice de son frère, puisqu'il avait été complice de ses vertus. Dans ce temps-là on faisait beaucoup de phrases à effet ; mais les phrases à effet ne sont pas ridicules, quand l'homme qui les prononce a un pied sur le seuil de la tribune et l'autre sur le premier degré de l'échafaud. Maintenant cela fait pitié. On avoua que le dévouement de Robespierre le jeune respirait quelque chose de l'antiquité. Prisonnier à la Commune, quand il vit son frère mutilé par un gendarme, et agonisant sur une table, il s'élança des hautes croisées sur les baïonnettes de la troupe qui entourait l'hôtel-de-ville, et s'y roula comme Régulus. Il ne vécut que ce qu'il fallait de temps pour mourir sous la main du bourreau ; et cette mort a sans doute expié ce que tout le monde reproche à sa vie. Il faut convenir que cela n'est pas mal.

La nouvelle du 9 thermidor, parvenue dans les départements de l'Est, développa un vague sentiment d'inquiétude parmi les républicains exaltés, qui ne comprenaient pas le secret de cet événement, et qui craignaient de voir tomber le grand œuvre de la Révolution avec la renommée prestigieuse de son héros ; car derrière cette réputation d'incorruptible vertu qu'un fanatisme incroyable lui avait faite, il ne restait pas un seul élément de popularité universelle, un nom auquel les doctrines flottantes de l'époque pussent se rattacher. Mais ce fut bien autre chose dans les rangs opposés. Hélas ! se disait-on à mi-voix, qu'allons-nous devenir ! Nos malheurs ne sont pas finis, puisqu'il nous reste encore des amis et des parents, et que MM. Robespierre sont morts ! Et cette crainte n'était pas sans motif, car le parti de Robespierre venait d'être immolé par le parti de la Terreur.

Ce que je dis là est si bizarre, si abrupt, si inopiné, que tout mon scepticisme politique ne saurait me dispenser d'une espèce de profession de foi. Ce n'est pas moi, grâce au ciel, qui viendrai déterrer les linceuls couverts de boue et de sang de ces tribuns frénétiques de la Montagne, pour les ériger en drapeau à la tête d'un parti. Il n'y en a pas un qui puisse exciter une noble sympathie ; et c'est tout au plus si quelque attraction involontaire me déciderait aujourd'hui entre la larve hideuse de Marat et le spectre gigantesque de Danton. Celui-ci domine de beaucoup, à mes yeux, les deux Robespierre, hommes essentiellement secs, faux, froids, despotiques et sans pitié. Mais ce que je viens de raconter dénonce un rôle convenu ; et c'est ici que la trame de l'histoire manque, et qu'il faut la renouer.

Robespierre l'aîné, on n'en doute pas, était l'expression personnifiée de la Convention : il le savait aussi, et il avait dit admirablement : « On ne va jamais plus loin que quand on ne sait pas où l'on va ; » mais quiconque a dit cela sait précisément où il doit aller ; et comme il est impossible de savoir où l'on doit aller sans avoir des idées d'ordre, c'est à l'ordre qu'allait Robespierre, soit instinctivement, soit par combinaison. Il en avait senti le besoin. Il avait par conséquent senti la nécessité du pouvoir ; car il n'y a point d'ordre sans pouvoir.

En regardant autour de lui, Robespierre dut s'apercevoir qu'il était le seul dans toute la France, ainsi qu'on nous l'avait faite, qui pût s'investir d'une confiance populaire assez vaste pour rétablir l'ordre ; il désirait donc le pouvoir, et c'était alors le mériter. J'ai besoin de répéter que je suis loin de plaider pour Robespierre, et que je cherche l'intelligence des faits. Jetez cent assassins ensemble sur une terre déserte, avec quelques moyens d'existence : au bout de dix ans ils auront un chef, des institutions et des mœurs ; c'est ainsi que finissent toutes les grandes aberrations sociales. C'est ainsi que Robespierre avait entrepris ce qu'a exécuté Napoléon. Sa fête de l'Etre Suprême est l'ébauche d'un concordat ; ses pages, plus belles qu'on ne le dit communément, sur les vertus républicaines ; cette vaste et confuse improvisation du 8 thermidor, où il accuse les excès et les fureurs passées, appellent l'interpellation de Bonaparte aux infracteurs de la constitution ; son recours du 9 thermidor à la partie calme et saine de l'assemblée, c'est le cri de Bonaparte qui atteste les acclamations d'amour et de reconnaissance qui l'ont accueilli aux Anciens. Voilà la marche éternelle des sociétés : Œdipe qui règne après avoir vaincu le Sphinx, Alexandre qui tranche le nœud gordien, le héros après le sophiste, et le sabre après la parole. Il ne s'agit pas ici de comparaison de facultés, quoique je ne m'abuse point sur ces grandeurs contemporaines qu'on bâtit à coups de plume pour la postérité, et qu'elle adoptera niaisement comme nous en avons adopté tant d'autres. Je ne vois dans Robespierre qu'un homme médiocre porté par des événements, et il y a dans Napoléon un homme pour lequel l'imagination conçoit à peine la possibilité d'une vie vulgaire. Cette comparaison ne repose que sur un fait qui leur est commun ; leur nom exprime, à deux époques très rapprochées, le pouvoir absolu.

Les personnes qui doutent de la direction rétrograde de Robespierre font valoir son alliance avec les jacobins et la Commune, beaucoup plus extrêmes à la vérité que la Convention elle-même. C'est un fait qui ne peut pas se contester ; mais Robespierre savait que les puissances politiques du temps étaient dans la Convention et dans le Comité de salut public : il lui fallait un levier pour ébranler ce monde révolutionnaire, et il ne pouvait le prendre qu'où il l'a pris. Le lendemain d'un triomphe, le plus obscur des amis de Robespierre aurait fermé les jacobins avec la même facilité que Legendre, et en aurait mis comme lui les clés dans sa poche. Les jacobins et la Commune étaient à la vérité une arme terrible, mais une arme insaisissable, qui n'avait de valeur que dans la main qui l'avait forgée. Elle dépendait tellement de Robespierre, qu'à l'instant où Robespierre tomba, elle resta immobile à côté de lui, semblable à ce vieux glaive qui est couché à Cantorbéry sur le marbre mortuaire du prince noir ; on n'en a plus parlé depuis.

L'appel tardif de Robespierre à la partie modérée de l'Assemblée, aux honnêtes gens, comme il dit, ne produisit pas l'effet qu'il attendait, sans doute, de ce mouvement oratoire étrange et inattendu. Les honnêtes gens, dans l'acception reçue de ce mot, ont plus de prudence que de courage, et ils se trouvent quelquefois de l'esprit à force de prudence et d'égoïsme. Ceux-ci se taisaient avec quelque raison entre ces deux fractions de la Montagne dont le déchirement n'annonçait que des catastrophes assez favorables aux survivants ; ils étaient là comme ce jésuite des missions, menacé par un tigre et par un crocodile, et qui leur échappe à la faveur de leurs cruelles antipathies ; le tigre est mort, le crocodile est repu, le jésuite s'en va : quelquefois même il emporte la peau du tigre, et s'en fait une bonne fourrure.

Je le crois, dans toute la sincérité de mon cœur ;

les Robespierre avaient été, de leur mauvaise nature, les premiers instruments de la Terreur ; mais, doués d'un esprit d'observation et de finesse qui s'explique par leurs études, par leurs mœurs, par leur physionomie, ils avaient prévu à la longue la solution nécessaire des choses, et ils avaient eu l'envie assez naturelle de s'en emparer, parce qu'ils étaient, comme je l'ai dit, les seuls représentants de la popularité révolutionnaire. Leurs adversaires déjouèrent cette manœuvre, à laquelle se rattachent essentiellement le voyage de Robespierre le jeune, la désertion de Robespierre l'aîné du Comité de salut public, et sa théocratie sacrilège, et la philanthropie tardive de ses discours patelins. Le parti de Robespierre périt sous l'action de la Terreur, représentée par quelques membres du Comité de salut public ; et cependant la Terreur ne triompha point, parce qu'elle avait mal calculé. Dans tous les Etats possibles, depuis le despotisme le plus absolu, où cela ne fait pas de doute, jusqu'à la démocratie la plus diffuse, l'opinion, c'est un homme ; et quand cet homme n'est pas là, tout n'est rien ; et quand cet homme n'est plus là, tout s'en va. Barère, disert et poli, monta inutilement à la tribune, veuve de Robespierre, qui n'était guère ni l'un ni l'autre. La pierre de la voûte était tombée ; l'arc de Nemrod était rompu, et la Terreur se trouva toute surprise d'avoir enfanté la contre-révolution.

LES SOCIÉTÉS POPULAIRES [148]

Stupide est la foule qui s'ingère de participer aux grands mouvements des affaires politiques ; stupide, aveugle et insensée, car elle n'entrera jamais pour rien dans leurs résultats. Toute révolution qui échoue tourne au profit des pouvoirs qu'elle avait menacés ; toute révolution qui réussit, au profit des avocats. Dans le premier cas, vous n'avez fait que river votre chaîne ; dans le second, ce que vous croyez avoir conquis sur les aristocrates vous est repris par les sophistes. Vous avez transporté au péril de votre vie les dépouilles de la féodalité dans le vestiaire du sénat, et vous restez, quant à vous, ce que vous étiez devant : une mine bonne à exploiter, un troupeau bon à tondre, un peuple.

Le seul avantage que les révolutions aient pour les classes inférieures, et je conviens qu'il vaudrait la peine d'être acheté, si on ne le payait pas si cher, c'est de relever le caractère moral de l'homme en lui donnant pour objet une destination puissante et solennelle qui ne s'accomplira point, mais dont la pensée même a de l'énergie et de la grandeur. C'est une illusion de perspective, mais le prestige qui en résulte est déjà une conquête. Il est possible enfin, lorsque l'âme s'est élevée à cette hauteur, qu'elle réfléchisse encore longtemps après, jusque dans l'état d'abaissement où toute l'espèce ne tarde pas à retomber, quelque faible rayon de la dignité éphémère que les circonstances lui avaient donnée, comme l'historien de province qui a ceint un moment la couronne d'Agamemnon, comme le manœuvre à la barbe touffue qui vient de poser pour Jupiter.

Les sociétés populaires présentaient sous ce rapport

le spectacle le plus surprenant qui eût jamais frappé le regard des hommes. Là se débattaient avec une robuste rivalité des pouvoirs égaux entre eux, vainqueurs de tous les pouvoirs, et qui ne reconnaissaient d'ascendant relatif que celui du nombre et de la violence. De quelque lieu qu'il fût parti, l'audace du tribun était son titre, et sa force était son droit. Il appartenait au premier venu de jeter le glaive de la parole dans la balance, et de la faire pencher. C'est inutilement qu'on aurait cherché un contrepoids à cette puissance dans les principes les plus avérés des créances et de la raison humaine. Dieu lui-même n'était plus un fait moral. C'était une question soumise comme une autre à la polémique tribunitienne, et qui attendait l'autorité d'un décret.

Les sociétés populaires, c'était la caverne d'Eole. Il n'en sortait que du vent, mais le moindre orage suffisait pour soulever des tempêtes qui bouleversaient le monde, et Napoléon eût été mal venu alors à faire entendre le *quos ego* de Neptune. Quand il arriva, sa besogne était faite. Le temps y avait passé.

Ce qu'il y a de remarquable, c'est que nous étions tout prêts pour cet ordre de choses exceptionnel, nous autres écoliers qu'une éducation anomale et anormale préparait assidûment depuis l'enfance à toutes les aberrations d'une politique sans bases. Il n'y avait pas grand effort à passer de nos études de collège aux débats du Forum et à la guerre des esclaves. Notre admiration était gagnée d'avance aux institutions de Lycurgue [149] et aux tyrannicides des panathénées ; on ne nous avait jamais parlé que de cela. Les plus anciens d'entre nous rapportaient qu'à la veille des nouveaux événements, le prix de composition de rhétorique s'était débattu entre deux plaidoyers, à la manière de Sénèque l'orateur, en faveur de Brutus l'ancien et de Brutus le jeune. Je ne sais qui l'emporta, aux yeux des juges, de celui qui avait tué son père, ou de celui qui avait tué ses enfants[150] ; mais le lauréat fut encouragé par l'intendant, félicité par le gouverneur, caressé par le premier président, et couronné par l'archevêque. Le lendemain on parla d'une révolution, et on s'en étonna, comme si on n'avait pas dû savoir qu'elle était faite dans l'éducation du peuple. Si la mode de ces suasoires[151] pédantesques venait à se renouveler, et qu'il fût question de décider qui a le plus contribué de Voltaire ou de Rousseau à l'anéantissement de nos vieilles doctrines monarchiques, j'avoue que je serais parfaitement embarrassé sur le choix, mais je ne dissimulerais pas que Tite-Live et Tacite y ont une bonne part. C'est un témoignage que la philosophie du XVIIIe siècle ne peut s'empêcher de rendre aux jésuites, à la Sorbonne et à l'Université.

On ne voit maintenant les sociétés populaires de ce temps-là que sous deux points de vue, l'atroce et le ridicule ; et c'était, à la vérité, leur aspect le plus sensible ; mais on n'imagine pas tout ce qu'elles ont développé d'esprits subtils, de facultés imposantes, et même de sentiments généreux. Je parlais tout à l'heure de ce ferblantier de Besançon, qui osa donner à Robespierre le jeune, dans une séance mémorable, une si rude leçon d'égalité. Ce brave homme s'appelait Chevalier, et je le nomme avec d'autant moins de scrupule que jamais son influence austère, mais généralement bienveillante, ne s'est trouvée compromise dans un acte violent. Je me rappelle une autre époque où il ne manifesta pas avec moins de fierté quelque chose de ce patriotisme inflexible qui aurait fait honneur à un vieux Romain, et cette impression ne sera peut-être pas sans intérêt pour mes lecteurs, car elle se rattache à un nom que les biographes ont oublié, comme tant d'autres, quoique le singulier personnage qui le portait, et dont la nature avait fait le type achevé d'un démagogue, ne soit pas passé tout à fait inaperçu au milieu de nos orages révolutionnaires. Je parle de Charles de Hesse [152].

Le gouvernement de notre division militaire était alors confié à ce prince étranger, et ce n'est pas la moindre bizarrerie de ces jours bizarres. Celui-là pouvait se flatter, au reste, et il n'y manquait pas, d'avoir racheté ce qu'il appelait la tache de son auguste naissance par une exagération de principes à laquelle Clootz [153] ou Chaumette [154] auraient volontiers porté envie. Plus il était né haut, et plus il sentait de sang royal couler dans ses veines, plus il se croyait obligé à pousser aux derniers excès le cynisme et la frénésie de l'opinion.

La nature l'avait, au reste, admirablement préparé à jouer un pareil rôle avec succès. C'était un homme de trente à quarante ans, d'une taille fort élevée, fort mince, assez bien prise, mais dépourvue de dignité et de grâce. Sa face blême, couronnée de cheveux d'un blond ardent, n'avait de remarquable que l'énorme saillie des apophyses. Ses yeux, d'un bleu terne, n'exprimaient ni noblesse ni finesse. Il prononçait le français avec quelque facilité, mais de manière à faire comprendre qu'il n'aurait été ni éloquent, ni disert, ni spirituel en aucune langue. Son principal moyen oratoire consistait dans une gesticulation anguleuse et saccadée, qui avait quelque chose de convulsif, et qui annonçait un état presque non interrompu d'éréthisme musculaire. Les transitions de ses discours, et même ces courtes suspensions de débit qui ne servent qu'à reprendre haleine, étaient accompagnées chez lui d'un claquement de dents si sonore et si strident, qu'on l'aurait pris au premier abord pour un bruit de castagnettes ; et ce grincement sauvage, qui se faisait entendre à une grande distance, se prolongeait et se modulait horriblement, selon qu'il croyait avoir besoin de donner du relief à sa pensée et de l'autorité à sa parole. Pour concevoir une idée assez juste de cet artifice d'éloquence et de diction, il suffit de prêter, par l'imagination, l'organisme de la voix humaine à la panthère ou un loup-cervier, et si Charles de Hesse avait été aussi brutalement inhumain dans ses actions que dans ses paroles, ce que je n'ai aucune raison de croire, je doute qu'il y eût beaucoup à changer au moral de l'orateur pour rendre la ressemblance complète.

Dans ce temps-là le parti de la Révolution s'était divisé en deux partis très prononcés, bien plus animés l'un contre l'autre que chacun des deux ne l'était contre l'Ancien Régime ; les montagnards qui voulaient porter le principe révolutionnaire à sa dernière expression ; et les girondins, que des inclinations plus douces, des études plus cultivées, une connaissance plus approfondie de l'histoire des peuples et des conditions essentielles de la civilisation, quelque ambition aussi peut-être, avaient ramenés aux idées de justice et aux théories légales, sur lesquelles il faut bien que la société s'appuie, quand elle veut s'appuyer sur quelque chose. Comme ces deux opinions étaient en présence, et que la guerre civile aurait été inévitable, si les énergies avaient été égales comme les armes, la Montagne, qui préparait ses coups d'Etat, sentit la nécessité de désarmer le parti opposé pour le vaincre sans péril. Les généraux que la faction dominante avait presque tous choisis se chargèrent de cette opération dans les départements, et elle n'était pas difficile à colorer aux yeux d'une multitude que les mesures couvertes du prétexte de la liberté trouvaient toujours docile aux attentats les plus effrénés du despotisme. L'audace des contre-révolutionnaires ne s'accroissait-elle pas à vue d'œil ? Les machinations des royalistes ne menaçaient-elles pas l'œuvre naissante de la régénération universelle ? Et que dirai-je de Pitt et de Cobourg[155], ces deux formidables mannequins de la Terreur, avec lesquels on réduisait si commodément la France à la plus lâche servitude par la crainte de l'étranger ? Quel patriote pouvait hésiter à se dessaisir un moment de son fusil et de ses musiciens, quand le salut de la patrie dépendait de ce sacrifice ? Quel républicain ne concourait pas avec joie par un acte de soumission indispensable au désarmement des aristocrates ? On se doute bien que ces paroles étaient portées par Charles de Hesse, qui n'épargna rien pour les faire valoir, ni de sa pantomime épileptique, ni du broiement éclatant de ses dents de fer. Le retentissement en durait encore, quand on vit Chevalier s'appuyer sur la tribune, avec sa mâle et superbe figure, dont un regard doux et un peu moqueur tempérait seul la sévérité déjà sénile ; passer ses doigts robustes dans ses cheveux grisonnants, et se retourner du côté du général, avec cette autorité du bon sens, de la bonne foi et de la vertu, qui commandait toujours le silence. Je sais bien que, dans ce moment, je fus frappé d'une idée que je communiquai sur-le-champ à mes camarades de collège, spectateurs non moins attentifs que moi de ces drames populaires qui se renouvelaient tous les jours : le ferblantier avait au moins l'air d'un prince, et le prince avait tout au plus l'air d'un ferblantier. Quant à sa petite allocution, je ne puis l'avoir oubliée ; je la répétai le soir à mon père, et je l'écrivis le même jour.

« Citoyen général, dit-il d'un ton de basse-contre fort grave, mais bien accentué, en s'adressant à Charles de Hesse, qui tenait encore la barre des gradins opposés, tout ce que j'ai compris à ta harangue, c'est qu'il y a chez nous des émissaires de Pitt et de Cobourg, et que tu te proposes de les désarmer. Le peuple que voici, tu peux m'en croire, ne connaît ni Pitt ni Cobourg, et n'a rien à démêler avec eux. Ce qu'il sait positivement, c'est que tu es étranger, c'est que tu es prince, et que si Pitt et Cobourg avaient ici un émissaire, ce serait toi ! »

Au même instant le général s'élança, et lia ses bras à la tribune, comme s'il avait voulu la renverser.

« Attends, attends, reprit Chevalier, en l'arrêtant sur le dernier degré avec une main forte comme un grappin de charpentier, je n'ai pas tout dit, et tu répondras si tu peux. Nous avons bien le droit de nous défier de toi, puisque tu te défies de nous. Ne serais-tu pas Pitt ou Cobourg lui-même par hasard ? et ne fusses-tu qu'un pauvre petit prince, il faut que tu aies bien mal gouverné tes sujets, et que tu t'en sois bien fait haïr pour être obligé de venir prendre une patente de jacobin à Paris ! Elles y sont à bon compte, puisqu'on en donne aux princes, avec le généralat par-dessus le marché ! Nous sommes plus difficiles, nous autres. Tu n'auras pas nos fusils, et tu pourras dire à tes compatriotes, s'ils t'écoutent avant de te pendre, que tu n'as pas trouvé un seul Franc-Comtois qui rendît son arme à un Allemand. »

Là-dessus, Chevalier reprit froidement son grand chapeau à trois cornes qu'il avait posé à ses pieds, le brossa de l'avant-bras et du coude, le replaça très horizontalement sur sa tête vénérable, et descendit de la tribune au bruit des acclamations.

La tranquillité du pays, la sécurité des honnêtes

gens tenaient à cette livraison des armes. Elles ne furent pas livrées, au moins ce jour-là, et le citoyen Charles de Hesse, fort désappointé, se retira du club en grinçant des dents.

Je ne laisserai pas passer cette occasion d'ébaucher les traits d'un autre personnage dont la sanglante célébrité a laissé plus de traces dans la mémoire des hommes.

J'ai déjà dit que le pouvoir se débattait alors entre deux partis, dont l'un qui l'emportait certainement par le nombre et par l'habileté, dont l'autre qui avait tout ce qu'il faut pour triompher dans les mauvais temps, l'audace et la violence. Les opinions de la Gironde avaient prévalu à Lons-le-Saunier, et celles de la Montagne à Besançon, où les passions énergiques étaient plus inégalement distribuées entre les deux factions. La petite capitale du Jura offrait à cette époque un spectacle qui n'est pas indigne des regards de l'histoire. Une ville composée de sept à huit mille habitants, défendue, pour toute forteresse et pour toute muraille, par le courage et le patriotisme de ses citoyens, sans point d'appui sur les départements environnants, presque sans contact avec eux, se leva seule, et de son propre mouvement, contre la Terreur. Une légion spontanée de jeunes et hardis soldats, qu'on appelait *les plumets rouges*, à cause de la couleur de leurs panaches, la couvrit de son drapeau, et cette enceinte, qui paraissait ouverte aux plus faibles efforts, ne fut, pendant plusieurs mois, violée par personne. Je me rappelle que dans nos impressions de l'enfance, nous ne placions, en idée, le plumet rouge d'un fédéraliste du Jura qu'au front de quelque géant formidable, à la manière de Polyphème et de Goliath, et c'était en effet une forte et imposante génération d'hommes. On croirait qu'elle avait été produite à dessein pour des circonstances fortes et imposantes comme elle, et qu'il était de sa destinée de passer en même temps. Ce qu'il y a de très remarquable, c'est que l'administration se montra digne du peuple. L'enthousiasme d'une généreuse résistance fut aussi exalté sous l'écharpe que sous le baudrier, quoiqu'il y courût encore plus de périls, et que la couronne infaillible de ce courage civil dont les exemples sont si rares fût attachée au fer de la guillotine. Les décrets rendus par la Convention depuis le 31 mai, furent brûlés en place publique, et deux de ses commissaires, Bassal[156] et Garnier de l'Aube[157], conduits sous bonne et sûre garde aux frontières du département, avec défense d'y rentrer. Ils rapportèrent que leur escorte ne les avait pas défendus sans peine contre l'exaspération des citoyens.

Cependant les deux opinions étaient encore librement représentées à Lons-le-Saunier par les tribuns du pays, et le hasard faisait que ces deux chefs étaient frères, comme cela s'était vu autrefois à Thèbes et à Corinthe ; mais la nature n'avait jamais marqué deux frères de sceaux plus différents, en caractère et en physionomie. Jean-François Dumas[158], le Vergniaud du Jura, pouvait passer pour beau, même dans une famille qui se distinguait par la beauté corporelle, et dans un département où la laideur est presque une exception. René-François Dumas[159], plus connu de ses compatriotes sous le nom de l'abbé Dumas, et qui suivait avec une cruelle naïveté d'organisation les errements de Marat, avait dans tous ses traits quelque chose de la repoussante expression de son prototype ; il n'était cependant ni vieux, ni difforme, ni cynique dans son langage et dans ses manières. Il n'était que hideux.

Les jacobins de Lons-le-Saunier avaient, en grande

partie, suivi le sort des Conventionnels. Ils s'exilaient d'une cité en contre-révolution, c'est-à-dire, dans leur acception convenue de ce mot, fidèle aux principes de l'ordre, de la modération et de la justice, pour aller goûter dans une atmosphère plus orageuse les douceurs de la liberté, de la fraternité et de la mort. C'est ainsi que René-François Dumas se présenta un jour à la barre de la société populaire de Besançon, où ses principes semblaient lui assurer un vif accueil de sympathie. Le nom du chef éloquent qui venait de soutenir une poignée de citoyens résolus, contre le système effrayant du gouvernement, qu'on appelait alors si improprement la République, y était seul parvenu ; la méprise était inévitable, quoique grossière. La rumeur qu'elle excita fut longue et menaçante, et peu s'en fallut que Timoléon ne payât pour Timophanes[160]. Enfin l'erreur s'éclaircit, et René-François Dumas gagna la tribune avec l'anxiété hargneuse d'une bête sauvage qui a essuyé une première décharge sans être blessée, et qui rompt les rangs des chasseurs en rugissant. J'étais là, et je ne sais quelle prévision inexplicable me forçait à détailler tout l'ensemble de cette étrange figure qui n'avait encore rien d'historique ; mais on m'étonnerait beaucoup aujourd'hui, si on me démontrait que je me suis trompé de la plus légère circonstance dans l'image vivante que ma mémoire en a conservée, depuis ses souliers de cabron fauve à son chapeau de feutre gris.

Il avait un pantalon de basin blanc, un gilet de la même étoffe, qui était alors à la mode, et une cravate également blanche, nouée en cordon aux bouts flottants, qui soutenait à peine le collet blanc de sa chemise. Tout cet ajustement était d'une propreté recherchée, délicate, minutieuse, qui distinguait, en général, les jacobins de haut étage, et qui, parmi eux, comme ce faste et cette profusion d'ornements qu'étale le chef d'une tribu d'anthropophages, établissait encore une sorte d'aristocratie. Son frac long, flottant, d'une étoffe de drap fine et légère, était d'une couleur de sang dont la vivacité blessait l'œil ; et ce n'est pas ici une combinaison d'écrivain, préparée pour l'effet : j'en atteste cent témoins vivants qui n'ont pas oublié que cet habit de sang était son habit de gala. Quelque chose de plus blanc que le linge coquet de Dumas, c'était sa tête allongée, osseuse, empreinte, comme celle d'un anachorète, de la pâleur des macérations et des veilles, et dont les saillies fortement prononcées supportaient je ne sais quelles chairs livides qui lui donnaient l'aspect d'une goule affamée. Sa bouche était large, ses yeux petits et enfoncés, mais perçants et peut-être noirs ; ses cils, ses sourcils, ses cheveux rouges. Il n'y avait rien en lui qui révélât positivement l'homme que la société a formé ; mais il n'y avait rien en lui d'ordinaire, et c'est peut-être ce qui fixa ma curiosité sur cette créature d'exception, dont les nomenclatures des naturalistes qui occupaient exclusivement mes premières études ne m'avaient jamais présenté l'analogue inconnu. Tout à coup ses lèvres pincées se désunirent comme par l'effet du ressort musculaire qui contracte quelquefois la bouche écumante du boa ; et, d'un ton éclatant, mais aigre et métallique, il s'exprima ainsi : (Je réponds encore de l'exactitude du texte, comme si je l'avais sténographié.)

« Républicains, l'accueil que vous m'avez fait m'a profondément touché ; l'indignation qui a parcouru vos rangs patriotiques au nom de Dumas, est un hommage à la patrie. Si le sang qui m'est commun avec ce traître pouvait expier ses attentats, j'ouvrirais à l'instant mes veines devant vous. La proscription dont je suis frappé dans le Jura l'a sauvé de mon poignard ; mais je vais le livrer à la justice nationale, et le plus beau jour de ma vie sera celui où je vous apporterai la tête de mon frère !... »

En prononçant ces exécrables paroles, il étendit au-dessus de la tribune son bras rouge et sa main blanche, de manière à figurer à la pensée, dans une éternité de souvenirs, l'idéal même du bourreau. Je m'aperçus qu'il avait des manchettes.

Quelque temps après, René-François Dumas était président du Tribunal révolutionnaire. La scène qui s'était passée à Besançon se renouvela en sens opposé à Lons-le-Saunier. La fortune révolutionnaire du jacobin avait nui à l'influence du patriote. Une rumeur inaccoutumée accueillit Dumas l'aîné dans le club insurgent des fédéralistes. – « Que me reproche-t-on, s'écria-t-il ? – Rien, répliqua un des membres de l'Assemblée ; mais nous ne pouvons nous empêcher de voir en toi le frère de ton frère. – Mon frère, grand Dieu ! reprit Dumas ; de quel frère me parlez-vous ? » Et se précipitant sur le sein d'Ebrard, qui portait avec lui le poids de cette administration héroïque, et qui jouissait dans le Jura de la plus glorieuse popularité que puisse ambitionner un citoyen, celle de la vertu : – « Mon frère, dites-vous ? mon frère, le voilà ! » Ce mot apaisa tous les soupçons, et l'élan de ces deux hommes de bien qui s'embrassaient entraîna la multitude. Je puis me tromper, mais ce tableau n'a rien à envier, selon moi, à la grandeur des temps antiques.

Puisque j'ai parlé du président du Tribunal révolutionnaire, je me crois obligé à compléter son portrait, autant que me le permettent les renseignements que j'ai pu recueillir de la bouche de ses compatriotes et de ses contemporains ; je ne dirai point de ses amis, on ne lui en a point connu. C'était un homme actif, studieux, sobre jusqu'à l'austérité, régulier dans ses mœurs, exact dans ses engagements. Pendant que la guillotine battait monnaie sur la place de la Révolution, suivant l'épouvantable expression de l'orateur le plus fleuri de la Montagne, le terrible fournisseur du trésor de la République vivait pauvrement dans un galetas de l'hôtel de La Rochefoucauld, à la manière de ces âpres républicains de la vieille Rome, dont il attestait si souvent les exemples. Il se trouvait alors parmi les énergiques enfants du Jura un médecin nommé Baron, fait pour aimer la vérité, et capable de la dire au péril de sa vie. Un jour que le hasard l'avait conduit dans la tanière de Dumas, à la suite d'une des séances les plus tragiques du tribunal : « Vos jugements me font horreur, lui dit-il, et tes jurés sont des monstres. Comment ose-t-on disposer de la vie de tant d'accusés après quelques minutes d'instruction ? – Cela est extraordinaire en effet », répondit Dumas en tournant sur lui un regard assuré ; « mais les révolutionnaires ont un sens que n'ont pas les autres hommes, et qui ne les trompe jamais. »

Hélas ! oui, les malheureux avaient un sens que n'ont pas les autres hommes ! l'instinct du tigre qui s'est abreuvé une fois de sang humain, et dont la soif inextinguible ne peut plus s'étancher que dans des tonnes de sang.

III

SOUVENIRS

PRÉLIMINAIRES

Pour expliquer le livre que voici, il convient de dire d'abord qu'il n'offre que les débris d'un livre. Ma première pensée avait été d'écrire des *Mémoires* continus comme tout le monde, et de me faire modestement le héros d'une espèce d'odyssée à travers les Charybdes et les Scyllas de la Révolution. Dans une révolution, en effet, le domaine des notions historiques appartient à tous comme tout. Chacun ayant pu prendre part aux événements selon ses facultés, chacun a le droit de raconter ce qu'il a fait, selon son talent. Pour annoncer des *Mémoires* sur l'intérieur et les ressorts d'un gouvernement absolu, il faut, de toute nécessité, avoir été général, ministre, diplomate, courtisan, courtisane ou valet de chambre. La Révolution a mis en jeu plus d'intérêts, plus de passions et plus d'acteurs. Au fort d'une tempête qui entraîne le vaisseau de l'Etat, les plus grands prennent part à la manœuvre, les plus petits au conseil, et quand le bâtiment touche, on s'en aperçoit au moins aussi vite à fond de cale que dans la chambre du capitaine. Cette considération mettait sans doute ma pudeur d'écrivain à l'abri ; mais qu'aurait fait de plus à mon récit l'individualité de l'historien ? Il n'y avait rien d'assez spécial dans l'emploi et les accidents de ma vie pour justifier cette forme spéciale. Autrement, il n'est personne qui ne puisse faire aussi sa biographie, et la lancer hardiment dans les cabinets littéraires. Si votre portier a cinquante ans, et qu'il veuille bien avoir pour vous la complaisance des Calenders borgnes, il vous récitera facilement des aventures dans lesquelles il a figuré comme acteur ou comme témoin, et qui feront pâlir celles de *Cleveland*[161] et de l'*Infortuné Napolitain*. Les anciens disaient très bien qu'il ne faut pas se plaindre de ses malheurs à Hécube[162].

Ce qui reste de véritablement individuel à l'homme qui écrit sur ces matières, c'est la sensation. Il n'y a rien de plus vulgaire que les faits, et rien sur quoi on s'accorde moins. Parlez à trois personnes d'un drame nouveau : la première n'y a vu que l'exposition, la seconde que la péripétie, la troisième que le dénouement, et vous n'avez peut-être remarqué aucune des choses qu'elles y remarquent, si votre voisin était importun, ou si votre voisine était jolie. Quand ces impressions qui nous ont fuis ont quelque attrait de sentiment ou d'imagination, quand elles nous sont présentées dans un moment plus favorable avec candeur ou avec enthousiasme, nous y prenons presque autant de plaisir que si elles se réveillaient de notre propre mémoire, et qu'elles se produisissent naturellement en nous-mêmes. Ce n'est pas l'objet qui est changé, c'est l'aspect ; ce n'est pas la forme, c'est la couleur.

J'ai entendu dire souvent qu'il était trop tôt pour écrire l'histoire. Cela est généralement vrai quant aux lecteurs ; mais la masse des lecteurs est un corps instantané, mobile, qui se renouvelle sans cesse, et à mesure qu'il se renouvelle, il devient plus accessible à la vérité, parce qu'il échappe de plus en plus à l'action des intérêts. Quant à l'historien, je crois qu'il ne saurait être trop près des faits qu'il raconte et des personnages qu'il met en action, pour en saisir la véritable physionomie. Il est vrai qu'il est alors placé sous l'influence immédiate des opinions de parti, et s'il n'a pas l'indépendance de position et la conscience de caractère qui recommandent le témoignage de l'homme de bien, il faut laisser là son livre. Toutefois, l'écrivain qui lui succédera au bout d'un siècle sera-t-il mieux affranchi de ces préventions, s'il s'en rapporte, comme il sera obligé de le faire, aux plaidoyers passionnés des factions ; s'il consulte, comme il n'y manquera pas, les traditions encore vivantes des vainqueurs et des vaincus ?... Sera-t-il plus exempt de se tromper sur le passé que sur le présent, une fois qu'il y sera transporté de toutes les forces de son âme, qu'il en aura fait le centre de sa vie intellectuelle, et qu'il se sera associé, sans le savoir, par toutes les sympathies de son organisation, à toutes les émotions de son drame et de ses héros ? Un écrivain qui saisit partout la vérité avec une grande puissance, et qui l'énonce presque toujours avec des formes vives, lucides et impérissables comme elle, n'a-t-il pas dit un jour : « Les royalistes d'aujourd'hui auraient été des ligueurs ! » Cela est exact, dans l'acception qu'il donnait à l'opinion selon sa pensée intime, et il ne faut pas chercher ailleurs la cause des dissensions qui nous travaillent encore. Les premières révolutions de la monarchie ont été racontées par deux hommes qu'on serait porté à croire fort étrangers d'affections et de principes à des événements si complètement finis. Cependant lisez Mézeray [163], vous reconnaîtrez le frondeur ; lisez Daniel [164], vous reconnaîtrez le jésuite.

Je n'aurais pas suivi si loin cette question, si je ne m'étais abandonné à ma plume :

Cet accessoire est grand, mon sujet est petit.

Il y aurait trop d'orgueil ou de distraction à placer une théorie sérieuse de la vraisemblance historique à la tête d'un recueil de causeries sans conséquence, dont le seul mérite, si elles peuvent en avoir un, serait d'être recueillies sous l'impression d'un souvenir naïf, avec une impartialité d'autant plus facile qu'elle tient beaucoup de l'insouciance. Comme un livre, sous quelque point de vue qu'on l'envisage, est un ouvrage de vanité, et qu'il faut bien passer condamnation sur ce point, je n'ai pas balancé à faire ici les honneurs de la mienne. Ma vanité, puisqu'il faut le dire, ne consiste pas à me croire la moindre des qualités littéraires de l'historien, mais à m'arroger avec confiance la première de ses qualités morales. S'il n'y avait pas trop d'orgueil à employer les paroles de Montaigne, je dirais volontiers : « Ceci, lecteur, est un livre de bonne foi [165] ; et si cet orgueil n'allait pas jusqu'à une sorte de profanation, j'aurais pris pour épigraphe celles de saint Paul aux Hébreux : « Je suis persuadé d'avoir une bonne conscience. » Mais j'ai prudemment réservé ces protestations pour ma préface, où je puis du moins en racheter la suffisance trop superbe par quelque réticence modeste. Cette réticence, la voici : c'est que mon impartialité sans effort est tout bonnement le résultat de l'expérience, et que je suis nécessairement impartial, parce que j'ai vu, parce que j'ai senti, parce que j'ai vécu, parce que j'ai trouvé de tous les côtés, à travers une foule de préventions, de préjugés, d'extravagances, d'excès et même de fureurs, de bonnes intentions, des talents supérieurs, des vertus sublimes ; parce que l'habitude et l'obligation de comparer m'ont convaincu que la société ne gagne presque rien à rien ; parce que l'éclectisme du philosophe, scepticisme accommodant qui choisit dans tout pour conserver le droit de tout contester, est, suivant moi, la seule raison de l'histoire.

Jeune, j'ai été sans doute un homme de parti, et j'ai servi la cause à laquelle je m'étais lié dans l'abandon inexpérimenté de mes premiers sentiments, sinon avec l'éclat qui s'attache aux faits mémorables, au moins avec la ferveur d'une organisation énergique ; mais je suis assez heureux pour avoir imprimé dès l'enfance une invariable profession de foi à tous ceux de mes actes et de mes écrits dont quelques personnes peuvent conserver la mémoire.

Ami constant et passionné de la liberté, dans la véritable acception de ce mot si mal compris, je n'ai jamais nourri dans mon cœur qu'une pensée ; et suivant l'aspect divers des différentes époques, je l'ai rattachée avec ardeur à tous les systèmes qui pouvaient lui prêter un appui ; mais la vie est trop courte, et chez nous qui avons tant vu, elle est trop désabusée pour qu'il nous soit possible de recommencer si tard, dans le chemin que nous y faisons, beaucoup d'amitiés politiques. Heureusement, la direction où j'étais ne m'a pas fait perdre de vue les hommes honnêtes et sincères qui ne m'y accompagnaient point, et qui se trompaient, si je ne me trompais, ou si l'on ne se trompait des deux parts, ce qui a dû arriver souvent. Il n'est peut-être pas donné à notre nature de voir juste dans des questions qui ont des milliers d'aspects, mais on a quelque droit de se croire l'autorité de la bonne foi, quand on n'a jamais transigé sur les opinions fondamentales, quand on n'a jamais aliéné un sentiment, et quand on peut tendre une main amie aux honnêtes gens de tous les partis, sans craindre qu'elle ne soit repoussée.

Au reste, le livre que voici, et c'est oser beaucoup que de l'appeler un livre, a subi par hasard l'épreuve la plus extraordinaire à laquelle une composition, écrite sous l'inspiration de la vérité, ait été soumise depuis qu'on écrit l'histoire. Quelques fragments d'essai en sont livrés depuis sept ans au public ; le reste en était connu par les lectures familières, et entre ces publications, ces lectures, et l'impression de l'ouvrage, une révolution a passé, sans que j'éprouvasse le besoin d'y changer une ligne. Il y a cent ans du 20 au 30 juillet 1830. Il n'y a pas, dans ce que j'ai imprimé et dans ce que j'imprime la plus petite fraction de temps que puisse marquer une montre de Graham. Je jure sur l'honneur qu'on n'y découvrira pas plus d'une douzaine de mots sacrifiés aux convenances des jours actuels, et les bienséances de la presse libre sont au droit de penser et d'écrire ce qu'est la pudeur à l'innocence, la modestie au talent, la modération à la vertu.

Cette déclaration de principes n'est pas inutile, si je suis parvenu à exécuter mes légères esquisses comme je les ai conçues, c'est-à-dire de manière à laisser si peu de place et de jeu à mes opinions intimes, toutes les fois qu'elles ne sont pas nécessairement en action, qu'il soit impossible ou au moins très difficile au lecteur de les reconnaître et de les nommer. Ce serait là, peut-être, la véritable pierre de touche de l'histoire, et si je n'en appelle ici l'application que sur des historiettes sans conséquence et peut-être sans intérêt, c'est que tout me révèle que je n'ai par-devers moi ni le talent ni le temps nécessaires pour entreprendre un travail plus étendu, plus compact et plus sérieux. Je crois pouvoir souhaiter, sans outrecuidance, ma liberté d'âme et d'esprit à ceux qui l'accompliront désormais, et j'estime qu'il ne manquerait guère à quiconque y réunirait par hasard la plume de Chateaubriand ou celle de Ballanche [166], que le premier et le plus essentiel des matériaux d'une longue entreprise ; quelques années de vie.

Après m'être si magnifiquement élogié, il me reste à me défendre contre un reproche que ne m'ont épargné ni amis, ni ennemis, ou plutôt il me reste à le subir très humblement, car je ne sais pas en vérité ce que j'y opposerais. Des critiques dont je reconnais volontiers l'autorité en ces questions ont blâmé dans mes petites narrations une sorte de vernis romanesque assez mal séant, suivant eux, à la gravité des sujets. On a dit qu'elles se ressentaient d'une manière un peu exagérée de considérer les événements et les hommes, qui est propre à mon caractère, et on a spécialisé cette accusation dans des termes dont je ne serai pas le dernier à reconnaître la spirituelle justesse, en me condamnant à n'exploiter que la littérature nerveuse et l'histoire fantastique. J'y consens de tout mon cœur, et, je le répète, je n'essayerai certainement pas de prouver que des perceptions à demi effacées par le temps ont obtenu, en passant de ma tête et de mon cœur sur le papier auquel je les confie, cette précision absolue des vérités mathématiques qui se fait désirer tous les jours dans des matières plus essentielles et plus positives. Ce que j'atteste, c'est qu'elles sont miennes et qu'elles me sont arrivées ainsi, comme mes organes les ont prises. Aucun homme n'est comptable de ses sentiments qu'en raison des facultés qui lui ont été données pour sentir. *Tot capita, tot sensus.* Je suis garant des faits et non maître des impressions. Que j'aie vu autrement qu'un autre ; que d'autres encore aient vu autrement que lui et moi, il n'en résulte pas que, ni moi ni les autres, nous ayons dit ce qui n'était pas, mais seulement que chacun de nous a dit ce qu'il a vu comme il l'a vu. Je n'ai pas le regard aussi profond qu'un aigle ; je ne l'ai pas aussi obtus qu'une chauve-souris, et c'est dans le même rayon du soleil que plonge le regard de l'aigle, celui de la chauve-souris et le mien. Je me suis trompé souvent sur mes sensations, je pourrais me tromper encore ; l'essentiel est que je ne trompe personne de parti délibéré, et il n'y a rien de plus loin de ma pensée. Est-on bien sûr d'ailleurs que tous les portraits historiques dont les anciens et les modernes nous ont transmis le type aujourd'hui consacré offrent cette exactitude de ressemblance que l'on demande aux nôtres ? L'amour n'a-t-il point embelli de femmes ? L'enthousiasme n'a-t-il point grandi de héros ? Je ne sais, mais si c'est à cette puissance négative d'un cœur impassible que se mesure l'impartialité de l'histoire, il ne faut s'en rapporter à moi qu'avec beaucoup de réserve ; et, pour me juger en deux mots, j'incline même à croire que lorsqu'il ne restera rien dans mes écrits de l'enthousiaste et de l'amant, il n'y restera pas grand-chose.

On ne peut guère maintenant lancer un petit ouvrage dans la circulation sans s'expliquer sur l'école littéraire à laquelle on appartient, ou à laquelle on a la prétention d'appartenir. C'est une question, qui va de pair avec la question politique dans certains esprits, et qui, dans quelques autres, passe devant. Il y a des romantiques si hardis en nouveautés, qu'ils mettent sur le compte du pédantisme classique tout ce qui est simple, naturel et raisonnable. Il y a des classiques si bornés en érudition, je ne dis pas classique, mais scolaire, qu'ils anathématisent du nom de romantique tout ce qu'ils ne comprennent pas, et c'est partir d'un principe d'exclusion un peu large. Ces discussions me paraissent fort oiseuses quand elles ne sont que cela. Le but des ouvrages de l'esprit est de plaire, le secret de l'écrivain est d'y réussir. A cette condition, tout lui est permis, et si les classiques de l'ancien temps n'avaient pas compris cette idée, ils ne seraient pas plus classiques d'aujourd'hui. Ce que j'ose penser d'abord, c'est que l'art du style a été merveilleusement défini par Horace dans une formule très courte, mais très pleine et très complète de sens, et les classiques actuels, qui lisent probablement Horace, me sauront gré de cette citation :

Scribendi recte, sapere est et principium et fons.

Secondement, c'est que sans clarté, aucune composition littéraire n'est assurée de vivre ; enfin, c'est qu'il n'y a point de clarté sans correction. Il y a encore loin de ces concessions aux exigences du purisme dogmatique d'une coterie solennelle d'éplucheurs de mots, et voilà pourquoi je ne me suis pas servilement astreint à n'employer jamais une expression qui n'eût l'autorité du dictionnaire. Ce ne sont pas les dictionnaires qui font loi dans les langues ; c'est l'usage des hommes qui ont reçu du ciel le don de bien écrire, et j'aime autant m'en rapporter, sur le choix des termes propres à rendre nettement et vivement ma pensée, à Rousseau, à Pascal, à Corneille, à Montaigne, et même au vieux Marot, qu'à Furetière, [167], à Conrart [168] et à Chapelain [169].

Il était sans doute inutile de munir de tant de précautions oratoires et grammaticales un mince volume qui passera sans être aperçu. *In tenui labor.* J'ai cédé, presque sans le savoir, à l'habitude de mes confrères les auteurs. Rabelais dirait : « matière de préface [170] ».

EULOGE SCHNEIDER, OU LA TERREUR EN ALSACE [171]

Mon père [172], passionné pour les études classiques, s'était promis de faire de moi une espèce de savant. Ce n'est pas la seule de ses espérances que j'ai trompée. Il m'avait appris ce que je sais de latin par une méthode qui lui était propre, et dont les fruits m'ont échappé à mesure que j'ai vieilli. A dix ans, je lisais plus couramment qu'aujourd'hui des auteurs assez difficiles. Enchanté de mes progrès, sur lesquels s'aveuglait sa tendresse, quoiqu'il fût plus que personne à portée de les apprécier à leur juste valeur, il ne pensa plus qu'à me faire commencer mes études grecques ; mais les occupations multipliées que lui donnaient ses importantes fonctions ne lui permettaient pas de me diriger. Parmi les hommes qui correspondaient avec lui sur des questions de philologie et de littérature ancienne, se trouvait un certain Euloge Schneider [173], d'abord capucin à Cologne, puis grand-vicaire de l'évêque constitutionnel de Strasbourg, et très savant éditeur d'un *Anacréon* [174] allemand. Mon père me recommanda aux soins de M. l'abbé Schneider [175], qui les lui avait offerts, et j'allai à Strasbourg apprendre du grec sous les auspices d'un grand-vicaire qui avait traduit et commenté *Anacréon.* L'effroyable célébrité que Schneider a acquise depuis, et la tragédie peu connue à laquelle aboutit la voie de sang qu'il s'est faite m'ont paru propres à exciter quelque curiosité, et à racheter par un intérêt assez vif quelques pages d'ennui préliminaire.

M. l'abbé Schneider ne pouvait pas me donner un logement chez lui, mais il m'avait fait préparer une chambre propre et commode à l'hôtel de la Lanterne, chez une excellente madame Tesch, dont j'aime à me rappeler le nom et le souvenir. C'est la première femme qui m'ait fait concevoir le charme que l'expression d'une âme aimante et d'un bon cœur peut prêter à une jolie figure.

J'étais arrivé de nuit. La plus grande ville que je connusse alors était ma ville natale[176]. Dès le point du jour, tourmenté d'une impatience invincible, je parcourais les rues solitaires, étonné de tout, admirant tout, et frappé surtout d'une sorte d'extase devant cette magnifique cathédrale que le monde ancien aurait comptée parmi ses merveilles. Je n'avais rien vu de pareil en ma vie à ce chœur d'anges et de saints qui l'embrassait de myriades de figures, et qui semblait s'élever avec elle aux faîtes de la Jérusalem céleste, en perçant les riches broderies et les dentelles transparentes de sa miraculeuse architecture. Je fus tiré de ma méditation par le bruit d'un coup de marteau, et je vis rouler à mes pieds la tête d'un saint. Un autre coup retentit, et ce qui tomba, c'était le buste de la Vierge embrassant son fils. Je cherchais d'où venait cela, et j'aperçus un homme juché au portail sur les épaules d'un apôtre colossal, et frappant à droite et à gauche avec des imprécations épouvantables sur ces représentations gothiques des élus du Seigneur. Le peuple s'était amassé peu à peu en groupes agités, d'où partaient des rires éclatants, de sombres vociférations et de sourds murmures. Je fus longtemps à m'expliquer cette frénésie, qui n'était pas encore parvenue au pied du mont Jura.

Il était neuf heures du matin quand je crus pouvoir me présenter chez le citoyen Schneider. Madame Tesch m'avait bien dit que c'était comme cela qu'il fallait le nommer ; qu'il n'était plus abbé, mais rapporteur de la commission révolutionnaire extraordinaire du Bas-Rhin, et que, tout enfant que je fusse [177], il était capable de me faire mourir si je ne le tutoyais pas. Je venais de me répéter cette leçon pendant une heure de promenade sur le Breuil [178], regrettant, à vrai dire, de commencer ainsi mes nouvelles études, et de ne pouvoir arriver sans ce préambule à la première page des institutions de Clénard [179].

Je montai trois degrés ; je frappai à une petite porte étroite. Une servante vieille et fort rechignée vint me recevoir, et m'introduisit en grommelant chez le citoyen Schneider, c'est-à-dire dans la salle à manger, où je devais l'attendre. Cette pièce était fort propre, quoiqu'elle ne fût boisée que de planches à simples moulures, sans couleur, sans cire et sans vernis. Elle avait pour tout ornement deux grands sabres en sautoir.

Le déjeuner était servi. C'était un plat d'huîtres, *rara concha in terris*, un plat d'anchois, une jatte d'olives, et une cruche de bière. Le citoyen Schneider entra, plaça ses deux pistolets sur la table, et s'assit après m'avoir assez brusquement salué.

Je m'approchai de lui, et je lui remis la lettre de mon père. Aux deux premières lignes, il me tendit la main, m'adressa je ne sais quelle phrase grecque à laquelle je répondis en disant que je n'avais pas encore le bonheur de savoir un mot de grec ; puis, m'invita à déjeuner, et sur mon refus, à dîner. Je n'avais aucun prétexte pour ne pas accepter. J'aurais cependant mieux aimé dîner chez madame Tesch.

La vieille servante revint, et lui rapporta des gazettes allemandes, une lampe, une boîte à tabac et une pipe. Il alluma sa pipe, et remplit devant moi un verre de bière que je me crus obligé à vider. Pendant qu'il parcourait ses journaux, je l'aurais peint si je savais peindre.

Euloge Schneider n'avait pas toujours porté ce prénom académique qui signifie beau parleur ou savant spirituel. Les érudits le connaissent autrement. Il l'avait pris pour dissimuler les souvenirs de sa vie monacale, et pour entrer dans le monde en laïc, sous le privilège d'une pseudonymie parlante qui ne manquait pas de prétention. C'était un homme de trente-cinq ans, laid, gros, court, et commun, aux membres ronds, aux épaules rondes, à la tête ronde. Ce qu'il y avait de plus remarquable dans sa face orbiculaire d'un gris livide, frappée çà et là de quelques rougeurs, et criblée de petite vérole, c'était le contraste de ses cheveux noirs, coupés de très près, avec ses sourcils touffus et bruns sous lesquels étincelaient deux yeux fauves, ombragés de cils roux. Doué d'une immense aptitude à savoir, et d'un esprit tout en ironie que j'ai trouvé presque toujours à côté de la cruauté, il n'avait rien de ce qui touche, de ce qui émeut, de ce qui lie le cœur, et je crois que cette observation pourrait contenir la solution d'un grand problème. Les méchants sont les hommes malheureusement organisés qui n'ont pas pu être aimés.

Toutes les fois que je me le rappelle comme je l'ai vu, imposant pour le petit nombre des savants qui pouvaient le juger, mais si peu sympathique de sentiment, si maladroit de faconde, et si repoussant d'extérieur pour tout le reste, je me demande avec étonnement de quelle autorité cet homme a balancé pendant six mois l'omnipotence de Saint-Just, opprimé une vaste et forte province, menacé la Convention, et inquiété la République[180].

Plus le dîner me faisait peur, plus j'y fus ponctuel. Madame Tesch me l'avait recommandé en m'embrassant, et elle m'embrassait volontiers, parce que j'avais l'air, disait-elle, d'une petite fille déguisée. C'est le premier banquet de ma vie où il ne s'éleva pas au-dessus de la nappe, à l'exception de ma tête, une tête qui n'ait été coupée depuis. Dès lors, cela m'est arrivé deux ou trois fois comme à tout le monde.

Les convives de Schneider se nommaient Edelman, Yung et Monnet[181].

Edelman prendrait de droit une place dans les biographies, même quand la Révolution aurait oublié de l'inscrire sur ses listes sanglantes. Mal organisé sous plus d'un rapport, il avait été bien organisé pour les arts. La génération actuelle a pu admirer encore au théâtre sa belle et pompeuse musique d'*Ariane dans l'île de Naxos*[182], et je l'ai entendu vanter à l'égal de Gossec[183] pour certains chants d'église. C'était un petit homme d'une physionomie grêle et triste. Son chapeau rond rabattu, ses lunettes inamovibles, son habit d'une propreté sévère et simple, fermé de boutons de cuivre jusqu'au menton, son langage froidement posé et flegmatiquement sentencieux composaient un ensemble très médiocrement aimable, mais qui n'avait rien d'absolument repoussant. Uni à Dietrich par une longue intimité, fondée probablement sur leur commune passion pour la musique, il devint un de ses premiers et de ses plus acharnés accusateurs. Je me souvenais de lui avoir entendu dire, avec un calme affreux, dans sa déposition contre le fameux maire de Strasbourg, au tribunal criminel de Besançon : « Je te pleurerais parce que tu es mon ami, mais tu dois mourir, parce que tu es un traître. »

Yung était un pauvre cordonnier, mais il s'en fallait de beaucoup que ce cordonnier fût un homme commun. La nature l'avait fait poète ; et sa figure lourde, aux traits massifs et comme mal ébauchés, couronnée de cheveux durs et noirs que hérissait en touffes divergentes une pommade grossière, s'animait d'une inspiration toute particulière quand il débitait ses odes et ses satires. Il ne composait qu'en allemand, mais il savait du latin et du grec, et lorsqu'une de ses pièces avait présenté quelque allusion à un passage célèbre dans les classiques, il ne manquait jamais de le rapporter en illustration, à la fin de sa lecture. Il est presque inutile de dire que toutes ses inspirations étaient prises dans les événements contemporains, et qu'il aurait peut-être été incapable d'en trouver ailleurs. Dans ces âmes emportées, violentes, et cependant naïve, la liberté avait absorbé toutes les autres pensées. Si la définition de la monomanie, si commode aujourd'hui, avait été inventée de ce temps-là, on aurait pu l'appliquer aux révolutionnaires de bonne foi, aux hommes de conscience et de cœur, qui s'étaient dévoués aveuglément à d'extravagantes et fatales théories, sans ambition et sans intérêt. Je ne parle pas des autres.

J'ai dit que le troisième s'appelait Monnet. Celui-là m'était bien connu, et sa rencontre fut pour moi une sorte de bonheur, car j'ai vu peu d'hommes, dans mon enfance, qui eussent plus de qualités propres à se faire aimer. Monnet avait été grenadier dans sa première jeunesse. A vingt-cinq ans, il s'était fait prêtre ; et il était devenu préfet du collège de Besançon peu de temps avant sa suppression. La Révolution, qui le surprit à vingt-huit ans, lui rendit sa liberté, qu'il regrettait probablement déjà d'avoir aliénée, et la Révolution le trouva reconnaissant. Il était grand, beau, bien fait, quoique un peu voûté, plein d'aménité, de politesse, et de je ne sais quelle grâce triste qui attache. Sa physionomie mélancolique était comme empreinte d'un pressentiment sinistre. Il ne souriait pas sans amertume. Si cette vision du passé, plus vive, plus instante que le présent lui-même pour un homme qui ne vit plus que dans le passé, ne trompe pas ma mémoire, il y avait dans son cœur quelque mystère douloureux, dans son regard quelques traits de défiance et d'effroi. Sa joie à me revoir me tourmentait, comme si j'avais compris que c'était la dernière qu'il eût comprise. Je crois qu'il s'était rendu suspect aux hommes exaltés de notre pays commun, par son généreux penchant vers toutes les idées de modération, et que c'était ce qui l'avait décidé à venir chercher dans une ville où il serait moins connu une nouvelle réputation politique, ou, si l'on veut, un abri contre le danger de son innocence. Cette démarche l'avait perdu. Il ne s'était pas jeté à Strasbourg dans le parti extrême dont il avait nécessairement les excès en horreur : il y était tombé ; et voilà ce que je sentis, sans le concevoir distinctement. Il faut avoir plus de onze ans pour deviner comment la faiblesse peut contracter une solidarité involontaire avec la fureur ; comment la timidité peut devenir auxiliaire de la démence ou complice du crime. Cela m'a rappelé depuis ces saints de pierre de la cathédrale, mutilés par la populace, et qui lui fournissaient de nouvelles armes pour lapider ses victimes. Quelques saints de chair sont devenus aussi des instruments de mort dans la main terrible de la Révolution. Je me rendais un compte vague de ces idées, pendant que la conversation me révélait peu à peu les passions effrayantes de cette génération de malheur. En vérité, j'ai compris depuis que les événements sont bien plus forts que les caractères, et que si certains hommes ont brisé les peuples dans leur passage, c'est qu'ils ont été poussés par une puissance non moins irrésistible que celle qui déchire les volcans, et qui précipite les cataractes. Chez une nation qui a usé le frein de ses lois accoutumées, ou qui l'a rompu, il en est de chaque individu en particulier comme de la nation tout entière. Il va, il va, il ne sait pas où il va.

Je prenais bien peu de part à ce formidable échange de pensées de mort où tout le monde entrait pour son intérêt personnel, et qui étaient alors de droit défensif ; mais cela montait mes idées, comme aurait dit Edelman, à un diapason extraordinaire. Cette alternative de mourir ou de faire mourir, cette question d'assassinat réciproque, devenue un dilemme pressant dont la solution pouvait avoir lieu le lendemain, cette horrible loterie de têtes dont on balançait froidement les chances douteuses, et où chacun des interlocuteurs avait un enjeu encore voyant, parlant et rempli de vie, cela est exécrable à penser ! Le dîner fut extrêmement gai.

Ce que je pus saisir dans un entretien si extraordinaire pour moi, c'est que les révolutionnaires de Strasbourg s'étaient partagés sous deux drapeaux. L'un était celui des nouveaux hommes d'Etat, représentés dans la Convention nationale par Robespierre, et dans le département du Bas-Rhin par Saint-Just. Qui ne frémirait de penser aujourd'hui que Robespierre et Saint-Just étaient modérés aux yeux de quelques hommes élevés dans ces belles et nobles études qu'on a si justement appelées humaines, et qui améliorent le cœur en éclairant l'esprit... ?

L'autre était porté par Schneider, qu'une logique d'extermination qui passait de bien loin les doctrines aveugles et stupides de Marat avait poussé aux dernières conséquences de ce fanatisme anti-social. Cependant le modéré (je dois répéter que c'était Saint-Just) affectait au moins une grande austérité de mœurs ; et le capucin de Cologne était ami de la joie et de la volupté. Le premier jouait au stoïcien, le second à l'épicurien ou au cynique. C'est sous ces deux puissances, effrayées l'une de l'autre que palpitait l'Alsace, effrayée de toutes deux.

Comme la Révolution avait deux grands prêtres à Strasbourg, elle y avait deux temples consacrés à ses redoutables mystères, la société populaire, épurée par Saint-Just, et la « Propagande [184] » de Schneider. On n'a pas connu cette nuance à Paris même. On a vu les cordeliers disputer le pouvoir aux feuillants, et les jacobins triompher des feuillants et des cordeliers ; mais personne ne s'avisa d'y enchérir sur les jacobins. Le ressort de la Propagande se brisat trop tôt pour cela.

La première leçon que je reçus de mon professeur de grec fut la défense de visiter cette société populaire, infectée des mauvais principes du modérantisme conventionnel. Yung insista sur la nécessité de me nourrir des précieux enseignements de la Propagande, et il appuya cette opinion de quatre vers d'une de ses odes, que Schneider s'empressa de traduire à mon usage, et qui se sont conservés sans altération dans ma mémoire. On le comprendra aisément :

« Il faut que l'enfant lui-même quitte le sein pusillanime de sa mère,
Qu'il s'ébatte sur le cercueil d'un tyran avec plus de joie que dans son berceau,
Qu'il agite pour hochets des ossements et des sceptres rompus,
Et qu'il suce le lait héroïque, le lait sanglant de la liberté. »

Ces recommandations étaient d'autant plus pressantes que le citoyen Schneider allait me laisser longtemps abandonné à moi-même et aux soins de madame Tesch. Les triomphes de Pichegru [185], qui reconquérait nos frontières en courant, et qui débarrassait le pays de ses ennemis extérieurs dans le temps physique dont ils avaient besoin pour fuir ou pour mourir, le laissaient malheureusement ouvert à d'autres ennemis plus dangereux pour la liberté que tous les rois de la coalition. Schneider partait le jour suivant, accompagné de ses hussards de la mort[186], et allait promener de village en village un échafaud nomade, pour exercer sur les infortunés qui s'étaient laissé piller par les Autrichiens la vengeance nationale. Ce voyage pouvait être long, car le nombre des proscrits était à la discrétion du juge.

Je restais seul : le lendemain, à dix heures du matin un peu passées, je traversai la place d'armes ; il y avait au bout de cette longue place, du côté de la « Maison rouge », un échafaudage d'une forme singulière dont je compris rapidement l'usage : on venait de décapiter une pauvre femme de quatre-vingts ans, qui était convaincue, par son propre aveu, d'avoir donné du pain à un Autrichien affamé ; l'exécuteur relevait le couteau sanglant dont la permanence menaçante n'aurait été concédée alors pour aucun des autres privilèges de la liberté. Le tambour roula, et je m'enfuyais quand je vis venir la Propagande : je la suivis machinalement.

C'était une chose étrange que la Propagande. Composée des énergies les plus adultes et les plus vivaces du temps, elle avait conservé des mœurs de la jeunesse un peu de grâce et d'élégance. Quelques-uns de ses membres se distinguaient même par un costume presque recherché. Ils portaient une veste courte, mais très propre, qu'entourait une ceinture tricolore étoffée, munie d'excellentes armes, et à laquelle était suspendu un large couteau de chasse. Le bonnet rouge, ombrageant à la phrygienne un front couronné de beaux cheveux bouclés qui descendaient de part et d'autre sur les épaules, ne manquait pas d'agrément ; leur col nu, leurs grands pistolets aux pommeaux brillants, leurs brodequins de cuir écru, l'ensemble entier de leur physionomie pleine d'un calme qui, dans ces jours décisifs, pouvait passer pour du courage ; les chances de mort qui les suivaient de si près, et que j'avais apprises la veille : il n'en fallait pas tant pour exciter quelque curiosité sympathique dans un cœur d'enfant.

Ils arrivèrent au pied de cet horrible échafaud, à travers la foule qui s'éloignait de crainte de se compromettre. L'orateur s'agenouilla, se releva, et puis, retourné vers nous, il remercia, il « panégyrisa » la guillotine, au nom de la liberté, avec un choix d'expressions si gracieusement effrayantes, avec un « anacréontisme » si désespérant, que je sentis une sueur froide ruisseler sur mon front et baigner mes paupières. Je voudrais oublier tout ce qu'il y a de triste dans mes souvenirs ; mais j'écris mes souvenirs, et je n'ai pu l'oublier encore, cette procession fanatique de la Propagande qui avait le bourreau pour pontife, et la guillotine pour reposoir !

Ceci se passait en frimaire, du 2 au 5 ou 6 décembre ; et je ne devais revoir Schneider qu'une fois. Je ne m'informais pas de ses voyages dont les biographies rapportent d'horribles circonstances, qu'on reléguerait volontiers à l'histoire des vampires et des goules, mais que Saint-Just recueillait de toutes les bouches, et qu'il avait quelque intérêt à ne pas atténuer. Bien décidé à n'écrire que ce que j'ai vu, je ne leur emprunte un fait qu'autant qu'il peut se rattacher à mes impressions, et qu'il m'explique ou me développe des idées mal arrêtées dans ma mémoire. Il paraît que cette funeste excursion acheva de briser son intelligence, et qu'il devint fou furieux de l'ivresse du pouvoir absolu, comme Mazaniel[187]. Je ne sais pas ce qu'il y a de vrai dans ces impôts levés en têtes humaines dont on prétend qu'il a frappé quelques villages, et qui motivèrent sa condamnation devant le tribunal de Fouquier[188]. Ce qui paraît certain, c'est l'événement qui causa sa perte, et que je raconterai avec plus de brièveté que cette longue exposition ne le promet, parce que je le raconte sur le témoignage presque unanime des ouï-dire, mais seulement sur leur témoignage, c'est-à-dire sur des perceptions qui ne sont pas les miennes, et que je ne sais pas décrire. Je ne devais rentrer comme spectateur dans ce drame affreux qu'à sa péripétie.

Une chose qui paraîtra difficile à concevoir c'est que la formidable logique de Schneider, tout en atteignant aux dernières conséquences de sa doctrine, n'avait pu satisfaire à toutes les exigences de quelques esprits rebelles à la conviction, et qui comptaient pour rien toutes les garanties, chez un homme auquel il en manquait une. L'uniforme presque militaire du commissaire rapporteur n'avait fait oublier encore ni le froc du capucin, ni la soutane du chanoine, et le moine de Cologne nuisait souvent à la popularité du terrible dictateur de Strasbourg. Une voix élevée du milieu de la société populaire de Brumpt[189], dans le cours d'une des excursions tragiques dont j'ai parlé, ne craignit pas de rappeler à Schneider cette tache infamante du sacerdoce qui le rendait irrémissiblement suspect aux amis de la liberté, et de lui conseiller pour tout moyen de transaction avec les principes un acte qui consacrât du moins solennellement son apostasie. Schneider n'était pas marié ; son goût effréné pour les femmes se conciliait même assez mal avec les obligations d'un engagement chaste et légitime, et il ne fallait rien moins pour le décider à s'y soumettre que l'intérêt de cette popularité de cynisme et de sang à laquelle il avait déjà fait tant de sacrifices. Dans cette dernière occasion, il ne vit aucun autre moyen de se soustraire au terrible argument qu'on lui opposait, et l'amour des richesses put contribuer, d'ailleurs, à vaincre l'instinct d'indépendance et de débauche qui l'avait dominé jusque-là. Ses regards tombèrent sur une jeune personne de Brumpt, qui joignait une immense fortune à toutes les perfections du corps et de l'esprit. C'était la fille d'un aristocrate en jugement, et Schneider l'avait remarquée dans la foule des suppliantes qui, tous les jours, inondaient le prétoire. Le lendemain, la mise en liberté de l'accusé fut signée ; et, par une apostille singulière dans un pareil acte, le proconsul l'avertit qu'il se proposait de lui demander à dîner le même jour.

La jeune fille ne se trouvait pas au banquet. C'était l'usage alors de la plupart des communes rurales de l'Alsace et des provinces voisines que les femmes n'y parussent point, et son père n'avait pas jugé à propos de l'enfreindre ce jour-là. Schneider réclama sa présence, et on obéit. Il se piqua d'abord d'esprit, de grâce, de politesse, et toutes ces qualités ne lui manquaient point. Puis il arriva, sans beaucoup de détours, à l'objet de sa visite. Sa dialectique connue le dispensait suffisamment d'une recherche laborieuse de précautions oratoires. L'homme qui tenait le glaive suspendu sur un peuple et sur une armée n'avait pas le besoin de s'envelopper des misérables circonlocutions des rhéteurs. Il demanda la main de sa jolie hôtesse comme s'il avait pu y prétendre du droit de l'amour, et sans blesser aucune convenance ; puis, sans attendre de réponse, il s'approcha de la croisée, l'ouvrit, et jeta un regard satisfait sur la place, à la vue des apprêts qu'il avait ordonnés. Après avoir arboré de quartier en quartier ses deux poteaux ombragés de panaches tricolores, et décorés de nœuds de rubans, on venait, pour la première fois, d'y dresser la guillotine*.

Cet aspect porta une horrible lumière dans le cœur de l'objet infortuné des préférences de Schneider. Elle tomba aux pieds de son père en le suppliant de lui accorder pour époux l'homme bienfaisant auquel il devait la vie, et en attestant le ciel qu'elle ne se relèverait qu'après avoir obtenu cette faveur. Puis, se retournant vers Schneider : « Mais, dit-elle, j'exige de la tendresse une de ces grâces qu'on ne refuse pas à sa fiancée. Il se mêle un peu d'orgueil à mon bonheur. Ce n'est pas à Brumpt que le premier de nos citoyens doit accorder son nom à une femme ; je veux que le peuple me reconnaisse pour l'épouse de Schneider, et ne me prenne pas pour sa concubine. Il n'est point de ville, ajouta-t-elle en souriant, où tu n'aies été suivi d'une maîtresse : on pourrait aisément s'y tromper. Il n'y a que trois lieues d'ici à Strasbourg ; j'ai des mesures à prendre pour ma toilette de noces, car je veux qu'elle soit digne de toi ; demain, à telle heure que tu voudras, nous partons seuls ou accompagnés, à ton gré, et je vais te donner la main devant les citoyens, les généraux et les représentants. » Ces paroles que rendaient cent fois plus séduisantes l'élocution coquette et la piquante physionomie d'une Alsacienne ; ces paroles accompagnées, dit-on, de quelques caresses, ne laissèrent pas à Schneider la

* Des faits analogues ont été mis en Angleterre sur le compte de Jeffreys[190] ; en France, sur celui de Joseph Lebon[191] ; Prudhomme[192] impute le même crime à C... Il est à souhaiter pour l'honneur de l'espèce humaine que tout cela soit faux. Je n'atteste sur l'histoire de Schneider à Brumpt que la rumeur publique. Je n'étais pas à Brumpt, mais j'étais à Strasbourg le 21 décembre 1793, et il n'y avait pas deux versions sur l'événement.

possibilité d'une objection. Cependant la maison fut surveillée toute la nuit, mais personne n'avait pensé à s'en éloigner ; et quand il arriva le matin, il la trouva pavoisée du haut en bas, et présentant tout l'aspect d'une fête. La future en descendit dans ses plus beaux atours, et vint lui présenter la main sur le seuil de cette salle basse où l'on prend ordinairement le thé ou le café. Un déjeuner splendide y était servi. Bien qu'étourdi de bonheur et d'orgueil, Schneider ne pensait qu'à l'abréger. Les portes de Strasbourg se fermaient alors à trois heures, et le temps pressait. Il devait d'ailleurs le mettre à profit, pour répondre par de grandes marques d'éclat et de puissance aux profusions de sa nouvelle famille et aux prétentions de sa fiancée. Un courrier fut dépêché à Strasbourg pour intimer la défense de fermer les portes avant quatre heures. Il est vrai que l'ennemi se retirait alors, et que Strasbourg n'était plus menacé ; mais les arrêtés de Saint-Just, qui avaient eu force de loi pendant l'invasion austro-prussienne, n'étaient point révoqués, et il en était un qui portait peine de mort pour délai de clôture. Schneider lui-même l'avait fait exécuter.

Il était au plus trois heures et demie le 21 décembre, quand un cortège bruyant se répandit dans la plus vaste rue de Strasbourg, et vint s'arrêter au-dessous du balcon de Saint-Just. Il y eut alors deux spectacles qui pouvaient partager à titres égaux l'attention de l'observateur, ce théâtre où se dénouait le drame de Brumpt, et cette tribune où il allait se juger.

Schneider s'était fait précéder de quatre coureurs revêtus des couleurs nationales. Sa voiture découverte, quoique le temps fût douteux, était traînée par six beaux chevaux. Il l'occupait seul avec sa fiancée, éblouissante de parure, et assurée de regard et de maintien. Autour de lui caracolaient fièrement et le sabre nu les cavaliers d'élite de son escorte, portant la tête de mort sur leur baudrier, sur leur sabretache et sur leur shako, et plus hideux encore que de coutume, d'une gaieté qui ne leur était pas familière. Derrière tout cela retentissait lourdement sur le pavé un char à quatre larges roues, bas, étroit, peint de rouge, traîné par deux chevaux chamarrés et enrubannés, et sur lequel battaient de longs ais rouges avec leur traverse rouge. Cet appareil était accompagné de deux hommes à cheval en blouses noires, et dont le bonnet rouge était orné d'une large cocarde : il était suivi d'une petite carriole dans laquelle était assis un homme pâle, maigre et sérieux, que cherchaient tous les regards. Ce n'était cependant pas Schneider.

Une légère rumeur qui ne tarda pas à s'étendre au loin annonça que Saint-Just allait paraître au balcon. Il y avait dans sa démarche une sorte de brusquerie solennelle : il ne cherchait pas l'accueil du peuple ; il le réprimait au contraire, d'un geste sec et absolu. Ses cheveux épais et poudrés à neige sur ses sourcils noirs et barrés, sa tête perpendiculaire sur sa haute et ample cravate, la dignité de cette taille petite, l'élégance de cette mise simple ne manquaient cependant jamais leur effet sur la multitude. Il fit signe qu'on s'arrêtât, et on s'arrêta.

Le représentant du peuple venait d'apprendre la violation de ses ordres, et tel était probablement le motif de la colère qui animait son regard luisant et profond ; mais ce sentiment, tout indomptable qu'il était dans son cœur, fit un moment place à la surprise, quand Saint-Just aperçut près de Schneider une jeune fille en habits de fiancée. Celle-ci, profitant du moment où elle excitait son attention, s'élança hors de la voiture, et se jetant à genoux sur les pavés : « Justice, s'écria-t-elle, justice, citoyen ! J'en appelle à Saint-Just et à la Convention ! » Puis elle raconta en peu de mots, mais avec l'expression la plus éloquente, l'horrible abus de pouvoir du tyran de l'Alsace. – Est-il vrai ? dit Saint-Just en appuyant sa main sur son front. Cela peut-il être vrai ? – Tout le monde fut d'accord sur les faits, sans en excepter l'homme de la petite voiture que son intimité cordiale avec Schneider rendait un témoin imposant, et qui déclara qu'il avait reçu l'ordre de se tenir prêt pour l'exécution du père de la *Young frau*, s'il avait refusé son consentement au mariage. Saint-Just ne parlait pas, ou tout au plus il murmurait à basse voix quelques mots confus : « Le voilà donc dévoilé, l'exécrable capucin de Cologne ! » Et puis, il mordait ses poings, et frappait à coups réitérés sur la barre de son balcon. « Qu'aurais-tu fait, dit-il enfin à la fiancée, si tu ne m'avais pas trouvé disposé à te rendre justice ? – Je l'aurais tué ce soir au lit, répondit-elle en montrant un poignard qu'elle avait caché sous son corset. Maintenant, je te demande sa grâce. – Sa grâce ! cria Saint-Just dont ce mot réveilla la fureur ! La grâce du capucin de Cologne ! A la guillotine ! continua-t-il avec une explosion incroyable dans un caractère si méthodique et si mesuré. Qu'on le mène à la guillotine ! – Couperai-je la tête ? répondit respectueusement l'homme maigre de la petite voiture. « Je n'en ai pas le droit, dit Saint-Just, en frémissant de dépit. Au supplice que le monstre a inventé ! Qu'on l'attache à la guillotine jusqu'à nouvel ordre. »

Et en effet, Schneider avait inventé cette exposition à l'instrument permanent de la mort pour les cas peu nombreux de la législation révolutionnaire qui n'entraînaient pas nécessairement la peine capitale. On se rappelle à Strasbourg un négociant qui y a passé seize heures.

Comme j'étais à un point trop éloigné du lieu de la scène pour en saisir tous les détails, et que ces détails se traduisaient en allemand dans la conversation de la foule, je n'emportai aucune idée distincte de l'événement. J'avais passé quelques minutes au Breuil, dont la tristesse, dans cette saison rigoureuse, convenait déjà à mes rêveries d'enfant, et je me dirigeais vers l'hôtel de madame Tesch, quand en débouchant du passage de la Pomme-de-Pin, je me trouvai entraîné par une nouvelle cohue, qui se grossit bientôt de toute la population de Strasbourg, et qui se déborda comme un torrent sur la place d'Armes, en roulant vers l'échafaud. Un moment elle se resserra encore pour faire place à quelque chose de terrible : c'était Schneider saisi des deux côtés par ces deux valets du bourreau, en blouses noires, qui lui servaient d'heiduques un moment auparavant, précédé par cet homme pâle que j'avais vu dans une petite calèche, et suivi de deux de ses hussards de la mort, qui le piquaient, en riant, de la pointe de leurs sabres, pour le faire avancer. Je frissonnais d'horreur et de pitié ; mais je ne pus pas même me détourner pour éviter ce spectacle. Heureusement je pense qu'il ne me vit pas. Ses petits yeux paraissaient fondus dans leurs orbites. Sa pâleur était affreuse ; et cependant il essuyait de la sueur sur son front. A mesure qu'il approchait de la guillotine, les acclamations redoublaient de violence ou d'allégresse ; car je les entendais sans les comprendre. Bientôt il se fit un grand silence, et je compris que Schneider montait à l'échafaud : mais je ne savais pas si c'était pour mourir ; et c'est ce qu'aucun de mes voisins ne pouvait m'expliquer parce qu'il n'y en avait pas un qui parlât français. Après cela, les acclamations se succédèrent et s'interrompirent avec des intermittences effrayantes. C'étaient des cris menaçants, et puis une attente silencieuse, et puis des applaudissements éclatants ; et à chaque fois, je croyais que sa tête tombait, et je m'élevais sur mes pieds pour chercher le sommet de l'appareil de mort, et m'assurer que le couteau était encore suspendu ; et je me trouvais heureux de voir tout en haut ce fer sanglant dont l'aspect m'avait épouvanté la veille. Les efforts que je faisais pour m'éloigner, et peut-être aussi le mouvement de cette masse ivre de fureur et de joie me rapprochèrent d'un volontaire du Midi, qui dépassait cette multitude de toute la tête, et qui se croyait obligé à communiquer au loin le programme de cette cruelle cérémonie. « On lui a fait ôter sa cocarde ! criait-il. Respect aux couleurs nationales ! On lui a enlevé son chapeau ! Respect au peuple ! On lui fait déposer maintenant son habit... ; mais pourquoi cela ? c'est que c'est un habit militaire. Et la pluie qui tombe si froide ! – C'est du givre. – Cela le pénètre comme des aiguilles ; aussi voyez comme il grelotte. En vérité, ce serait lui rendre service que de le guillotiner tout de suite. » Et il n'avait pas fini qu'un cri universel s'éleva. – Qu'est-ce que cela veut dire ? dis-je à un de mes nouveaux voisins. Cela veut dire : sous le couteau, répondit-il. – Cette voix m'était connue ; je regardais : c'était Monnet. – Ah ! monsieur Monnet, m'écriai-je ! – Tais-toi, reprit-il, en posant son doigt sur sa bouche... – Le tuera-t-on ? – Non, dit Monnet ; voilà des cavaliers qui s'approchent, et le bourreau qui descend : c'est pour une autre fois.

La foule s'était dissipée à la suite d'une chaise de poste que Saint-Just venait d'envoyer, et qui conduisait Schneider à Paris, sous bonne et sûre garde. Monnet me prit les mains, et me dit : « L'illusion du pouvoir a rendu Schneider furieux. C'est un monstre ; mais on va tirer de là des inductions funestes contre les vrais républicains. Saint-Just a triomphé, et la liberté est perdue au bénéfice d'un tyran. Dis cela à ton père. » Il m'embrassa et me quitta.

La nuit suivante on arrêta les complices de Schneider, et ils furent traduits, comme Schneider, au Tribunal révolutionnaire de Paris.

Euloge Schneider, de Vipefeld, fut décapité le 12 germinal an II, 1er avril 1794, comme convaincu d'avoir, par des concussions et vexations immorales et cruelles, par l'abus le plus révoltant et le plus sanguinaire du nom et des pouvoirs d'une commission révolutionnaire, opprimé, volé, assassiné, ravi l'honneur, la fortune et la tranquillité à des familles paisibles. » Ce sont les termes du jugement.

Yung, Edelman et mon pauvre Monnet moururent sur le même échafaud les jours suivants [193].

DE LA RÉACTION THERMIDORIENNE, ET DES COMPAGNIES DE JÉHU [194]

On peut juger de ce qu'on appelle les réactions politiques par les lois ordinaires de la mécanique. Elles sont en raison de l'action qui a précédé ; ce n'est que lentement et à la suite d'un grand nombre d'oscillations que l'action affaiblie est suivie d'une réaction plus faible, et ainsi graduellement, jusqu'à ce que l'action et la réaction se confondent dans un mouvement imperceptible, suivi d'une entière immobilité. Dans les révolutions, les réactions sont couvertes de je ne sais quel prétexte de représailles qui les légitime jusqu'à un certain point aux yeux des mauvais casuistes et des moralistes relâchés. L'application d'une nécessité physique à une théorie morale est cependant tout à fait abusive. L'obéissance des masses inertes à une impulsion donnée ne saurait justifier celle de l'être sensible et raisonnant dont l'intelligence est éclairée par l'éducation et par la religion. Aussi les réactions de l'an III et de l'an IV m'ont laissé un souvenir presque aussi pénible que les scènes de la Terreur. Je les percevais d'ailleurs avec des organes plus développés, et par conséquent plus propres à subir des impressions tendres et profondes, car la sensibilité des enfants s'exerce peu au-dehors. Elle est personnelle et presque animale ; il faut avoir quelque temps vécu, pour apprendre à aimer les autres sans acception de ses intérêts ou de ses besoins. Cette source d'amour commence à s'ouvrir pour l'adolescence ; elle est tarie pour la vieillesse. La vie d'un homme bien organisé est un cercle d'affections, mais il y a de l'égoïsme aux deux points les plus rapprochés de la soudure.

Ce qui justifie cette réaction thermidorienne devant le grand nombre est peut-être ce que j'y trouve de plus odieux. La Révolution avait une horrible franchise ; elle marchait au chaos, mais elle l'avait dit. Les idées de droit, d'ordre, d'équilibre, la seule pensée d'une institution la mettait en fureur, mais sa fureur était brute et naïve comme celle du tigre. Elie versait du sang parce que le sang était bon, mais ses bourreaux ne mettaient pas de gants sur leurs mains sanglantes, ils les montraient toutes nues. C'était cruauté, c'était rage, ce n'était pas déception. La réaction thermidorienne se plaçait au contraire sous les auspices des idées les plus solennelles de la société. Elle s'armait au nom de la civilisation, au nom du culte renversé par des mains sacrilèges, au nom de l'humanité impitoyablement outragée par des cannibales, au nom des arts que les vandales révolutionnaires avaient proscrits. Elle s'annonçait comme l'aurore d'un âge de restauration, de paix, de félicité publique, et elle assassinait. Voilà ce qui se conciliait mal dans ma jeune pensée. C'était l'énigme du sphinx avec ses belles formes, et ses paroles insidieuses, et sa curée de victimes humaines.

La Terreur avait affecté un grand cynisme dans les vêtements, une sobre austérité dans les banquets, un profond mépris pour les spectacles et pour les fêtes qui ne lui rappelaient point, dans leurs pompes sauvages, les mystères tragiques de ses saturnales. La réaction fut élégante et même parée ; elle réveilla le goût des festins et des bals, les fantaisies du luxe et les frénésies de la volupté. Quelques hommes encore jeunes qui avaient formulé leur éducation morale dans les boudoirs de la Du Barry devinrent les arbitres des bonnes manières. Les mœurs de la Terreur avaient été d'une grossièreté hideuse. Celles de la réaction furent d'une impudence raffinée, et quand la détestable politesse du vice prête son vernis à la férocité, il me semble qu'elle l'enlaidit encore. Il se trouva des hommes alors tout aussi cruels que Marat, mais beaux de jeunesse et de manières, qui entraînaient les cœurs après eux quand ils entraient dans un salon au milieu d'un nuage d'ambre. S'ils n'avaient pas senti l'ambre, ils auraient senti le sang.

Ces faits si remarquables sont fort peu connus à Paris, où cette réaction ne s'est manifestée que par quelques vexations de la police et quelques pasquinades du théâtre. Ce que tout le monde vous dira de ce temps-là, c'est qu'il y avait alors un « bal des victimes », où une femme n'était pas admise si quelqu'un de sa famille n'avait péri sur l'échafaud, et où le costume de rigueur d'une danseuse était celui dans lequel sa mère ou sa sœur était tombée sous la main du bourreau, c'est-à-dire le châle rouge, et les cheveux coupés à fleur du cou. Ce que tout le monde se rappelle encore, grâce aux spirituelles caricatures de Carle Vernet[195], c'est *l'élégant* de 1795, avec son habit court et carré, son gilet de panne chamoise à dix-huit boutons de nacre, ses longs cheveux poudrés et flottant des deux côtés sur les épaules, qu'on appelait des « oreilles de chien », sa cadenette retroussée, sa cravate verte et son bâton noueux. Mais n'en demandez pas davantage à la mémoire des Parisiens sur la réaction thermidorienne ; et par conséquent n'en demandez pas davantage à l'histoire, car il en est de l'histoire comme de la langue. Elle n'est faite que pour Paris, et il faut le savoir pour ne pas s'étonner de ne trouver aucuns renseignements développés sur cette singulière époque, une fois qu'on a épuisé les registres des modistes et les cartons des marchands d'estampes. L'ouest et le nord de la France ne furent guère moins étrangers que Paris au mouvement de la réaction. Lyon était sa capitale, et de là elle étendait ses ramifications vers l'est, en s'appuyant sur Bourg-en-Bresse et Lons-le-Saunier, et au midi, sur Nîmes, Tarascon et Marseille.

Cette ligne presque innocente à Paris n'y a été connue que sous le nom de la « Jeunesse de Fréron »[196]. Fréron, répudié par la Montagne, qui l'abandonna aux lourdes atteintes de Moïse Bayle[197], repoussé avec horreur par l'ancien parti de la Gironde, qui le dévoua aux imprécations foudroyantes d'Isnard[198] ; Fréron, comme disait ce prodigieux Isnard, demeuré « tout nu et tout couvert de la lèpre du crime », avait besoin de se retrancher sous la bannière d'une faction. Il y a dans les révolutions des antipathies que l'on a peine à concevoir. Il y a aussi dans les révolutions des alliances que l'on ne conçoit pas. Fréron, qui n'était rien, ni par son esprit, ni par son caractère, ni par sa considération politique ; Fréron, qui ne s'était jamais distingué en rien du plus obscur vulgaire, pas même chez ces journaliers littéraires qui travaillent pour du pain, sans acceptation de leur réputation et de leur bonheur, quoiqu'il eût fait ce triste métier à la suite de son père ; Fréron se trouva tout à coup à la tête d'un parti puissant de jeunesse, d'énergie, de vengeance, de ces passions du temps qui menaient à tout, et du silence des lois qui souffraient tout. Mais ceci, je le répète, est bien spécial à Paris. Le chef de la « Jeunesse de Fréron », dans tout l'éclat de ses succès, n'aurait pas traversé impunément la place des Terreaux [199].

A part ces détails, qui sont connus et qui méritent à peine de l'être, il est difficile de parler de la réaction thermidorienne sans dire du nouveau. Au moins faudrait-il examiner une fois, sous ses rapports avec nos mœurs traditionnelles, cette institution des « compagnies de Jésus », qui n'avait plus de type dans nos annales depuis le Moyen Age, mais qui se rattache, par une filiation très sensible, à ces redoutables chevaleries de brigandage et d'assassinat dont un jeune savant nous promet l'histoire. Il est peu de personnes qui sachent que cette armée était organisée avec beaucoup de puissance, qu'elle avait sa hiérarchie, ses cadres, ses statuts, sa discipline, ses volontaires, ses mercenaires, ses enfants perdus. Je n'ai même jamais vu son nom écrit correctement, car je viens de me conformer à un usage ridicule pour ne pas étonner le lecteur par une désignation insolite. Le nom sacramentel des « Vengeurs » était compagnons de Jéhu [200], et fort bien approprié à leur cruel ministère, Jéhu étant, comme on sait, un roi d'Israël qui avait été sacré par Elisée sous la condition de punir les crimes de la maison d'Achab et de Jézabel, et de mettre à mort tous les prêtres de Baal. La Révolution, habile à ne pas se laisser surprendre, essaya de jeter quelque contrepoids dans la balance, en créant ou en renouvelant, sur la foi d'une charte plus qu'apocryphe, un ordre de Templiers, aujourd'hui tout à fait oublieux de son origine, et propre, tout au plus, je suppose, à fournir quelque appendice à l'histoire innocente et puérile des mascarades maçonniques, d'ailleurs si candidement inoffensives. A l'époque dont je parle, il pouvait en être autrement. L'action du gouvernement était suspendue, et le sort de la France se débattait dans les loges, dans les ventes, dans les synodes, et surtout dans les cafés. La compagnie de Jéhu, toute bien organisée qu'elle était, n'avait aucun ascendant moral sur ses adversaires, dont l'esprit était plus mûr, le caractère plus éprouvé et la clientèle plus large ; mais elle jouissait d'un avantage de fait qu'on ne peut pas contester. Elle occupait la rue, la place, les lieux publics ; elle marchait à découvert, et ses poignards étaient tirés du fourreau.

Ce fut un étrange, un épouvantable spectacle ! On n'a peut-être jamais vu aussi longtemps chez aucun peuple l'autorité légale mise en interdit, et la vengeance arbitraire hardiment érigée en place de la loi. Ce n'était pas une question, c'était un droit ! On exécutait un assassinat comme un jugement, et les gens qui passaient n'avaient rien à dire. La théorie du meurtre était montée dans les hautes classes. Il y avait dans les salons des secrets de mort qui épouvanteraient les bagnes. On « faisait Charlemagne » à la bouillotte [201] pour une partie d'extermination, et on ne prenait pas la peine de parler bas pour dire qu'on allait tuer quelqu'un. Les femmes, douces médiatrices de toutes les passions de l'homme, avaient pris une part offensive dans ces horribles débats. Depuis que d'exécrables mégères ne portaient plus la guillotine en boucles d'oreilles, d'« adorables furies », comme aurait dit Corneille, portaient le poignard en épingle, à l'imitation des Catalanes, qui le glissent jusque dans leurs cheveux. Un beau jeune homme étendait un doigt sanglant sur la bonbonnière d'une dame, et c'était *(horresco referens)* la seule partie de sa main délicate qui eût été soigneusement soustraite à la pâte d'amande et au savon d'Angleterre. Si vous aviez le bonheur de vous sauver de la bonne compagnie, vous ne traversiez pas le Rhône sans entendre la chute de quelque « Mathevon[202] » qui tombait dans le fleuve, et si l'infortuné était assez adroit pour gagner la rive à la nage, et pour se réfugier dans un corps de garde, un long cri vous avertissait bientôt qu'il venait d'y mourir sous les baïonnettes. Quand vous opposiez quelques objections de sentiment à ces épouvantables excès, on vous menait aux Brotteaux[203], on vous faisait marcher, malgré vous, sur cette terre élastique et rebondissante, et on vous disait : « C'est là que sont nos parents. » Chose étrange ! nous sommes mille fois plus loin de cette époque que du Moyen Age, car les chances du Moyen Age sont éternellement rédivives, et celles-ci ne se reproduiront peut-être jamais. Dans ces réminiscences amassées sans ordre, et traduites sans méthode, je ne me suis certainement avisé d'aucun système de composition ; mais quel tableau, grand Dieu, pour ces grands écrivains qui sont de grands peintres, un Walter Scott, un Victor Hugo, un Alfred de Vigny, que celui de ces jours d'exception dont le caractère indéfinissable et sans nom ne peut s'exprimer que par les faits eux-mêmes, tant la parole est impuissante pour rendre cette confusion inouïe des idées les plus antipathiques, cette alliance des formes les plus élégantes et des plus implacables fureurs, cette transaction effrénée des doctrines de l'humanité et des actes des anthropophages ! Comment faire comprendre ce temps incompréhensible où les cachots ne protégeaient pas les prisonniers, et où le bourreau qui venait chercher sa victime s'étonnait d'avoir été devancé par l'assassin, ce long 2 septembre tous les jours renouvelé par d'aimables jeunes gens qui sortaient d'un bal et qui se faisaient attendre dans un boudoir ? Je ne l'entreprendrai pas. Dans cette galerie, vide encore, il m'est tout au plus permis de laisser un croquis, et je me suis pris au premier souvenir qui m'est venu.

On ne peut pas se le dissimuler, jamais il ne s'est élevé une horrible passion devenue contagieuse qu'elle n'ait suscité quelques supériorités effrayantes sans doute, mais notables. Le crime aussi a des héros, et des héros dont le nom retentit longtemps dans la mémoire du peuple. On ne le croirait pas au silence absolu des biographies sur les compagnons de Jéhu. Dans toutes celles que j'ai consultées, on n'en nomme qu'un dont je n'aurais jamais rien dit si on ne l'avait pas nommé, car c'était incontestablement l'homme le plus nul et le plus obscur de son parti ; mais on le nomme tout simplement, comme on aurait nommé Poulailler ou Cartouche, [204], et sans rattacher son histoire à une époque ou à une série d'événements. Voici les premiers mots de cet article, sur lequel je brode, à mon ordinaire, un commentaire plus étendu que le texte, mais qui n'est pas sans intérêt s'il contient quelques faits neufs ou quelques observations nouvelles.

« Amiet, voleur de diligences, s'est fait, à force d'audace et de brigandages, une odieuse célébrité. Il avait organisé une troupe qui ravagea longtemps le département de l'Ain, mais dont une partie tomba enfin entre les mains de la justice avec son chef, etc. »

Amiet serait bien surpris s'il pouvait lire cette notice, mais il le serait moins que ses juges. Le hasard m'avait jeté dans la prison d'Amiet et de ses complices, à un âge où l'idée du crime est plus repoussante que dans tout le reste de la vie, à l'âge où l'on conçoit à peine les passions. J'ai vécu avec ces gens-là, j'ai couché sur leur paille, j'ai rompu leur pain, et j'en ai conservé une idée toute différente[205].

Amiet n'était pas le chef de la bande de voleurs dont il est question dans les biographies. J'ai dit que c'était le moindre des condamnés. Au reste, cette dénomination même de « voleurs de diligences » a besoin d'être expliquée. Je ne m'adresse à aucun souvenir de parti, car je suis placé dans la position la plus avantageuse de toutes pour écrire quelque chose qui ressemble à de l'histoire. Il y a du bon et du mauvais, il y a du beau et du hideux dans toutes les opinions. Il n'est point de pouvoir qu'on ne puisse accuser. Il n'est point de révolte qu'on ne puisse défendre. Tant que ces questions ont été pour moi une affaire de vie ou de mort, j'ai pu les juger assez mal. Je les vois aujourd'hui d'une manière plus impassible que la postérité elle-même, car elle les verra nécessairement à travers quelques préventions dominantes, et toutes les impressions que l'histoire contemporaine m'a laissées se sont converties en indifférence et en dédain.

On sait qu'à l'époque culminante de la réaction thermidorienne, les espérances de l'opinion royaliste s'étaient vivement réveillées. Il n'était question que d'une restauration prochaine de la maison de Bourbon, qui ne devait pas se faire attendre plus de six mois. Lyon était, comme je l'ai dit, le quartier général de cette conspiration, assez ouverte pour mériter un autre nom. C'était un véritable gouvernement provisoire avec son comité royal, son administration royale, son état-major royal, et presque ses armées royales. Une de ces armées s'organisait dans les montagnes d'Auvergne, sous les ordres de M. de Chardon, une autre dans les montagnes du Jura, sous les ordres de M. de Teyssonnet. Il est même vrai de dire que l'honneur périlleux des épaulettes était fort recherché, mais les soldats manquaient. Il n'y a rien de plus difficile que d'organiser une armée sans argent, et le budget de la contre-révolution n'était pas riche. Il arrivait bien de l'étranger quelques grosses sommes chez les caissiers patentés dc la « bonnc causc », mais cllcs n'cn sortaicnt guère. Ces prodigalités extra-nationales nous ont du moins fait quelques éligibles.

Dans cet embarras, on comprit qu'il n'y avait que la République qui pût solder ses ennemis. Or, il n'était pas probable qu'elle s'y déciderait de gré à gré, et sans essayer cette négociation scabreuse, on jugea qu'il valait mieux lui prendre de l'argent que de lui en demander. On organisa donc des bandes ou des compagnies chargées de l'enlèvement des recettes et de l'attaque des transports de fonds publics. Je suis obligé de déclarer que cette mesure étant la seule qu'il fût possible de pratiquer, je la trouve très naturelle. Dans un état de guerre civile, la spoliation de la diligence du trésor n'est pas un crime caractérisé par les lois ordinaires. C'est une opération, et, suivant les cas, un fait d'armes. Au reste, on n'a plus d'idée de l'influence que de pareils événements pouvaient exercer sur la manière d'apprécier les choses. Tel homme, dont la légèreté avec laquelle je parle de ces monstrueuses aberrations révolte l'esprit et le cœur, les aurait comprises comme moi s'il avait vécu de mon temps.

Je ne dis pas, Dieu m'en garde ! que les compagnies qui furent chargées de ces horribles opérations se composèrent de l'élite du parti. Personne ne me croirait ; c'étaient, en général, des jeunes gens perdus de dettes, de débauches, de crimes, qui se réfugieraient au hasard sous le premier étendard venu, où ils pouvaient trouver quelque garantie d'impunité, ou quelque solidarité de dévouement et de sang. Tout le monde ne sait pas au juste ce que le sentiment de l'honneur peut produire de grand dans le cœur d'un brigand désespéré, qui croit s'ennoblir en s'associant à une noble cause. Près de ces misérables, on comptait quelques-uns de ces esprit exaltés, si communs alors, que l'entraînement d'une opinion décidait moins que l'appât d'un danger aventureux. Quelques-uns, comme Hivert[206], dont je parlerai tout à l'heure, faisaient ce métier en amateurs, et pour jouer leurs têtes dans des exploits de bandits qui ne leur paraissaient pas condamnables aux yeux de la morale. J'ai vu beaucoup de ces malheureux, j'ai vu surtout ceux dont il est question ici, et je les vois encore, téméraires, exaltés jusqu'au délire, passionnés jusqu'à la fureur ; mais incapables de faire tort d'un denier au trésor d'un riche, et prêt à racheter de leur sang les larmes d'un enfant ; semblables enfin à ces compagnons de Charles Moor ou de Robert chef de brigands[207], qu'ont illustrés la tragédie et le mélodrame. Au reste, il est à remarquer qu'ils n'ont jamais été accusés en justice d'un vol exercé sur les particuliers. Quoique les voleurs de profession n'eussent pas manqué de s'étayer sur cette anomalie si nouvelle dans l'ordre social, de voler de vive force au nom du roi, la distinction des uns et des autres s'est toujours manifestée d'une manière si claire, qu'on ne peut la nier sans mentir à la conscience d'une génération. Je me souviens qu'un honnête vieillard s'étant plaint dans une table d'hôte de Lyon d'avoir été volé ce jour-là d'un « groupe » de cent louis qui s'était trouvé joint par hasard au « groupe » de l'Etat, cette somme lui fut rapportée le soir même, et qu'il manifesta le lendemain, sans le faire partager, un étonnement plein de naïveté et de joie. De ses cinquante auditeurs, il n'y en avait pas un qui ne comprît très bien cela.

Les voleurs de diligences dont il est question dans l'article Amiet, que j'ai cité tout à l'heure, s'appelaient Leprêtre, Hivert, Guyon et Amiet. Leprêtre avait quarante-huit ans ; c'était un ancien capitaine de dragons, chevalier de Saint-Louis, doué d'une physionomie noble, d'une tournure avantageuse et d'une grande élégance de manières. Guyon et Amiet n'ont jamais été connus sous leur véritable nom. Ils devaient cela à l'obligeance si commune des marchands de passeports. Qu'on se figure deux étourdis d'entre vingt et trente ans, liés par quelque responsabilité commune qui était peut-être celle d'une mauvaise action, ou par un intérêt plus délicat et plus généreux, la crainte de compromettre leur nom de famille, on connaîtra de Guyon et d'Amiet tout ce que je m'en rappelle. Ce dernier avait la figure sinistre, et c'est peut-être à sa mauvaise apparence qu'il doit la mauvaise réputation dont les biographes l'ont doté. Hivert était le fils d'un riche négociant de Lyon, qui avait offert au sous-officier de gendarmerie, chargé de son transfèrement, soixante mille francs pour le laisser évader. C'était à la fois l'Achille et le Pâris de la bande. Sa taille était moyenne, mais bien prise ; sa tournure gracieuse, vive et svelte. On n'avait jamais vu son œil sans un regard animé, ni sa bouche sans un sourire. Il avait une de ces physionomies qu'on ne peut pas oublier, et qui se composent d'un mélange inexprimable de douceur et de force, de tendresse et d'énergie. Quand il se livrait à l'éloquente pétulance de ses inspirations, il s'élevait jusqu'à l'enthousiasme. Sa conversation annonçait un commencement d'instruction bien faite et beaucoup d'esprit naturel. Ce qu'il y avait d'effrayant en lui, c'était l'expression étourdissante de sa gaieté, qui contrastait d'une manière horrible avec sa position. D'ailleurs, on s'accordait à le trouver bon, généreux, humain, facile à manier pour les faibles, car il aimait à faire parade, contre les autres, d'une vigueur réellement athlétique, que ses traits un peu efféminés étaient loin d'indiquer. Il se flattait de n'avoir jamais manqué d'argent et de n'avoir jamais eu d'ennemis. Ce fut sa seule réponse à l'imputation de vol et d'assassinat. Il avait vingt-deux ans [208].

Ces quatre hommes avaient été chargés de l'attaque d'une diligence [209] qui portait quarante mille francs pour le compte du gouvernement. Cette opération s'exécutait en plein jour, presque à l'amiable, et les voyageurs, désintéressés dans l'affaire, s'en souciaient fort peu. Ce jour-là un enfant de dix ans, bravement extravagant, s'élança sur le pistolet du conducteur, et tira au milieu des assaillants. Comme l'arme pacifique n'était chargée qu'à poudre, suivant l'usage, personne ne fut blessé, mais il y eut dans la voiture une grande et juste appréhension de représailles. La mère du petit garçon fut saisie d'une crise de nerfs si affreuse, que cette nouvelle inquiétude fit diversion à toutes les autres, et qu'elle occupa tout particulièrement l'attention des brigands. L'un d'eux s'élança près d'elle en la rassurant de la manière la plus affectueuse, en la félicitant sur le courage prématuré de son fils, en lui prodiguant les sels et les parfums dont ces messieurs étaient ordinairement munis pour leur propre usage. Elle revint à elle, et ses compagnons de voyage remarquèrent que, dans ce moment d'émotion, le masque du voleur était tombé, mais ils ne le virent point.

La police de ce temps-là, retranchée sur une observation impuissante, ne pouvait s'opposer aux opérations des bandits, mais elle ne manquait pas de moyens pour se mettre sur leur trace. Le mot d'ordre se donnait au café, et on se rendait compte d'un fait qui emportait la peine de mort d'un bout du billard à l'autre. Telle était l'importance qu'y attachait l'opinion. Ces hommes de terreur et de sang se retrouvaient le soir dans le monde, et parlaient de leurs expéditions nocturnes comme d'une veillée de plaisir. Leprêtre, Hivert, Guyon et Amiet furent traduits devant le tribunal d'un département voisin. Personne n'avait souffert de leur attentat que le trésor qui n'intéressait qui que ce fût, car on ne savait plus à qui il appartenait. Personne n'en pouvait reconnaître un, si ce n'est la belle dame, qui n'eut garde de le faire. Ils furent acquittés à l'unanimité.

Cependant la conviction de l'opinion était si manifeste et si prononcée que le ministère public fut obligé d'en appeler. Le jugement fut cassé ; mais telle était alors l'incertitude du pouvoir, qu'il redoutait presque de punir des excès qui pouvaient le lendemain être cités comme des titres. Les accusés furent renvoyés devant le tribunal de l'Ain, dans cette ville de Bourg, où étaient une partie de leurs amis, de leurs parents, de leurs fauteurs, de leurs complices. On croyait avoir satisfait aux réclamations d'un parti en lui ramenant ses victimes. On croyait être assuré de ne pas déplaire à l'autre, en les plaçant sous des garanties presque infaillibles. Leur entrée dans les prisons fut en effet une espèce de triomphe.

L'instruction recommença. Elle produisit d'abord les mêmes résultats que la précédente. Les quatre accusés étaient placés sous la faveur d'un alibi très faux, mais revêtu de cent signatures, et pour lequel on en aurait trouvé dix mille. Toutes les convictions morales devaient tomber en présence d'une pareille autorité. L'absolution paraissait infaillible, quand une question du président, peut-être involontairement insidieuse, changea l'aspect du procès. « Madame, dit-il à celle qui avait été si aimablement assistée par un des voleurs, quel est celui des accusés qui vous a accordé tant de soins ? »

Cette forme inattendue d'interrogation intervertit l'ordre de ses idées. Il est probable que sa pensée admit le fait comme reconnu, et qu'elle ne vit plus dans la manière de l'envisager qu'un moyen de modifier le sort de l'homme qui l'intéressait. « C'est monsieur », dit-elle en montrant Leprêtre. Les quatre accusés, compris dans un alibi indivisible, tombaient, de ce seul fait, sous le fer du bourreau. Ils se levèrent, et la saluèrent en souriant. « Pardieu, dit Hivert, en retombant sur sa banquette avec de grands éclats de rire, voilà, capitaine, qui vous apprendra à être galant. » J'ai entendu dire que, peu de temps après, cette malheureuse dame était morte de chagrin.

Il y eut le pourvoi accoutumé ; mais cette fois il donnait peu d'espérances. Le parti de la Révolution, que Napoléon allait écraser un mois plus tard, avait repris l'ascendant. Celui de la contre-révolution s'était compromis par des excès odieux. On voulait des exemples, et on s'était arrangé pour cela, comme on le pratique ordinairement dans les temps difficiles, car il en est des gouvernements comme des hommes : les plus faibles sont les plus cruels. Les compagnies de Jéhu n'avaient d'ailleurs plus d'existence compacte. Les héros de ces bandes farouches, Debeauce, Hastier, Bary, Le Coq, Dabri, Delboulbe, Storkenfeld, étaient tombés sur l'échafaud ou à côté [210]. Il n'y avait plus de ressources pour les condamnés dans le courage entreprenant de ces fous fatigués, qui n'étaient pas même capables dès lors de défendre leur propre vie, et qui se l'ôtaient froidement, comme Piard [211], à la fin d'un joyeux repas, pour en épargner la peine à la justice où à la vengeance. Nos brigands devaient mourir.

Leur pourvoi fut rejeté ; mais l'autorité judiciaire n'en fut pas prévenue la première. Trois coups de fusil tirés sous les murailles du cachot avertirent les condamnés. Le commissaire du directoire exécutif qui exerçait le ministère public près des tribunaux, épouvanté par ce symptôme de connivence, requit une partie de la force armée dont mon oncle était alors le chef. A six heures du matin, soixante cavaliers étaient rangés devant la grille du préau.

Quoique les guichetiers eussent pris toutes les précautions possibles pour pénétrer dans le cachot de ces quatre malheureux, qu'ils avaient laissés la veille si étroitement garrottés et chargés de fers si lourds, ils ne purent pas leur opposer une longue résistance. Les prisonniers étaient libres et armés jusqu'aux dents. Ils sortirent sans difficulté, après avoir enfermé leurs gardiens sous les gonds et sous les verrous ; et, munis de toutes les clés, ils traversèrent aussi aisément l'espace qui les séparait du préau. Leur aspect dut être terrible pour la populace, qui les attendait devant les grilles. Pour conserver toute la liberté de leurs mouvements, pour affecter peut-être une sécurité plus menaçante encore que la renommée de force et d'intrépidité qui s'attachait à leur nom, peut-être même pour dissimuler l'épanchement du sang, qui se manifeste si vite sous une toile blanche, et qui trahit les derniers efforts d'un homme blessé à mort, ils avaient le buste nu. Leurs bretelles croisées sur la poitrine, leurs larges ceintures rouges, hérissées d'armes, leur cri d'attaque et de rage, tout cela devait avoir quelque chose de fantastique. Arrivés au préau, il virent la gendarmerie déployée, immobile, impossible à rompre et à traverser. Ils s'arrêtèrent un moment, et parurent conférer entre eux. Leprêtre, qui était, comme je l'ai dit, leur aîné et leur chef, salua de la main le piquet, en disant avec cette noble grâce qui lui était particulière : « Très bien, messieurs de la gendarmerie ! » Ensuite il passa devant ses camarades, en leur adressant un vif et dernier adieu, et puis se brûla la cervelle. Guyon, Amiet et Hivert se mirent en état de défense, le canon de leurs doubles pistolets tourné sur la force armée. Ils ne tirèrent point, mais elle regarda cette démonstration comme une hostilité déclarée : elle tira. Guyon tomba raide mort sur le corps de Leprêtre, qui n'avait pas bougé. Amiet eut la cuisse cassée près de l'aine. La *Biographie des contemporains* dit qu'il fut exécuté. J'ai entendu raconter bien des fois qu'il avait rendu le dernier soupir au pied de l'échafaud. Hivert restait seul : sa contenance assurée, son œil terrible, ses pistolets agités par deux mains vives et exercées qui promenaient la mort sur tous les spectateurs, je ne sais quelle admiration peut-être qui s'attache au désespoir d'un beau jeune homme aux cheveux flottants, connu pour n'avoir jamais versé le sang, et auquel la justice demande une expiation de sang, l'aspect de ces trois cadavres sur lesquels il bondissait comme un loup excédé par des chasseurs, l'effroyable nouveauté de ce spectacle suspendirent un moment la fureur de la troupe. Il s'en aperçut et transigea : « Messieurs, dit-il, à la mort ! j'y vais ! j'y vais de tout mon cœur ! mais que personne ne m'approche, ou celui qui m'approche, je le brûle, si ce n'est monsieur, continua-t-il en montrant le bourreau. Cela, c'est une affaire que nous avons ensemble, et qui ne demande de part et d'autre que des procédés. »

La concession était facile, car il n'y avait là personne qui ne souffrît de la durée de cette horrible tragédie, et qui ne fût pressé de la voir finir. Quand il vit que cette concession était faite, il prit un de ses pistolets aux dents, tira de sa ceinture un poignard, et se le plongea dans la poitrine jusqu'au manche. Il resta debout, et en parut étonné. On voulut se précipiter sur lui : « Tout beau ! messieurs », cria-t-il en dirigeant de nouveau sur les hommes qui se disposaient à l'envelopper les pistolets dont il s'était ressaisi pendant que le sang jaillissait à grands flots de la blessure où le poignard était resté, « vous savez nos conventions : je mourrai seul ou nous mourrons trois ; marchons. » On le laissa marcher. Il alla droit à la guillotine, en tournant le couteau dans son sein. « Il faut, ma foi, dit-il, que j'aie l'âme chevillée dans le ventre ! Je ne peux pas mourir. Tâchez de vous tirer de là. » Il adressait ceci aux exécuteurs.

Un instant après, sa tête tomba. Soit par hasard, soit par quelque phénomène particulier de vitalité, elle bondit, elle roula hors de tout l'appareil du supplice, et on vous dirait encore à Bourg que la tête d'Hivert a parlé.

*
**

L'organisation des compagnies de Jéhu fut en général trop spontanée pour qu'on puisse l'éclaicir par des documents bien positifs ; mais comme il n'y a pas un épisode de la Révolution sur lequel les auteurs *de rebus gestis in nostro tempore* se soient moins exercés, et qui ait laissé moins de traces dans les monuments écrits de cette époque, ainsi que je le disais tout à l'heure, je rattacherai encore à ce sujet quelques souvenirs qu'il réveille dans ma pensée, et qui, à défaut d'une page curieuse pour la galerie de l'histoire, peuvent fournir, si je ne me trompe, quelques scènes au drame ou au roman. On sait que j'ai plutôt cet objet-là que tout autre, et que c'est même le seul but littéraire qui me soit permis. Cependant, les impressions de la première jeunesse ont je ne sais quoi de si vif et de si pénétrant, elles se colorent de tant d'autres prestiges aux yeux de l'imagination, elles reprennent dans le mystère de cette palingénésie de l'âme qui nous fait revivre nos fortes années, tant de séductions invincibles, qu'il ne serait pas étonnant que je me trompasse souvent sur l'importance des faits qui m'émeuvent encore le plus. Aussi, ne me hasarderai-je pas à garantir leur intérêt, je ne garantis que leur authenticité.

Je me suis plus d'une fois demandé quel était le nœud intime, quel était le pôle sympathique des jéhuistes. Ce n'était pas la religion du pays, puisque la moitié de ceux que j'ai connus étaient libertins et athées. Ce n'était pas l'amour de la dynastie déchue ; il n'y avait pas un homme sur cent parmi eux qui en eût approché ou qui en attendît quelque chose. Ce n'était pas la vengeance. Les jeunes hommes de cette monstrueuse association, qui appartenaient aux familles des proscripteurs, étaient plus nombreux de beaucoup que ceux qui appartenaient aux familles des proscrits. Ce n'était pas la cupidité ; sortis pour la plupart de la classe aisée, et moins jaloux d'agrandir leur fortune par de mesquines spoliations de diligences et de recettes, que de l'épuiser dans des prodigalités extravagantes, ils jouaient des quadruples qu'ils aimaient à perdre contre des sous qu'ils ne ramassaient pas. Leurs vols tombaient dans des coffres d'où ils allaient engraisser quelques misérables aventuriers, décorés de leur chef du titre de commissaire du roi, et ils n'en recueillaient, quant à eux, que l'infamie et l'échafaud. Ce n'étaient pas, sinon par exception, des antipathies de maison ou des haines personnelles. On tuait, sans doute, un ennemi, un rival, un créancier, quand l'occasion s'en présentait ; on tuait, à tout moment, un étranger, un inconnu, un voisin, un camarade d'école, un ami d'enfance ; on l'embrassait quelquefois auparavant.

Ce que c'était, il faut le dire ! c'était une monomanie endémique, un besoin de furie et d'égorgement éclos sous les ailes des harpies révolutionnaires, un appétit de larcin aiguisé par les confiscations, une soif de sang enflammée par la vue du sang. C'était la frénésie d'une génération, nourrie comme Achille de la moelle des bêtes féroces, et qui n'avait plus de types et d'idéalités devant elle que les brigands de Schiller et les francs-juges du Moyen Age. C'était l'âpre et irrésistible nécessité de recommencer la société par le crime, comme elle avait fini. C'était ce qu'envoie toujours dans des temps marqués l'esprit des compensations éternelles, les titans après le chaos, Python après le déluge, une nuée de vautours affamés après le carnage, cet infaillible talion de fléaux inexplicables qui acquitte la mort par la mort, qui demande le cadavre pour le cadavre, qui se paie avec usure, et que l'Ecriture elle-même a compté parmi les trésors de la providence.

La composition inopinée des *Compagnies de Jéhu* offrait bien un peu de ce mélange inévitable d'états, de conditions et de personnes qu'on remarque dans tous les partis, dans toutes les bandes qui se ruent au travers d'une société en désordre ; mais il y en avait moins qu'il n'en fut jamais ailleurs. La partie des classes inférieures qui y prenait part ne manquait pas de ce vernis de manières que donnent les vices dispendieux : populace aristocrate qui courait de débauches en débauches et d'excès en excès, après l'aristocratie de noms et de fortunes, comme pour prouver qu'il n'y a rien de plus facile à outrepasser que le mauvais exemple. Le reste couvrait sous des formes plus élégantes une dépravation plus odieuse, puisqu'elle avait eu à briser le frein des bienséances et de l'éducation. On n'avait jamais vu tant d'assassins en bas de soie [212] ; et l'on se tromperait fort si l'on s'imaginait que le luxe des mœurs fût là en raison opposée de la férocité du caractère. La rage n'avait pas d'accès moins impitoyables dans l'homme du monde que dans l'homme du peuple, et on n'aurait pas trouvé la mort moins cruelle en raffinements sous le poignard du petit-maître que sous le couteau du boucher.

La classe proscrite s'était d'abord jetée avec empressement dans les prisons pour y chercher un asile. Quand cette triste sauvegarde de l'infortune eut été violée, comme tout ce qu'il y avait de sacré chez les hommes, comme les temples et les tombeaux, l'administration essaya de pourvoir à la sûreté des victimes en les dépaysant, pour les soustraire aux moins à l'action des vengeances particulières. On les envoyait à vingt, à trente lieues de leurs femmes et de leurs enfants, parmi des populations dont elles n'étaient connues ni par leurs noms, ni par leurs actes, et la caravane fatale ne faisait que changer de sépulture. Les jéhuistes se livraient leur proie par échange d'un département à l'autre, avec la régularité du commerce. Jamais la conscience des affaires ne fut portée aussi loin que dans cette horrible comptabilité. Jamais une de ces traites barbares qui se payaient en têtes d'hommes ne fut protestée à l'échéance. Aussitôt que la lettre de voiture était arrivée, on balançait froidement l'avoir et le devoir, on portait les créances en avance, et le mandat de sang était soldé à vue.

C'était un spectacle dont la seule idée révolte l'âme, et qui se renouvelait souvent. Qu'on se représente une de ces longues charrettes à ridelles sur lesquelles on entasse les veaux pour la bouchcric, ct là, pressés confusément, les pieds et les mains fortement noués de cordes, la tête pendante et battue par les cahots, la poitrine haletante de fatigue, de désespoir et de terreur, des hommes dont le plus grand crime était presque toujours une folle exaltation dissipée en paroles menaçantes. Oh ! ne pensez pas qu'on leur eût ménagé à leur entrée, ni le repas libre des martyrs, ni les honneurs expiatoires du sacrifice, ni même la vaine consolation d'opposer un moment une résistance impossible à une attaque sans péril, comme aux arènes de Constance et de Galère ! Le massacre les surprenait immobiles ; on les égorgeait dans leurs liens, et l'assommoir rouge de sang retentissait encore longtemps sur des corps qui ne sentaient plus. Pendant ce temps-là, des femmes regardaient paisibles, leurs enfants dans leurs bras, et les enfants battaient des mains. J'ai vu un vieillard septuagénaire, connu par la douceur de ses habitudes, et par cette politesse maniérée qui passe avant toutes les autres qualités dans les salons de province, un de ces hommes de bon ton dont l'espèce commence à se perdre, et qui étaient allés une fois à Paris pour faire leur cour au ministre, et pour assister à la chasse ou au jeu du roi, mais qui devaient à ce souvenir privilégié l'avantage de dîner de temps en temps chez l'intendant, et de donner leur avis dans les cérémonies importantes sur une difficulté d'étiquette ; je l'ai vu, dis-je, fatiguer ses bras débiles à frapper d'un petit jonc à pomme d'or un cadavre où les assassins avaient oublié d'éteindre le dernier souffle de la vie, et qui venait de trahir son agonie tardive par une dernière convulsion !

Tout cela ressemblait étrangement aux exécutions des cannibales, et, comme chez eux, l'affreux sacrifice se passait au bruit des chants. Dans la bouche des tueurs, c'était le *Réveil du peuple* qui allait toujours augmentant d'éclat et de sauvage expression à mesure que les fumées du sang leur montaient au cerveau ; c'était le refrain de *La Marseillaise*, qui expirait de mort en mort dans la bouche des mourants. Seulement on ne les mangeait pas. Chez les peuples civilisés, qui ont perfectionné par-dessus tout l'art des jouissances, on a compris autrement les voluptés des festins. Voilà toute la différence.

L'aspect de ces tragédies devait être plus sinistre encore dans les cachots, où, à l'exception du geôlier consterné qui ouvrait la porte, l'action se passait tout entière entre Marius et le Cimbre[213]. L'assassin s'arrêtait quelque temps sur le seuil pour exercer son regard à l'obscurité du souterrain ; il le promenait ensuite avec une cruelle avidité dans tous ses recoins, jusqu'à ce qu'il eût à demi discerné sur une poignée de paille quelque chose de vivant qui palpitait d'épouvante. Alors le tigre bondissait en poussant son cri de mort, et on n'entendait plus qu'un gémissement. Quels adversaires, grand Dieu ! Quel combat ! quel champ de bataille ! quelle histoire !

Souvent les victimes déployaient dans ces terribles angoisses un courage digne d'une meilleure destinée. Un aubergiste de Saint-Amour, nommé Tabé, gisait malade sur un mauvais pliant dans un des angles les plus retirés de la prison. Protégé par son état de souffrance et par les ténèbres où on l'avait caché, il avait vu dix fois les égorgeurs passer près de lui en allant au carnage ; il les avait vus dix fois revenir sanglants. La troupe s'éloignait. Tout à coup la rumeur reflue vers son lit, car ils avaient oublié quelque chose. « Tabé ! Tabé ! crient des voix furieuses. – Le voici, répond-il en se soulevant péniblement sur ses genoux, c'est moi qui m'appelle Tabé. » Une balle part et lui fracasse le bras ; l'assassin inexpérimenté n'avait pas pris le temps d'ajuster sa victime. Tabé se relève en s'appuyant de l'autre bras. « Ce n'est pas là, dit-il, c'est là qu'il faut frapper... » et il découvre sa poitrine. Cette fois, on eut l'humanité de le tuer à bout portant.

Loin de moi l'idée d'intéresser personne en faveur des misérables qui souillèrent l'est et le midi de la France de tant d'excès d'anthropophages ; mais qu'on ne me refuse pas le triste bonheur d'insister sur la pensée consolante pour l'espèce humaine qu'il y avait dans ces aberrations plus de frénésie que de crime, plus de « tétanos moral », si l'on peut s'exprimer ainsi, que de scélératesse combinée. Notre savant ami le docteur Marc [214] nous dira sans doute un jour que les anciens, qui savaient tout ce que nous savons, ont probablement voulu figurer cet orgasme désordonné de l'âme dans les fables d'Hercule infanticide et d'Oreste livré aux furies. Ce qu'il y a de certain, c'est que tous les jéhuistes que j'ai vus de près, et qui n'ont pas payé en nature au bourreau le sang qu'ils avaient versé, ont fini par le marasme ou par le suicide comme les monomanes ordinaires. Quand ces gens-là ne savaient plus qui tuer, ils se tuaient.

A les prendre hors de leurs accès (et je n'écris pas cela sans défiance du jugement qu'on en portera, quoique je sois accoutumé à écrire librement tout ce que je pense fermement), c'étaient quelquefois des hommes doux, indulgents, sensibles, qui trouvaient de la pitié et des larmes pour les veuves et les orphelins qu'ils avaient faits. Il y a cinquante exemples pour un d'un jacobin ou d'un « Mathevon » qui a passé avec sécurité les jours de proscription chez un compagnon de Jéhu, dont le poignard ne l'aurait pas épargné en prison ou sur la place publique. On en citait qui avaient caché, nourri, protégé le spoliateur de leur fortune ou le dénonciateur de leur père, parce qu'il était venu placer chez eux son malheur sous la sauvegarde de l'hospitalité. C'était le cas de dire comme Réal[215], dans sa belle défense du comité révolutionnaire de Nantes : « Jurés, sont-ce là des hommes de sang ? »

J'ai nommé ailleurs quelques-uns des jéhuistes les plus formidables de l'Est. On comprendra aisément pourquoi je ne désigne que par son prénom celui dont il me reste à parler ici. La nature avait comblé Laurent[216] d'un luxe éblouissant de faveurs comme pour en faire la plus étrange de ses antithèses. Sa mâle beauté n'excluait pas une charmante expression de bienveillance et d'aménité qui appelait la confiance. Elevé sans beaucoup de soin, et livré de bonne heure aux écarts d'une dissipation orageuse, il n'avait ni une grande force dans l'esprit, ni une solide instruction acquise, mais de l'aisance, de la facilité, une grâce particulière d'élocution, qui donnait du prix à ses moindres paroles, et cet attrait insinuant et doux de l'homme aimable qu'on éprouve sans l'expliquer. Poussé par son organisation nerveuse, et, selon un bruit généralement répandu, par les suites d'un accident très grave de sa jeunesse, à de fréquents accès d'expansion turbulente, la vue d'une seule personne que son irritation pouvait blesser suffisait pour le contenir. Un bataillon d'ennemis déployé devant lui l'aurait fait bouillonner d'indignation et de rage. Un enfant l'aurait désarmé. Si on lui avait attribué alors, dans un des cercles où il était le plus intimement connu, quelque action violente, il ne se serait élevé qu'une voix contre la calomnie, et cependant la calomnie elle-même n'aurait pu exagérer. Laurent furieux ne ressemblait plus à l'homme des soirées paisibles, des spectacles et des promenades. Il n'appartenait plus à l'espèce humaine. Le peuple disait dans les rues : « Laurent est en colère, Laurent est malade, Laurent a mis son habit de carnage ; il y aura des morts ! »

Ces horribles cruautés eurent un terme. La justice tenta enfin de reprendre ses droits et de frapper à leur tour ces usurpateurs des vengeances publiques qui s'étaient mis si audacieusement à sa place ; mais elle ne montra longtemps qu'un vain simulacre de vigueur, toujours prêt à s'évanouir devant des passions plus puissantes que les lois. Soixante-douze compagnons de Jéhu des départements de l'Est furent envoyés en jugement à Yssingeaux, dans la Haute-Loire, en présence d'un tribunal extraordinairement convoqué pour eux. Dans ce moment où le pouvoir mobile et mal assuré passait de main en main, comme au hasard, pendant le court intervalle qui séparait l'arrivée de deux courriers ou le glas de deux tocsins, et où les partis fatigués, mais non pas anéantis, mesuraient encore d'un œil menaçant leurs forces à peu près égales, un pareil nombre d'hommes déterminés, plutôt casernés que captifs dans les prisons d'une petite ville, auraient aisément décidé du sort d'une province ; aussi les débats de la procédure présentèrent un de ces tableaux bizarres qui caractérisent les temps d'anxiété publique : l'accusation fut timide, le témoignage inquiet et presque suppliant, la défense insouciante ou téméraire. Tous les prévenus furent absous, deux seuls exceptés, sur lesquels les charges s'étaient accumulées d'une manière si grave qu'ils n'essayèrent pas même de se soustraire à l'évidence accablante des faits [217]. On reconduisit Laurent et un de ses camarades au cachot pour y attendre la mort jusqu'au lendemain.

Il faut avoir vu Laurent pour se faire une idée de l'empire que pouvait exercer l'héroïque et douce beauté de ses traits sur la multitude la moins sensible à l'ascendant de cette « recommandation corporelle » dont Montaigne parle quelque part. On imaginera sans peine l'effet qu'elle avait dû produire sur un cœur de femme, et il y avait une femme chez le geôlier d'Yssingeaux ; était-elle sa fille, ou sa nièce ou sa sœur ? C'est ce que l'histoire ne nous dit pas ; mais ce qu'elle nous dit se retrouve si fréquemment, de temps immémorial, dans la tradition conteuse des veillées de village et dans les romances du peuple, que le récit ne mérite presque pas d'en être fait, et que j'en aurais ajusté un autre à mon chapitre, si j'aspirais à l'honneur difficile d'être neuf, au lieu d'écrire scrupuleusement sous la dictée de mes souvenirs. A deux heures, de la nuit, la lourde porte de Laurent s'ouvrit, et il reçut la visite d'un ange sauveur, moins pur peut-être que celui qui s'introduisit pour le même dessein au milieu des gardes endormis d'un saint martyr, mais animé aussi de cet esprit de protection et de salut qu'inspire l'amour, et qui procède du même Dieu. C'était une jeune et jolie fille, qu'il n'avait jamais entrevue qu'à travers ses barreaux, mais sur laquelle il avait agi, sans le savoir, de cette puissance de séduction qui lui était naturelle. En pareille occasion, on ne discute guère sur les convenances d'un établissement. L'échange de deux bagues fit tous les frais de l'engagement nuptial, et Laurent se trouva libre, avec le regret de ne pouvoir sauver son compagnon d'infortune, qu'on avait placé dans un cachot séparé à l'autre extrémité du bâtiment. Un cheval l'attendait au village voisin, où il allait être, avant le jour, rejoint par sa fiancée, dont quelques circonstances différaient le départ. Le jour parut. Elle tarda. L'impatience le gagnait, elle s'augmentait en raison des progrès que le soleil faisait sur l'horizon, et une autre impatience agitait la foule déjà rassemblée, parce que l'exécution devait avoir lieu de bonne heure. Il avait poussé à plusieurs reprises sur Yssingeaux, et en s'en rapprochant toujours, des reconnaissances inutiles. Sa tête s'exalte de cette exaltation passionnée dont il ne savait pas réprimer les élans ; il suppose que sa bienfaitrice a été surprise dans sa fuite, et qu'elle le remplace dans sa prison. Il entre dans la ville, traverse, au bruit des voix qui le nomment, la place où des exécuteurs impassibles essayaient l'instrument de son supplice pendant que les gendarmes allaient chercher les condamnés, reconnaît parmi les groupes, au milieu desquels elle essayait de se frayer un passage, la femme qui l'a délivré, s'ouvre un chemin vers elle, s'en saisit, la jette en croupe derrière lui comme un paladin de l'Arioste, et disparaît au galop. Je voudrais bien savoir s'il y a beaucoup de faits où s'allient plus de générosité chevaleresque et d'abnégation de soi-même, dans les fantaisies romantiques du Moyen Age.

Après ce mépris si noble ou si brutal de ce que la plupart des hommes redoutent le plus, le prétendu malheur de cesser de vivre, on se tromperait, à la vérité, si l'on attendait beaucoup encore des amis de Laurent. Leurs qualités généreuses elles-mêmes étaient plutôt l'effet d'une organisation particulière que le résultat d'un principe, l'instinct forcené d'un aveugle courage que le développement d'une vertu de l'âme. Ils étaient parvenus à recevoir la mort sans s'émouvoir, sans se soucier, précisément comme ils la donnaient, et c'est tout.

DE LA MAÇONNERIE ET DU CARBONARISME

On a dit tant de choses, on a écrit tant de volumes sur la maçonnerie, depuis qu'elle a le privilège d'occuper les hommes, qu'il paraît difficile aujourd'hui de dire et d'écrire du neuf sur ce sujet. Toutefois, il est certaines questions, usées en apparence, sur lesquelles il reste quelque chose de neuf à dire, la vérité ; et celle-ci est de ce nombre. L'origine de la maçonnerie, qu'on a obscurcie de tant de voiles, est une des choses les plus simples et les plus communes qui se puissent imaginer ; mais on a mieux aimé la chercher dans les mystères d'Eleusis et dans la fable d'Adonhiram que dans un fait de tous les pays et de tous les moments. Le naturel est presque toujours le dernier point dont on s'avise dans les sciences de l'homme.

Un instinct propre à l'espèce a fondé la société

universelle, mais cet instinct ne s'est pas épuisé dans cette vaste création. L'intérêt général s'est subdivisé en grand nombre d'intérêts particuliers. Des besoins, des prétentions, des droits analogues ont nécessairement rapproché les individus auxquels ils étaient communs. Il n'y a si petite fraction de l'état social qui n'ait reconnu à son tour l'avantage de se fortifier du concours de tous ses membres, soit pour assurer sa conservation, soit pour parvenir plus sûrement à son dernier degré de perfectionnement et de bien-être. La plupart des peuples ont reconnu ce principe dans l'établissement des castes ; la plupart des polices l'ont consacré dans l'établissement des corporations.

Comme toutes les agrégations possibles d'hommes aspirent à s'attribuer des privilèges qui leur soient propres, il a fallu se défendre dans toutes de l'intrusion et de l'envahissement des intérêts étrangers ; il a fallu se circonscrire et s'isoler ; il a fallu inventer des mots de passe, des mots d'ordre et des mystères. Tout cela est très social ; l'harmonie publique ne peut même se concevoir autrement, car c'est de l'esprit intime de ces associations particulières que se compose l'esprit unanime de la société humaine, qui a aussi ses mots d'ordre et ses mystères, c'est-à-dire ses gouvernements et ses religions. Les petites sociétés sont l'élément de la grande ; elles en sont l'image abrégée, comme chacune des exigences que la nature a produites est typiquement en soi un des éléments, une des images abrégées, un des microcosmes du grand monde.

Les sociétés de métiers sont probablement anciennes comme les métiers. On retrouve des traces de leur existence et de leur action dans toutes les histoires.

La maçonnerie n'est autre chose, dans son origine comme dans ses emblèmes, que l'association des ouvriers maçons ou bâtisseurs, complète en ses trois grades, l'apprenti, le compagnon et le maître.

Comment cette société a entraîné dans son mouvement la plupart des sociétés occultes, c'est une autre question. L'accroissement de la civilisation, l'agrandissement progressif des villes, l'importance des monuments séculaires du Moyen Age, dont le plan et les travaux se léguaient de génération en génération, peuvent fort bien expliquer la suprématie qu'elle obtint sur toutes les autres, et qui a fini par la rendre aussi patente que les institutions avouées. Les grandes et solennelles entreprises de Christopher Wren[218] ont-elles réellement influé sur ses développements ? Sa position de ce temps-là au milieu des troubles régénérateurs de l'Angleterre a-t-elle déterminé sa première extension politique, et attiré dans son tourbillon, comme autant de satellites d'une planète puissante, des agrégations inférieures en nombre, en richesse et en capacités ? Cela est possible et même vraisemblable ; mais dans tous les cas, ce ne serait pas là une origine, ce ne serait qu'une époque. L'origine réelle de la maçonnerie, c'est le compagnonnage.

Ce n'est qu'à dater du XVIIe siècle et des guerres de la Fronde, que la politique devint une science populaire. Elle avait été subordonnée jusque-là au système religieux que la Réforme venait de détruire ou au moins d'ébranler d'une manière irréparable.

Ce n'est que vers le milieu du XVIIIe siècle que cette science passa dans toutes les perceptions de l'homme, et qu'elle choisit pour sanctuaires les sociétés occultes, parce qu'elle ne pouvait encore marcher à découvert dans la société publique. Dès ce moment, les intérêts de celle-ci et ceux de ses fractions se scindèrent. Tout s'agitait dans un tout qui persistait à rester immobile, et tout tomba.

Quoique tous les individus ne fussent pas également préparés à ce progrès ou à cet accident dans les sociétés secrètes, ils furent tous emportés également dans le courant des révolutions qui renouvelaient le monde. Il ne fallait pour cela que subdiviser les sociétés d'invasion, en laissant à l'arrière-garde les esprits méticuleux ou stationnaires, et il n'y avait rien de plus facile en multipliant les grades. Cette innovation ne choquait personne, parce qu'elle marquait dans l'ordre une augmentation d'importance qui flattait tous les orgueils et qui tentait toutes les ambitions. Cependant il est vrai de dire qu'à partir du jour où le grade de maître fut dépassé, le compagnonnage maçonnique n'exista plus. Il ne resta que des faiseurs et des masses.

Il faut convenir encore que cette action se ressentait peu des intentions du moteur inconnu qui l'avait communiquée. Jusqu'au grade de rose-croix, emprunté à de mauvais charlatans des siècles précédents, et dont le thème mystique paraît au moins assez significatif, ces grades n'étaient le plus souvent que des fictions de vanité dont le premier objet, fort étranger au principe essentiel d'égalité sur lequel reposait l'ordre, semblait être de fonder dans les orients une aristocratie de mœurs et d'intelligences. L'artisan s'en effaça de plus en plus, et l'institution tomba en proie à quelques gentillâtres aigris des rebuts de la cour, et à quelques avocats turbulents, au-dessus desquels s'élevaient seulement de loin en loin un petit nombre de capacités supérieures qui avaient compris qu'une société secrète est le plus sûr de tous les leviers pour remuer l'autre.

Comme ce n'est pas l'histoire de la maçonnerie que je fais ici, je ne chercherai point à expliquer ses alliances avec l'illuminisme[219], et sa tendance toujours croissante à entrer d'une pièce dans une nouvelle organisation politique. Je n'aurai pas besoin de dire pourquoi elle s'éteignit dans la Révolution, dès le commencement de la République ; la raison en saute aux yeux. La Révolution l'avait complètement débordée, parce que les révolutions vont toujours beaucoup plus loin que la prévision indiscrète et présomptueuse de ceux qui les font. Je n'aurai pas besoin de dire pourquoi elle reparut, quand la Révolution eut reculé sous la main puissante de Bonaparte. La liberté proscrite essayait de se réfugier quelque part, et elle revenait à son premier gîte, mais il ne lui appartenait plus : elle y trouva la belette.

Bonaparte connaissait trop bien le pouvoir des sociétés secrètes pour abandonner la maçonnerie à son propre mouvement. Il jeta ses adeptes personnels à la tête de l'ordre, et cette fois il n'y eut plus moyen de se soustraire de degrés en degrés à l'invasion de sa police. Elle se saisit de cet artifice elle-même pour faire rétrograder l'esprit maçonnique, en feignant de la pousser à travers des ampliations postiches. Tout au plus elle daigna livrer çà et là quelques idées généreuses aux esprits les plus actifs, comme une folle pâture, et fournit avec adresse ces aliments sans substance aux âmes impatientes pour les dédommager de la perte de la liberté. On alla jusqu'à ménager à de certains caractères que n'auraient pas contentés les émotions communes, des impressions violentes qui rappelaient quelque chose de la véhémence des passions révolutionnaires ; tel fut l'objet de l'institution des Templiers, dont le principe vital était la haine de la papauté et de la vieille race royale dépossédée par la Révolution. Il y avait là tout ce qu'il fallait pour occuper, en jeux de théâtre, l'activité remuante des patriotes d'action, sans danger pour le pouvoir colossal qui s'élevait sur les débris de la République, et c'est à ces fictions niaisement hostiles que se réduisirent les dernières splendeurs de la maçonnerie et de l'écossisme[220]. Le reste ne présente guère qu'une farce sérieuse, jouée par d'honnêtes oisifs, entre des châssis de bateleurs, et dont la représentation, bonne pour amuser les loisirs d'une vieille femme, n'a jamais ému le sommeil d'un tyran.

Les amis obstinés de la liberté plaçaient ailleurs leurs espérances ; seulement, ils avaient procédé dans le sens inverse de la maçonnerie, en descendant du grade complet qui contenait leur pensée dans toute son intensité, à des grades subordonnées qui reprenaient sa place relative, puis disparaissaient à leur tour derrière un grade inférieur qui se croyait toujours le premier, jusqu'au moment où une masse immense se trouvait embrassée de toutes parts. C'était chose aisée que de rattacher à ce système ainsi conçu les adelphies[221] d'écoliers et les compagnonnages d'artisans ; mais au lieu de les appeler à soi pour les absorber, on se faisait appeler par eux-mêmes, et on les forçait à créer en quelque sorte la progression ascensionnelle dans laquelle on les amenait, comme si on y était amené. C'est ainsi que les sociétés inférieures, si peu redoutées du pouvoir, avait fini par contenir à leur insu tout ce qu'il y avait d'essentiel dans l'organisation générale ; et si cette combinaison, qui déjouait toutes les prévoyances du despotisme, n'était pas exempte d'hypocrisie, il faut convenir au moins qu'elle ne manquait pas d'esprit. Je l'ai expliquée sans scrupule, parce que je suis bien convaincu qu'en matière de conspiration, le même mode général ne réussit jamais deux fois.

La maçonnerie promettait peu de conquêtes aux ennemis du despotisme, et j'en ai dit les motifs : mais il existait en France un compagnonnage bien moins connu, dont l'envahissement offrait tous les avantages désirables, celui des « bons cousins charbonniers[222] ». Plus ancien probablement que celui des maçons, car il comprend dans sa nomenclature technique des archaïsmes de notre langue, dont il ne reste presque pas d'autres monuments, il conservait au premier degré toute la naïveté de son institution primitive. Le bon cousin charbonnier de ce grade était en effet le plus souvent un charbonnier ou un bûcheron, ordinairement nomade, selon les mœurs de cette profession, et pour qui la combinaison et les devoirs de l'institut n'étaient pas un simple divertissement d'imagination, mais bien une nécessité d'existence. A côté, se développaient des agrégations urbaines, presque toutes formées dans la classe inappréciable des artisans industrieux et honnêtes, qu'une éducation saine et appropriée à leur état rendait susceptible de participer vivement à un certain ordre de jouissances morales. Ceux-ci, acquis graduellement par la société, n'en avaient altéré ni le principe ni les cérémonies, et, comme aux premiers temps de sa fondation, les « ventes » solennelles se tenaient encore dans les bois. Il s'était bien mêlé à ces éléments un peu de cet amalgame inévitable qui a fini par corrompre la maçonnerie, c'est-à-dire des lettrés, des légistes, des médecins ; mais ils n'y concouraient qu'à titre de superfétation, et la faconde vide, le jargon sentimental, le lycophrontisme philanthropique de l'université, de l'académie, du barreau, avaient peu de prise sur des âmes ingénues, éclairées de doctrines pures, et fidèles avant tout à des pratiques héréditaires consacrées par l'usage des ancêtres. Les dogmes du carbonarisme étaient simples et frappants, les mœurs graves et exemplaires, les rites empreints d'une majesté naturelle que les imitateurs n'ont jamais pu qu'imparfaitement contrefaire. Il n'y avait point chez les charbonniers de ce faste de charité qui se réduit communément à de brillantes apparences, mais un véritable esprit de compagnonnage bien plus sincère et bien plus effectif, parce qu'il était animé d'une conscience et d'un besoin de réciprocité bien plus intelligible à tous, et qui entretenait avec une exactitude parfaite de généreuses sympathies entre tous les membres de l'ordre. Le titre même de cousin, moins emphatique et moins obligatoire que celui de frère, donne la mesure de cette affinité loyale et modeste qui ne promettait pas tant, mais qui assurait davantage. Le maçon a quelquefois proscrit le maçon. Jamais l'assistance du charbonnier n'a manqué au charbonnier, sans acception de parti, et quand nous avions atteint la forêt, on savait bien qu'on ne nous y retrouverait pas. Le carbonarisme, comme toutes les bonnes sociétés, s'appuyait sur un principe religieux placé hors de toute discussion, et qui n'a peut-être pas en mille ans excité une controverse, croyance pour les uns, emblème pour les autres, également respecté de tous. C'était une piété tolérante, un christianisme libre, cette foi large et cependant docile qu'on appelle, sans savoir pourquoi, « la foi du charbonnier ». Il en était de même pour les mœurs, pour les devoirs, pour les bienséances sociales, où l'indulgence, compassionnable à toutes les erreurs, se révoltait contre tous les excès, mais avec des formes de répression qui soumettaient irrésistiblement le cœur. L'orgueil des décorations et des titres, cette plaie qui dévore les sociétés secrètes comme la société entière, ne pouvait avoir d'accès parmi les charbonniers, où toute autorité est essentiellement transitoire et passe à perpétuité de main en main, par une suite d'abdications spontanées ; gouvernement sublime, selon moi, qui réunit toute la vigueur du pouvoir absolu à toutes les libertés de la démocratie la plus complète ; qui exclut toutes les ambitions illégitimes en encourageant toutes les nobles émulations, qui impose l'obéissance de tous par la certitude unanime de l'imposer à tous à son tour ; qui n'a aucun des inconvénients de l'élection populaire, le dernier titulaire étant toujours électeur ; aucun des inconvénients de la réélection prolongée, le chef amovible ne pouvant se réélire lui-même, et qui, si admirable qu'il soit, n'a jamais eu de type chez aucun peuple.

En vérité, si j'avais porté quelque prétention dans ma vie, je n'aurais pas beaucoup à me louer de ses chances. Aucun des événements dont j'ai été l'acteur ou le témoin n'a varié mon existence d'un épisode favorable ; ma destinée m'a jeté à califourchon sur une tangente du globe qui me ramène nécessairement aux antipodes de toutes ses révolutions ; mais je lui sais gré d'avoir caché quelque temps ma triste jeunesse dans les « ventes » des charbonniers [223] ; – et c'est pourtant dans cet ordre innocent et paisible qu'un amour effréné de la liberté nous fit essayer de répandre, sous le règne de Napoléon, des semences de troubles, si fertiles en malheurs !

Je dois interrompre ici le fil de mes souvenirs, plutôt que de le rattacher à des conjectures hasardées et délicates. Si je ne me trompe toutefois, il y avait trop de droite raison, trop d'amour de l'ordre et de la paix, trop de simplicité de conduite chez nos charbonniers de cette époque, pour qu'ils aient dû prêter en France une coopération bien active aux entreprises des partis. En Italie, ce fut autre chose ; mais le récit de leur organisation de 1809, sous l'habile direction de Chasteler [224], et de leur alliance avec les sociétés passionnées et magnanimes des étudiants d'Allemagne, demande une autre plume que la mienne, et le temps de l'écrire n'est d'ailleurs pas venu. S'il n'est point de spectacle plus noble et plus touchant que le mouvement d'une population généreuse, qui se soulève contre la tyrannie intérieure ou contre l'invasion étrangère, il y a dans la mise en scène de ce grand drame politique des ressorts dont son succès peut dépendre une autre fois, et qu'il serait dangereux de ravir à l'adresse du machiniste et au talent de l'acteur. *Proximus ardet Ucalegon.* L'histoire des peuples n'est pas finie.

Ces notions mêmes, toutes vagues qu'elles sont, n'auraient pu paraître il y a quelques années ; aujourd'hui elles seront loin de satisfaire la curiosité de tous les lecteurs. C'est une des conditions infaillibles de la matière que je traite, et je ne pensais d'ailleurs qu'à en tirer une induction qui peut être livrée avec quelque utilité aux gouvernements de bonne foi, qu'on nous promet depuis si longtemps, et qu'on nous donnera peut-être. Le compagnonnage, abandonné à lui-même, à la spontanéité de son admirable institution et de ses excellents instincts, sera toujours, dans tout ordre établi, un des meilleurs auxiliaires de l'ordre, et j'étends cette proposition à toutes les associations publiques ou secrètes qui dérivent du compagnonnage, ou qui en ont emprunté leur forme. Il est naturellement soucieux et remuant, mais il est indispensablement intelligent et moral. Les hommes ne se réunissent jamais que sous l'empire d'une idée d'harmonie ; et toutes les fois que vous découvrirez dans le conciliabule le plus suspect un cérémonial convenu, vous pouvez être certain d'y trouver un profond sentiment d'ordre. Pascal a dit que les voleurs mêmes avaient des lois : Pascal s'est trompé comme se trompent les philosophes qui ne jugent les choses que par spéculation. Les méchants n'ont point de société ; ils ont des intérêts mobiles, passagers, fugaces, dénués de sympathie et de simultanéité, à peine garantis par des mots ou des signes de convention, et devant lesquels ils reculeraient s'ils étaient convoqués, assemblés, assis, éclairés par des lampes distribuées avec symétrie, distingués par des costumes, instruits par des emblèmes, et présidés par un chef. Partout où il y a collection d'hommes, s'il y a en même temps un principe fondamental d'association la majorité finira par devenir bonne, et si elle ne le devenait pas, l'association périrait toute seule, sans que la force s'en mêlât. Si un grand nombre de conjurés se sont longtemps entendus pour un crime, soyez sûrs que ce crime offrait au moins l'apparence d'une vertu, et qu'il n'y avait dans leur obstination que cette erreur de jugement qui n'implique pas la perversité de l'âme, puisque vos tribunaux et vos sénats n'en sont pas exempts. Soyez sûrs encore qu'ils ne se seraient pas perpétués, car les institutions placées hors de la morale ne se perpétuent pas plus que les monstres.

Les sociétés secrètes sont indestructibles de leur nature ; elles sont menaçantes pour le despotisme lui seul ; elles sont inquiétantes pour les pouvoirs temporaires qui ne cèdent qu'avec timeur et pusillanimité les libertés légitimes. Sous les pouvoirs loyaux et bien pondérés, elles offrent un appui aussi essentiel à l'ordre moral que les administrations provinciales à l'ordre politique. Ce sont des pièces de l'économie universelle jetées dans le même moule. Je n'en excepte certainement pas la Maçonnerie, qui est très bonne, très respectable, très inuisible en tout point, et qui peut occuper fort convenablement les veillées d'un honnête citoyen, quand les soirées deviennent longues, et surtout quand il pleut.

LES PRISONS DE PARIS SOUS LE CONSULAT

LE DÉPÔT DE LA PRÉFECTURE ET LE TEMPLE[225]

« Le moi est odieux », dit Pascal. Le moi est bien pis que cela, quand on n'a pas eu de part essentielle aux affaires, et qu'on figure tout au plus dans le drame de l'histoire comme un comparse inutile. Alors, il est ridicule, et c'est ce qu'il y a de pis en France. Cette considération m'aurait détourné d'écrire mes souvenirs, si j'avais jamais imaginé que je les écrivisse pour un autre que pour moi. Cependant, je ne vois aucun moyen de traiter le sujet qui m'occupe, sans prendre un rôle dans ma narration. C'est l'inconvénient inévitable de ce genre d'ouvrage ; l'exemple de l'obscur Constantin de Renneville peut seul me rassurer. Il s'est fait le héros de cinq gros volumes sur la Bastille[226], et je me propose de n'être ni si fier ni si prolixe[227].

Je crois que tous les hommes qui ne se laissent pas dominer par des préventions ou duper par des livres sont d'accord sur la sensibilité de Napoléon. C'est injustice que d'en faire une âme implacable et cruelle ; en faire une âme affectueuse et bienveillante, c'est mystification. Il faisait peu de cas de la vie des autres, mais c'est pour cela même qu'il n'en était prodigue que sur le champ de bataille. Hors du champ de bataille, il n'avait point d'intérêt à verser du sang, et il n'y prenait point de plaisir. Mais je ne vois pas de raisons pour lui savoir beaucoup de gré de cette mansuétude négative. Ce qui stimule les grandes cruautés, ce sont les grandes résistances, et le peuple français, du temps du Consulat et de l'Empire, est certainement le peuple le moins réfractaire qui se soit jamais courbé sous un sceptre. Il est tout simple de ne rien briser quand on ne trouve rien de cassant. L'opposition était formée alors dans tout le pays, et je le sais pour l'avoir vue de près, d'une cinquantaine de vieux jacobins qui ne faisaient plus peur même aux petits enfants, et d'une cinquantaine de vieux royalistes, dont la moitié pour le moins faisait mourir de rire, à force de sottes prétentions et de rêveries ridicules. L'armée seule renfermait des éléments à redouter pour la tyrannie ; mais elle se vainquit elle-même en triomphant de l'Europe ; elle s'enivra de son sang ; elle s'éblouit de ses triomphes, et la gloire finit par la distraire de la patrie.

Ce qui caractérise d'une manière unique chez tous les peuples et dans toutes les histoires le règne de Napoléon, c'est l'excès de l'arbitraire et de l'illégalité, je dis chez tous les peuples et dans toutes les histoires, parce que mes lectures, mes observations, mes voyages ne m'ont rien présenté de pareil, sinon dans la gravité des applications, au moins dans l'intensité du principe. Certainement il n'y a aucune comparaison à faire entre la pénalité de cette époque et celle des proscriptions triumvirales, de la jurisprudence en matière de sortilège, du tribunal sanglant d'un Jeffreys [228] ou d'un Fouquier-Tinville ; mais dans ces exceptions monstrueuses, il faut au moins reconnaître je ne sais quelle audacieuse loyauté, je ne sais quelle franchise féroce qui annonce que toutes les idées sociales ne sont pas subverties. C'est l'assassinat juridique, si l'on veut, mais ce seul mot juridique suffit pour sauver la pudeur d'un gouvernement et d'une nation. Il n'y a rien là d'occulte, de latent, de clandestin ; on y voit bien l'abus le plus épouvantable, le plus sacrilège des formes, mais les formes y sont encore, et tant qu'elles subsistent, il peut rester un refuge à la justice, une espérance à l'humanité. Sous le règne de Napoléon, et dès la fin du Consulat, les formes, d'abord enfreintes avec violence, tombèrent bientôt dans un tel mépris qu'on ne les aurait pas réclamées sans exciter la dérision. Ce que l'on en conserva, quant aux délits politiques dont il est exclusivement question ici, n'eut pour objet qu'un petit nombre d'événements peu vulgaires et d'accusés trop connus pour qu'il fût possible de soustraire leur sort à la notoriété publique. Le reste obscur des malheureux suspects au pouvoir fut mis en masse hors de la loi commune. La justice, faite pour tous, fut déniée au proscrit. La prison devint une espèce de colonie d'ilotes jetés en dehors des limites de la société, et qui y avait perdu tous ses droits. L'autorité reconnaissait probablement un corps de délit, puisqu'elle infligeait une peine, mais c'était sans jugement, sans information contradictoire, sans débats, sans instruction, sans interrogatoire ; car on ne saurait donner ce nom à une série de questions plus ou moins vagues, faites dans les bureaux de la police par un officier de police, et qui n'avait le plus souvent pour objet que de constater l'identité du prisonnier. On négligeait quelquefois jusqu'à cette formalité. J'ai connu un vieillard respectable et incapable de feindre, qui était depuis deux ans en prison sans avoir été interrogé, et qui me jurait sur l'honneur qu'il lui était impossible de deviner la cause de son arrestation. J'ai vu un papetier nommé Métivier, qui ne fut interrogé qu'au bout de huit mois. Ce jour-là, on s'aperçut qu'il y avait eu erreur sur la personne ; il fut mis en liberté. Quand il arriva chez lui, sa marchandise était séquestrée et sa mère était morte. – Chose étrange ! ces formes conservatrices de la justice, qu'on feignait de respecter à l'égard de quelques prévenus, ne les protégeaient que jusqu'à la condamnation inclusivement. Un accusé déclaré innocent était encore coupable. Dix de mes amis, acquittés à l'unanimité par des juges qu'on n'a jamais soupçonnés d'une arrière-pensée séditieuse, ont subi dix ans de captivité depuis leur absolution, et les portes des cachots pèseraient encore sur eux, si la fortune lassée n'avait pas abrégé les destinées du grand Empire. Ce jugement après jugement avait même un nom, mais un nom hybride, un nom monstrueux, un nom qui fait frémir : il s'appelait le jugement administratif.

Je serais désolé qu'on pût supposer qu'il reste dans mon cœur quelque levain qui l'aigrît. J'ai conçu peu de haines en ma vie, et je me crois bien sûr de n'en avoir point conservé ; mais je ne puis parler sans un peu d'amertume du régime de l'absolu, parce que je n'en connais point de plus flétrissant pour le caractère de l'homme, de plus contraire à la morale publique, de plus funeste à l'organisation sociale. Quant au foyer d'oppression et de cruauté de ce temps-là, je pense qu'il était pour le moins autant dans les choses que dans les personnes. On aurait tort de s'imaginer que Napoléon lui-même a suivi le principe de son pouvoir dans toutes ses conséquences. J'ai lu dans les Mémoires de ses amis qu'il s'excusait de la violation du dogme social de la liberté individuelle, en assurant qu'il ne l'avait tolérée qu'à l'égard de vingt-six personnes, et je suis convaincu qu'il croyait parler vrai. Malheureusement, j'en ai vu six cents exemples dans peu de prisons et dans peu de mois, et cela est tout simple. Ce que le maître a toléré par exception, l'esclave l'exécute par système. Cette exception devient sa règle, parce qu'elle était une exception. Ce qui contribue le plus à aggraver l'horreur que les tyrans inspirent à la postérité, c'est une responsabilité inévitablement attachée à leur triste condition, celle de tous les crimes que l'on commet pour eux. Ils sont trop bien servis.

Si l'on daigne se rappeler que j'écris sous l'impression d'un sentiment et non dans l'intérêt d'une composition régulière, on me pardonnera peut-être ces causeries, qu'il est bien facile d'ailleurs de me laisser finir tout seul, quand elles tombent dans la redite et dans le verbiage. Il n'y a rien de diffus comme la mémoire, lorsqu'elle suit à travers le passé le fil des jours anéantis, trouvant tout bon pour s'occuper, parce qu'il n'y a point de pièce si mesquine dans le fatras de ses réminiscences qui n'ait été en son lieu une des pièces essentielles de la vie. J'ai promis d'ailleurs plus de traits que de portraits, et plus d'anecdotes que d'histoires, la conversation d'une veillée et point la matière d'un livre. En retournant par la pensée dans ces jours d'amertume et de misère, mais d'imagination et d'espérance, que des mois de volupté ne rachèteraient pas à trop haut prix, j'y discerne je ne sais combien de physionomies ou naïves ou fortes que je rencontrerais avec plaisir dans une galerie biographique, si un écrivain sans prétention et sans prévention me les montrait avec un peu de candeur et de chaleur d'âme. Il ne faut pas m'en demander davantage, c'est tout ce que j'ai promis. Il n'y a pas, au reste, dans tout le temps que j'ai vécu, de faits qui me soient propres, et que je puisse croire dignes d'être recueillis. Je n'en place ici quelques-uns que comme des points d'intersection entre des objets qu'ils rapprochent, un fond de mauvaise tenture derrière quelques tableaux plus recommandables par le sujet que par le travail, la trame grossière du tisserand sous la broderie machinale du tapissier.

Je fus arrêté[229] à trois heures du matin, hôtel

Berlin, rue des Frondeurs, par un inspecteur de police, nommé M. Veyrat[230], qui a acquis depuis une certaine célébrité. C'était un homme de bonnes manières et de bons procédés, qui se présentait fort bien, et remplissait avec toute la politesse requise sa pénible mission. Il s'est chargé trois fois de la même opération à mon égard, et deux fois au moins, par une sorte de bienveillance, pour m'épargner les formes acerbes et grossières de ses confrères. Arrivé dans ma chambre, il disait à ses acolytes : « Retirez-vous, messieurs, je réponds du prisonnier corps pour corps » ; et nous échangions quelques paroles amènes et gracieuses, qui aboutissaient toujours de sa part à de vives offres de service de la sincérité desquelles je n'ai jamais douté. La première fois, indigné d'être palpé de la manière la plus indécente par deux agents qui me fouillaient pour s'assurer que je ne dérobais ni papiers ni armes, je les étendis sur le parquet, et un des soldats qui faisaient briller leur sabre nu à ma porte, n'en attendit pas davantage pour se persuader que j'étais en état flagrant de rébellion. Mon sang coula[231]. M. Veyrat congédia le garde, et voulut me panser lui-même avec sa cravate. Si j'avais à être encore arrêté, il est probable que je regretterais M. Veyrat.

L'automne de 1803 était fort avancé. Le jour commençait à peine à poindre quand je fus introduit au dépôt de la préfecture, c'est-à-dire dans une salle basse, placée sur les limbes des bureaux, au côté gauche de la grande cour ; la lumière, qui y pénétrait plus rare encore à travers des vitres presque opaques et garnies de grilles épaisses, me permit à peine de distinguer, dans cet Erèbe[232], quelques formes confuses et effrayantes. Je crus remarquer un mouvement en face de moi ; c'étaient des têtes qui se soulevaient et retombaient périodiquement, comme si elles avaient obéi à un ressort. Je fis un pas, et je fus arrêté par une longue traverse de bois qui occupait la salle dans toute sa largeur : j'allongeais la main, et je touchais un sabot ; je la retirais et elle tomba sur un escarpin. Je compris que c'était là un lit de camp, et que le bruit du verrou qui annonçait mon arrivée avait réveillé quelqu'un.

Le jour croissait, et mes yeux se familiarisaient d'ailleurs avec les ténèbres permanentes du nouveau domicile pour lequel on venait de me faire quitter le plus joli appartement de garçon qu'il y eût alors dans tout le quartier du Palais-Royal. Le lit de camp était couvert d'hommes pressés les uns contre les autres, sur le bois cru. Dans l'espace libre qu'on appelait la « rue », il y avait un matelas sur un pliant, et un vieillard sur ce matelas. L'objet de ce privilège était un journaliste septuagénaire, qui comptait alors sept ans de prison, et que l'humidité des cachots aurait criblé toute seule de goutte et de rhumatismes, s'il n'y avait pas eu quelque disposition ; il était ce jour-là en transfèrement, et il y était avec son lit, parce qu'on n'avait pas pu le lui refuser. Ses formes anguleuses et ramassées par la douleur, comme celles de Scarron, n'avaient pas été calculées dans la répartition des places étroites du lit de camp. Elles en auraient troublé l'économie.

Il fit jour, ou plutôt les ténèbres devinrent visibles. Deux ou trois prisonniers descendirent du lit de camp et passèrent devant moi pour me reconnaître. Un autre se mit à genoux contre la croisée pour faire sa prière du matin. Plusieurs battirent le briquet, et allumèrent le cigare. Un homme qui occupait la place extrême de droite, et dont la physionomie méridionale paraissait animée de tout ce feu d'esprit et de courage que Bordeaux entretient dans la longue jeunesse de ses enfants, s'assit avec autorité, jeta au loin le madras dont ses cheveux étaient retenus, et après avoir passé sa main avec une sorte de coquetterie à travers leurs longues boucles noires, il ordonna le silence, et on se tut. C'était le prévôt du dépôt. Il était dans ce dépôt depuis quatre mois.

M. de Prune, c'est son nom, devait m'interroger. C'était le droit du prévôt de la chambrée dans toutes les prisons ; c'était même son obligation ; et il n'y a point d'institution sociale qui s'explique mieux que cette belle institution de la société fortuite et forcée des prisons. Si la chimère de l'égalité s'est jamais réalisée quelque part, j'imagine que c'est dans un cachot. Cependant au cachot même il y a une sorte de hiérarchie ; l'innocence et le malheur y ont de grands privilèges. Les méchants s'y rendent justice ; ils ne se mêlent pas aux honnêtes gens ; ils les respectent de loin. L'interrogatoire du prévôt a pour objet cette séparation provisoire, qui est soudainement déterminée par la nature du délit et par le caractère de l'individu. Après un quart d'heure de conversation on est classé ; au bout d'une heure on a trouvé ce qu'il y a de plus précieux au monde, et surtout en prison, des amis. Cela donnerait envie de n'en pas sortir.

Je ne manquais pas de vanité. C'est un vice dont j'ai eu le bonheur de me guérir, mais qui m'a fait faire bien des sottises. J'étalai donc avec complaisance les motifs de mon arrestation, dont je me glorifiais comme un enfant. Ma petite allocution produisit tout l'effet que je pouvais en attendre. A peine eus-je articulé mon nom qui avait apparu cinq ou six fois au bas d'une colonne du *Citoyen Français* de Lemaire, que dix mains pressèrent la mienne. M. de Prune descendit de son lit de camp, et me donna une accolade cordiale. Le vieux journaliste se souleva sur sa couchette, et quand il fut parvenu à y prendre à peu près la position d'un homme assis, il m'adressa la parole en renversant en arrière son bonnet de loutre, de manière à me découvrir tout entière une des figures les plus vénérables que j'aie vues de ma vie : « Je te connais, me dit-il avec cette solennité oratoire qu'on apprenait quelques années auparavant dans le forum de la Révolution ; je suis de ton pays ; je m'appelle Eve Démaillot[233], vieux républicain, et profès dans l'apprentissage que tu commences. On m'a parlé de toi ; on m'a dit que, tout jeune, tu avais quelque chose de cette énergie franc-comtoise qui est inébranlable comme notre Jura. Je suis enchanté de te voir ici ; le monde et les plaisirs gâtent les meilleurs naturels ; ces polissons de girondins se sont perdus dans les salons de Roland[234]. C'est la prison qui est le séminaire des patriotes. Il faut que tu t'accoutumes à souffrir pour devenir digne d'être un jour le bâton de vieillesse de la liberté. » J'embrassais tendrement ce bon vieillard, dont j'ai longtemps partagé depuis la captivité, et que je retrouverai tout à l'heure.

A dix heures on vint faire l'appel. Je connus à mon tour mes camarades d'infortune[235]. C'était un singulier mélange de noms : M. Récamier, M. Brentano, M. Titus, premier danseur du théâtre de Bordeaux ; M. de Goville, ancien commandant de Dauphin-Cavalerie ; M. Bette d'Etienville, homme de lettres, déjà fameux dans l'affaire du collier ; M. Edouard de Molière, garde du corps ; M. Renou, ancien chef de division vendéen, dont M. de Chateaubriand a si avantageusement parlé. Nous étions en tout vingt-huit dans ce parallélogramme étroit qui n'avait certainement pas trente-six pieds de longueur.

Un homme ne répondit pas à l'appel : il s'appelait Octave : c'était un Noir qui avait servi de secrétaire à Toussaint-Louverture[236], et qu'on venait de traîner en France avec son chef pour y apprendre les douceurs de la civilisation perfectionnée. Octave ! répéta impérieusement le concierge, et le nom d'Octave n'éveilla pas un prisonnier endormi. « Attendez », dit de Prune après un moment de réflexion ; « c'est ce Noir si spirituel et si éloquent qu'on a amené ici il y a neuf jours, et qui depuis sept jours a refusé de manger ; il est à la droite du lit de camp. » Il y était en effet, couché sur le ventre selon son habitude. « Eh ! répondez donc, mauricaud », dit le valet du concierge en agitant violemment la main de cet infortuné, et en la laissant retomber. Octave ne répondit pas : il était mort.

Pendant qu'on emportait ce cadavre, on amenait d'autres prisonniers. Il y avait eu alors une grande conspiration à Paris. Une centaine d'honnêtes citoyens s'étaient avisés qu'il n'y avait rien de légal dans la suspension des garanties de la liberté individuelle et du droit de pétition que la constitution de l'an VIII avait sanctionnés, comme toutes les constitutions du monde ; et ils avaient rédigé cette réclamation légitime dans les formes les plus respectueuses, sous le titre de *Pétition au Tribunat*[237]. La France se lèverait aujourd'hui tout entière pour appuyer une pareille réclamation s'il se trouvait jamais un gouvernement assez insensé pour y donner lieu. Dans ce temps-là elle se mettait à la fenêtre pour voir passer quelques prisonniers bâillonnés, et elle trouvait cela très bien. C'était véritablement l'âge d'or pour le despotisme. On nous jeta quinze ou vingt pauvres imprimeurs ou libraires, Charles, de la rue Guénégaud, Pilardeau, Maison, Dabin, et je ne sais qui encore, et puis avec eux un nommé Aubry, qui les passait de toute la tête comme le Turnus de Virgile. C'était un géomètre qui s'avisait d'appliquer les idées exactes de science aux fantaisies de la politique. Il se déclara l'auteur de la pétition, et il fit à merveille car elle était fort belle, fort noble, fort mesurée. Cependant l'écrivain qui osait attester la liberté sous ce gouvernement de liberté courait d'autres chances qu'une de ces disgrâces du bureau que nous voyons maintenant si fécondes en succès populaires. Aussi ce bonhomme fut tout au plus avec un autre, si je ne me trompe, le dernier Français qui osa pousser un cri d'indépendance ; mais ce cri intempestif ne retentit ni dans la commission de la liberté individuelle ni dans la commission de la liberté de la presse, brillantes pépinières de ces généreux amants de nos institutions que nous avons retrouvés depuis si ardemment zélés pour les intérêts du peuple. Retenus alors par une sublime prudence dont l'avenir goûtera les fruits, ils s'exerçaient de loin à combattre le despotisme quand il se serait usé par ses excès. Ils fuyaient devant lui, à l'exemple de l'aîné des Horaces, pour profiter de sa fatigue, et se préparaient en silence aux triomphes de la tribune affranchie. Que Dieu les y maintienne longtemps !

Le surlendemain, ce fut autre chose ; le vent des conspirations avait soufflé du nord, et on arrivait en prison en descendant de la diligence de Bruxelles ou du paquebot de Calais. C'était un théâtre d'oppositions dramatiques relevées par quelques ridicules touchants. La fusion de tous ces sentiments passionnés que la tyrannie soulevait contre elle était si rapide et si affectueuse, qu'une nouvelle génération aura peine à la comprendre*. Royalistes et républicains se préci-

* Je me trompais. Il est bon de rappeler que tout ceci était écrit en 1826.

pitaient les uns vers les autres pour se prendre la main ; et, par une exception plus commune dans nos cachots que dans les salons du consul, ces mains, étonnées de se presser, étaient pures de rapines et de sang. L'abus du pouvoir n'a jamais manqué de produire le même rapprochement ; et cette leçon est écrite si distinctement dans l'histoire, qu'on est consterné de voir que les gouvernements l'épellent encore.

Au bout de quelques jours nous étions cinquante-six. Si l'on se rappelle la circonscription étroite de notre prison, on concevra que cinquante-six personnes n'y étaient pas exactement à l'aise. Le lit de camp pouvait en recevoir une vingtaine, qui étaient moins gênées depuis que le cadavre était parti. La barrière du lit de camp en recevait tout autant ; mais on n'y était qu'assis sur un siège étroit et anguleux. Les plus forts passaient la nuit debout autour du lit de Démaillot, qui ne dormait jamais, à l'entendre raconter ses magnifiques histoires de la Révolution, palpitantes de la vérité d'une époque, et vivantes, et animées, et tragiquement solennelles, comme une émeute des faubourgs, comme une séance des jacobins, comme une journée de la Convention, et nous autres jeunes, nous échangions quelques idées entrecoupées, tout empreintes du regret d'être nés trop tard pour bien mourir. Nous comptions sans l'avenir.

Tant de nuits sont longues à être debout. Si peu d'heures de sommeil, sur un pavé de briques ou sur un lit de bois suffisait mal à réparer les fatigues de cette exaltation fiévreuse qui nous dévorait. Le quinzième jour je m'assis sur un siège un peu plus commode : on m'interrogeait ; et mon interrogateur était un M. Bertrand, chef de la première division de la police, homme très massif de formes et très délié d'esprit, presque borgne, tout à fait boiteux, et dont l'aspect n'avait rien de séduisant, ni d'ensemble, ni dans les détails. C'était un ancien imprimeur-libraire de Compiègne, qui avait l'érudition de son état, l'expérience de son temps, et deux choses avec lesquelles on arrive à tout à Paris, de la souplesse et du savoir-faire ; homme de meilleure composition, d'ailleurs, qu'on ne l'a dit, pour cette couvée d'enfants mutins qu'on épouvantait de son nom comme de celui de l'ogre, et très disposé à ne faire de mal à personne, quand il pouvait s'en dispenser sans nuire à son crédit.

J'abrégeai beaucoup mon interrogatoire, qui menaçait de tirer en longueur, en allant droit au fait à la confession duquel on voulait m'amener par une suite d'inductions. Comme je m'attendais à un dénouement sérieux, je cherchai à me montrer digne de mon rôle, au moins à la dernière tirade ; et je n'avais pour cela d'autre moyen de me faire valoir que cette ingénuité un peu fière qui n'est ni sans abandon ni sans audace. Je fus très content de moi ; et c'était alors mon habitude. La seule chose qui m'interdit, c'est que mon interrogateur exigea que je restasse les yeux fixés sur lui à chaque réponse. Dans les intervalles seulement je pouvais regarder à droite ou à gauche. J'ai passé vingt-cinq ans sans pénétrer ce mystère ; et je doute encore que la psychologie de la police fût assez perfectionnée pour comprendre la puissance de ce regard qu'une habitude effrontée a scellé à la prunelle du questionneur sur le malheureux qui le subit. Quand je pense à cette spéculation de la curiosité insidieuse d'un homme grave et froid qui poursuit industrieusement un secret de vie ou de mort dans l'âme intimidée d'un enfant, je ne puis m'empêcher de croire quelquefois que les précautions dont la société s'est armée contre le crime n'ont rien à envier au crime lui-même en bassesse et en férocité.

L'intérêt de l'Etat « essentiellement compromis » par quelques bluettes éphémères exigeait qu'on débrouillât le chaos de mes papiers, qui devait receler je ne sais combien de rêveries suspectes et d'amplifications séditieuses. Dieu sait quelles belles choses il y avait là-dedans ! Au bout de je ne sais combien de temps un agent de police me secoua le bras pour m'avertir qu'il fallait retourner au dépôt, car j'avais profité de la lecture de mes manuscrits pour dormir. Rendu à mes camarades, je mimai de toute ma verve de jeunesse la scène de ce libraire devenu homme d'Etat, qui se fait lire comme naguère les manuscrits d'un pauvre auteur, mais avec une autre latitude, et qui au lieu de se dire : Ferai-je imprimer cela ?... se demande si les membres du poète sont bons pour le corset de force, et sa tête pour la guillotine. Ce joyeux contraste, lancé dans ce monde de libraires et de littérateurs dont nous étions inondés, et entretenu par cette source de saillies qu'on n'a jamais tarie en prison, nous amusa toute la nuit. Le soir du jour suivant, je fus transféré au Temple ; et je laissai notre chambre immonde et fétide avec le regret amer qui vous obsède longtemps sur votre cheval, quand vous quittez le matin une auberge de campagne où vous avez remarqué en soupant une jolie nièce de bourgeois, à l'œil transparent, aux cils noirs, à la cornette blanc de neige, qui a oublié, contre sa promesse, de se lever de bonne heure pour vous regarder depuis la porte. Cette comparaison même est très froide, car il n'y a rien à comparer aux amitiés des prisonniers.

L'agent de police qui me conduisait en fiacre je ne savais où était un peu ivre. Je n'aurais pas été en peine de le tromper sur l'identité, s'il n'y avait pas eu des gendarmes sur la banquette de devant et des gendarmes aux portières. « Hélas ! mon mari », me dit-il avec une sentimentalité burlesque, « il faut pâtir pour la bonne cause. Vous êtes probablement émigré... Dieu ! que j'honore les émigrés !... – Je n'avais pas cet honneur-là, Monsieur ; j'étais trop jeune à l'époque de l'émigration pour savoir jeter la Manche ou les Alpes entre l'échafaud et moi, et cette démarche, d'une louable prudence ou d'une bravoure aventureuse, indique un tact ou une prévision qui n'auraient pas été de mon âge. – Comment donc êtes-vous poursuivi, mon pauvre jeune homme ?... » Empressé de répudier cette sale pitié, « Je suis poursuivi comme jacobin », lui dis-je, et il me semblait que la conversation finirait là. – Les jacobins ! s'écria-t-il, « à qui en parlez-vous ! Un jacobin ! je le porte dans mon cœur ! Je l'ai été jacobin ! et des durs, mon cher enfant. Je ne sais pas si vous m'en croirez : Henriot[238] m'aimait comme un frère ; et ce pauvre Hébert[239] ! il n'a jamais passé près de moi sans me serrer la main. Quelle âme qu'Hébert ! quelle âme !... Sa femme était un peu bigote[240], mais lui, c'était un charme que de l'entendre ! Un Brutus ! un Marius ! un Scaevola !... Il aurait tué son père. – Et comment se fait-il qu'avec tant de prédilection pour toutes les opinions extrêmes au milieu desquelles l'usurpateur de nos libertés s'est placé, vous serviez d'instrument à ses proscriptions ? – Hélas ! répondit-il, quand on est père de famille, on veut de l'avancement. » Le misérable avait peut-être envie d'être bourreau.

Enfin, et il en était temps pour mettre un terme à cette scène de dégoût, nous arrivâmes au Temple[241]. On m'écroua dans le bureau de M. Fauconnier ; on me conduisit à une petite chambre carrée, garnie de quatre couches assez propres, dont trois étaient occupées ; et je goûtai avec un ravissement qui ne retarda pas de longtemps mon sommeil, la fraîcheur d'un gros linge blanc, et la souplesse voluptueuse d'un oreiller de paille.

Le lendemain, il fit un peu plus jour à mes yeux qu'à la salle de dépôt. Des commencements de démolition déblayaient de tous côtés nos tourelles ; et nous avions de l'air et de la lumière à nous quatre pour vingt prisonniers de la préfecture. Un de ces messieurs se leva de très bonne heure, parce qu'il allait être transféré, et qu'il en était prévenu. Je ne remarquai d'abord en lui qu'une obésité énorme, qui gênait assez ses mouvements pour l'empêcher de déployer un reste de grâce et d'éloquence dont on retrouvait des traces dans l'ensemble de ses manières et de son langage. Ses yeux fatigués conservaient cependant je ne sais quoi de brillant et de fin qui s'y ranimait de temps à autre comme une étincelle expirante sur un charbon éteint. Ce n'était pas un conspirateur ; et personne ne pouvait l'accuser d'avoir pris part aux affaires politiques. Comme ses attaques ne s'étaient jamais adressées qu'à deux puissances sociales d'une assez grande importance, mais dont la stabilité entrait pour fort peu de chose dans les instructions secrètes de la police, c'est-à-dire la religion et la morale, l'autorité venait de lui faire une grande part d'indulgence. Il était envoyé au bord des belles eaux de Charenton, relégué sous ses riches ombrages ; et il s'évada quand il voulut. Nous apprîmes, quelques mois plus tard, en prison, que M. de Sade s'était sauvé[242].

Je n'ai point d'idée nette de ce qu'il a écrit. J'ai aperçu ces livres-là ; je les ai retournés plutôt que feuilletés, pour voir de droite à gauche si le crime filtrait partout. J'ai conservé de ces monstrueuses turpitudes une impression vague d'étonnement et d'horreur ; mais il y a une grande question de droit politique à placer à côté de ce grand intérêt de la société, si cruellement outragé dans un ouvrage dont le titre même est devenu obscène. Ce Sade est le prototype des victimes extrajudiciaires de la haute justice du Consulat et de l'Empire. On ne sut comment soumettre aux tribunaux, et à leurs formes politiques, et à leurs débats spectaculeux, un délit qui offensait tellement la pudeur morale de la société tout entière, qu'on pouvait à peine le caractériser sans danger ; et il est vrai de dire que les matériaux de cette hideuse procédure étaient plus repoussants à explorer que le haillon sanglant et le lambeau de chair meurtrie qui décèlent un assassinat. Ce fut un corps non judiciaire, le Conseil d'Etat, je crois, qui prononça contre l'accusé la détention perpétuelle ; et l'arbitraire ne manqua pas d'occasions pour se fonder, comme on dirait aujourd'hui, sur ce précédent arbitraire. Je n'examine pas le fond de la question. Il y a des cas de publicité où la publicité est peut-être plus funeste que l'attentat ; mais il faudrait alors un code réservé pour des cas réservés ; il faudrait que la loi eût ses grands pénitenciers comme l'Eglise. Parmi les images de Némésis que les anciens nous ont laissées, il y en a une qui porte un voile : autrement il est aisé de comprendre comment cette usurpation du droit de juger, tout exceptionnelle qu'on ait voulu la faire, tombe de degré en degré aux derniers agents des derniers pouvoirs ; et remarquez que lorsqu'un de ces attentats a été commis deux ou trois fois, il change tout à coup de nom. Il s'appelle jurisprudence. Les sociétés ne périssent que par des abus légitimés.

J'ai dit que ce prisonnier ne fit que passer sous mes yeux. Je me souviens seulement qu'il était poli jusqu'à l'obséquiosité, affable jusqu'à l'onction, et qu'il parlait respectueusement de tout ce que l'on respecte.

Le second a été célèbre depuis par un ouvrage

ridiculement pensé et détestablement écrit, dont la suppression légale sera pour sa mémoire une espèce de bienfait ; c'est le comte de Barruel-Beauvert[243], personnage singulièrement composé de deux êtres fort distincts, qu'il est impossible d'identifier logiquement. J'ai rencontré peu de causeurs plus spirituels, et je n'ai jamais lu d'auteur plus commun. Placé au hasard et partout, un tact exquis l'associait sur-le-champ à l'esprit de ses auditeurs, et il enchantait tout le monde. Assis au bureau de l'homme de lettres, il rappelait, dès la première ligne, ce joli mot qu'il avait inspiré à Rivarol : « Quand il écrit, il ne sait plus ce qu'il dit. » Naturellement aimable et conciliant, comme il était ingénieux et piquant sans amertume, il puisait dans son écritoire de la morgue et du mauvais ton. Personne n'a plus perdu que Barruel-Beauvert à l'invention de l'imprimerie.

Ce prisonnier, c'est le second. Je tombai dans les bras du troisième, parce que je le connaissais bien. Il s'appelait Nicolas Bonneville, et, avant la Révolution, le chevalier de Bonneville[244]. C'était le contemporain et l'ami de Fontanes[245], de Roucher[246], d'André Chénier ; le collaborateur de ce vertueux Fauchet[247], évêque du Calvados, dont les passions politiques de notre époque ont méconnu la vie et la mort. Mon intention est de parler ailleurs, si l'on daigne m'écouter encore, du mouvement littéraire de cette génération sur laquelle il me semble qu'on s'est mépris en beaucoup de choses[248]. Je prouverais facilement alors que la révolution poétique de la nouvelle école s'est faite presque simultanément avec la révolution politique qui remuait les peuples ; mais cette question déborde les demi-cercles étroits d'une parenthèse ; elle me ramènera nécessairement à Bonneville.

Comme homme d'opinion, il n'avait fait sa cour

qu'au malheur. Pour lui, les causes perdues étaient les bonnes, les infortunes étaient les droits, et il aurait pu arborer un *vae victoribus* pour devise. Les caractères de cette nature ne sont jamais redoutables aux tyrans. « Espères-tu épouvanter le crime, lui disait Mercier, avec tes joues couleur d'églantine et tes yeux couleur de pervenche ? – Fais-toi vipère !... »

Cependant Marat demanda un jour la tête de Bonneville. Cela se trouve dans *Le Moniteur* de janvier à février 1793. Bonneville était si beau et si doux, que les furies des tribunes elles-mêmes l'escortèrent pour le sauver, jusqu'au-dehors du jardin, comme ces protégés de Salomon que des esprits de malice transportent au loin, sous la condition qu'ils ne prononceront pas en chemin le nom du Seigneur. Depuis ce temps-là, tantôt fugitif, tantôt prisonnier, tantôt préparant des asiles aux proscrits de toutes les opinions, sans acception de leurs fautes et leurs excès, il avait ouvert dans son appartement de la rue du Four-Saint-Germain un refuge du sûreté « pour les blessés de tous les partis », comme on l'a dit avec tant d'esprit, à l'honneur d'une politesse pleine de grâce, mais un peu moins périlleuse. Cette fois, Bonneville était en prison pour avoir caché Barruel-Beauvert, bien que ces deux hommes-là fussent aux deux extrêmes d'une opinion. Mais dans les gens de bonne foi le diamètre de l'opinion est rétractile. Il y a un point sur lequel on se retrouve.

J'avais été introduit deux ans auparavant chez Bonneville par un docteur Seyffert que le monde a oublié, et c'est ingratitude, s'il en fut jamais, car le docteur Seyffert n'avait de pensées que pour le bonheur du monde. Il est vrai que cela ne regardait ni vous ni moi, ni personne en particulier, mais un monde éventuel qui doit exister un jour, et une société de bâtisseurs occultes qui apportent depuis une centaine d'années des matériaux à la Babel intellectuelle de Weishaupt[249]. Il était si facile alors de me faire monter sur les ailes mystiques des anges de Swedenborg[250], ou de m'enterrer tout vivant dans les entéléchies massives de Saint-Martin[251], que je fus néophyte au premier appel, comme saint Paul. Le docteur Seyffert qui savait tout (c'était un des privilèges de notre initiation) ne savait presque pas le français, et je ne l'en trouvais que plus imposant. Cela me faisait comprendre au moins pourquoi je ne le comprenais pas.

Un de nos dîners chez Bonneville, et cette fantaisie de la mémoire me revient à propos et non à la suite de ceci, m'a laissé une telle impression que lorsque je repasse dans ces idées-là il me semble que je rêve. Nous nous trouvâmes six dans la chambre immense du poète. Elle avait quatre croisées sur la rue. La nappe était jetée sur une table oblongue, chargée à ses deux pôles de bronzes, de sphères, de cartes, de livres, de bustes, de portraits. Je ne connaissais de nos convives que cet impénétrable Seyffert, avec son répertoire de pensées, mille fois plus profond mais mille fois plus obscur que l'antre de Trophonius[252], et ses hiéroglyphes de mots, qui auraient laissé Thèbes sans roi et Jocaste sans mari. Le vieux Mercier entra et s'assit, le menton appuyé sur sa haute canne à pomme d'ivoire, sans se découvrir d'un grand chapeau poudreux que ses excellentes filles, si tendres et si attentives, avaient cependant oublié de brosser ce jour-là. Le cinquième convive était un militaire de cinquante ans, à la figure inverse et retroussée, réservé de langage comme un homme d'esprit, commun de manière comme un homme du peuple. On l'appelait le Polonais. L'autre était un Anglo-Américain à la tête toute profilée, longue, maigre, étroite, macérée, sans expression, car la douceur, la bienveillance et la timidité en donnent peu. L'étude des langues étrangères était alors fort difficile, à cause de nos guerres et surtout à cause de nos préventions nationales, imprudemment nourries par une école étroite et envieuse. Bonneville, puissant d'instruction comme de génie, soutenait sans se gêner cette conversation polyglotte, qui n'arrivait que par lambeaux à mon attention si curieuse et si émue. Cependant, ce repas cosmopolite est, comme je le disais tout à l'heure, une des idées culminantes de mon passé. Il est vrai que cet Anglo-Américain, c'était Thomas Paine[253], et que ce Tartare aux traits maussades, c'était Kosciuszko[254].

Le premier matin de ma captivité au Temple n'était pas bien avancé ; nous avions à peine eu le temps, Bonneville et moi, de nous raconter réciproquement le sujet et les circonstances de notre arrestation, et de nous féliciter au moins du hasard consolant qui nous réunissait, quand la porte de la chambrée s'ouvrit pour laisser entrer l'agent de police qui devait procéder au transfèrement de M. de Sade[255]. Un instant après nous fûmes visités par Baudin, dit Lahaye, vieux chouan aux cheveux roux, qui habitait la maison depuis je ne sais combien d'années, et que cet avantage de position, moins encore que l'heureuse facilité d'un caractère ouvert et jovial, faisait participer, jusqu'à un certain point, à l'indépendance et aux privilèges des guichetiers ; « Notre-Dame, dit-il en m'envisageant avec un gros sourire, voici une bonne pratique ! Ce n'est pas de deux ans que j'aurai les étrennes de sa barbe ! » En effet, Baudin était le barbier banal des prisonniers, et, en sa qualité de barbier, notre gazette vivante. Aussi était-il toujours bien accueilli, quoique son opération toute bienveillante s'impliquât d'une disgracieuse formalité « Allons, reprit-il, M. le comte, la petite cérémonie ! » Barruel-Beauvert, à qui il s'adressait, s'empressa de s'asseoir, et Baudin, tirant deux fortes ficelles de sa poche, assujettit vigoureusement ses bras pendants aux deux montants de la chaise de bois, avant d'exhiber les instruments essentiels de son art. Cela me remplit d'un étonnement qui n'était pas sans terreur. « Cette précaution qui doit te surprendre, me dit Bonneville, est d'un usage assez récent. On ne s'en est avisé que depuis qu'un M. de Christoval, qui t'a précédé dans le lit où tu viens de passer la nuit, s'est servi du rasoir du barbier pour se couper la gorge. On prétend qu'il a porté le coup si profondément que la tête ne tenait plus que par les vertèbres. » Je me retournai vers mon lit avec une vive émotion, et je vis sur la muraille la trace d'un long jet de sang.

La vie du Temple était assez bonne. On y était nourri aux dépens de l'Etat, et quoique les repas n'y fussent pas servis avec cette élégance lucullienne de la Bastille, qui a inspiré à Marmontel une description si résignée et si appétissante dans la drôle d'histoire de ses malheurs[256], il ne faisaient pas regretter à Bonneville les haricots classiques de Montaigu. Malheureusement, mon nom se trouva impliqué dans des affaires toutes nouvelles, suivies de précautions plus sévères, et qui, en me réduisant au pain et à l'eau, élargissaient d'autant le budget de la police. Au bout de neuf jours, je fus encore transféré, et tout changea horriblement. J'avais achevé la lune de miel des prisons.

SAINTE PÉLAGIE [257]

Si j'avais à retrancher par la pensée quelques milliers de jours de ma vie, je ne sais si j'y comprendrais un seul des quarante-deux jours de secret rigoureux que je passais à Sainte-Pélagie [258], sous les plombs, quoiqu'il ne leur ait certainement rien manqué de ce luxe de privations et de misères auquel on ne saurait refuser un peu d'intérêt et de pitié. Mes rapports avec les hommes se réduisaient à la visite quotidienne d'un guichetier silencieux, qui venait à midi me jeter un pain noir, remplir mon écuelle d'un potage abondant, mais désagréable à la vue, et s'assurer que l'eau de ma cruche n'était pas gelée. Cette écuelle et cette cruche, auxquelles une planche scellée au mur servait de support, étaient les pièces essentielles de mon ameublement ; le reste se composait d'un baquet et d'un sac de toile grise, dont l'usage avait singulièrement obscurci la couleur modeste, et qui laissait échapper de toutes parts, à travers le large réseau de sa trame relâchée, de courts fragments d'une paille sale et pourrie, sur laquelle, depuis dix ans, on pleurait et on dormait : c'était mon lit. On n'avait pas pensé d'ailleurs, dans la distribution architecturale de la maison, à rendre cette pièce commode pour la promenade ; et le seul exercice qui me fût possible consistait à exposer incessamment mon sac à l'influence des pâles rayons du soleil d'hiver, dans les jours rares et pendant le petit nombre d'heures où ils descendaient de la baie courte et étroite qui me fournissait un peu de lumière. Mais mon âme ne manquait pas pour cela d'étude et d'occupation. A vingt ans, il n'y a point de solitude où l'imagination ne se fasse un monde, point d'ennuis qu'elle ne charme d'amour, d'espérance et de poésie. L'avenir est si long, si brillant et si sûr, et les innombrables jours qu'il déroule sont peuplés de si riantes chimères ! Aurais-je osé gémir de goûter si jeune la gloire de souffrir pour une noble cause, qui est la plus haute ambition des nobles âmes ? N'était-il donc personne dans la France dégénérée qui enviât mon infortune, au prix d'une couronne civique ? C'est ainsi que raisonne la vanité dans les jeunes gens, et quelquefois dans les hommes faits. Et puis n'était-ce rien que d'exciter, dans un joli salon bleu de la rue Saint-Georges, une émotion tendre et peut-être passionnée qu'on aurait longtemps cachée à l'amour, et qu'on ne pouvait refuser au malheur ? Si quelque idée trop sombre prenait un moment le dessus, si toutes les probabilités de salut échappaient à mes calculs et à mes raisonnements, n'avais-je pas à ma merci les ressources du merveilleux, aujourd'hui les anges, demain les fées, pour m'endormir bercé par un épisode de la *Vie des Saints,* ou par un conte des *Mille et une Nuits ?* D'ailleurs je me croyais poète, et je trouvais à composer des vers un plaisir d'autant plus difficile à expliquer, qu'il m'était impossible d'en conserver un seul ; car ma mémoire ne conserve que ce que j'ai écrit, et je n'avais pas même une épingle pour les tracer sur la muraille. Ainsi, chaque nuit détruisait l'ouvrage du jour, et chaque jour cependant je recommençais, avec l'intrépide constance de Pénélope, un travail qui devait avoir le sort de celui de la veille, et disparaître de ma pensée avant le lendemain. Je dois compter enfin, parmi les faveurs particulières de mon organisation, une aptitude très prononcée pour le sommeil, dans les mauvais temps de ma vie. Les heures du plaisir m'ont paru souvent trop longues, mais j'ai eu meilleur marché de celles de la douleur : je les abrégeais en dormant.

Malgré l'inappréciable douceur de ces compensations, qui ne seront peut-être un objet d'envie pour personne, mon corps souffrit. La rareté du jour et de l'air, le défaut absolu d'activité et presque de mouvement, l'austérité d'un régime dont je n'avais fait l'apprentissage ni au café Hardi, ni dans les cabinets de Rose et de Naudet, l'intensité du froid surtout, qui fut très rigoureux cette année-là, quelques-unes de ces causes prises à part, ou toutes ces causes réunies, me firent contracter une infirmité nerveuse de la nature la plus bizarre. C'était une espèce de crampe, ou plutôt c'était un engourdissement des extrémités, dont l'invasion n'avait rien de très pénible, mais qui devenait horriblement douloureux quand il était parvenu au torse. Enfin le cerveau lui-même était envahi, et c'était le temps heureux du paroxysme. Alors je perdais connaissance pendant quelques minutes, et lorsque je revenais à moi, mes membres étaient affranchis des liens de fer qui les brisaient un moment auparavant ; j'étendais sans effort mes bras assouplis, mes poumons jouaient librement dans ma poitrine élargie. Il ne me restait de cette crise qu'un long et morne abattement sans douleur ; mais elle se renouvelait souvent, et quelquefois dans la même heure. Un guichetier de service me surprit dans un de ces accès, et je dus sans doute à sa bienveillance de voir finir la triste épreuve du secret, car il y a des guichetiers bienveillants ; il y a même peu de guichetiers qui ne le soient pas, et c'est pour cela qu'on les fait passer de semaine en semaine aux différents services de la prison, de sorte qu'ils ne soient ramenés qu'à leur numéro d'ordre, à la chambrée ou au cachot où l'on pourrait craindre qu'ils n'eussent conçu quelques prédilections propres à les détourner d'un devoir. C'est là, sans contredit, une des plus cruelles rigueurs de la captivité. Il est si doux de rencontrer tous les jours, ne fût-ce que pour un moment, une figure connue, dont le silence forcé paraît éloquent à force de bonté, et qui daigne au moins vous aimer du sourire et du regard !

Ma nouvelle résidence fut fixée au n° 6 du troisième étage de l'arrière-bâtiment. On nommait cet étage « l'Opinion », parce qu'il était spécialement destiné aux détenus pour des faits politiques. Les étages inférieurs s'appelaient le premier et le second des « Pailleux » ou des « Grinches », c'est-à-dire des voleurs. Il arrivait toutefois fréquemment, quand les chambrées de « l'Opinion » étaient au complet, qu'on déposât un nouveau détenu de « l'Opinion » chez les « Grinches », et réciproquement on nous donnait des « Grinches » et quelquefois pis, quand les corridors du vol et de l'assassinat regorgeaient d'habitants. Peu de temps avant mon arrivée au n° 6, la couche que je venais y prendre était occupée par un épicier de la place Maubert dont le crime est horriblement fameux : c'est ce Trumeau, qui avait empoisonné sa fille. Quand j'appris cette particularité j'étais couché ; mon sang se glaça de consternation et d'horreur. Aucune circonstance ne m'avait encore révélé au même degré la misère de ma position ; il me semblait que cette assimilation odieuse imprimait à ma vie une tachc incffaçable d'infamie, et je me retournai du côté de ma muraille pour y dévorer quelques pleurs de rage et de désespoir. Mes yeux n'étaient pas encore tellement obscurcis cependant, que je n'aperçusse, à la hauteur de ma tête, des caractères tracés à la pointe d'un instrument aigu ; je cherchais machinalement à m'en rendre compte, et je lus :

Mme Jeanne Phlipon,
femme Roland [259]

Madame Roland ! m'écriai-je, madame Roland ici ! – J'étais à genoux, et ce lit qui me révoltait tout à l'heure, je ne l'aurais pas donné pour le divan d'une belle princesse ou pour l'édredon d'une nymphe. Je pleurais encore, mais c'était d'enthousiasme et d'ivresse, et tant que le jour dura, je ne cessai de nommer madame Roland, et de montrer à tout le monde, avec une pieuse effusion, ces augustes reliques d'une des plus pures héroïnes de la liberté ! – Ce que je trouve de plus surprenant aujourd'hui dans mon ravissement, c'est qu'il était compris. Il me semble que les fondateurs de nos lois et de nos polices n'ont jamais connu la juste portée d'une mesure de répression appliquée à la pensée, en matière d'opinion et de croyance. Que font-ils quand ils ferment les cachots sur un jeune homme d'ailleurs sensible et bien organisé qui pense mal ? Ils se débarrassent d'un étourdi sans conséquence, et ils arment un fanatique.

J'avais retrouvé dans ma chambrée quelques-uns de mes amis du dépôt : le respectable M. de Goville, le vieux journaliste Démaillot, toujours inamovible sur son lit de douleur, mais se dédommageant amplement de la complète immobilité du podagre par l'infatigable mobilité du sophiste ; le brave Renou, que sa force et son intrépidité avaient fait surnommer Bras-de-fer par les Vendéens, et dont on cite encore plus de traits d'humanité que de beaux faits d'armes. Notre cinquième camarade était un médicastre octogénaire, nommé Guérin, praticien expert, mais totalement illettré, que le docteur Seyffert avait cependant trouvé bon pour en faire un de ses adeptes, et qui s'était élevé du temple d'Adhoniram au sanctuaire des Théophilanthropes [260], en passant par les jacobins. Ce pauvre homme, dont aucune expression ne saurait peindre la désespérante nullité, avait été investi un moment de l'autorité la plus effrayante qui ait jamais reposé dans les mains d'un tyran. A l'instant de cette courte péripétie qui suspendit à peine les angoisses de Robespierre, le 9 thermidor, comme pour les rendre plus hideuses, et dont les promesses furent trahies par la lâcheté d'Hanriot[261], le dictateur empressé d'aviser à la marche de son gouvernement nomma Guérin directeur général de la police, avec les attributions réunies des Comités de salut public et de sûreté générale. Ces nouvelles fonctions permettaient du moins au potentat éphémère qui en était revêtu de se soustraire au devoir périlleux de la permanence, et Guérin eut le bon esprit de sortir de la Commune pour se cacher. Là se bornaient les faits notables de sa vie politique ; mais ce témoignage clinique de la confiance de Robespierre, ce codicille d'un homme dans lequel Bonaparte reconnaissait le talent de gouverner porté au suprême degré, l'avait tellement préoccupé de l'importance de Guérin, qu'il souffrit qu'on fit expier à ce vieillard par des mois de captivité chaque minute de sa toute-puissance imaginaire. Il aurait été bien surpris s'il l'avait vu.

On voit que notre petit cercle ne manquait pas des éléments nécessaires d'une bonne conversation. M. le comte de Goville, qui avait longtemps vécu à la cour, et qui en conservait les belles manières et l'exquise politesse, relevait ce mérite commun à la plupart des hommes de son époque et de son rang par une sagacité extraordinaire, et par une modération invariable dans les opinions et dans les mœurs. L'habitude du malheur lui avait enseigné deux choses merveilleuses auxquelles on peut réduire toute la philosophie, la résignation pour lui-même, et l'indulgence pour les autres. Cette sagesse expérimentale ne s'est pas démentie dans de nouvelles épreuves. Il est du petit nombre des émigrés que la Restauration n'a pas ramenés en France, et qui ont préféré, dans leur patrie adoptive, la modeste exploitation d'une industrie vulgaire à la chance banale de la faveur et aux profusions d'une aumône dorée, ruineuse pour le pays.

J'ai déjà parlé ailleurs d'Eve Démaillot, et de ces trésors de mémoire qu'il prodiguait autour de lui, sans se lasser jamais. C'est qu'il fallait l'entendre, appuyé contre son large oreiller, une main déployée sur sa tabatière de buis, agitant de l'autre, avec une chaleur oratoire et des gestes pittoresques, son madras rouge à grands carreaux, et donnant carrière à l'essaim fantasque de ses souvenirs. Il savait des histoires de tous les pays et de tous les jours, et il les enchaînait avec une volubilité sans égale, reproduisant tour à tour, au gré des caprices de sa verve abondante et de sa façon imperturbable, les soirées académiques de Frédéric-le-Grand, les délicieuses causeries du prince de Ligne[262], les séances gourmées du bureau d'esprit de madame du Deffand[263], les spinthriades[264] en action du honteux Tusculum de la Popelinière[265], les discussions verbiageuses et vides de résolutions des hommes d'Etat, les orgies cadavéreuses des massacreurs et des bourreaux. On sait avec quelle énergique naïveté le vieux Mercier mettait sous les yeux de ses auditeurs une figure historique, en la caractérisant par quelques rapprochements inattendus : Mirabeau était un lion marqué de la petite vérole ; Danton, un dogue coiffé d'ailes de pigeon ; Robespierre, un loup-cervier en toilette de bal ; Marat, un vautour ivre. Démaillot avait quelque chose de ce talent. Le premier état qu'il eût exercé était celui de comédien, et l'âge ne lui avait rien ôté de cette variété de débit et de cette vérité de pantomime et de physionomie qui font illusion. Ce n'était plus Démaillot, c'était le personnage même qu'il mettait en scène, et à juger de ceux qui ne m'étaient pas connus par ceux qui m'étaient familiers, jamais imitation ne fut plus fidèle.

Nous venions, Renou et moi, à la suite de ces improvisations dramatiques, jeter timidement dans l'entretien du soir quelques-unes de nos compositions de la journée, car le Vendéen faisait des vers remarquables par la grâce et le naturel. Ainsi un vieux paralytique prêtait à nos longues veillées l'enchantement des récits de Schéhérazade, et à quelque élégance de formes près que l'habitude seule peut donner au style, Bras-de-fer nous tenait lieu d'Anacréon et de Parny[266].

Les vingt autres chambrées de « l'Opinion » étaient composées à peu près suivant le même système, c'est-à-dire de manière à mettre en présence des opinions fortement contrastées, entre lesquelles on ne supposait aucune possibilité de sympathie, et par conséquent aucune cohérence à redouter, soit pour la tranquillité publique, soit pour l'ordre intérieur de la prison ; erreur profonde qui révèle une profonde ignorance du cœur humain. Quand un pouvoir neutre a fait passer sous les fourches caudines deux partis acharnés l'un contre l'autre, ces deux partis n'en font plus qu'un, et les guichets, c'étaient nos fourches caudines. Là nous déposions toutes nos haines, excepté celle de l'oppresseur commun, et nous venions contracter cordialement, sans explications, sans reproches, sans concessions réciproques, avec des hommes qui étaient nos ennemis la veille, une ferme et loyale solidarité de dévouement, qui, pendant toute la durée de l'Empire, ne s'est pas démentie une fois. Napoléon a pénétré plus tard ce mystère, mais Bonaparte n'y entendait rien.

Ab Jove principium. L'aristocratie de Sainte-Pélagie rappelait quelques beaux noms : M. de Custines, parent du malheureux général ; M. de Fénelon, officier supérieur de chouans, sous le nom de Télémaque ; M. de Beauvoir, dit Chabrias, aide de camp de Georges ; M. de Resseguier, aujourd'hui (1828) commandant d'une de nos colonies ; M. de Navarre, M. d'Astorg, M. d'Hozier l'aîné[267], si soigneusement recherché, si compassé, si perpendiculaire, si fidèle à sa tenue d'étiquette, qu'on l'aurait toujours cru paré pour une présentation solennelle, ou pour un gala de Versailles ; M. Emile Duclos, de Bordeaux, dont M. d'Hozier lui-même aurait peut-être eu quelque peine à illustrer la généalogie, mais qui se faisait remarquer entre nos patriciens les plus huppés par la majesté de sa tournure, par la politesse de son esprit, par la libéralité magnifique de ses dépenses, par la dignité affable de ses manières. M. Emile Duclos est cet infortuné dont la raison a cédé au plaisir de flétrir l'ingratitude par une satire animée, et chez qui cette saillie d'une ironie sanglante a dégénéré en monomanie. C'est « l'homme à barbe » du Palais-Royal.

Le peuple était en majorité à Sainte-Pélagie comme dans le monde ; il n'avait pas encore donné sa démission, s'il l'a donnée*.

Personne n'a oublié qu'immédiatement après cet attentat du 3 nivôse, que deux aventuriers royalistes (Saint-Régeant et Carbon[268]) payèrent plus tard de leur tête, un sénatus-consulte officieux avait déporté cent cinquante jacobins, plus ou moins, comme véhé-

* On sait aujourd'hui à quoi s'en tenir sur cet axiome inconsidéré d'un homme fort spirituel, mais qui n'avait jamais observé la société que dans les salons ; et c'est cependant sur un mot bien accueilli à la cour, parce qu'il était un peu clinquanté de notre esprit français, que s'est fondée la politique d'un règne ! Tout ceci est écrit trois ans avant la révolution de Juillet.

mentement soupçonnés de l'avoir commis[269]. Justifiés de la manière la plus invincible par l'instruction du procès, ils semblaient avoir droit à une de ces réparations éclatantes qui expient les funestes erreurs de la justice et qui ne les réparent pas ; mais la mesure était prise, et comme ces gens-là n'étaient pas de caractère à se façonner aisément au joug, la mesure passa pour bonne, malgré son évidente iniquité, et fut exécutée sans réclamation au nom des constitutions de la République et à la face de ses législateurs et de ses tribuns. Je doute même qu'on ait pris la peine d'en changer le considérant. Cinquante-deux des proscrits avaient été arrêtés. Ils furent livrés aux sables de feu de l'Afrique, qui en dévorèrent cinquante dans la première année. Ce n'est pas une hyperbole, c'est un chiffre. Le reste tombait en détail entre les mains de la police, et venait s'entasser à Sainte-Pélagie, en attendant que la mer plus libre permît à une de nos voiles de les transporter vivants au même tombeau. Nous n'avions pas moins d'une douzaine de ces malheureux, cassés de toutes les fatigues d'une vie errante, obérés de misère, navrés de désespoir, et n'ayant pour perspective qu'une mort raffinée en douleurs qu'ils auraient rachetée avec joie en baignant l'échafaud de leur sang. Comme leur départ pouvait s'effectuer à tout moment, ils avaient déjà ce privilège des adieux dont la volupté amère précède de si peu le supplice, et il ne se passait pas de jour où nous ne vissions leurs grosses larmes couler sur une troupe affamée de femmes et d'enfants en haillons, pour lesquels leur pain noir aurait été d'un petit secours, si nous n'y avions pas quelquefois ajouté le nôtre. – De ces pauvres fanatiques de liberté dont il faut au moins reconnaître l'abnégation et la bonne foi, il ne reste pas même un nom, car je ne rappellerais plus rien à personne, en consignant ici celui du cordonnier Chalandon, alors si fameux de la barrière du Trône à la barrière d'Enfer ; sauvage grossier, mais sensible et passionné, qui gâtait malheureusement des liaisons du beau Léandre une éloquence digne du paysan du Danube, et dont la voix connue avait vibré avec puissance aux oreilles des Parisiens dans toutes les journées mémorables. Il était cependant un des chefs de cette partie énergique du peuple qui s'était trouvée prête pour la démocratie ; mais comme ce n'est pas là qu'ont germé les insignes lâchetés et les noires trahisons, ce n'est pas là non plus qu'en ont été recueillis les fruits. Dans ce peuple de la Révolution qui a tenu pendant deux ans le reste du monde en haleine, le nom des centeniers est devenu aussi obscur que celui des soldats.

Nos jacobins et nos chouans avaient été les premiers à s'entendre, et quoi que j'aie dit jusqu'ici de cette alliance bizarre, ce n'est pas sans réflexion qu'on en saisira la cause sympathique. En vérité, si l'on ôtait de cette période critique de l'histoire qu'on appelle la Révolution, d'un côté le patriote exalté de l'armée et du peuple avec son admirable enthousiasme, de l'autre le pieux Vendéen avec son dévouement sublime, vous trouveriez des gens qui feraient bon marché du reste. Le reste, grand Dieu ! une spéculation de la ruse sur le sentiment, de la cupidité et de l'ambition sur le désintéressement et la candeur ; et puis, une mauvaise tragédie à l'angoisse mêlée d'horreurs et de bouffonneries, un jeu de saltimbanques ensanglanté par des gladiateurs, une saturnale d'avocats, d'histrions et de sophistes,une parade jouée sur la guillotine, et payée, aux dépens de la France, en dotations, en titres, en cordons et en broderies ! Il y a dans les temps d'exception des vertus d'exception ; mais il ne faut pas les demander aux hommes qui raisonnent et qui calculent.

Cette population spéciale de la prison appartenait donc, selon mon cœur, à l'élite morale du pays, et c'est ce qui doit toujours arriver sous une tyrannie qui commence ; il résultait de cet amalgame étrange une assemblée politique plus étrange encore, une espèce de sénat de condamnés, qui, tout à fait désintéressés de leur vie, jugeaient les juges de la terre sans crainte et sans espérance. On n'aurait trouvé là ni droite ni gauche, ni souvenirs amers du passé, ni précautions intéressées pour l'avenir, ni les froids calculs d'une hypocrite vengeance, ni les combinaisons insidieuses d'une ambition masquée de popularité : la discussion vivait sur une pensée unanime, et chacun avait la parole à son tour pour dire la même chose ; cette indépendance de la parole, si sévèrement réprimée au-dehors, florissait sous nos barreaux, et on aurait imaginé à nous entendre que Bonaparte, en s'élevant au pouvoir absolu, avait daigné laisser dans les cachots une constitution modèle, et une république expérimentale aux amants de la liberté. Il n'était question que de lui, et Dieu sait de quelles couleurs il était peint ! On se tromperait de beaucoup en pensant que l'expression du sentiment qu'il inspirait ne se modifiait que de la haine à l'exécration : c'est trop peu, elle descendait au-dessous du mépris, elle enchérissait sur le dégoût. Tout le monde l'avait connu parmi nous, et tout le monde avait quelque anecdote infamante à attacher au pilori de sa renommée. Déplorables préventions des partis qui obscurcissent les esprits les plus sains, et qui font mentir la conscience elle-même ! Voilà cependant comme on apprenait l'histoire aux oubliettes de Sainte-Pélagie, et en vérité, ceux de mes quinze ou vingt amis qui ont eu le bonheur de mourir jeunes, intrépides et résignés, en face de l'hôtel-de-ville, sous l'administration du premier consul, seraient bien surpris s'ils voyaient apparaître aujourd'hui dans les poèmes et dans les journaux les gloires épiques du règne de l'empereur. Quant à moi, j'avouerai naïvement que je n'ai jugé de la grandeur de ce géant que lorsqu'il a été couché ; mais je suis fort excusable de ne l'avoir pas plus tôt mesuré du regard : il avait le pied sur ma tête.

Nous vivions donc en paix, sur la foi d'une garantie réciproque dont les effets ne devaient pas tarder à se faire connaître. Comme il était évident que le Consulat touchait à sa fin, et en cela du moins nous étions assez bien informés car nous devions recevoir, deux ou trois mois plus tard, les constitutions de l'Empire libellées selon la forme ordinaire, chacun s'occupait de son côté à saisir l'instant de sa chute, pour jeter à la place vide un gouvernement tout prêt, qui serait nécessairement le meilleur des gouvernements possibles. Pour réaliser cette utopie à la manière de Thomas Moor[270] ou de Pangloss[271], les royalistes comptaient sur un plan qui devait réussir bientôt, et les patriotes sur un système qui ne pouvait jamais mourir. Il y a vingt-six ans que cette discussion se débattait chaudement, et il est douteux qu'elle soit parvenue à ce degré de clarté favorable où il n'y a plus qu'une opinion pour la clôture.

Dans cette expectative infaillible, tout le monde arrangeait froidement ses intérêts et ses vengeances pour l'événement. Je ne saurais trop répéter que les deux partis s'étaient mis sincèrement hors de cause ; mais il restait entre les extrêmes nombre de gens qui n'avaient nul droit d'exciper de leur large indulgence. Du côté de Chalandon et des siens, c'étaient les thermidoriens, toujours coupables à leurs yeux de l'assassinat de l'*incorruptible,* et surtout ces transfuges intéressés de la Révolution qu'on voyait s'atteler complaisamment au char du premier tyran venu, sans égard à leur foi jurée aux lois de la République. Le vieux Bouillé aurait pu lever hardiment parmi nous son front tout sillonné de foudres de *La Marseillaise*[272] ; mais malheur à Cambacérès[273], à Fouché, à Boulay de la Meurthe[274], à Barère[275], à Merlin[276], à Réal[277], si un Mallet[278] de ce temps-là était venu les écrouer à l'Opinion ! Les efforts d'une poignée de prisonniers, moins implacables dans leurs souvenirs et moins âpres en leurs colères, ne les auraient pas soustraits à la fureur de leurs ennemis. C'était là cependant, qui le croirait ? une des inquiétudes qui nous agitaient incessamment, et l'horreur que nous inspirait tant de sang près d'être répandu, nous effrayait de la victoire et de la liberté. C'est que le moment était prochain, imminent, presque actuel, et que nous le pressentions partout, dans le tintement d'une cloche inaccoutumée, dans une rixe du coin de la rue, dans une bande d'ouvriers qui regagnait confusément les faubourgs, dans la foule qui débouchait par pelotons du jardin des Plantes, les jours d'entrée publique. A la moindre rumeur : « Voilà le peuple », s'écriait une voix ; et le signal de la délivrance parcourait le corridor avec la rapidité de l'étincelle électrique. « Voilà le peuple », répétait-on de toutes parts, et c'était le peuple en effet : c'était bien lui, le peuple insouciant, le peuple apathique, le peuple soumis, le peuple devenu étranger, peut-être avec raison, aux vaines misères de quelques enthousiastes insensés et de quelques spéculateurs étourdis, qui expiaient sous de triples murailles leur zèle ou leur maladresse. Pour ne pas comprendre ce désappointement de toutes les minutes, il ne faudrait connaître ni la prison, ni ses confiances puériles, ni ses fausses joies. C'est bien mal à propos qu'on applique à ce séjour de souffrances et d'illusions la formidable inscription de *L'Enfer* de Dante :

Lasciate ogni speranza, voi che entrate.

L'espérance est la providence des cachots ; elle n'en sort jamais.

Je n'ai fait qu'indiquer parmi nos prisonniers Marie-Emmanuel Hérisson de Beauvoir. C'était un jeune homme de vingt-cinq ans, et celui des prisonniers qui se rapprochait le plus de mon âge. Sa physionomie très ouverte avait quelque chose de bizarre, mais d'imposant, qui annonçait deux facultés assez rares à trouver réunies : une extrême exaltation et une fermeté de fer. Son front haut, large, blanc, limpide, qui occupait à lui seul plus de la moitié de la face, ses traits fortement rognés et coupés à vives arêtes, ses cheveux noirs, forts, raides et hérissés sans être crépus ; jusqu'aux habitudes brusques et anguleuses de son corps nerveux qu'on aurait cru servi par des muscles métalliques, faisaient de lui un des types les plus extraordinaires de force et d'intrépidité dont on puisse se composer l'idéal dans la lecture des *Amadis*. Il y avait bien à côté de tout cela, dans le contraste qui résultait de la fixité pétrifiée de ses principes et de la mobilité fugitive de ses sensations, dans sa disposition à s'émouvoir des plus petites choses et à se rire des plus grands dangers, dans ses alternatives de désespoir énergique et terrible, d'insouciance nonchalante et endormie, de gaieté frénétique et orageuse, quelque pronostic d'un étrange avenir ; mais ces fantaisies de l'imagination ou de caractère étaient rachetées par des qualités si rares qu'il n'était personne qui ne l'aimât et qui n'aimât à en être aimé. Ce qu'il y a de singulier, c'est que ses idées politiques se ressentaient peu de l'inflexibilité de ses autres résolutions. Cela s'explique cependant, parce qu'il les avait reçues plutôt qu'il ne se les était faites. Sa famille avait été frappée au cœur par la Terreur. Si ma mémoire ne m'abuse après tant d'années, il était frère de ce Beauvoir dont le nom se lie dans les souvenirs du temps à celui de l'infortunée madame Kolly, et dont la mort fut embellie par l'épisode touchant d'un sentiment romanesque. Celui-ci, resté orphelin parmi quelques orphelins, obéit à l'impulsion de sa destinée. Quand l'étendard des chouans se releva en 1799, on appela un Beauvoir, et Beauvoir était présent. Quelques actions de marque le placèrent de bonne heure aux premiers rangs de cette petite armée, où sa bravoure fut plus souvent donnée pour exemple que sa subordination ; mais cette direction de son courage n'avait pas été absolument instinctive. Elle était la seule qu'il pût suivre, et non la seule qu'il pût comprendre. Aristocrate de naissance, il appartenait de vocation à toutes les causes généreuses ; son âme s'ouvrait sans effort à tous les nobles sentiments. C'était l'homme de Térence à qui rien de ce qui intéresse l'homme n'est étranger, et je m'étonnais quelquefois de l'entendre parler de liberté avec l'émotion d'un adepte, parce que la génération dont je faisais partie, pauvre encore d'expérience et de réflexion, ne comprenait la liberté que sous le drapeau exclusif où son nom était écrit en lettres de sang. Nous ne savions pas que les Chouans s'étaient moins soulevés pour ressusciter d'anciennes formes de gouvernement, dont aucun peut-être n'aurait voulu en particulier, que pour résister à l'invasion d'une tyrannie nouvelle, intolérable sous la Convention, ignoble et honteuse sous le Directoire. Nous ne pensions pas, comme je le pense aujourd'hui, que s'il a été fait dans les temps modernes quelque chose de plus grand que la Révolution, c'est la guerre de la Vendée et la guerre des chouans. Nous n'avions pas suivi l'immense élaboration du principe de l'égalité dans ce foyer de la démocratie militaire, dans cette Croatie vraiment libre, où s'accomplissait spontanément le phénomène dont nous cherchions le secret avec tant de peine*.

* Il n'y a rien qui ressemble à un paradoxe comme une idée neuve, et s'il fallait chercher une idée neuve quelque part, ce serait peut-être dans les effusions d'un homme franchement désintéressé de tout l'avenir et franchement désabusé de tout le passé. Il n'y a donc rien qui ressemble mieux à un paradoxe que cette notion toute nouvelle sur l'esprit essentiellement libéral qui animait les chouans, et je sais qu'elle ne manquera pas de contradicteurs. Je les renverrai à un pamphlet, d'ailleurs bien peu digne de confiance, mais dont l'auteur n'avait du moins aucun intérêt à rendre les chouans populaires. Ce libelle, écrit dans le cabinet impérial, et avec les types de l'imprimerie impériale, dont il est, sous cette désignation, le premier *specimen*, est intitulé : *Notice abrégée sur la vie, le caractère et les crimes des principaux assassins aux gages de l'Angleterre, qui sont aujourd'hui traduits devant le tribunal de la Seine.* On avouera qu'un pareil document laissait peu de chose à faire au ministère public, et qu'une fois les accusés convaincus de *crimes et d'assassinats mercenaires*, il ne leur restait quelque chose à démêler qu'avec le bourreau. C'est peut-être le seul exemple d'une diffamation officielle et avouée contre cinquante hommes en jugement. Carrier[279] et Joseph Lebon[280] assistaient à l'exécution de leurs victimes, mais ils ne faisaient pas de brochures pour prouver au juge en séance que tous les accusés étaient mûrs pour l'échafaud. Voici ce qu'on lit sur Georges dans cet écrit :

« Tinteniac[281] fut tué au château de Coëtlogon (juillet 1795). Les officiers émigrés qu'il avait amenés avec lui, ignorant les ressources chouaniques, et croyant tout perdu à jamais, se dispersèrent avec les fonds de l'armée. Georges... profita de cette circonstance... Pour se maintenir, il adopta le système antinobiliaire, etc. »

On trouve quelques lignes à l'appui de ce monument dans la correspondance de Puisaye[282]. Il écrit au chevalier de la Vieuville, le 21 décembre 1795 :

« J'ai écrit au prince de Léon[283] pour l'appeler au commandement de cette partie (du Morbihan) ; c'est un moyen sûr de détruire le système antinobiliaire qui s'y propage. »

Les événements ont parlé depuis. Notre Révolution, toute faite contre la noblesse, a triplé les rangs de la noblesse, et un franc révolutionnaire n'y trouverait pas à redire, car en influences délétères, il en est des privilèges comme des substances ; plus ils s'étendent, moins ils font de mal. De la Vendée au Morbihan, le peuple a retiré au contraire un véritable avantage moral de son intervention inopinée. Il s'est élevé d'un élan au niveau des droits usurpés de la naissance, et on vous montrera dans ce pays-là la chaumière du voiturier Cathelineau [284] avec autant de respect que les tours féodales du connétable de Clisson [285]. Il est vrai de dire que ce qui grandit les nations dans leur intérieur, ce ne sont pas les coups d'Etat de cabinets, les enthousiasmes de clubs, les ovations de cafés, les grandes victoires politiques remportées à coups de discours : ce sont les guerres civiles.

Deux ans auparavant j'avais été, à l'hôtel de Hambourg, rue de Grenelle-Saint-Honoré, et à l'hôtel de

Il est vrai que ces correspondances ont été faites ou arrangées dans des bureaux, et que personne n'en doute ; mais il y a des choses qui n'ont pas pu être faites, et celle-ci est du nombre.

Lebourgeois me racontait en 1804 que Georges, pressé par quelques amis sur le danger des ambitions de l'émigration et de la noblesse, disait en souriant que la monarchie n'avait peut-être qu'un moyen de se rétablir en France : la dégradation de toute la noblesse et l'anoblissement de tout le peuple. J'ai entendu répéter cela par Burban et par Beauvoir. J'aurais à peine osé cependant hasarder cette anecdote, si je ne la trouvais à peu près constatée dans les mesures particulières proposées par Rivoire au comité royal de contre-révolution. Voici l'article 3.

« Donner à tous les officiers généraux et supérieurs qui se déclarent pour le roi des lettres de noblesse, s'ils ne sont déjà nobles de naissance, en remplacement d'autant de nobles qui seront dégradés.

J'ose bien assurer, en définitive, que nos libertés politiques et notre égalité de droits ont compté peu de défenseurs plus énergiques et plus dévoués que Georges Cadoudal. Seulement, il s'est obstiné à les servir sous le drapeau blanc, quand elles étaient vendues, ou délaissées, ou regrettées avec une profonde et inutile douleur, sous le drapeau tricolore. C'est là toute la différence.

Béarn, rue Coq-Héron, le commensal et bientôt l'ami de quelques autres chouans qui auraient pu me suggérer les mêmes impressions ; mais les vives dissipations de cet âge ne m'avaient pas même permis de réfléchir sur le côté sérieux de leur caractère, et sur la direction occulte de leur vie. Pour moi, Coster Saint-Victor [286], si modéré, si poli, si plein d'une ingénieuse aptitude à toutes les saines occupations de l'esprit ; Joyaut de Villeneuve [287], si brusque et si tranchant quand il n'était pas taciturne et rêveur ; l'impatient et hasardeux Raoul de Gaillard [288] ; le grave et doux Lebourgeois, et ce fou aventureux de Burban, mieux connu jusque-là des hardis compagnons de ses expéditions téméraires sous le nom de Malabri ou sous celui de Barco ; ces insignes personnages d'un roman épique dont l'auteur se trouvera quelque jour, ne composaient, dis-je, à mon égard, qu'une de ces sociétés de rencontre qu'on se fait dans les tables d'hôte comme dans les diligences, et auxquelles on s'assimile d'autant plus volontiers qu'un mot ou un signe échappé vous a révélé d'abord entre la pensée de ces étrangers et la vôtre quelque mystérieuse harmonie qui ne se décèle jamais tout à fait, et qui s'accroît tous les jours. Les noms de ces messieurs étaient profondément ignorés alors dans la France subconsulaire ; ils n'avaient jamais eu de bulletins où tracer leurs faits d'armes dont l'histoire ne saura rien, et le temps n'était pas venu où tout le monde serait admis à lire leurs titres d'honneur et de mort sur d'autres écriteaux ; mais ces noms me servirent de recommandation auprès de Beauvoir. Au bout de cinq minutes nous nous connaissions comme si nous avions couché deux ans sur la même paille, et un quart d'heure après nous étions frères.

L'amitié est si bonne que je m'accoutumais presque

d'abord à me croire heureux ; mais ce n'est pas là que se bornaient les délices de Sainte-Pélagie. Celles dont il me reste à parler en premier lieu étaient un peu plus matérielles, et cependant la diète sévère du secret m'avait disposé à les goûter avec plus de sensualité qu'en aucun autre temps de ma vie. Sainte-Pélagie avait alors un restaurant placé dans l'intérieur même de ses murailles, et qui ne le cédait en rien aux célèbres officines d'Archambaud, si estimées de mon temps dans le pays latin. Les salons tenus par une petite madame Lobé, piquante, agile et gracieuse, n'étaient pas tout à fait aussi élégants qu'elle ; mais ils brillaient de propreté, et c'était plaisir d'y délasser ses yeux du triste aspect de nos cellules. Quoiqu'ils n'eussent été ouverts qu'à l'intention des prisonniers pour dettes, un prisonnier de « l'Opinion » finissait par y pénétrer aussi, quand il était doux, timide, inoffensif, et muni de quelque argent : je jouis de cette faveur dès les premiers jours qui suivirent ma détention sous les plombs, et le guichetier aimablement oublieux qui me conduisait ne s'avisait le plus souvent qu'au bout de deux ou trois heures que l'heure rigoureuse de sa consigne était expirée. Ce n'est pas tout : il était expressément défendu de laisser communiquer les prisonniers de « l'Opinion » avec l'extérieur ; mais cette défense ne s'étendait pas aux prisonniers pour dettes qui dînaient en famille à côté de nous, et qui avaient des femmes, des sœurs, des amies, des maîtresses charmantes ; j'en jugeais du moins ainsi, car on n'imagine pas combien les femmes sont jolies pour un prisonnier de vingt ans, et réciproquement, un prisonnier de vingt ans n'est pas sans intérêt pour les femmes, quand un de ces hommes entendus, comme il s'en trouve partout, est venu leur murmurer à l'oreille avec une solennité mystérieuse :

« Vous voyez bien ce grand jeune homme blond, qui a la physionomie si mélancolique. Le pauvre diable a vraiment de bonnes raisons pour cela : il est depuis plusieurs jours condamné à mort administrativement, et son exécution n'est retardée que par une formalité, mais cela doit arriver du soir au lendemain. » Hélas ! que d'infortunes plus réelles n'aurait-on pas bravées pour acheter leur pitié, pour voir une âme tendre et compatissante se déceler à travers l'émail humide de leurs yeux ; pour suivre, à travers de beaux cils d'un noir éblouissant, une larme qui coulait pour nous, et la sentir tomber tiède sur notre main ! Je croyais avoir épuisé, en quelques jours de folle jeunesse, toutes les joies de l'amour, et je n'avais rien pressenti de celles-là.

Vous voilà maintenant bien prévenus que Sainte-Pélagie était un de ces cachots d'enchantement où le ciel descend parfois tout entier, avec ses nuées rosées, ses astres purs et doux, et ses chœurs de jeunes divinités cent fois plus séduisantes que les mortelles, précisément comme à l'opéra ; et vous aurez peine à croire que ces jours d'une illusion si mobile qu'elle ne pouvait occuper l'âme assez longtemps ou la faire souffrir, aient été les plus pénibles de la vie. Je vous avouerai que le mot de cette énigme est assez difficile à dire, même pour les gens qui ont fait abnégation de toute vanité, parce qu'il intéresse une des délicatesses irritables de notre fierté d'homme, et je vais en brusquer l'aveu pour m'affranchir tout de suite d'une pudeur embarrassante. Le poison qui corrompait chez nous une existence d'ailleurs très tolérable, c'était quelque chose de plus que l'angoisse du condamné qui attend l'exécuteur ; c'était la peur d'une mort inopinée, soudaine et obscure, à laquelle nous nous croyions destinés les uns après les autres, et qui semblait ne nous avoir épargnés jusque-là que par une faveur du hasard. Comme cette appréhension n'annoncerait, sous un gouvernement légal, et même sous la plupart des gouvernements absolus, que le vertige d'un maniaque, il faut l'expliquer par quelques faits singuliers dont l'éclaircissement a manqué jusqu'ici à l'histoire morale des prisons.

Je n'apprendrai probablement rien à personne en rappelant le bruit des exécutions nocturnes, si communes, s'il fallait en croire la rumeur universelle, vers la fin du Consulat, et dont le théâtre avait été transporté, depuis peu, du Temple à Sainte-Pélagie. C'était une notion reçue et incontestée, même par les partisans les plus zélés du nouveau gouvernement, qui couvraient commodément, selon l'usage, cette monstrueuse violation de toutes les lois humaines du prétexte immoral du salut public, argument hypocrite des assassins et des tyrans ; mais avant d'aller plus loin, je dois déclarer que, si ce n'était pas là un mensonge bien caractérisé, c'était au moins une immense hyperbole, et que le nombre des prisonniers exécutés sans formes légales a dû être extrêmement borné. Il se réduirait au capitaine Wright [289] et à ses matelots, qu'il en resterait assez à la vérité pour caractériser un crime de cannibales ; mais nous étions certainement trompés sur cette boucherie occulte qui ne lassait ni les bras des bourreaux, ni la verve conteuse des nouvellistes de salon. Qu'avait besoin d'ailleurs le gouvernement de ce temps-là d'escamoter quelques cadavres à la justice qui les aurait donnés ? J'ai appris depuis, dans le coin d'un journal, entre les anecdotes du jour, l'exécution de je ne sais combien de mes camarades, de Rosselin, de Condurier, de Vuitel, d'Armand de Chateaubriand [290]. Il n'était guère question vraiment de s'informer si toutes les conditions d'une bonne procédure avaient été remplies à leur égard, et s'il n'y aurait pas eu de ressources en révision ou en appel. On savait fort positivement qu'ils étaient morts, mais on n'a jamais demandé s'ils avaient été jugés. C'est calomnier la tyrannie que de lui supposer des ménagements. Elle sait bien que les pouvoirs violents ne s'affermissent que par les excès. Quand on fit tuer un Bourbon dans les fossés de Vincennes[291], le caractère de la personne rendait l'affaire plus sérieuse, et cependant elle fut terminée avant d'être venue aux oreilles d'un de messieurs les chambellans. On vous jeta son jugement et son sang à la tête, et voilà tout.

Quoi qu'il en soit, nous avions apporté cette prévention absurde en prison. Elle y avait été fortifiée par une prévention qui s'appuyait d'observation et d'expérience. Vrai ou faux, nous avions la foi de notre malheur. Nous étions là, tout semblables aux compagnons d'Ulysse dans la grotte de Polyphème, et attendant avec une horrible impatience le jour où notre nom, tombé à la loterie de la mort, vaudrait sur les fonds secrets de la police un bon de quatre coups de fusil. Et il ne faut pas s'imaginer que cette aberration était le propre de quelques imaginations exaltées et malades ; il n'y avait personne qui ne la partageât, qui n'affermît tous les jours notre conviction par de nouveaux renseignements. Or, une erreur, qui est parvenue à obtenir un pareil degré de créance, équivaut, si je ne me trompe, quant à l'effet qui en résulte sur la pensée, à une réalité bien établie. Presque toutes les nuits, vers deux heures, « l'Opinion » recevait la visite des guichetiers. A peine entendions-nous rouler le premier des rauques verrous de nos trois portes de fer, chacun s'asseyait sur sa paille, en supputant silencieusement les probabilités qui restaient à une des vingt chambrées contre les dix-neuf autres. Enfin, le corridor retentissait du pas lourd des hommes de service, et de l'entrechoquement des fusils, et du tintement des clés pendantes, et nous, tourmentés par nos diverses prédilections d'amitié, nous épanchions nos inquiétudes et nos terreurs avec une alternative d'angoisses et d'espérances à laquelle le cœur ne résisterait pas longtemps. Une dernière porte s'ouvrait, et pendus au barreau de la petite ouverture qui surmontait l'entrée de nos cachots, nous échangions, sur toute la longueur de la galerie des questions inquiètes et des réponses confuses. – Quel numéro ? Quel côté ? – La gauche, la droite, le deux, le quatre. – C'était une rumeur à ne pas s'entendre. Au bout de quelques minutes, la porte venait à battre sur ses montants de pierre ; le verrou rentrait dans son anneau, et le silence vous aurait permis alors de saisir à vingt pas le bourdonnement d'un insecte. Le prisonnier se nommait d'une voix ordinairement forte et assurée, et après, ce n'était plus qu'un vague murmure entrecoupé de cris d'adieu, d'imprécations et de gémissements, qui croissait et s'assourdissait tour à tour, comme une marée orageuse, jusqu'au moment où le bruit d'une explosion nous apprenait que tout était fini. Là, recommençait un profond et lugubre silence, plein de regrets sur le sort de nos amis et d'amers pressentiments sur le nôtre. A compter de ce moment-là, on ne parlait plus, mais quelquefois on dormait encore. Faut-il que je le répète ? Cet appareil sinistre n'annonçait toutefois qu'un transfèrement, du moins à quelques exceptions près, et j'ai retrouvé en prison, ou dans le monde, plus d'un homme que j'avais pleuré ; mais nous ne le savions pas, nous ne pouvions pas le savoir, et nos informations inutiles n'ont jamais obtenu que le sourire de l'ironie ou les brusques rebuts de l'ennui. Nos gardiens ignoraient toujours le sort d'un prisonnier qui avait disparu, et si le bruit de l'explosion était arrivé à leurs oreilles, ils l'attribuaient avec un malin sourire à quelque voisin plus las de vivre que nous-mêmes, ou à quelque douanier affamé de contrebande. Malheureusement l'explosion coïncidait trop immédiatement avec l'extradition du prisonnier, pour qu'on pût admettre ce concours si exact et si constant d'heures et de faits entre deux événements très étrangers l'un à l'autre. Vous étiez embarrassé en beau chemin, me direz-vous ! L'extradition d'un homme de parti qui pouvait, par des intelligences secrètes, ameuter une foule d'adhérents, exigeait des précautions sérieuses et propres à déjouer toutes les tentatives. Au signal convenu, un soldat aposté faisait feu, et l'appel était couvert d'autant de coups de fusil qu'il y avait de sentinelles ; C'était une espèce de garde-à-vous, qui ne devait pas manquer son effet sur les malintentionnés. J'avouerai que je m'en suis douté une dizaine d'années après, mais c'était un faible palliatif aux maux passés, et je vous étonnerais peut-être en vous disant que la police s'était arrangée de manière à ne pas nous laisser prendre la chose si naturellement. L'explosion nocturne était à deux fins, celle que votre perspicacité vous a fait deviner si vite, et puis une autre que vous ne devineriez pas. C'était un jeu exercé sur les âmes faibles pour les abrutir, sur les âmes fortes pour les rompre. Ce gouvernement n'était pas sanguinaire, je vous l'ai dit souvent ; mais il venait trop près du gouvernement de Robespierre pour lui abandonner un avantage, et quand on ambitionne toutes les supériorités, on n'aime pas à laisser derrière soi un nom plus formidable que le sien. Voilà pourquoi on avait organisé dans les prisons une terreur toute morale, et, pour ainsi dire, tout imaginaire, parodie insultante de l'assassinat, qui ne tuait que l'âme. Quoi qu'il en soit, cette préoccupation nous suivait si assidûment, qu'on n'entrait pas dans la cour carrée qui servait à nos distractions, sans chercher sur le dernier des trois degrés qui y descendent une trace de sang mal lavée que j'ai cru souvent y voir sur la foi des autres ; et quand notre promenade quadrangulaire nous ramenait deux à deux vers le point fatal, on se le montrait du regard. Toutes ces terreurs reposaient sans doute sur une erreur qui fait pitié, et on ne me reprochera pas d'en avoir dissimulé le ridicule. Avec la pertinacité incisive d'un voyageur qui vient de loin (et on revenait de loin quand on sortait des prisons du Consulat), je n'aurais pas perdu dans ces préliminaires consciencieux l'effet d'une narration intéressante, d'une péripétie dramatique, et d'un dénouement inattendu. Il y a une demi-heure que la toile est levée, et que je vous montre à plaisir les moindres rouages de mes machines, sans vous cacher une trappe, sans vous faire tort d'une ficelle : représentation sans exemple où tout le monde est dans le secret de la tragédie, excepté les personnages. Il n'y a pas de combinaison dramatique, depuis les meilleures pages d'Ann Radcliffe [292] aux meilleures scènes du mélodrame, qui puisse tenir à une pareille abnégation d'artifice. C'est un genre de composition dont personne ne voudra, mais c'est le mien. J'ai voulu être vrai avant tout, et si les règles de l'art me paraissent faites pour diriger le travail de l'imagination, je trouve qu'elles répugnent à la sincérité de l'histoire. J'aurais été moins gauche en arrangeant un roman.

Au reste, vous êtes si complaisamment faciles à subir toutes les impressions, à laisser fléchir vos convictions sous l'impulsion d'un sentiment, ou fasciner vos yeux au prisme d'une illusion, à vous endormir dans un rêve qui vous amuse ou qui vous touche, que je me croirais sûr de retrouver quelque intérêt dans votre cœur pour une de mes histoires, si vous aviez le temps d'entendre comme j'ai celui de raconter ; et aujourd'hui que nous voilà vieux, prolétaires invalides, et contribuables inéligibles, je ne pense pas que nous ayons quelque chose de mieux à faire : il faut absolument pour cela que vous ayez la complaisance d'oublier tout ce que je vous ai dit, ou de commencer votre lecture par la fin, ce qui n'a pas le moindre inconvénient.

Un matin la porte du n° 6 s'ouvrit trois heures plus tôt qu'à l'ordinaire. Le jour commençait à peine à poindre. Les guichetiers la refermèrent derrière eux, et je n'avais jamais vu cela. Ils parcoururent tous les recoins de la chambrée avec une scrupuleuse attention, s'assurant qu'aucune brique n'avait été soulevée, et glissant la main le long de tous les barreaux pour y chercher le cran délié de la scie d'acier, ou les inégalités que laisse le passage de la lime. Ils palpèrent nos habits déployés pour y découvrir quelque inégalité suspecte qui leur dénonçât la présence d'un corps étranger entre le drap et la doublure. Ils ouvrirent nos sacs de paille, et ils explorèrent attentivement cette poussière sans forme et sans nom qui avait végété autrefois en épi, mais qui n'appartenait plus depuis longtemps à aucune famille de productions naturelles. On trouva dans celle que le poids de mon corps achevait de réduire à sa dernière expression d'impalpabilité un petit coin de chêne garni d'une armature de fer. Démaillot remarqua que cet instrument avait été en usage dans toutes les prisons, où il servait à fendre le bois, du temps où l'Etat chauffait ses prisonniers, et qu'il n'était pas étonnant qu'il se trouvât mêlé dans nos paillasses au reste des rebuts immondes dont elles étaient composées. Les visiteurs n'emportèrent que ce coin de bois pour toutes dépouilles opimes, et les chambrées restèrent closes jusqu'à l'heure accoutumée.

A dix heures j'entrai dans la chambre de Beauvoir, qui était occupé, selon son usage, à cirer ses bottes d'ordonnance, et qu'aucune distraction n'aurait forcé à se désoccuper de ce soin tant que leur lustre était encore obscurci par un atome tombé de la vergette ou une vapeur émanée du souffle. Vous auriez juré qu'il avait audience chez le ministre de la Guerre ou visite d'obligation chez le commandant de Paris, et depuis deux ans de captivité il n'avait mis que des pantoufles. « A-t-on fouillé aujourd'hui chez toi ? » dis-je en m'asseyant sur un bahut qui renfermait ses huit paires de bottes symétriquement rangées, son cirage de tous les pays, ses brosses de toutes les dimensions, et quelques autres ustensiles de toilette pédestre. « Vraiment non », me dit-il en relevant sa botte à la hauteur de l'œil du côté de la croisée, et en la livrant avec satisfaction à l'épreuve du grand jour dont elle pouvait défier l'éclat, « on ne fouille que dans les chambrées où il y a une exécution à faire. On a fouillé chez nous », lui dis-je. Il laissa tomber sa botte sur la paille. « Chez toi ? s'écria-t-il, c'est horrible ! » – Il se leva ; il donna un coup de pied à la botte qui l'empêchait de marcher librement ; il se parla quelque temps seul, et se retourna enfin vers moi avec un regard assuré, en déployant largement sa main gauche et en la parcourant de l'index de la droite par figures démonstratives. « Ce n'est pas Guérin », dit-il en partant du pouce. « Que diable ferait Bonaparte de la peau d'un théophilanthrope ? Ce n'est pas Goville, continua-t-il ; c'est un homme inoffensif, étranger à toutes les intrigues, réclamé de très haut, et plus que tout cela, c'est le beau-frère de D'Agoult[293], qui est fort bien dans ce tripot des Tuileries. Ce n'est pas Démaillot, frondeur sans conséquence, beau parleur sans danger, qui a moins d'influence sur la populace que Bonjour, Gallais ou Chalandon ; ressort usé d'un instrument qui ne joue plus ; jacobin empaillé, momie révolutionnaire, que l'on garde tout au plus comme un type curieux de l'espèce, et dont la place définitive est à la ménagerie. » Alors il s'arrêta, et puis il reprit : « Ce n'est pas toi ; ta vie n'est liée à aucun système redoutable ; tu tiens à tous les partis par quelques idées, et tu te dérobes à tous par quelques répugnances. Les gouvernements ne tuent pas les gens qui marchent tout seuls, surtout quand ces gens-là viennent d'échapper aux lisières de leur nourrice. D'ailleurs tu étais au secret, tu en es descendu ; et si l'on avait voulu te tuer au rez-de-chaussée, on ne t'aurait pas arrêté au troisième étage. Ce n'est pas toi ; c'est Renou. – Renou ! – Oui, Renou. La mort est sur les Vendéens. Aujourd'hui lui, demain moi. » A cette idée, il releva la tête d'un air fier, et je laissai tomber la mienne sur ma poitrine. C'était tellement cela que je ne pouvais pas même concevoir la possibilité d'une autre chance. Renou avait été interrogé deux ou trois jours auparavant. C'était Renou. Je rentrai au n° 6, et je me jetai sur ma paille en pleurant.

Renou était sur la sienne et finissait de rimer une épître qu'il m'avait adressée. Jamais je ne l'avais vu si content. « Imagine-toi, me dit-il, que je crois être venu à bout de quelques difficultés qui m'embarrassaient beaucoup. Tu sais que ma femme s'appelle Angélique et ma fille Zélinde, et j'ai voulu te parler d'elles dans mon épître. Zélinde, Mélinde, cela va tout seul. Mais crois-tu que je puisse faire rimer Angélique avec angélique ? – Angélique avec angélique, bon Dieu ! – Eh ! oui, Angélique, nom propre, angélique, nom de plante, angélique, adjectif, c'est que cela ferait très bien, vois-tu :

Et le parfum de l'angélique...

ou bien,

Et son innocence angélique...

– Non, lui dis-je avec impatience... cela serait affecté... dis plutôt :

Et sa constance évangélique...

Et je m'enveloppai du pan de laine qui me servait de couverture pour étouffer mes sanglots. « Qu'as-tu donc ? cria-t-il en venant à moi... Tu pleures, enfant ! Que le diable emporte les nerfs ! Je n'ai jamais su ce que c'était. Aussi tu t'affliges trop ; mais penses-tu que moi je suis sur des roses ? »

A cinq heures je descendis : je m'arrêtai au troisième degré. Je pensai que c'était là que Renou allait mourir. J'éprouvais avec ma douleur quelque chose d'indéfinissable qui ne ressemblait à aucune de mes sensations passées. J'entrai au restaurant, je pris un potage au lait ; je regardai presque sans voir, j'écoutai presque sans entendre. Resseguier avait mis en bataille tous les hommes en état de porter les armes, sans en excepter quelques guichetiers de bonne humeur, pour exécuter une manœuvre de son invention. Custines amusait quelques dames moins belliqueuses des exercices de son chat, le plus beau, le plus adroit et le plus extraordinaire de tous les chats. Je prenais peu de part à ses plaisirs. Cette crampe terrible dont j'ai parlé en commençant me saisit tout à coup. Je n'eus que le temps de me lever et de tomber dans les bras de mon guichetier. Je revins à moi au n° 6, dans ceux de Renou, que j'avais blessé en me débattant contre ses secours ; son sang inondait ma poitrine. « Ah ! mon Dieu, m'écriai-je, c'est Renou, et c'est du sang !... »

Je me remis, je m'affranchis de leurs soins qui brisaient mon cœur, en feignant de chercher du repos. Ce n'était pas moi qui avais besoin des témoignages de leur tendresse ; c'était lui, et jamais il ne s'était plus occupé de moi ! Enfin le temps s'épuisa. L'heure vint. J'entendis le qui-vive, qui annonçait l'échange des sentinelles. Je m'assis. Mon sein battait si fort que je crois qu'on pouvait l'entendre. De grosses gouttes de sueur coulaient de mon front et à travers mes cheveux. Je retenais mon haleine pour écouter. La clé cria, les verrous roulèrent, les châssis battirent. « Ah ! ah ! dit Renou, il y en a encore un de pris », et il se rendormit. Remarquez que la position intermédiaire du n° 6 nous laissait le temps de calculer les résultats dans des proportions qui s'accroissaient toujours à mesure que la funèbre escouade s'approchait de nous. Le bruit finit à notre porte, et le brouhaha d'usage nous avertit. Je ne savais que trop que c'était pour nous qu'on venait. Quand notre gond commença à gronder, je me soulevai pour voir. Il y avait un guichetier qui portait cette longue pelle de fer où une torche est plantée, et après, quatre soldats dont les fusils n'avaient point de baïonnettes ; ensuite un homme vêtu à peu près en officier, qui jeta un regard d'étonnement sur nous. Je suppose qu'il entrait dans une prison pour la première fois. La longue chambre était éclairée par cette torche qui blanchissait les points éloignés de lumières flottantes et bizarres, à travers lesquelles je distinguais vaguement le bonnet blanc de M. de Goville, et le bonnet d'un rouge obscur du vieux Guérin. Cette inspection muette achevée, l'officier prononça un nom qui n'était pas celui de Renou. C'était mon nom, mon double nom. Ce déplacement d'idées se confondait avec trop d'impressions différentes pour qu'il soit possible de le définir. Je me levai. Je marchai. Je sentis des mains qui me touchaient, des bras qui me pressaient. Démaillot rampait sur son lit pour s'approcher de moi. Renou était tombé sur le sien, avec les deux poings sur les yeux. Je franchis bientôt le linteau de la chambrée en me nommant. Beauvoir rugissait dans sa cage comme un pauvre lion dont on égorge le chien familier. Je descendis machinalement en courbant la tête sous deux guichets. Je n'avais pensé à rien. Aux quatre ou cinq degrés qui précèdent le troisième guichet, je m'arrêtai. Je savais que c'était là, et je le savais comme si je l'avais vu. Je cherchai à mettre de l'ordre dans mes idées. Je nommai en esprit quatre personnes qui occupaient mon cœur, et je joignis à cela un élan de confiance vers le Dieu inconnu, qui allait me recevoir. Cela est très court et cela est très facile. Le porte-flambeau était déjà passé, et les larges langues de feu de son cierge de bitume flamboyaient sur les trois degrés de la cour. Je jetai un coup d'œil en arrière. Je vis l'homme qui était venu me chercher, et deux ou trois de ses acolytes qui se tenaient un peu en haut sur les degrés supérieurs de l'escalier, comme pour éviter l'éclaboussade de la décharge. Je lançai la tête en avant, en cherchant à droite et à gauche la bouche d'un canon de fusil. La torche répandait assez de lumière pour me détromper. Les quatre soldats étaient à l'autre extrémité de la cour, et bâillaient sur leurs mousquets. « Marchons-nous ?

me dit l'officier en me bourrant brutalement les reins de la poignée de son sabre. – Où allons-nous donc, monsieur ? n'est-ce pas là ? – Eh non, par Dieu ! c'est au greffe, par-devant M. Onain, inspecteur général des prisons. »

C'est qu'il s'agissait purement et simplement de s'assurer que les externes avaient fait un faux rapport, en racontant, sur la foi des apparences qu'offrait mon infirmité, que j'avais été empoisonné à Sainte-Pélagie. Je ne fus pas long à signer cette déclaration. La visite du médecin suivit ; et, comme il n'y avait pas de raison pour que mon irritation nerveuse fût tout à fait calmée, ce respectable M. Bouquet me trouva, en dépit de moi, très bon pour l'infirmerie. Mes amis d'habitude n'y étaient pas.

Je ris aujourd'hui de pitié et de honte en pensant à la déception qui m'avait trompé ce jour-là, et peut-être bien d'autres fois ; mais quel homme aurait passé à travers ces impressions sans leur payer un tribut ? Et puis tous les hommes reçoivent-ils les impressions de la même manière ? Et puis un malheur fortement ressenti, pour être une illusion, cesse-t-il d'avoir été un malheur ?

Et puis, comme disait Diderot, il y a plusieurs sortes d'histoires : des histoires vraies qui n'ont pas d'intérêt, des histoires intéressantes qui ne sont pas vraies, des histoires dont l'intérêt et la vérité sont relatifs, parce que la perception de l'intéressant et du vrai se modifie selon l'organisation de l'homme qui raconte et la disposition de ceux qui écoutent. Hier je contemplais, avec une admiration toujours nouvelle, du balcon de l'Arsenal, les effets variés du soleil couchant sur les fabriques resplendissantes des deux rives de la Seine, et je m'extasiais à la vue de Sainte-Geneviève, avec son dôme d'or qui se perd dans les cieux, et de cet occident magnifique drapé d'une immense tenture de pourpre. Un passant, qui avait entendu mon soliloque poétique, me dit : « Monsieur, il n'est pas d'usage à Paris de tendre des draperies de pourpre sur l'occident, même le jour de la Fête-Dieu ; et, quant au dôme de Sainte-Geneviève, vous pouvez vous tenir pour certain qu'il n'est par d'or, mais de bonnes pierres de taille. » Je n'eus pas un mot à répondre à cet homme. Il venait du faubourg Saint-Jacques.

Un beau jour (je ne sais pourtant comment le définir, car il serait difficile de décider entre des émotions si diverses ce qui l'emporta de la joie ou de la douleur), j'étais à dix heures, comme tous les matins, dans la chambre de Beauvoir qui cirait sa botte en sifflant, tandis que Resseguier tirait au mur de la main, avec le regret peut-être de ne pas trouver devant lui un adversaire vivant et digne de sa colère, armé d'une pointe bien aiguisée, et que le brave Renou, couché à côté de nous sur le bahut, comme au jugement de Marigny [294] auquel il refusa de prendre part, courait après une rime riche pour arrondir une de ses élégies. Tout à coup je m'entendis nommer de loin, et puis une seconde, et puis une troisième fois, et un guichetier essoufflé tomba dans mes bras. C'était un excellent petit jeune homme qui s'appelait Olivier Lambert, qui était, je crois, garçon charpentier, et qu'on avait envoyé pour cause de tapage nocturne faire un an de retraite à Sainte-Pélagie. Comme il avait plu d'abord à tout le monde, il était parvenu aux dignités ; il tenait les clés comme un ancien, et il ne les aurait certainement pas confiées à son père ; mais il composait volontiers, et toujours sans intérêt, pour glisser dans la main du prisonnier la lettre d'une mère ou d'une maîtresse. Il pantelait sur mon cœur comme un homme qui se trouve mal, tant il était oppressé de sa joie. « Tu es libre ! me dit-il enfin ; tu es libre ! Les voilà en bas ! tu t'en vas ! tu es libre ! On te demande de jour ! Souviens-toi de nous ! » Pauvre Olivier ! J'allais, je venais, je marchais, je pensais à peine. Renou m'embrassait. Resseguier m'embrassait. Démaillot m'appelait de son grabat pour m'embrasser encore. Je cherchais le regard de Beauvoir : il était noyé de larmes. Malheureux frère ! il sentait que nous ne devions nous revoir jamais !

Je descendis ce fatal escalier qui, peu de temps auparavant, devait me mener mourir, et par lequel ce jour-là je croyais marcher à la liberté. J'arrivai à la cour carrée. Le ciel n'était pas beau, et jamais il ne m'avait paru plus doux. Que de serrements de mains en traversant les groupes de mes camarades, déjà rassemblés au bruit de ma délivrance ! Que d'explosions d'amitié dans la salle des neuf guichetiers de relais qui l'avaient tous vue plus d'une fois à leur tour ! Pour se faire une idée de ce qu'il y avait d'exalté dans ces impressions, il faut se rappeler que la détention d'opinion sous le Consulat n'était pas une peine limitée, assujettie par jugement à une durée légale, et dont le terme infailliblement prévu diminuait tous les jours quelque chose de l'intérêt que le prisonnier inspire, en se rapprochant tous les jours. C'était un supplice à perpétuité, ou qui n'attendait tout au plus sa fin que du caprice fortuit de la police, et qui la devait de hasard, sans que rien pût la faire pressentir, à la liberté ou à la mort.

Enfin la porte s'ouvrit. La rue était là avec ses maisons et ses issues. Je me serais sauvé si j'avais voulu ; je le pensais du moins. Je me sentis poussé tout à coup dans une voiture par un inspecteur de police, et je tombai sur la banquette en face de deux gendarmes. Je fus à peine distrait de cette péripétie effrayante par la cohue tumultueuse de la ville et par l'inepte curiosité des passants.

Nous descendîmes à la préfecture de police. Je connaissais bien cela ; mais au lieu de me conduire au dépôt, on s'arrêta dans une cour ouverte, en face de la porte d'entrée, et où un bâtiment presque neuf se détachait sur la droite, comme une espèce de hangar, des vieilles murailles du vieux palais. On tourna une seule clé, et on repoussa sur moi une porte qui vibrait comme celle d'un salon, et qui ne grondait pas ; il y avait longtemps que je n'avais entendu le bruit d'une telle porte. Elle était garnie en glaces ainsi que les croisées, et on n'avait pas même pensé à les munir d'un barreau. J'ai connu peu d'aspects plus aimables et plus consolants que celui de ces murailles humides et noires dont je n'étais séparé que par de grandes vitres limpides et fragiles, à travers lesquelles on croyait sentir passer l'air avec le jour, et de cette cour où circulaient en liberté des hommes insouciants qui allaient, revenaient, s'arrêtaient ou pressaient le pas en rêvant à leurs affaires ou à leurs plaisirs. Quand je fus un peu remis du trouble de mes premières idées, je me retournai, et je vis trois messieurs assis qui attendaient là comme moi le mot d'une périlleuse énigme. Je me jetai dans les bras d'un d'entre eux, ou plutôt j'aurais peine à dire lequel de nous deux eût le premier lié ses bras autour de l'autre. C'était Lebourgeois, un des anciens amis que m'avait donnés mon intimité fortuite avec quelques chefs de chouans. J'avais été moins uni avec lui qu'avec Coster, qu'avec Burban, qu'avec Raoul ; mais il faut l'avoir éprouvé pour le savoir, ce que c'est qu'une amitié qui se renoue entre le cachot d'où l'on sort et l'avenir inconnu où l'on va. Je connaissais d'ailleurs à Lebourgeois une âme résignée et austère, qui mêlait beaucoup de douceur à beaucoup de résolution, et qui m'avait toujours imposé. Nous parlâmes de Beauvoir qu'il croyait fusillé depuis longtemps, et de quelques autres de nos aventureux camarades dont il ne jugeait pas que le sort fût de beaucoup à préférer au nôtre. Il me mit ensuite en rapport avec un de ses compagnons qui s'appelait M. Picot, l'homonyme et non le parent de celui dont la tête tomba près de celle de Georges[295]. Le brave officier dont il est question ici n'était pas si éloigné de l'accomplissement de son dernier sacrifice. Le troisième des prisonniers se donnait pour un gentilhomme de Vannes ou de quelque autre canton du Morhiban, qui suivait dès son commencement la fortune nomade de l'émigration. Depuis deux ans à peine, rentré dans les départements de l'Ouest avec quelques pouvoirs, et bientôt surpris par l'implacable activité de la police du Consulat, il avait eu le bonheur d'échanger cette chance de mort contre une détention temporaire. On ne disait pas précisément comment, et d'ailleurs ces détails me sont peu connus, car je ne les ai saisis que dans un moment violent de préoccupation où ils m'offraient bien peu d'importance. Je ne sais cependant quelle impression, qui n'avait certainement rien de sympathique, m'est restée de cet homme. Sa figure était distinguée sans être noble, spirituelle sans être aimable, animée sans être communicative. Quoiqu'il fût depuis longtemps en prison, il y avait affecté le costume insouciant dans lequel on a été surpris pour y aller : la veste du matin, le pantalon à pied, la mule de maroquin ; et c'est en cet équipage qu'il venait d'être déposé dans ce cabinet de transition où nous attendions notre sort. Lebourgeois et Picot, qui paraissaient le connaître fort imparfaitement, lui témoignaient les égards qu'une éducation élevée impose aux hommes simples ; et moi je m'étonnais, en le voyant, qu'on eût mis sa vie à la merci de tant de suffisance et légèreté, bien qu'il m'en soit arrivé autant plus d'une fois.

Après l'échange de quelques paroles oiseuses et quelque retour sur l'incertitude de notre situation : « Ma foi, messieurs, dit tout à coup Lebourgeois d'un ton résolu, nous sommes ici en assez bonne posture pour ne rien laisser au hasard. Voilà une fenêtre sans barreaux, et un gendarme dessous ; voilà une porte vitrée sans barreaux, et un gendarme devant. Cela fait deux hommes et deux sabres. Il y a sur ce bureau deux canifs, un joli grattoir, un couteau d'ivoire assez bien aiguisé ; nous sommes quatre, et quant à l'action, un tour de main à l'espagnolette, un élan à la croisée, un coup de poing armé sur l'estomac du factionnaire, de l'intrépidité et du jarret, c'est une difficulté qui n'arrêterait pas des écoliers pour prendre campos. Qu'en dis-tu ? »

Cette interpellation s'adressait à Picot, qui n'avait pas quitté la banquette pendant que Lebourgeois arpentait vivement la chambre en arrangeant son plan de campagne. Picot était probablement un de ces hommes impassibles qui font bon marché de leur vie tous les jours et à tous les moments, mais qui se croient d'autant moins libres d'en disposer pour leur salut personnel qu'ils l'ont dévouée avec une abnégation plus complète. Aussi calme que vous l'êtes à la lecture de ce récit, dans lequel vous n'avez pas une affection en jeu, pas un intérêt engagé, il se retourna vers l'émigré comme si sa résolution avait été suspendue à ses paroles :

« Extravagance pure ! dit celui-ci*, extravagance achevée ! Nous ne pouvons être ici que pour passer à la liberté dans un moment. J'ai subi une condamnation dont la durée expire ; vous avez subi chacun de votre côté une détention qui n'a laissé naître sur vous aucune lumière fâcheuse ; on nous dépose entre la prison et la ville dans un cabinet vitré, un bureau de petit-maître, un boudoir de commis, gardé par deux soldats qui n'opposeraient pas la plus légère résistance à un seul de nous. Regardez-les plutôt ! Et vous joueriez cette chance infaillible contre celle de la mort ! Car enfin, voyez-vous, quand nous aurons tué ces gens-là, il faudra sortir par là, puisqu'il n'y a pas d'autre chemin, pas un souterrain à nous cacher, pas un ballon à nous élever dans les airs ; et vous croyez-vous sûr de traverser la première cour, de bousculer la garde extérieure, de passer sur Paris à midi, d'enjamber les barrières, et de sauter d'un élan aux côtes de Bretagne sur des bottes de cent lieues ? Folie ! folie !... »

Ce raisonnement était spécieux. Quoique fort disposé à me ranger à l'opinion de Lebourgeois, je trouvai peu d'arguments contre une pareille objection, et j'allais m'y rallier, quand le hasard me rapprocha de la porte d'entrée. L'inscription était extérieure, mais elle était peinte sur le verre comme celles qui chargent la clôture de nos cafés, et il fallait moins d'habitude du boustrophédon [296], ou de l'écriture inverse, que je n'en avais alors, pour y lire au premier coup d'œil :

* Son nom ne m'a pas échappé ; mais ce nom, très commun en Bretagne, appartient à des hommes du caractère le plus honorable, qui n'ont cependant, selon toute apparence, avec celui dont je parle aucun rapport de parenté. La suite de cette notice expliquera ma réticence.

BUREAU DES TRANSFÈREMENTS

« Voyez donc où nous sommes ! répondis-je à l'instant ; voyez, monsieur ! Ce n'est pas ici un dépôt entre la prison et la ville ; c'est un dépôt entre la prison et les prisons ; c'est le bureau des transfèrements. »

L'émigré s'approcha lentement, éleva son lorgnon à ses yeux, et dit : « Cela est vrai. » « Mourir pour mourir ! s'écria Lebourgeois ; mais mourir comme le mouton qu'on mène à la boucherie, c'est trop fort ! Le bureau des transfèrements ! Oh ! j'aime mieux être découpé par cinquante sabres que de retomber sous la clé d'un geôlier ! Au bout du compte, arrive ce qui peut ! La fin des fins, c'est : Vive le Roi ! » Et il s'élança sur un des canifs. Picot tenait déjà l'autre.

Heureusement pour moi, et pour moi seul, la porte s'ouvrit au même instant. Un huissier, suivi de quatre soldats qui s'arrêtèrent au-dehors, prononça trois noms, celui de M. Lebourgeois, celui de M. Picot, et l'autre. J'embrassai Lebourgeois ; Picot me serra vivement la main ; le troisième me salua gracieusement, et je restais sous la garde de mes deux gendarmes.

J'y étais depuis près de cinq heures, et on ne s'étonnera pas que je les aie trouvées longues, lorsqu'on me tira de là. L'inspecteur de police qui m'avait amené me conduisit, entre ses acolytes, dans une salle de mauvaise apparence où il fallut encore attendre, et de cette nouvelle station dans un bureau plus orné, ou siégeait, en face de moi, à une longue et large table, un personnage pâle, sérieux, aux traits effilés, que le bruit de nos pas, celui des portes qui se refermaient, et l'avertissement de l'huissier ne tirèrent pas d'abord de la contemplation morne et fatiguée où il paraissait absorbé. Ses yeux entièrement clos et son attitude immobile me firent penser un moment qu'il dormait. Tout à coup il passa les doigts dans ses cheveux d'un blond hardi, relevés sur le front à la Louis-XV ; quelques rides convulsives se croisèrent au-dessus de ses sourcils mal indiqués, et il lança sur moi un regard bleu impossible à définir, mais qui n'avait rien de malveillant. Tout malheureux que j'étais, je me sentis porté à plaindre cette haute position du pouvoir, car elle me parut encore plus soucieuse que la mienne. Après avoir donné quelque temps à une réflexion distraite ou agitée : « Est-ce là ce jeune homme ? dit-il. Retirez-vous. Il est libre. »

Il est libre ! Phrase émouvante qui résonne si merveilleusement à l'oreille, que toutes les idées en restent confondues dans un seul sentiment. Libre ! et ce n'était plus Olivier Lambert qui le disait au hasard ; c'était l'arbitre presque souverain de ma liberté, l'homme au-dessus duquel il n'y avait qu'un homme ! Libre ! grand Dieu ! sans guichets, sans barreaux, sans verrous, sans fers, sans les terreurs de tous les jours, sans les agonies de toutes les nuits ! Libre ! Et cette parole vibrait à mon oreille avec une telle sonorité que les autres me portaient tout au plus quelques perceptions confuses, le reproche de mes égarements passés, des conseils pour mon avenir, une vive exhortation à soumettre l'emploi de mes facultés au grand prince qui gouvernait la France. Prince était bien le mot ; je l'avais entendu distinctement ; je tressaillis. Napoléon n'était pas encore empereur. Tout cela se termina par la notification d'un arrêté du grand juge qui m'exilait à Besançon, sous trois jours de délai sans plus, et par l'autorisation bénignement exprimée de passer dix jours à Paris, pour m'y procurer des ressources ou y arranger mes affaires, sauf à me présenter tous les matins dans les bureaux de la police.

Un commis me délivra l'expédition de l'ordre, et je sortis seul. Je me trouvai seul ; j'eus quelque peine à m'assurer que j'étais seul. Je descendis seul l'escalier, je franchis seul toutes les portes ; je gagnai seul la rue, aspirant de loin l'air qui m'était rendu, embrassant le ciel du regard, le reculant par la pensée au-delà des toits et des clochers, pressé que j'étais d'envahir un horizon plus étendu, et me faisant de l'univers, comme Alexandre, une conquête trop étroite. Heureux et fier d'être libre, comme si la liberté n'était pas une faculté propre de l'homme que la société ne peut suspendre sans violence et sans crime ! Mais bientôt ébloui, fatigué, accablé en quelques minutes de cette sensation si nouvelle ; mais épouvanté de la porter, et cherchant tout effaré quelque muraille qui bornât ma marche sans objet, tant nous avons besoin de nos habitudes, même quand elles sont des douleurs ! J'allais droit devant moi pour aller, pour changer de place, avec un instinct de sauvage. Tous les chemins étaient bons, tous les détours favorables et opportuns. Il me semblait que la population s'était augmentée, que le monde foisonnait, que chacun sortait de prison et cherchait aussi à marcher. Je m'étonnais seulement de trouver aux passants si peu d'intérêt et de sympathie pour un nouveau venu. Les femmes elles-mêmes ne me regardaient pas plus qu'un autre. Personne n'avait l'air de me connaître et de m'aimer. Avec cela, j'éprouvais un étrange vertige ; c'étaient les rumeurs étourdissantes du peuple, le bruissement des roues, les cris de « gare » des cochers, les abois des chiens, le glapissement des enfants qui jouaient sur le pavé, l'impatience des oiseaux prisonniers, qui ne pouvaient voler et qui tressaillaient dans leurs cages, l'agitation de la cohue qui fondait sur moi comme pour m'assaillir, et jusqu'au mouvement des maisons et des édifices qui semblaient courir à ma rencontre, parce qu'une longue habitude de silence et d'immobilité modifie jusqu'aux perceptions des plus fins, des plus exercés, des plus judicieux de nos organes. Enfin, il n'y avait plus moyen de s'y tromper ; c'était véritablement la foule, et je ne la pénétrais plus sans effort. Après être arrivé au quai par la rue du Harlay, je gagnais la place de la Cité, et j'aurais bien de la peine à marquer les circuits de cette partie de mon itinéraire, dans l'ample carte de mes voyages ; mais je reconnus cette place, et je me souvins tout à coup qu'elle servait alors aux exécutions. Je m'assurai pourtant d'un coup d'œil qu'il n'y avait là de tout l'appareil de la mort que les curieux qui en cherchent le spectacle. Je m'insinuai comme je pus à travers les moins pressés, et j'arrivai assez lentement à cette porte de la grille du palais par où sortent les condamnés. Au même instant, une multitude énorme s'y précipita sur mes pas. Il y avait près de moi un gendarme d'élite, que j'interrogeai avec la modestie méticuleuse d'un prisonnier exercé aux précautions oratoires des cachots. – « Trois émigrés qu'on va fusiller à la plaine de Grenelle, mon jeune homme, rien que cela. » Pendant qu'il me répondait, ils étaient montés dans le fiacre dont les sortes restèrent ouverts, et la voiture sortit. Celui que je n'ai pas nommé était assis dans le fond à côté d'un officier, et lui parlait avec une extrême chaleur. Les deux chouans étaient sur le devant ; Picot un peu plus calme encore que je ne l'avais vu le matin, Lebourgeois penché vers la portière et promenant au-dehors un œil attentif mais tranquille. Il rencontra mes yeux, et rien ne saurait exprimer le sentiment qui se peignit subitement dans les siens, mais où j'eus le temps de lire la joie de ma liberté, et la peur de la compromettre par un signe d'affection trop intelligible. Ah ! cette inquiétude, si noble dans son cœur, ne retenait pas le mien ! Je m'élançai comme un fou, et j'allais tomber sous la roue, si mon gendarme ne m'avait retenu. « Eh ! mon Dieu ! monsieur, quand vous seriez dedans, vous ne verriez pas mieux ! Belle curiosité ! Des pauvres diables qui vont mourir ! C'est dur et ça fait mal. Moi qui vous parle j'aimerais mieux n'être pas ici. » J'entendais ce digne soldat, mais je ne le voyais plus. Je suivais du regard le regard de Lebourgeois, et je l'avais vu s'arrêter loin de moi avec une fixité énergique, avec une volonté puissante et expressive. La plus grande partie de la foule me cacha enfin le fiacre. Elle roulait derrière lui pour aller voir jaillir leurs cervelles et palpiter leurs membres mutilés. Le reste s'écoulait à travers les rues, en racontant le crime des condamnés, que les mieux instruits étaient fort embarrassés de caractériser positivement, car on ne punissait plus les émigrés comme émigrés, et c'était nécessairement la complication d'un nouvel attentat contre la République, ou contre son maître, qui les conduisait à la mort. « Il faut, dit un petit bossu qui s'était juché sur une borne, que ce soient de fiers scélérats ; ils avaient inventé une seconde machine infernale pour faire sauter tout Paris, et après cela, ils auraient assassiné le premier consul. – C'est dommage pour le jeune, répondait une femme ; il est bel homme ! » Quant à moi, je m'avançais étourdi des secousses de cette journée, et de cette aventure, et de ce massacre, et de ma liberté rendue, et de l'usage que j'allais en faire, quand, en arrivant sur le pont au Change, je sentis une main se glisser dans ma main, et j'entendis une voix me nommer. Je me détournai ; c'était Burban, c'était Malabri, c'était Barco, c'était ce démon du Morbihan, terrible et proscrit sous trois noms, que j'avais connu à l'hôtel de Béarn, chez le noble et loyal Coster de Saint-Victor ; c'était lui avec sa physionomie âpre, ses cheveux épais et confus, son œil de lynx, ses dents blanches et serrées, son sourire audacieux et menaçant, et tous ces traits de l'homme décidé que déguisait assez gauchement la toilette recherchée de l'homme du monde. Nous nous pressâmes l'un contre l'autre sans oser nous embrasser, et nous gagnâmes le parapet.

« Malheureux ! lui dis-je à demi-voix, que fais-tu ici ? – J'allais t'adresser la même question, me répondit-il. Mais, où veux-tu que j'aille ? – Ne peux-tu fuir, repris-je ? – Fuir, et où ? – Que sais-je ? hors de Paris du moins. – De Paris ? c'est se livrer au premier gendarme de la banlieue, si même les barrières ne sont pas gardées. D'où sors-tu donc ? – De prison. – Je devais m'en douter. Depuis quand ? – Depuis un quart d'heure. »

Et là-dessus, je lui parlai en peu de mots de ma dernière détention, de ma rencontre du matin, de ma mise en liberté, de nos amis que je venais d'apercevoir pour la dernière fois sur le chemin de la mort.

« J'étais là, dit Burban. Je savais qu'ils mourraient aujourd'hui ; je voulais me convaincre de leur résignation et de leur fidélité. Un regard de Lebourgeois m'en assure, mais... – Ce regard, je l'ai surpris. C'est sur toi qu'il l'a fixé sans doute en l'éloignant de moi. Oh ! Lebourgeois ne te trompera pas ; je lui ai parlé de toi, de dix de nos camarades. Il ne m'a pas même laissé imaginer que tu fusses ici, et il savait pourtant s'il pouvait le faire sans danger. – Cela est vrai, reprit Burban, avec l'expression d'une préoccupation profonde. « Attends, continua-t-il en souriant amèrement et en appuyant sa main sur son front..., attends... Tu ne vois pas, tu ne devines pas ?... – Rien, je te l'avoue ; il y a tant de vague, de confusion dans mes idées ! – Cela est cependant facile à comprendre. Les misérables ! avec quel art ils savent pénétrer les secrets de l'âme la plus ferme ! Quel merveilleux génie l'enfer leur a donné pour surprendre et pour perdre leur victime ! Ils me peignent dans mon signalement comme un homme féroce et rusé... Féroce ! je ne le suis pas, Dieu m'en est témoin ; mais rusé, je le suis heureusement plus qu'ils ne l'imaginent. C'est la providence qui nous a fait rencontrer ici. – Que dis-tu ? – Enfant ! on ne t'apprendra donc jamais rien ? Te mettre en liberté dans ce temps-ci, avec ta légèreté, avec ton exaltation, avec ton délire de sentiment, c'est une combinaison, c'est un piège !... Tu n'es pas en liberté ! – Je ne suis pas en liberté !... – Tu y es moins que jamais ! tu es libre comme l'oiseau qu'on garde un moment vivant pour s'assurer d'une meilleure chasse. – Explique-toi !... – Cela n'est pas difficile. Ne savait-on pas que tu nous connaissais presque tous ? – Je ne l'avais jamais caché. – En te plaçant ce matin près de Lebourgeois, près de Picot, ne devait-on pas imaginer que l'abandon qui résulte du double plaisir d'une réunion inespérée et d'une délivrance prochaine dont on vous offrait l'illusion avec toutes les précautions convenables, sois-en sûr, pour qu'elle ne fût qu'une illusion, allait ouvrir entre vous une communication sans réserve ?... – Cela était probable. – Si Lebourgeois t'avait indiqué nos retraites, et on sait bien qu'il les connaît, n'avait-on pas d'excellents motifs de supposer que tu nous chercherais peut-être dès ce soir ? – Oh ! mon Dieu ! m'écriai-je, cela ne fait pas de doute. Prends garde ! prends garde ! il n'y a rien de plus certain. » Et je promenai autour de moi des yeux tout effrayés, en tremblant d'y trouver un espion. – Va-t'en, repris-je, au nom de Dieu ! embrasse-les pour moi, et dis-leur que nous nous retrouverons peut-être ! – Là, répondit Burban, en montrant la Grève du doigt, ou là, continua-t-il en le relevant au ciel. – En attendant, cherche à te sauver, et évitons-nous. » Cette conversation, bien plus rapide que je ne l'aie écrite, nous avait conduits à la place du Châtelet. La main de Burban pressa ma main une fois encore, et puis elle m'échappa, et il disparut. Je restai atterré, épouvanté d'être libre, et sentant une sueur froide me glacer à la seule pensée de la rencontre d'un ami. C'est comme cela que j'arrivai à la rue Saint-Honoré, auprès du corps de garde de la barrière des Sergents, qui existait encore. Le hasard que je redoutais le plus m'y jeta sur le chemin de Victor Couchery [297], homme accompli dans toutes les qualités qui constituent un homme supérieur et un honnête homme, et auquel je portais depuis l'enfance le plus tendre attachement. Je ne l'avais pas vu depuis deux ans, que j'assistais avec lui, et son frère déjà proscrit, à la première représentation de *Maison à vendre*. On peut juger que nous nous étions assurés d'une loge fermée. Un étranger parvint cependant à s'y introduire. C'était le bourreau !... Cette idée se retraça subitement à mon esprit, avec toutes les prévisions tragiques dont nous nous étions fait un jeu ce jour-là ; et cependant, j'étais loin de penser qu'aucune relation pût s'être établie depuis entre lui et mes amis du Morbihan, qu'aucune circonstance les eût jamais rapprochés, que deux mois après il serait leur coaccusé, et que le même jugement les réunirait peut-être pour l'échafaud ; mais ma préoccupation était si forte qu'elle retint l'élan de mon cœur. « Ne m'approche pas, lui dis-je en hâtant le pas ; j'ai la lèpre. – Je l'ai aussi, » répondit gaiement Couchery. Et un serrement de main fut tout notre adieu.

Il était presque nuit quand j'arrivai à l'hôtel Berlin. On avait disposé depuis longtemps de mon appartement, mais mon intention n'était pas de l'occuper. Je me connaissais un refuge assuré, où la police ne pouvait parvenir à me surprendre dans le petit nombre d'heures que j'étais forcé de passer encore à Paris. Après un repas fort léger, mais fort nécessaire, car j'étais encore à jeun à six heures, je gagnai le théâtre de Louvois. C'était, l'année précédente, le délassement favori de mes soirées, et je dirais pourquoi peut-être si j'écrivais mes confessions. Quoi qu'il en soit, le théâtre et la salle furent vides ce jour-là ; je n'y jetai les yeux que pour m'assurer qu'ils ne valaient pas la peine d'être regardés, et je ne me suis jamais souvenu de ce qu'on jouait, bien que nul répertoire n'eût plus de titres à mon intérêt, puisque c'étaient quelques-uns de mes plus chers amis, Picard, Georges Duval et Nanteuil, qui en faisaient les honneurs. L'entracte ne manquait jamais, à cette époque, d'être animé par le cri aigu d'un colporteur qui venait offrir au public le *Journal du soir des frères Chaigneau*, et j'étais depuis assez longtemps sevré de la lecture du journal, pour ne pas négliger une occasion si commode de me mettre au courant des affaires de l'Etat. Mes yeux tombèrent du premier abord sur un paragraphe trop propre à me faire oublier tout le reste. C'était le récit fort rapide de l'exécution de mes camarades. On avait offert aux condamnés la rémission de leur peine, et même la perspective d'une récompense, s'ils donnaient les renseignements dont ils pouvaient disposer sur les projets d'une conjuration royaliste dont le secret venait d'être surpris, et sur l'asile des conspirateurs. Les deux roturiers étaient morts. Le gentilhomme avait parlé. Au moment où je lisais cela, Burban était peut-être prisonnier et perdu ! Le but infernal de nos persécuteurs était d'ailleurs atteint, et si Burban avait bien compris l'espérance insidieuse qu'on fondait sur ma mise en liberté, j'allais cesser de jouir de l'avantage passager que je ne devais qu'à cette horrible combinaison. Les prisons allaient se rouvrir pour moi, et se recommencer la vie de misère et d'angoisse à laquelle j'échappais à peine. Je me levai tout éperdu de ma banquette ; je sortis avec précaution de la salle, comme s'il n'y avait pas eu là un spectateur qui n'épiât mes mouvements avec un œil ennemi ; et, par une multitude de détours laborieusement étudiés, et sur lesquels je revenais toutes les fois que je craignais d'avoir été suivi d'un regard, je me rendis à la maison où je devais passer la nuit. Je ne peindrai pas les sentiments qui m'y accueillirent. Hélas ! qui le pourrait jamais ! Le bruit d'une exécution s'était répandu dans la soirée, et l'imagination si active des gens qui aiment ne laisse passer aucun événement tragique sans le rattacher à ce qu'ils aiment ; tous les malheurs anonymes inquiètent leur tendresse ; il y a une distance logique presque incommensurable entre ces deux propositions : « Ce pourrait être lui et ce ne peut être que lui, mais elles ne sont qu'une dans un cœur pénétré d'une affection profonde, et qui se repaît plus avidement encore de ses terreurs que de ses espérances. Que les minutes qui suivirent rachèteraient de douleurs, si on pouvait les saisir, les goûter sans mélange, pures de l'amertume affreuse qu'y mêle l'anxiété, ou plutôt l'infaillible certitude de l'avenir ! En leur parlant des moments que nous allions passer ensemble, je savais qu'à tout prix, et quoi qu'il arrivât, je les quitterais le lendemain sans les embrasser ; je prévoyais qu'à l'instant où l'aiguille de la pendule marquerait une certaine heure, pendant que nous nous arrangions pour des jours et pour des semaines, je jetterais entre eux et moi un espace indéfini de temps, l'éternité peut-être ! En effet, il fallait partir ou mourir ! il fallait se dérober à cette investigation de harpies qui allait souiller mon atmosphère, envelopper mes pas, presser comme un cauchemar hideux sur tous les mouvements de mon cœur ; il fallait délivrer tout ce que j'aimais du danger d'être aimé de moi, fût-ce aux dépens de ma vie. Cette résolution était prise.

A une heure après minuit, j'entrai dans la petite chambre qui m'était réservée, et où j'avais déjà secrètement passé de douces heures de conversation ou d'études. Que son aspect me parut étrange et solitaire, et que je fis là un singulier retour sur l'erreur de nos sensations et de nos habitudes ! J'occupais, la veille encore, un cachot mal blanchi d'un plâtre grossier et poudreux, et coupé dans son étroite longueur de quelques misérables grabats où gisaient, sur un peu de paille, quelques infortunés qui attendaient la mort. Maintenant j'étais libre, j'habitais un joli salon, frappé avec égalité sur tous ses points du jour doux de deux bougies qui se répétaient dans deux glaces, et dont la lumière allait mourir à peu de distance sur d'élégantes draperies ou rayonner sur l'acajou. J'ai peine à croire moi-même, et cependant j'en suis sûr ! que le souvenir de ma prison ait souri alors à ma pensée, et, qu'appuyé sur ma cheminée, j'aie reposé mon front sur mes mains, et fermé soigneusement les yeux pour en retrouver l'image. Ce fut autre chose en me couchant. Ce qui donne des charmes au sommeil, c'est le besoin de le goûter lui-même, si l'on peut parler ainsi, sans mélange d'autres idées, et la mollesse inaccoutumée de ce lit était une distraction. Cependant tant d'émotions diverses, tant de sentiments opposés, les impressions les plus contrastées de la vie, amassées, confondues en quelques moments, des idées presque simultanées d'amour, de crainte, de regret, de délivrance et de désespoir ; le tumulte d'un spectacle après celui d'une exécution, une fête de famille après un supplice ; tout cela s'embrouilla tellement dans ma pensée que je tombai dans une espèce de stupeur qui n'était pas le repos, dans un songe convulsif et douloureux qui reproduisait les différents objets dont j'avais été frappé avec une mobilité si rapide qu'elle en était importune et monotone. Je passais sous des guichets, je voyais des grilles s'ouvrir, j'entendais des bruits de plainte et de terreur, je traversais ce joli festin du soir où des femmes charmantes parlaient un si doux langage, et puis je suivais une longue file de patients à l'échafaud. Tout à coup je m'élançai de mon lit en sursaut, réveillé par le grondement des verrous qui retentissait dans ma mémoire comme un écho des nuits passées. Une de mes bougies brûlait encore. La pendule marquait deux heures. L'aspect des choses qui m'environnaient me rassurait à peine. Je dis « lequel est-ce ? » et j'attendis un moment l'explosion. Enfin mon cœur se dilata, et je me recouchai tranquille, après avoir entr'ouvert doucement ma porte pour le convaincre tout à fait qu'elle n'était pas fermée en dehors.

Le matin ramena les mêmes déceptions. A Sainte-Pélagie, le premier rayon du jour venait tomber sur mes yeux à travers les barreaux d'une croisée exactement placée à mes pieds. C'était la tiédeur de ce crépuscule qui me tirait de mon sommeil. Je ne le trouvai point. J'éprouvai le serrement de cœur qu'inspirerait un cachot dont le soupirail a été muré pendant la nuit. J'étendis mes bras autour de moi : je froissai un rideau de soie. Je m'assis pour me recueillir, pour m'assurer que je ne rêvais pas, ou que je n'étais pas devenu fou. Bientôt je commençai à discerner les objets, à quelques traits de la lumière extérieure que laissaient pénétrer les jointures des volets. Je cherchai machinalement encore la couchette de Démaillot et la paille de Renou : elles avaient disparu. La rumeur sourde du dehors acheva de me remettre. Les marchands criaient ; le marteau du forgeron tintait sur le fer ; les roues broyaient le pavé ; je m'habillai à la hâte. Je réunis en un petit paquet les effets nécessaires que j'avais disposés pour un voyage qui pouvait durer plusieurs jours, car j'étais décidé à gagner la Franche-Comté à pied, pour me soustraire aux recherches de la police qui aurait facilement trouvé ma trace dans le registre des voitures publiques. Je descendis l'escalier à petit bruit, tremblant d'avertir à mon passage les sollicitudes d'une amitié trop attentive, et de subir, dans un moment si décisif, l'épreuve du dernier adieu. Je fus retardé dans la rue Saint-Honoré par un embarras de fiacres, de soldats et de curieux. Des groupes de gendarmes à cheval gardaient les issues de deux ou trois rues. C'était le gracié de la veille qui venait en personne livrer ses victimes. On parlait autour de moi de l'arrestation de MM. de Polignac[298]. Je passai enfin. J'arrivai à la barrière de l'Est ; j'y tombai au milieu d'un poste ; on me fit entrer dans un bureau ; on me demanda mon passeport. « Un passeport pour sortir de Paris ? m'écriai-je. – Il en faut un, me répondit l'interrogateur, ou vous allez être conduit à la préfecture de police. – A la préfecture de police, grand Dieu ! je suis libre, messieurs, je suis libre. – Personne n'est libre aujourd'hui de sortir de Paris sans passeport : c'est la consigne. – J'y vais rentrer. – Vous ne le pouvez plus. Un passeport, ou à la préfecture. – Je vais vous expliquer... – Vous vous expliquerez à la préfecture. » Mes idées s'éclaircirent. Je me rappelai que j'étais porteur d'un ordre d'exil qui ne m'accordait que soixante-douze heures de délai ; je le jetai sur la table. Il était précis, positif, authentique, et, par une rencontre facile à comprendre, il se trouvait daté du jour antérieur à celui de ma mise en liberté. Le terme expirait le soir. « Que ne le disiez-vous ? reprit l'officier d'un air fin. Oh ! voilà un excellent sauf-conduit, une feuille de route infaillible pour arriver à votre destination ! Il n'y a pas un geôlier sur la route qui puisse vous refuser le logement. Seulement, ajouta-t-il en prenant note de mon nom, de mon signalement et de l'heure de mon départ, ne vous détournez pas en chemin ; vous pourriez perdre les revenant-bons de l'étape. » Je profitai de l'accès d'éclatante gaieté que produisit cette ingénieuse saillie pour gagner lestement pays, et je poussai jusqu'à Brie [299] sans regarder derrière moi. Je marchais dans la campagne avec un contentement si accompli ! Je me croyais, pour ainsi dire, dans un pays de conquête ; le vent, la pluie, le froid, tout me semblait bon, car tout cela c'était la liberté, et j'en jouissais avec d'autant plus d'ivresse que je rattachais à sa possession toutes mes illusions favorites. Que me manquait-il pour en consacrer l'usage par quelque dévouement généreux qui sauverait mes amis, qui léguerait au moins à la patrie un exemple de courage et d'affranchissement ? Peu de chose ! Un drapeau déployé, un parti résolu, une émeute de village... Hélas ! l'inertie du peuple consterna bientôt mes folles espérances ! La France tendait la tête au joug comme un seul homme. Il n'y restait pas de cœur qu'un cri d'indépendance pût faire palpiter. Tous les prestiges de la physique, toutes les évocations de la magie auraient inutilement demandé un reste de vie à cette nation cadavre !

Je n'ai jamais pu vérifier si Burban avait rencontré juste dans ses conjectures ; mais les circonstances ont justifié le parti que me suggérait sa frayeur salutaire. Il fallait bien que je fusse épié puisqu'on s'aperçut de mon absence. La vigilance de l'autorité n'eut pas même beaucoup de peine à me gagner de vitesse. Je fus arrêté à Troyes.

Ce récit, que j'aurais pu beaucoup abréger, si je n'avais pris plaisir à y exprimer plus d'émotions que de faits, laisserait infiniment à désirer aux esprits curieux qui veulent de l'histoire, de l'histoire positive, de l'histoire historique, si je l'arrêtais là où il cesse de me toucher personnellement ; mais comme, à défaut de célébrité personnelle, je me suis trouvé jeté dans mes misères parmi quelques-unes de ces célébrités plus dignes de pitié que d'envie qui naissent du malheur, je ne finirai pas sans dire sommairement ce qui est arrivé de mes amis de prison, et de quelques autres que j'ai nommés à ce sujet.

Il n'en est que deux jusqu'ici, Lebourgeois et Picot, que j'aie pu suivre du regard jusqu'au tragique dénouement de leur vie aventureuse et dévouée. D'autres sont morts naturellement. Démaillot dut la liberté à la Restauration, et ne survécut que peu de mois à cet événement. Je le retrouvai à soixante-dix ans, comme je l'avais laissé à soixante, plein de cette verve de jacobinisme et de ce cynisme d'incrédulité qui l'animaient sur la paille des cachots. Il expira prophétisant la République, et confessant le nom de Robespierre dont les théories étaient pour lui « le beau idéal » des sciences morales appliquées à la politique ; et cependant, voyez un peu l'infirmité de l'esprit humain ! Ce pauvre Démaillot était un excellent homme !

Bonneville existait encore en 1829 [300]. Ce poète

brillant et sensible dont l'exaltation généreuse avait combattu tous les excès et toutes les tyrannies, ce royaliste républicain qui unissait si hardiment dans ses premiers vers le culte d'une reine infortunée à celui de la liberté ; ce Tyrtée de la Gironde, qui disait de la Montagne en 1793 :

L'enfer n'est plus l'enfer ! tous les démons sont là !

Cette âme inflexible, que n'abattirent ni les proscriptions de Marat, ni les spoliations du Directoire, ni les sourdes manœuvres de la police impériale, fléchissait depuis longtemps sous le poids de l'âge et de l'indigence. Quand je le trouvai, il me reconnut ; mais son œil vague et presque éteint n'exprimait que la confusion amère d'une âme qui manque de vigueur pour se manifester du dehors. Il essaya de me faire partager une chaise unique dont il ne pouvait se soulever qu'avec peine ; elle était défoncée. Il occupait alors dans la rue des Grès une pauvre échoppe de bouquiniste que la savante administration de la librairie lui disputait tous les matins, avec ces bonnes manières qui distiguent si éminemment notre bureaucratie française. Pendant que l'affaire était en litige, et se débattait lentement, comme c'est l'usage, entre deux ou trois scribes richement rentés, le bon Nicolas Bonneville fit défaut. Il rendit au Dieu dont il avait peint si magnifiquement les miracles, dans l'*Imitation du livre de Job*[301], le souffle céleste qu'il en avait reçu.

Certains de mes amis de ce temps-là vivent encore. Victor Couchery, absous à l'unanimité dans le procès de Moreau, et retenu en prison au mépris de la justice, ne dut la liberté qu'en 1814 au nouveau système de légalité que fit éclore la chute du grand

Empire. Il y était entré à vingt-huit ans ; il en sortit à trente-neuf, appauvri des plus belles années de la vie, mais enrichi d'expérience et de sagesse. Il coule, dans de douces et bonnes études, une vie heureuse que la raison lui a appris à rendre obscure.

Le brave Renou, seul débris, ou peu s'en faut, de l'héroïque armée de la Vendée, et devenu le modèle de l'homme privé après avoir été celui du soldat, passe sa verte vieillesse entre l'exercice de toutes les vertus domestiques et la culture de ces bonnes lettres classiques qui charmaient déjà pour lui le rare loisir des champs de bataille. Il n'y a pas longtemps qu'il nous enchantait encore de la lecture de ses vers et du récit de ses combats. Heureux privilège des esprits élevés, privilège plus heureux des belles âmes ! Si vous assistiez à quelque rendez-vous sympathique entre le Vendéen et Bertrand, ou Drouot, ou Delort, vous seriez obligé de demander lequel est Annibal, et lequel est Scipion.

J'ai déjà dit ce qu'était devenu M. Duclos, qu'on appelle avec plus d'esprit que de justesse le Diogène du Palais-Royal. Il y a autre chose que du diogénisme dans cette abnégation obstinée qui se condamne depuis cinq ans à tourmenter les yeux de la foule du spectacle d'une pauvreté repoussante ; il y a une leçon pleine d'énergie pour la jeunesse ardente et généreuse qui embrasse, sans autre mission que son courage, l'intérêt des rois proscrits et des institutions abandonnées ; qui prodigue ses jours et son sang à cette cause de sacrifices, et qui ne sait pas que la moisson inattendue qu'elle féconde est réservée d'avance aux lâches intrigues de la bassesse et de l'hypocrisie. Cet enseignement vivant ne sera peut-être pas perdu pour les générations futures.

Après une longue détention, Beauvoir devint libre.

Il refusa du service, et gagna les Antilles, où une famille créole dans laquelle il avait quelques alliances lui offrit un asile. Tout annonce qu'il y aurait trouvé le repos et ses amis se réjouissaient de le savoir heureux, quand, à l'issue du premier repas de la journée, on le vit passer dans sa chambre avec un air préoccupé. Une minute après, on entendit l'explosion d'une arme à feu. On entra. Beauvoir était mort.

Raoul Saint-Vincent s'appelait Gaillard ; il était, si je ne me trompe, de Rouen ou de Quevilly. En essayant de passer la Seine ou l'Oise, pour se dérober à la poursuite des gendarmes, il fut tué d'un coup de fusil. Quelques autres moururent le 25 juin 1804, sur la place de Grève, à l'endroit où Burban m'avait donné rendez-vous : il y était.

Par une exception presque unique dans la sanglante histoire des exécutions judiciaires, le général Georges fut mis à mort le premier des douze condamnés, bien que chef avoué de cette conjuration de courageux aventuriers, qui n'était pas, quoi qu'on en dise, une conjuration d'assassins. Georges lié, Georges à guillotiner, faisait peur. On était aussi impatient d'en finir avec lui, que s'il avait témoigné l'intention de se défendre et de ne pas mourir ; et l'on sait toutefois qu'il avait refusé, la nuit précédente, de la franche et noble intercession de Murat, la vie, la fortune, les épaulettes de général. Abominables préventions des partis, quand cesserez-vous de souiller de vos calomnies de si magnanimes vertus !...

Le carnage fut suspendu pendant plus d'une heure, par l'absence de Louis Ducorps et de Lemercier qui demandèrent à être entendus à la préfecture. Leur déclaration, tout à fait insignifiante, mais allongée en circonlocutions adroites (et il fallait beaucoup d'adresse pour en avoir là), n'eut d'objet que de gagner du temps, sans intérêt pour leur vie. Il s'agissait seulement de retarder l'exécution d'un de leurs chefs bien-aimés, de Coster de Saint-Victor dont la grâce avait été formellement promise la veille à sa famille. Coster pouvait exercer, dit-on, sur la reconnaissance de Bonaparte des droits dont le mystère appartient sans doute à l'histoire, mais d'une telle nature que j'aurais dû résister au besoin de les écrire, même quand l'homme dont ils relèvent la noble mémoire jouerait dans ces *Souvenirs* un rôle plus intime et plus familier. Coster a aimé mon enfance, qui n'était pas sans énergie. Doué d'une infaillible raison comme d'un intrépide courage, il l'a éclairée d'enseignements dont j'ai mal profité ; mais il a fait d'ailleurs si peu d'attention à moi que, s'il ressuscitait, il ne me reconnaîtrait pas.

Le nouvel empereur s'était retiré dès le matin à la Malmaison pour s'affranchir de l'importunité des sollicitations ; et c'est là que trois femmes en grand deuil, mère et sœurs d'un de nos plus brillants officiers, attendaient en larmes le succès des vives instances de cette tendre Joséphine dont la protection n'a jamais failli à l'infortune : elle n'obtint rien. Coster, las de devoir quelques minutes de vie à l'humanité du bourreau, promena un regard sur la place pour s'assurer que nulle dépêche n'arrivait, cria « Vive le Roi » et se jeta de lui-même sous le fer qui venait d'abattre la tête de neuf de ses camarades. Il est à remarquer que c'est le seul gentilhomme qui ait péri dans cette boucherie de royalistes intrépides. Encore, il faut l'avouer ; l'illustration de sa race ne datait que de trois générations, et ne reposait, pour comble de malheur, que sur d'importants services rendus à l'industrie d'une province. Des huit condamnés dont la peine fut commuée en une détention de quatre ans, qui durait toutefois encore dix ans après, chose extrêmement indifférente d'ailleurs dans le système légal de ce temps-là, six ou sept appartenaient à ce qu'on appelle la haute classe de la société, et ceux-là ont pu recevoir, dans des positions élevées, le prix de leurs services et de leur dévouement. Comme on voulait recommencer la noblesse, on était déjà plus économe de son sang que du nôtre, et il n'y a pas de mal à cela. C'est un privilège qui coûte assez cher au peuple ; mais de quoi se mêle le peuple ? Qu'il regarde les haillons de Duclos.*

* Ceci était écrit sous la Restauration, comme tout le reste, et se ressent d'une aigreur peut-être injuste. Ce qu'il faut considérer dans un dévouement politique, et ils sont tous beaux sans exception, ce ne sont pas ses suites, c'est son principe.

Notes du tome premier

1. Nodier fit paraître *Le dernier banquet des girondins* en 1833. Il pensait ainsi obtenir son élection à l'Académie française qui ne recueillait pas l'unanimité. Il fut finalement élu le 24 octobre après deux échecs successifs.

2. Nodier fait sans doute ici allusion au passage que Thiers consacre au banquet des girondins dans son *Histoire de la Révolution* (voir note 12).

3. L'antagonisme entre la Gironde et la Montagne n'avait fait que s'approfondir depuis le procès du roi et la création du Tribunal révolutionnaire (18 mars 1793). Les Girondins tentèrent un coup de force contre leurs adversaires en faisant décréter d'arrestation Marat par la Convention (13 avril) et en instituant la Commission des Douze – uniquement composée de girondins – chargée d'enquêter sur les exactions de la Commune (18 mai). Ces deux manœuvres échouèrent. Marat fut triomphalement acquitté ; la Montagne, qui contrôlait la plupart des sections parisiennes, répliqua à la création de la Commission des Douze, en organisant des émeutes contre la Convention les 31 mai et 2 juin 1793. Celle-ci fut investie et les députés girondins destitués (voir aussi la note 39). Le jugement de ces 21 personnes se tint du 24 au 30 octobre ; leur exécution le 31. En réalité, et Nodier en convient lui-même, il prête aux Girondins des propos qu'ils ont effectivement tenus, non pas en cet instant solennel qui n'a sans doute pas existé (voir note 12), mais au cours de leur vie, le plus souvent lors de débats parlementaires.

4. **Pierre-Victurnien Vergniaud** (1753-1793), avocat au parlement de Bordeaux, très brillant orateur, était l'un des chefs des girondins. Il s'opposa constamment à la cour (par ses célèbres discours contre les émigrés, contre les prêtres réfractaires) et contribua avec force à la déclaration de guerre à l'Autriche. Au procès du roi, il vota la mort tout en préconisant l'appel au peuple. Après quoi, il se retourna contre la Montagne, s'attaqua à Marat, et tenta d'empêcher la création du Tribunal révolutionnaire. Il fut l'un des 21 députés exécutés le 31 octobre.

5. **Claude Fauchet** (1744-1793), grand vicaire de l'archevêque de Bourges, prédicateur du roi, prit parti pour la Révolution et fut nommé évêque constitutionnel du Calvados. A la Convention, il vota pour le bannissement du roi et s'opposa à certaines mesures antireligieuses. Il fut exécuté à cause de ses relations avec les girondins et pour avoir facilité l'entrée de Charlotte Corday à une séance de la Convention.

6. Voir note 12.

7. **Jean Duprat** (1760-1793), envoyé à l'Assemblée constituante pour demander la réunion du Comtat Venaissin à la France, fut un temps secrétaire de la Convention.

8. **Armand Gensonné** (1758-1793), avocat, l'un des chefs de la Gironde. Il fit voter le décret d'accusation des frères du roi et contribua à la déclaration de guerre à l'Autriche. Il vota la mort du roi tout en proposant l'appel au peuple.

9. Individu ressemblant parfaitement à un autre. Le mot vient d'une comédie de Plaute (*les Menechmes*) fondée sur une ressemblance totale entre deux frères jumeaux.

10. **Gaspard Duchastel** (1766-1793), fut élu à la Convention pour un fait d'armes contre les chouans. Il se lia avec les girondins, vota pour le bannissement du roi et en cela se rendit suspect aux montagnards. Proscrit le 31 mai, il s'enfuit, fut arrêté à Bordeaux alors qu'il allait s'embarquer pour les Etats-Unis et exécuté avec ses 20 collègues.

11. **Pierre Lehardy** (1758-1793), médecin, conventionnel. Il vota pour la détention du roi, s'associa à la mise en accusation de Marat, défendit, le 31 mai, les girondins auxquels il était lié et fut exécuté avec eux.

12. Thiers ne consacre qu'un court passage au banquet. Ce qu'il en dit a manifestement inspiré Nodier, sans que l'on puisse pour autant parler de plagiat. Voici le texte de Thiers : « Leur dernière nuit fut sublime. Vergniaud avait du poison, il le jeta pour mourir avec ses amis. Ils firent en commun un dernier repas, où ils furent tour à tour gais, sérieux, éloquents. Brissot, Gensonné étaient graves et réfléchis ; Vergniaud parla de la liberté expirante avec les plus nobles regrets, et de la destinée humaine avec une éloquence entraînante. Ducos répéta les vers qu'il avait faits en prison, et tous ensemble chantèrent les hymnes à la France et à la liberté. » (A. Thiers, *Histoire de la Révolution,* Paris, 1823-1828, t. V, p. 391-392.) Le *Dernier banquet des girondins* qui s'inspire de Platon et de la tradition du repas philosophique est évidemment une création littéraire. Il est difficile de savoir si Thiers en a eu seul l'idée ou s'il a utilisé des sources antérieures. Peut-être s'est-il emparé de ces deux lignes de Buzot (voir note 50) : « Mes amis firent ensemble leur dernier repas : il fut aimable ; la gaieté même n'y manqua point » qui précèdent la transcription intégrale du pot-pourri de Ducos cité en partie par Nodier (*Mémoires* de Buzot, Paris 1822). Toujours est-il que le rôle de Nodier dans la fixation de la tradition du banquet des girondins – que Lamartine a reprise avec le succès que l'on sait – fut déterminant. Enfin, l'inexistence des sources historiques pour cet épisode n'empêche bien évidemment pas le fait que Nodier s'est documenté sur la vie des girondins pour composer son dialogue.

13. **Jacques Hébert** (1757-1794), journaliste, fondateur du *Père Duchesne,* était le substitut du procureur de la Commune, Chaumette (voir note 134). Extrémiste notoire, il fut l'artisan de la chute des girondins, fit constamment pression sur la Convention afin qu'elle durcisse ses

décisions en matière sociale et politique, joua un rôle important dans la politique de déchristianisation. Il fut exécuté avec ses partisans sur ordre de Robespierre alors qu'il préparait une insurrection des sections parisiennes contre la Convention.

14. **Jacques Lacaze** (1752-1793), conventionnel, d'opinion modérée, vota pour la réclusion du roi. Il fut exécuté avec les girondins.

15. **Jean Gardien** (1755-1793), avocat, membre de la Convention et de la Commission des Douze dont il démissionna à la suite des attaques portées contre elle.

16. **Benoît Lesterpt-Beauvais** (1750-1793), avocat, conventionnel, régicide. De tendance modérée, ami des girondins, il fut décrété d'accusation comme complice de l'insurrection lyonnaise et exécuté.

17. **Charles Antiboul** (1752-1793), avocat, membre de la Convention, vota pour la détention du roi. Il fut impliqué dans le procès des Girondins et exécuté avec eux.

18. **Claude Duperret** (1747-1793), conventionnel, vota pour le bannissement du roi. Quoique lié aux girondins, il ne fut pas proscrit avec eux mais exécuté pour complicité avec Charlotte Corday.

19. **Louis Viger des Herbinières** (1755-1793), avocat, conventionnel, prit parti pour la Gironde, protesta contre le coup de force du 31 mai et fut exécuté le 31 octobre.

20. **Marie Alba, dit Lasource** (1763-1793), pasteur, député à la Législative, contribua à la mise en accusation de La Fayette. A la Convention, il siégea sur les bancs de la Montagne, vota la mort du roi, dénonça Danton. Il s'opposa néanmoins à Robespierre dans sa lutte contre les girondins et fut exécuté avec eux.

21. **Charles Dufriche-Valazé** (1751-1793), militaire puis avocat, rédigea le rapport qui servit de base au jugement de Louis XVI. Il fut un ennemi irréductible des montagnards. Il se suicida pendant son jugement le 30 octobre et son corps fut transporté sur le lieu de l'exécution.

22. **Jacques Boilleau d'Ausson** (1751-1793), avocat et juge de paix à Avallon, membre de la Convention, vota la mort du roi. Il fit partie des girondins proscrits le 31 mai et fut exécuté avec eux malgré une ultime rétractation.

23. **Jean-Baptiste Boyer-Fonfrede** (1760-1793), brillant orateur girondin, partisan du fédéralisme, s'opposa vivement à Marat qu'il contribua à décréter d'accusation. Il fut membre de la Commission des Douze.

24. **Jean-François Ducos** (1765-1793) siégea sur les bancs des girondins dont il se sépara pour se rapprocher des montagnards. Porté sur les listes de proscription le 31 mai, son nom fut rayé par Marat. Cependant, il prit la défense des girondins le 6 juin (voir note 39) et fut pour cela exécuté avec eux.

25. **Pierre Minvielle** (1764-1793), négociant, prit une part active à la réunion d'Avignon à la France. Elu à la Convention, il se rapprocha des girondins et, suspecté de fédéralisme, fut exécuté avec eux.

26. **Louis Duprat** (1756-1809), frère de Jean cité à la note 7, était un

montagnard intransigeant, partisan de la Terreur. Il est l'un des responsables des massacres de la Glacière à Avignon (1791).

27. **Jean-Pierre Brissot,** dit Brissot de Warville (1754-1793), avocat de formation, fonda la *Société des amis des Noirs* puis *le Patriote*. Il s'affirma rapidement comme l'un des chefs de la Gironde grâce à ses talents d'orateur. A la Convention, il dénonça les massacres de Septembre, vota la mort du roi tout en demandant qu'elle soit différée. Son modérantisme lui valut d'être proscrit le 31 mai. Il voulut s'enfuir par la Suisse mais fut arrêté à Moulins.

28. **Jean-Louis Carra** (1742-1793) fut l'un des chefs de l'insurrection du 10 août. A la Convention, il siégea à gauche et vota la mort du roi mais ses relations avec Brissot et Dumouriez le rendirent suspect.

29. **Charles Brulart de Genlis, comte de Sillery** (1737-1793), capitaine des gardes du duc de Chartres avant la Révolution, fut député à la Convention où il vota pour le bannissement du roi. Suspect à cause de ses relations avec le duc d'Orléans, il fut impliqué dans la proscription des girondins et exécuté avec eux.

30. **Jean-Baptiste Louvet de Couvray** (1760-1797), auteur des *Aventures du chevalier de Faublas* (1787-1788) qui fit scandale. Ennemi acharné des montagnards, et en particulier de Robespierre, il fut proscrit le 31 mai. Il s'évada avec Guadet (voir note 51), Barbaroux et Buzot (voir note 50), mais connut un sort plus heureux que le leur. Il siégea ensuite aux Cinq-Cents.

31. **Nicolas de Bonneville** (1760-1828) fut emprisonné comme girondin sous la Terreur, et pendant l'Empire pour ses idées libérales. Tenant de l'illuminisme de Saint-Martin, il a laissé une œuvre abondante.

32. **André-Marie Chénier,** l'auteur de *La Jeune captive,* guillotiné le 7 thermidor (25 juillet 1794).

33. **Thomas Paine** (1737-1809), écrivain, homme politique anglais, prit parti pour l'Indépendance américaine, puis pour la Révolution. Son ouvrage *The rights of man* (1791-1792), où il répondait aux critiques de Burke, (voir note 42) lui valut de se réfugier en France. Il fut élu à la Convention, vota l'exil du roi, et pour cela fut emprisonné. Il s'installa en Amérique en 1802.

34. **Tadeusz Kosciuszko** (1746-1817), officier polonais, participa à la guerre d'Indépendance américaine, prit la tête de l'insurrection polonaise contre la coalition des Prussiens et des Russes (1794). Il fut fait prisonnier après de brillants succès.

35. Crésus avait deux fils, dont l'un était muet.

36. **Marie Hérault de Séchelles** (1759-1794) était le président de la Convention lors de la séance du 2 juin 1793, au cours de laquelle il tenta de s'opposer à la proscription des girondins. Membre du Comité de salut public, suspecté de modérantisme, il fut exécuté avec les dantonistes le 5 avril.

37. **Nicolas Quinette, baron de Rochemont** (1762-1821), notaire, siégea à la Convention où il vota la mort du roi, fit partie du Comité

de salut public qu'il avait contribué à créer. Préfet sous l'empire, membre, avec Fouché et Carnot, du gouvernement provisoire de 1815, proscrit comme régicide en 1816, il s'installa aux Etats-Unis puis à Bruxelles.

38. **Jacques-Charles Bailleul** (1762-1843), avocat, conventionnel modéré, vota pour la détention du roi. Le 31 mai, il protesta contre la proscription des girondins. Incarcéré, il fut sauvé par le 9 thermidor. Il siégea ensuite aux Cinq-Cents puis au Tribunat.

39. L'élimination des girondins, progressive, porta en réalité sur un nombre de députés plus important que ne le laisse entendre Nodier (129 exactement). Le 2 juin, 29 avaient été déclarés hors-la-loi et beaucoup eurent le temps de s'enfuir. Le 6 juin, 75 de leurs collègues protestèrent contre cette mesure. Le 3 octobre, Amar, rapporteur du Comité de sûreté générale fit fermer les portes de la Convention pour lire le décret suivant. 21 députés – ceux qui allaient être exécutés à la fin du mois – étaient proscrits ; 65 des 75 protestataires du 6 juin étaient arrêtés séance tenante. Ils restèrent en prison jusqu'au 9 thermidor. 43 enfin étaient traduits devant le Tribunal révolutionnaire, parmi lesquels 23 furent exécutés entre octobre 1793 et juin 1794 (E. Biré, *La légende des girondins*, Paris 1881).

40. Pure invention de Nodier, Bailleul étant à ce moment-là en prison.

41. **Antoine Auget, baron de Montyon** (1733-1820), économiste. Sous l'Ancien Régime, il fit une très brillante carrière administrative. De son vivant, il fonda un certain nombre de prix et, à sa mort, légua sa fortune à l'Institut afin que l'Académie française l'utilise sous forme d'autres prix.

42. **Edmund Burke** (1729-1797), écrivain et homme politique anglais, théoricien de la contre-Révolution par ses *Réflexions sur la Révolution de France* (1790). Jacques Mallet du Pan (1749-1800), publiciste suisse, fut un ennemi acharné de la Révolution. Poursuivi après Varennes, il développa à travers toute l'Europe son activité de pamphlétaire au service des émigrés.

43. **Pierre-François, comte Réal** (1757-1834) fut un adversaire irréductible des girondins. Après le 9 thermidor, il fut l'avocat de Carrier et de Babeuf. Il prit parti pour Bonaparte et joua un rôle important dans le coup d'Etat du 18 brumaire. Il fut chargé de l'instruction du procès Pichegru, dont il sera beaucoup question par la suite. Il occupa des fonctions importantes au ministère de la Police. Nodier lui consacre un chapitre.

44. **Théramène** (mort en 404 av. J.-C.), homme d'Etat athénien, fit partie des Trente tyrans à la fin du Ve siècle. Accusé de trahison par Critias (vers 450-403 av. J.-C.), lui aussi membre des Trente, il fut condamné à boire la ciguë.

45. Desmoulins.

46. **Georges Couthon** (1755-1794), avocat, conventionnel, montagnard intransigeant, participa à la chute des girondins. Il siégea ensuite au Comité de salut public, dirigea le siège de Lyon (août 1793) et fut un actif partisan de la Terreur. Il fut guillotiné avec Robespierre.

47. Tous ces députés ont un caractère commun : leurs opinions

modérées (ils ont tous voté pour la détention ou le bannissement du roi) et une sensibilité proche de celle des girondins : **Noël de Villars** (1748-1826), évêque constitutionnel, adversaire convaincu de la peine de mort. **Jacques Viennet** (1734-1824) ne reconnut pas à l'Assemblée le droit de juger Louis XVI. Il provoqua Marat en duel, lequel refusa. **Claude Mazuyer** (1752-1794), avocat, soutint les girondins en protestant contre leur arrestation et fut exécuté. **Jacques Laurengeot** (1763-1833), officier, incarcéré jusqu'au 9 thermidor pour sa défense des girondins. Il siégea aux Cinq-Cents. **Hubert Wandelaincour** (1731-1819), évêque constitutionnel, curé de Montbar après la Révolution. **Philippe Seguin** (1741-1812) évêque constitutionnel du Doubs, fut aussi député aux Cinq-Cents. **Jean-Baptiste Noël** (1727-1793), l'un des 7 députés à se récuser au moment de la mise en accusation du roi, fut exécuté avec les Girondins. **Jean-Baptiste Harmand** (1751-1816), membre du Comité de sûreté générale et du Conseil des Cinq-Cents, ainsi que l'avocat Jean-Baptiste Quirot (1757-1820). **Antoine, chevalier Casenave** (1763-1818), participa à la rédaction de la constitution de l'an VIII avant de devenir président du Corps législatif. **François, comte de Boissy d'Anglas** (1756-1826), avocat et publiciste, s'opposa à la Terreur, fut président de la Convention et montra une grande fermeté au moment du 1er prairial. Il se rallia à l'Empire. **Jean-Denis Lanjuinais** (1753-1827), l'un des principaux auteurs de la Constitution civile du clergé. Farouche adversaire de la Montagne, arrêté le 31 mai, il s'évada et se cacha jusqu'au 9 thermidor. Sa carrière politique se continua sous l'Empire et la Restauration. **Pierre Daunou** (1761-1840), grand vicaire de l'archevêque de Paris (voir aussi note 123). **Louis Doulcet, comte de Pontécoulant** (1764-1853) défendit les girondins le 31 mai et dut ensuite se cacher. Il fut préfet sous l'Empire. **Pierre de Larivière** (1761-1838), avocat, défenseur des girondins. Il dut se cacher jusqu'au 9 thermidor.

48. **Jean, baron de Bry** (1760-1834), conventionnel, régicide. Il protesta contre la mise en accusation des girondins, le 31 mai puis se cacha jusqu'au 9 thermidor. Il siégea aux Cinq-cents, se rallia à Bonaparte qui le nomma préfet du Doubs. C'est lui qui interrogea Nodier en octobre 1805 au sujet de la Conspiration dite de « l'Alliance », dont Nodier parle dans *Les Philadelphes* (voir p. 712). Les deux hommes furent amis jusqu'à la mort de Jean de Bry.

49. Après la mise en accusation des girondins, Barbaroux s'était rendu en Normandie pour soulever la province contre la Convention et, devant son échec, se réfugia en Gironde.

50. **François Buzot** (1760-1794), avocat, dénonça à la Convention les massacres de Septembre, attaqua Robespierre, vota la mort du roi avec sursis, s'opposa à la Commune. Compris dans la proscription du 31 mai, il put s'échapper et tenta en vain de soulever la Normandie. Réfugié à Saint-Emilion avec Guadet, Barbaroux et Pétion, il se suicida avec ce dernier.

51. **Jean-Marie Guadet** (1769-1793) était le collaborateur de Brissot

au *Patriote français*. Il témoigna contre Marat lors de son procès et fut proscrit le 31 mai. Il suivit Guadet et Salles en Gironde, et fut exécuté à Bordeaux le 21 novembre.

52. **Jérôme Pétion de Villeneuve** (1756-1794), avocat, membre du club des jacobins, fut chargé de ramener Louis XVI de Varennes à Paris. Premier président de la Convention (20 septembre 1792), il vota pour le sursis du roi, ce qui le rendit suspect. Il se suicida avec Buzot.

53. **Jean-Baptiste Salles** (1760-1794), médecin, conventionnel. Il s'opposa avec beaucoup d'énergie à l'exécution du roi et lança l'idée de l'appel au peuple. Proscrit le 31 mai, il s'enfuit en Gironde avec les autres chefs girondins et fut guillotiné à Bordeaux le 20 juin.

54. Nom de l'héroïne de son roman déjà cité : *Les aventures du chevalier de Faublas*.

55. **Gabriel de Cussy** (1739-1793), siégea à la Convention où il était spécialiste des questions monétaires au sein du comité des monnaies. Il vota pour la réclusion du roi et soutint les girondins avec lesquels il fut proscrit le 31 mai. Arrêté à Bordeaux, il fut exécuté le 15 novembre.

56. **Saint Thomas More** (1478-1535), humaniste et homme politique anglais, devint après une carrière brillante le chancelier d'Henri VIII, en remplacement de Wolsey. Il fit paraître en 1516 son *Utopia*, description d'une société idéale fondée sur la loi et la religion naturelles. Après avoir démissionné de son poste, il refusa de signer l'acte de succession légitimant l'union d'Henri VIII et d'Anne Boleyn, ce qui lui valut d'être décapité après une longue détention. Il fut canonisé en 1935.

57. **Jacques-Louis Dupont**, dit Jacob Dupont (1755-1823), professeur de mathématiques, était spécialiste des problèmes financiers à la Convention.

58. *Voyage à l'Isle de France* (1773).

59. **Numa** (714-671 av. J.-C.) prétendait bénéficier des conseils de la nymphe Egérie. Une tradition rapporte qu'après la mort du roi, Egérie fut transformée par Diane en fontaine.

60. Médée qui accompagnait Jason lors de son retour du pays des Argonautes voulut venger la mort du frère de Jason assassiné par Pélias, roi d'Iolcos. Elle fit croire à ses filles qu'elles le rejeuniraient en le coupant en morceaux qu'elles feraient bouillir.

61. D'après Tite-Live (vers 393 av. J.-C.), un gouffre se serait ouvert dans le forum. L'oracle ayant annoncé que pour le combler il fallait y jeter ce qui faisait la force de Rome, Marcus Curtius s'y lança par patriotisme et le gouffre se referma.

62. Il s'agit de **Caïus Gracchus** (154-121 av. J.-C.) qui voulut reprendre l'œuvre législative de son frère en faveur de la plèbe contre les patriciens et fut assassiné comme lui. Le bois sacré est celui de la nymphe Furina, assimilé par Plutarque aux bois des Furies (Plutarque, *Vies*, t. XI, coll. Budé, 1976, note de la p. 136). **Caïus Marius** (157-86 av. J.-C.), le prestigieux général romain, joua un rôle politique (il fut 6 fois consul) en tant que chef du parti populaire opposé à la *nobilitas*.

63. **Aristide** (540-468 av. J.-C.), homme politique grec que son intégrité fit surnommer le Juste. Rival de Thémistocle, exilé en 483-482, il commanda les Athéniens à Platées (479) et organisa les finances de la Confédération de Délos. Il mourut dans la misère.

Algernon Sidney (1622-1683), républicain anglais, siégea à la cour chargée de juger Charles Ier, mais refusa de prendre part à sa condamnation tout en la justifiant a posteriori. Il s'exila sous Cromwell, rentra en Angleterre en 1677 et fut décapité pour complot contre les Stuarts.

64. **Publius Cornelius Scipion, dit l'Africain** (235-183 av. J.-C.), malgré ses très brillantes victoires, s'était fait beaucoup d'ennemis pour son orgueil et son immense fortune. Après ses campagnes contre Antiochus, il fut accusé au Sénat, avec son frère, d'avoir mené une politique trop personnelle. A quoi il répondit : « Romains, c'est à pareil jour que j'ai vaincu Carthage. Montons au Capitole pour rendre grâces aux dieux et leur demander de vous donner toujours des chefs qui me ressemblent. »

65. Léonidas commandait l'armée spartiate aux Thermopyles. **Simonide de Céos** (556-467 av. J.-C.), poète lyrique grec. Ses épigrammes composées pour moitié d'épitaphes, dont celles aux morts des Thermopyles et de Platées, le rendirent très célèbre dans l'Antiquité.

66. **Jean-Marie Collot d'Herbois** (1750-1796), acteur, auteur dramatique et directeur de théâtre, membre de la Convention, fut l'un des principaux ennemis des girondins. Membre du Comité de salut public, il se prononça toujours pour les mesures les plus violentes, exerça la Terreur à Lyon (nov.-déc. 1793) après l'insurrection de la ville. Le 9 thermidor, il s'opposa à Robespierre mais fut quand même déporté à Cayenne en avril 1795, au moment de la réaction thermidorienne.

67. **Jean Tallien** (1767-1820), conventionnel, régicide, très hostile aux girondins. Sous l'influence de sa maîtresse, il modéra progressivement ses opinions, contribua à la chute de Robespierre et joua un rôle important lors de la réaction thermidorienne ainsi que dans la répression de l'émeute de prairial. Il siégea aux Cinq-Cents et accompagna Bonaparte en Egypte. Il finit dans la gêne.

68. **Louis Dubois de Crancé** (1747-1814), lieutenant des maréchaux de France en 1789, prit fougueusement parti pour la Révolution, siégea au Comité de salut public où il s'occupait des questions militaires. Il dirigea le siège de Lyon (août 1793). Membre des Cinq-Cents, il fut aussi ministre de la Guerre du Directoire en 1799.

69. Appréciation de Démosthène lui-même, qui voulait ainsi louer le patriotisme intransigeant de Phocion (400-317 av. J.-C.), général et homme politique athénien, principal adversaire de Philippe de Macédoine.

70. **George Monck (ou Monk), Ier duc d'Albemarle** (1608-1670), général anglais, fut le restaurateur des Stuarts (1660) après avoir servi Cromwell.

71. **Thrasybule** (mort en 388 av. J.-C.) restaura la démocratie athénienne en chassant les Trente tyrans (403).

72. **Pélopidas** (mort en 364 av. J.-C.), général thébain, chassa les Spartiates de Thèbes en 378 et rétablit le gouvernement populaire.

Judas Macchabée (vers 200-160 av. J.-C.) délivra la Judée de l'emprise syrienne, battant à plusieurs reprises les généraux d'Antiochus Epiphane. Il entra dans Jérusalem en 164.

Alfred le Grand (849-901), roi anglo-saxon, vainqueur des Danois (878) qui occupaient alors l'Angleterre.

73. **M. Claudius Marcellus** (268-208 av. J.-C.), brillant général romain, cinq fois consul, vainqueur des Gaulois (222), d'Annibal après le désastre de Cannes (216), des Siciliens (prise de Syracuse en 212).

74. Voir note 47.

75. **Jacques Cazotte** (1719-1792), écrivain. Il laissa un grand nombre de contes et de nouvelles dont *le Diable amoureux*, le plus connu (1772). Hostile à la Révolution, favorable à la fuite de la famille royale qu'il conseilla en ce sens, sa correspondance fut saisie et il fut exécuté.

76. Petitot qui était l'éditeur de La Harpe – (1739-1803), critique littéraire très célèbre en son temps – publia en 1808 *La prophétie de Cazotte*, texte dans lequel celui-ci prédisait son exécution dès 1788. Cette supercherie est confirmée par une note de La Harpe lui-même attestant que ce texte fut écrit après la Terreur.

77. **Marie-Jean Caritat, marquis de Condorcet** (1743-1794), mathématicien, participa au mouvement philosophique de la fin du siècle. Membre de la Convention, il se lia avec les girondins, se cacha au moment de leur proscription. Il fut finalement arrêté et s'empoisonna en prison (avril). Son *Esquisse des progrès de l'esprit humain*, écrite dans la clandestinité, fut publiée en 1795.

78. **François Chabot** (1759-1794), capucin, fut le vicaire de l'évêque constitutionnel Grégoire. A la Convention, il vota la mort du roi, fut l'un des organisateurs de la journée du 31 mai contre les girondins. Il fut accusé de corruption et exécuté.

79. **Moïse Mendelssohn** (1729-1786), philosophe allemand, l'un des représentants de l'*Aufklärung*.

80. **Camille Desmoulins** (1760-1794) s'était en effet violemment opposé à la politique de Brissot en publiant *Jean-Pierre Brissot démasqué*. L'anecdote de Desmoulins regrettant ce livre est empruntée à Thiers (*op. cit.* t. 5, p. 390). Chez Lamartine, elle est traitée de manière plus emphatique et déclamatoire : « Laissez-moi fuir, laissez-moi me dérober à ce spectacle ! s'écrie-t-il en se voilant les yeux de ses deux mains. Misérable que je suis, c'est moi qui les tue ! C'est mon *Brissot dévoilé* qui les accuse et qui les juge ! Je ne puis supporter la vue de mon ouvrage ! Je sens les gouttes de sang rejaillir sur cette main qui les a dénoncés. » Lamartine, *Histoire des Girondins*, Paris 1860 (1re ed. 1847, t. 13, p. 264-265).

81. Son *Histoire des Brissotins* (1793), postérieure à l'ouvrage précédent, avait en effet contribué à la chute des girondins. Pour Lamartine, l'accusation « n'était qu'une longue et amère reproduction du pamphlet de Camille Desmoulins », lequel « était l'histoire de la calomnie écrite

par le calomniateur et reçue en témoignage par le bourreau » (*Ibid*, p. 261).

82. **Ibycus** ou **Ibycos** (VIe siècle av. J.-C.), poète lyrique grec né à Rhegion en Grande Grèce, vécut longtemps à la cour de Polycrate à Samos. Il composa sept livres de poésie dont on ne possède que quelques fragments.

83. **Philippe Fabre d'Eglantine** (1755-1794), l'auteur dramatique le plus marquant de la Révolution, un temps secrétaire de Danton, fut exécuté en même temps que lui pour prévarication.

84. **Philippe Pons,** dit **Pons de Verdun** (1759-1844), avocat, conventionnel, vota la mort du roi. Membre des Cinq-Cents, rallié au 18 brumaire, il poursuivit sa carrière de magistrat. Il fut proscrit comme régicide de 1815 à 1818.

85. **Dominique Garat** (1764-1823), chanteur, secrétaire du comte d'Artois et protégé de Marie-Antoinette. Il fut nommé professeur au Conservatoire dès sa fondation en 1794. Il a composé des romances.

86. **Joseph Boze** (1744 ou 1745-1826) élève de Quentin La Tour, fut le portraitiste de Louis XVI et de la cour avant d'être celui de Robespierre, Mirabeau et Marat. Lié aux girondins, il s'entremit dans des négociations avec le roi et fut incarcéré pour sa déposition en faveur de la reine, jusqu'au 9 thermidor.

87. Le groupe des Deux cent vingt et un (députés) vota le 18 mars 1830 une adresse au roi Charles X lui rappelant les principes du gouvernement selon la Charte, en réponse à son discours menaçant du 2 mars précédent. A quoi le roi répliqua par la dissolution de la chambre le 16 mai.

88. A la demande de Napoléon, il siégea également au Conseil de l'Université (1808), mais s'opposa à lui sur la question du pouvoir spirituel, ce qui entraîna la suppression de son ordre par l'empereur.

89. Prêtre assermenté, alors aumônier de l'Hôtel-Dieu. Il assista aux derniers moments des 21 girondins dont il a laissé une relation dans une lettre publiée dans le *Républicain français* (23 août 1797).

90. Voir note 5.

91. Kadosh.

92. Une horloge à roue et un éléphant, en 801. Charlemagne était en relation avec Hārūn al-Rachīd (765-809) – 5e calife de la dynastie abbasside – depuis 797, ce qui est à l'origine des premiers établissements francs en Terre Sainte.

93. *Revue de Paris*, août 1829.

94. Dans son *Discours sur le style* prononcé lors de sa réception à l'Académie française le 25 août 1753.

95. Saint-Augustin (354-430) évêque d'Hippone, Saint-Basile-le-Grand (329-379) évêque de Césarée, Saint-Athanase (vers 295-373) patriarche d'Alexandrie. Tous trois sont docteurs de l'Eglise.

96. **Jean Bailly** (1736-1793), président de la Constituante et premier maire de Paris le 16 juillet 1789. Après quoi, il pensa la Révolution achevée et prit parti pour la royauté. Il s'opposa aux pétitionnaires du

Champ de Mars (17 juillet 1791) et commanda le feu contre eux, ce qui l'obligea à démissionner de son poste. Arrêté après le 10 août, il témoigna en faveur de Marie-Antoinette à son procès et fut exécuté peu après au Champ de Mars.

97. **Guy Target** (1733-1807), avocat au parlement de Paris, s'opposa aux réformes de Maupeou. Il défendit le cardinal de Rohan dans l'affaire du collier. Sous la Révolution, il fut partisan d'une monarchie constitutionnelle.

98. **Pierre Barnave** (1761-1793), avocat, député à la Constituante où il fut un brillant orateur en faveur d'une monarchie constitutionnelle. Il fut chargé de ramener Louis XVI de Varennes à Paris (juillet 1791) mais prononça un discours sur l'inviolabilité du roi. Ses relations avec la famille royale furent découvertes après le 10 août. Il fut aussitôt arrêté et guillotiné le 29 novembre de l'année suivante.

99. Voir note 77.

100. **Charondas de Catane** vécut en Sicile au VIe siècle avant Jésus-Christ. Il rédigea un certain nombre de lois. On dit qu'il se tua pour être venu en armes à l'Assemblée, oubliant l'une de ses propres prescriptions.

101. **Caïus Popilius Laenas**, consul romain en 173 et en 158 avant Jésus-Christ, fut envoyé par le Sénat en ambassade auprès du roi de Syrie Antiochus Epiphane, afin de l'obliger à renoncer à ses conquêtes. Comme le roi temporisait dans la discussion, Popilius traça un cercle autour de lui, que le souverain ne devait pas franchir avant d'avoir pris sa décision. Le roi finit par céder.

102. **Jean-Claude Isoard, dit de Salles** (1741-1816), auteur entre autres de la *Philosophie de la nature* (1769-1777).

103. **Charles Mercier Dupaty** (1746-1788), magistrat et homme de lettres, lutta avec obstination contre l'erreur judiciaire et tenta de réformer les procédures criminelles dans un sens libéral. Il a laissé des vers et des *Lettres sur l'Italie* en 1785.

104. **Charles Dumouriez** (1739-1823) rallié à la Révolution, nommé ministre des Affaires étrangères en mars 1792 avec l'appui des girondins, quitta rapidement son poste. Commandant de l'armée du Nord, il fut vainqueur à Valmy, Jemmapes et conquit la Belgique. Il conspira ensuite contre la République pour se réfugier finalement du côté autrichien.

105. **John Milton** (1608-1674), le très célèbre poète anglais, exerça une grande influence sur la littérature européenne de son temps avec son œuvre maîtresse *Le paradis perdu* (1667) qu'il composa pendant toute sa vie.

106. **Friedrich Klopstock** (1724-1803), poète et dramaturge allemand, influencé par Milton, auteur de *La Messiade*, achevée en 1773. Il eut de son temps un immense succès. Abbadon est un ange révolté, dans *La Messiade*, qui assiste en témoin impuissant et attristé à la passion du Christ après avoir refusé de s'associer à la condamnation de celui-ci, lancée par Satan.

107. Louvet (déjà cité à la note 30) fit un discours très violent contre Robespierre – il l'accusait d'être un usurpateur – le 29 octobre 1792. Il eut un avantage momentané sur son adversaire qui sut, un mois plus tard, se disculper entièrement et déconsidérer Louvet. Nodier se réfère aux premiers mots de Cicéron dans sa première catilinaire : « Quo usque tandem abutere Catilina patienta nostra ? » (Jusqu'à quand enfin, Catilina, abuseras-tu de notre patience ?) Cicéron, *Œuvres*, t. X, coll. Budé, trad. E. Bailly, Paris, 1974.

108. **Jean-Baptiste Armonville** (1756-1808), conventionnel, régicide, connu pour porter en permanence un bonnet rouge et pour ses démélés avec les « bandes de Fréron » (voir note 111) ne joua pas de rôle marquant pendant la Révolution. **Noël Pointe** (1755-1825), conventionnel, régicide, envoyé en mission dans plusieurs départements à des fins politiques ou économiques. La mention de ces deux personnages obscurs est arbitraire.

109. **Louis, comte de Narbonne-Lara** (1755-1813), monarchiste constitutionnel au début de la Révolution, ministre de la Guerre (déc. 1791-mars 1792) se réfugia à Londres après le 10 août.

110. Dont Nodier parle longuement plus loin. Voir le chapitre qui leur est consacré.

111. **Louis Fréron** (1754-1802) continua *L'année littéraire* qu'avait fondée son frère, grand ennemi des philosophes. Il prit violemment parti pour la Révolution – il fut l'un des auteurs de la pétition du Champ de Mars, participa au 10 août et aux massacres de Septembre – avant de s'en désolidariser tout aussi violemment. Il est considéré comme l'un des chefs de la « jeunesse dorée » (les « bandes de Fréron ») qui pourchassait les jacobins après le 9 thermidor.

112. Les *Verrines* sont les sept discours prononcés par Cicéron contre Verrès, le pro-préteur de Sicile accusé de concussion en 70 avant Jésus-Christ. Cicéron eut vite gain de cause et Verrès préféra s'exiler lui-même.

113. **Jean-Louis Guez de Balzac** (1595-1654), écrivain. Ses *Lettres* publiées en 1624, lui valurent un très grand succès. Il écrivit aussi plusieurs *Dissertations*. Madame de Sévigné et Boileau le critiquèrent pour son style hyperbolique et emphatique.

114. **Lemoine ou Lemoyne** (1602-1672), jésuite et poète, se fit connaître par son poème *Saint Louis, ou la couronne reconquise* (1658), sorte d'épopée nationale. Il fut très critiqué par Boileau.

115. **Gautier de Costes de La Calprenède** (1610-1663), auteur de tragédies mais surtout de trois romans (le plus connu est *Cléopâtre*, publié en 1647) qui lui valurent en son temps un énorme succès.

116. **Savinien de Cyrano de Bergerac** (1619-1655), auteur de deux pièces de théâtre dont l'une, *Le pédant joué* (1654), était très appréciée de Molière, d'une tragédie et deux romans utopistes dans la tradition de Thomas More.

117. **Louis Legendre** (1752-1797), révolutionnaire actif, célèbre pour avoir présenté le bonnet rouge à Louis XVI lors du 20 juin 1792 en

l'appelant Monsieur. Il contribua ensuite à la chute des girondins puis à celle de Danton et de Robespierre. Après le 9 thermidor, il fut l'un des chefs de la réaction et siégea aux Anciens.

118. Ou *La mort de Pompée*, variante (1644).

119. Acte I, scène 1, début de la première tirade de Ptolémée.

120. Poème épique de Lucain en dix chants, inachevé, composé vers 60 après Jésus-Christ, qui a pour sujet la lutte entre César et Pompée dont Corneille s'est directement inspiré pour écrire sa pièce.

121. **Théodore Vernier, comte de Mont-Orient** (1731-1818), avocat conventionnel, vota la détention du roi, il défendit les girondins lors du 31 mai et dut se cacher jusqu'au 9 thermidor. Il siégea ensuite aux Cinq-Cents, appuya Bonaparte le 18 brumaire, fut nommé membre du Sénat conservateur, mais tomba dans une relative disgrâce à cause de son indépendance.

122. **Jacques Dulaure** (1755-1835), architecte, géographe et publiciste très en vue sous la Révolution, siégea à la Convention où il vota la mort du roi. Proche des girondins, décrété d'accusation tardivement à la suite d'une erreur, il parvint à s'échapper. Il fut député aux Cinq-Cents. Il a laissé une œuvre abondante dont son *Histoire civile, physique et morale de Paris* (1825) qui lui valut du succès.

123. **Pierre Daunou** (cité à la note 47) oratorien, grand vicaire de l'évêque constitutionnel du Pas-de-Calais, puis nommé à Paris, membre modéré de la Convention, protesta contre la mise en accusation du roi. Président du Tribunat sous le Consulat, il en fut écarté pour ses positions trop libérales. Il fut ensuite archiviste de l'Empire, professeur au Collège de France (1819), élu député à plusieurs reprises, pair de France en 1839. Il a laissé une œuvre historique et littéraire abondante.

124. **Armand, comte Lechat de Kersaint** (1742-1793), officier de marine, siégea avec les girondins. Après la condamnation à mort du roi qu'il n'avait pas votée, il envoya une lettre de protestation et de démission à la Convention. Devant le Tribunal révolutionnaire, il refusa de se rétracter et fut exécuté.

125. **Louis Manuel** (1751-1793) joua un rôle important dans l'installation de la Commune insurrectionnelle (10 août 1792) mais s'opposa aux massacres de Septembre et démissionna de la Convention à l'annonce de la condamnation du roi, ce qui lui valut d'être exécuté. Grand admirateur de Mirabeau qu'il défendit le plus possible, Manuel avait édité les *Lettres à Sophie* en 1792.

126. *Revue de Paris*, juillet 1829.

127. **Bertrand Barère de Vieuzac** (1755-1841), avocat, député à la Constituante avec les libéraux modérés, il se rapprocha de la Montagne à la Convention, vota la mort du roi, siégea au Comité de salut public et s'associa à la Terreur. Il fut décrété d'accusation après le 9 thermidor mais parvint à échapper à la déportation qui le menaçait. Il fut proscrit à la Restauration.

128. Le culte de la raison fut introduit à l'automne 1793, à l'initiative

d'Hébert, pour supprimer le culte catholique. Il débuta par une célébration solennelle à Notre-Dame, transformée en temple de la Raison, le 10 novembre 1793. Ce culte fut abandonné avec l'élimination des hébertistes, et Robespierre, qui s'en méfiait, le remplaça par un culte à l'Etre suprême.

129. Voir note 132.

130. **Léonard Bourdon** (1754-1807), à ne pas confondre avec Bourdon de l'Oise (note 393) siégeait lui aussi à la Convention. Il prit parti pour Hébert et contre Robespierre, participa au 9 thermidor.

131. Voir note 108.

132. 8 mai 1794, jour où Robespierre annonça le culte de l'Etre suprême dont la première fête, réglée par David, eut lieu le 20 prairial.

133. **Simon Duplay, dit « jambe-de-bois »** (1774-1827), neveu de Maurice Duplay qui hébergeait Robespierre. Il ne fut jamais le secrétaire de celui-ci. Arrêté le 10 thermidor puis relâché, Fouché le fit entrer dans la police.

134. **Pierre Chaumette** (1763-1794), procureur de la Commune, hébertiste exalté et violent, adversaire acharné des girondins, organisateur des fêtes de la raison. Il fut exécuté avec Hébert.

135. **Frédéric, duc d'York** (1763-1827), second fils de George III, commandant des armées anglaises sur le continent, très médiocre stratège, accumula les revers militaires, en particulier dans les Flandres (1794-1795).

136. *Nicomède* (1651) est la pièce du héros malheureux raillant par l'ironie les périls qui l'environnent. On vit dans le personnage principal Condé, que Mazarin venait de faire libérer. Cela valut à Corneille un énorme succès, mais aussi une définitive défaveur auprès du cardinal.

137. **Aristippe de Cyrène** (430-355 av. J.-C.), philosophe grec, élève de Socrate, fondateur de l'école cyrénaïque. On pense qu'il a passé une partie de sa vie à la cour des deux Denys, à Syracuse. Il aurait composé vingt-cinq dialogues.

138. **Jacques Billaud-Varennes** (1756-1819), avocat, député à la Convention, fut l'un des organisateurs de la Terreur. Il se retourna contre Robespierre et contribua à sa chute. Trop compromis néanmoins, il fut déporté à Cayenne en avril 1795. Il refusa la grâce de Bonaparte et vécut vingt ans en Guyane.

139. Voir note 66.

140. **Jean Amar** (1755-1816), conventionnel, régicide, fut un adversaire acharné des girondins, provoquant le décret d'accusation de certains d'entre eux (voir note 39). Président de la Convention en avril 1794, il contribua à la chute de Robespierre. Il trempa ensuite dans la conspiration contre la Convention (avril 1795) et dans celle de Babeuf.

141. **Jean Voulland** (1751-1801), conventionnel, régicide. Il fut membre du Comité de sûreté générale et participa activement à la chute de Robespierre. Décrété d'accusation après les journées de prairial, il dut se cacher et fut amnistié par le décret de brumaire an IV.

142. Après l'assassinat de César en 44 avant Jésus-Christ, Brutus et

Cassius prirent la fuite en Macédoine, poursuivis par Antoine et Octavien. Ils furent défaits à la bataille de Philippes en 42. Brutus se jeta sur son épée en prononçant deux vers d'Euripide que la postérité a transformés en « Vertu, tu n'es qu'un mot ».

143. Article paru dans la *Revue de Paris* (avril 1829), sous le titre *De Robespierre le jeune et de la Terreur.*

144. Cette séance est en fait une synthèse littéraire de Nodier à partir de celles (quatre au total) qui eurent lieu en février 1794 (et non en mai). De même manière, Nodier condense en un seul discours ceux que Robespierre a prononcés pendant trois jours d'affilée.

145. **Auguste de Robespierre, dit Robespierre le jeune** (1763-1794), avocat, conventionnel, régicide. Dans le cadre de cette mission, il devait discrètement enquêter sur Bernard de Saintes dont les agissements avaient été critiqués.

146. **Bernard de Saintes** (1750-1819), conventionnel, régicide, envoyé en mission à Dijon et dans le Jura où il fit régner la terreur, en particulier contre la noblesse.

147. **Charles Romme** (1750-1795), mathématicien, inventa avec Fabre d'Eglantine le calendrier républicain. Condamné à mort comme l'un des chefs de l'insurrection de prairial, il se suicida.
Le calendrier républicain qui supprimait la semaine et divisait chacun des douze mois de l'année en trois décades fut adopté par la Convention le 24 novembre 1793. Le début de l'année était fixé au 22 septembre, le début de l'ère républicaine au 22 septembre 1792. Le calendrier fut en vigueur jusqu'au 10 nivôse an XIV (31 décembre 1805).

148. *Revue des deux mondes*, mars 1831.

149. Législateur spartiate, personnage légendaire.

150. Brutus l'ancien, personnage légendaire qui institua la République romaine. Ses fils voulurent le renverser pour rétablir la royauté. Il les fit exécuter. Brutus le jeune, meurtrier de César.

151. La « suasoire » était un exercice pratiqué dans les écoles de rhétorique grecques et romaines par lequel on apprenait à convaincre un auditoire imaginaire d'accomplir une action quelconque.

152. **Charles, prince de Hesse-Rheinfels-Rotenbourg** (1752-1821), général allemand, servit dans les armées de la Révolution. Arrêté pendant la Terreur, il fut relâché au 9 thermidor, participa à la conspiration de Babeuf puis à l'attentat dit de la « machine infernale » (voir note 269). Il fut expulsé et mourut dans la misère.

153. **Jean-Baptiste du Val de Grâce, baron de Cloots** (1755-1794), aristocrate prussien, prit ardemment parti pour la Révolution et s'installa à Paris. Il entra aux jacobins et se fit connaître en conduisant à la Constituante une « assemblée du genre humain » et dès lors, se fit appeler « l'orateur du genre humain » tout en prenant le prénom d'Anarchasis. A la Convention, il s'opposa aux girondins et, par ses opinions très antireligieuses, se rapprocha des hébertistes avec lesquels il fut guillotiné (24 mars).

154. Voir note 134.

155. **William Pitt, dit le second Pitt** (1759-1806), Premier ministre de George III et le prince de **Saxe-Cobourg-Saalfeld** (1737-1815), commandant des armées autrichiennes, vainqueur de Dumouriez à Neerwinden. L'association de leur nom servait à désigner, à partir de 1793, les contre-révolutionnaires.

156. **Jean Bassal** (1752-1802), curé constitutionnel de Versailles (1790), conventionnel, siégea sur les bancs de la Montagne et vota la mort du roi. Président des jacobins, il fut chargé de l'approvisionnement des armées d'Italie et accompagna Championnet à Naples. Il mourut à Paris dans l'obscurité.

157. **Antoine Garnier, dit Garnier de l'Aube** (1742-1803), avocat à Troyes, conventionnel, montagnard. On lui attribue la célèbre apostrophe lancée à Robespierre : « C'est le sang de Danton qui t'étouffe ». A quoi l'intéressé aurait répondu : « Lâches, pourquoi ne l'avez-vous pas défendu ? »

158. **Jean-François Dumas** (mort en 1795), avocat, frère de René-François. Administrateur du Jura, il s'opposa aux instructions des commissaires de la Convention et dut s'enfuir à l'étranger. De retour en France, il ne put aller vivre dans sa ville natale, victime du nom que son frère s'y était fait à la tête du Tribunal révolutionnaire.

159. **René-François Dumas** (1757-1794), avocat, vice-président puis président du Tribunal révolutionnaire sur la désignation de Robespierre. Le 9 thermidor, il tenta en vain d'organiser la résistance contre la Convention et fut exécuté.

160. **Timoléon** (410-336 av. J.-C.), Corinthien, fit tuer son frère Timophanes par idéalisme, en 364, afin de l'empêcher de devenir tyran de la ville comme il le projetait. En 344, il fut envoyé en Sicile pour secourir Syracuse aux prises avec Denys le jeune, allié aux Carthaginois. Il parvint à chasser le tyran.

161. *Histoire de M. Cleveland, fils naturel de Cromwell* ou *Le philosophe anglais* (1732-1739) roman très long et touffu. La grande sensibilité du héros, la générosité de ses idées égalitaires et réformatrices suscitèrent l'enthousiasme de Diderot et de Rousseau.

162. Hécube, femme de Priam, était populaire dans l'Antiquité à cause de ses grands malheurs. Elle vit tous ses enfants (Hector, Pâris, Cassandre, etc.) mourir lors du siège de Troie ; elle fut emmenée comme esclave par Ulysse, transformée en chienne dans certaines traditions. Elle apparaît dans *L'Iliade* et dans un grand nombre de tragédies grecques.

163. **François de Mézeray** (1610-1683) historiographe du roi, auteur d'une *Histoire de France depuis Faramond jusqu'à maintenant* (1643-1651).

164. **Le père Gabriel Daniel** (1649-1728), jésuite, auteur d'une *Histoire de France* (1713).

165. Premiers mots de l'avertissement au lecteur des *Essais*.

166. **Pierre Ballanche** (1776-1847), écrivain, auteur *Du sentiment dans ses rapports avec la littérature* (1802). Il se lia avec Mme Récamier dont

il fut un très fidèle admirateur tout au long de sa vie. Il a laissé une œuvre abondante à tendance poétique et mystique.

167. **Antoine Furetière** (1619-1688), lexicographe et littérateur. Son œuvre maîtresse est son dictionnaire (1690) qui lui valut d'être exclu de l'Académie française en 1685 pour concurrence déloyale.

168. **Valentin Conrart** (1603-1675), littérateur, réunit dans son salon ceux qui furent les premiers membres de l'Académie française dont il fut élu secrétaire perpétuel dès sa fondation (1635). Il n'a presque rien publié.

169. **Jean Chapelain** (1595-1674) travailla toute sa vie à un poème épique *La pucelle* dont on annonçait qu'il serait un chef-d'œuvre. La médiocrité du texte publié en 1656 valut à son auteur la fin de sa réputation et les pires moqueries de Boileau.

170. *Les émigrés en 1799*, nouvelle insérée dans l'édition Levavasseur, a en effet été rejetée au t. X des *Œuvres complètes* où elle apparaît sous le titre *Thérèse*.

171. *Revue de Paris*, avril 1829.

172. **Antoine-Melchior Nodier** (1748-1808) était le président du Tribunal révolutionnaire de Besançon et prononça plusieurs condamnations à mort. On lui prête ces mots malheureux lors d'une séance : « Le tribunal vous a rayé du nombre des vivants ». Juge sous l'empire, il fut destitué peu de temps avant sa mort au moment où l'on épurait les magistrats trop compromis avec la Terreur.

173. **Jean-Georges Schneider dit Euloge Schneider** (1756-1794), franciscain à Bamberg, professeur de philosophie et de littérature grecque à l'université de Bonn en 1789. Il est ensuite vicaire de l'évêque de Strasbourg puis maire de Haguenau, enfin accusateur public auprès du Tribunal révolutionnaire du Bas-Rhin qu'il a contribué à créer (12 octobre 1793) et dont il est l'âme. En tant que chef du parti jacobin allemand, il s'oppose à Saint-Just, favorable aux jacobins français. Il est arrêté sur ordre de ce dernier, dans des circonstances rocambolesques que Nodier raconte plus loin. Transféré à Paris, il y est exécuté le 10 avril 1794.

174. Nodier lui a prêté ce qu'il savait de Jean-Gottlieb Schneider, auteur d'*Observations sur Anacréon* (Leipzig, 1770).

175. Nodier père envoya son fils à Strasbourg à la fin de l'année 1793, à cause de la Terreur qui sévissait alors à Besançon. Le jeune Charles accompagnait en tant que secrétaire Rambour et Detrey, deux « Bisontins », chargés de témoigner en faveur de l'adjudant Perrin, inculpé de trahison et jugé à Strasbourg. Nodier connaissait déjà Schneider pour l'avoir rencontré à Besançon en mars 1793, alors que celui-ci était venu, avec les jacobins alsaciens, au procès du baron de Dietrich, ancien maire de Strasbourg, afin de le charger. Que Schneider, en pleine activité révolutionnaire, ait eu le temps et le désir de donner des leçons de grec à Nodier est fort invraisemblable. (L. Pingaud, *La jeunesse de Charles Nodier*, Paris 1919, reprint Slatkine 1977.)

176. C'est-à-dire Besançon.

177. Nodier avait alors treize ans.

178. La place Broglie, vaste promenade dans la vieille ville, qui doit son nom depuis 1740 au duc de Broglie, gouverneur de l'Alsace.

179. **Nicolas Cleynaerts dit Clénard ou Clenardus**, auteur d'un manuel de grec (1542) constamment réédité aux XVIIe et XVIIIe siècles.

180. Saint-Just et Le Bas furent envoyés en mission en Alsace, munis de tous les pouvoirs, en octobre 1793, pour y réprimer la contre-révolution et réduire l'anarchie.

181. **Jean-Frédéric Edelman** (1749-1794), compositeur strasbourgeois, était le protégé du baron de Dietrich, le maire de Strasbourg (cité à la note 175). Il prit part à la Révolution dans sa ville natale, devint membre du Comité de surveillance et de sûreté générale du Bas-Rhin où il fit condamner entre autres Dietrich. Considéré comme traître, il fut exécuté en 1794. **Young,** en réalité **Yung,** ami de Schneider, représentant des Jacobins allemands, fut exécuté en 1794. **Monet,** propagandiste venu de Besançon à Strasbourg en octobre 1793, prit parti pour Saint-Just et Le Bas, et fut chargé d'enquêter sur les exactions de Schneider. D'après Léonce Pingaud (*op. cit.* p. 187), ce dîner, tout comme les rapports de Nodier avec Schneider sont imaginaires. L'écrivain aurait forgé l'épisode à partir de ce qu'il savait de ces trois personnes (note 175).

182. 1782.

183. **François-Joseph Gossec** (1733-1829), compositeur, directeur de la musique chez le prince de Conti, auteur de symphonies, d'opéras, d'une *Messe des morts* et d'un grand nombre de chants révolutionnaires et patriotiques.

184. « La Propagande » est une société créée par Saint-Just et Monet (successeur de Dietrich à la mairie de Strasbourg, à ne pas confondre avec Monnet) dans le but de ranimer l'ardeur révolutionnaire des populations. Ses membres provenaient des clubs de Lorraine, Champagne, Bourgogne, Franche-Comté. Ils étaient logés dans l'ancien collège des jésuites, recevaient salaire, portaient un uniforme. Le 20 novembre 1793, la Propagande institua dans la cathédrale, qui en devint le temple, le culte de la raison. Très favorable aux jacobins français, cette société ne pouvait être qu'hostile à Schneider, et le poussa d'ailleurs à abjurer l'état religieux au cours de la séance du 20 novembre.

185. Depuis la perte de Mayence le 23 juillet 1793, la situation militaire de l'Alsace était catastrophique, et les Autrichiens installés partout. **Pichegru** (1761-1804) fut nommé à la tête de l'armée du Rhin le 28 septembre et organisa avec efficacité la défense de Strasbourg. Cependant, Nodier exagère le rôle de Pichegru, bien secondé par Desaix et subordonné à Hoche, commandant les deux armées du Rhin et de Moselle à partir du 24 décembre. La prise de Haguenau et de Wissembourg, la délivrance de Landau (décembre), permirent la reconquête de la région.

186. Au cours de l'année 1793, Schneider avait contribué à la création d'une armée révolutionnaire de mille personnes qui devait exécuter les ordres des représentants du peuple, surveiller les suspects, accompagner le Tribunal révolutionnaire dans ses tournées.

187. Il s'agit de **Tomaso Aniello, dit Masaniello** (1628-1647), tribun populaire qui souleva victorieusement la population de Naples contre l'oppression espagnole. Peu après, il fut en effet pris de folie et assassiné par des sbires espagnols.

188. Fouquier-Tinville.

189. C'est-à-dire Brumath, à 15 km au nord-ouest de Strasbourg.

190. **George, lord Jeffreys** (1648-1689), chancelier anglais, fut impitoyable dans la répression de plusieurs complots.

191. **Joseph Lebon** (1765-1795), professeur et curé constitutionnel d'Arras, fut l'envoyé de la Convention dans sa région où il fit régner impitoyablement la terreur. Il fut exécuté au moment de la réaction thermidorienne.

192. **Louis-Marie Prudhomme** (1752-1830), journaliste, auteur d'une *Histoire générale et impartiale des erreurs, des fautes et des crimes commis pendant la Révolution française* (1796-1797).

193. Schneider fut exécuté le 10 avril ; Young, Edelman et Monnet le 17 juillet.

194. *Revue de Paris,* mai 1829.

195. **Antoine Vernet dit Carle Vernet** (1758-1836), peintre connu pour ses scènes de batailles (la *Bataille de Marengo* est son tableau le plus connu) mais aussi pour son talent de caricaturiste et son habileté à croquer sur le vif ses contemporains (voir ses *Incroyables* et ses *Merveilleuses*).

196. Voir note 111.

197. **Moïse Bayle** (vers 1760-vers 1815), conventionnel, ennemi acharné des girondins, membre du comité de sûreté générale, président de la Convention. Après le 9 thermidor, il fut mêlé à plusieurs complots : ceux du 1er prairial (mai 1794) et du 3 nivôse (décembre 1800). Il fut exilé et mourut dans la misère.

198. **Maximin Isnard** (1751-1825), négociant, girondin, il vota la mort du roi. Président de la Convention au mois de mai 1793, il défendit ses amis en prononçant la célèbre phrase que cite Nodier, selon laquelle si l'on portait atteinte à la représentation nationale « Paris serait anéanti... » Décrété d'accusation, il parvint à se cacher ; reparut en 1794 et fut envoyé en mission à Marseille, contre les anciens jacobins, où il ne s'opposa pas à leur massacre. Il fut membre des Cinq-Cents.

199. A Lyon.

200. **Jéhu** fut le dixième roi d'Israël. Il règna vingt-huit ans au IXe siècle avant Jésus-Christ. Dans la Bible, Dieu donne l'ordre à Elisée d'oindre Jehu et de nommer Eli prophète à sa place. C'est donc Eli qui sacra Jéhu (II, roi 19, 16). Les « Compagnons de Jéhu » étaient des bandes de royalistes et d'anciens girondins qui, après le 9 thermidor, firent la chasse aux anciens jacobins dans le Rhône, l'Ain et le Jura. L'appellation « compagnons de Jéhu » est controversée, certains estimant que la référence biblique est impossible et qu'il faut lire « Jésus ».

201. Faire Charlemagne signifie se retirer du jeu, après avoir gagné,

sans donner à ses adversaires la possibilité d'une revanche. La bouillotte est un jeu de cartes datant du Directoire.

202. A Lyon le terme « mathevon » désignait tous ceux qui avaient participé à la Terreur. L'étymologie n'est pas sûre. Pour certains, il provient du patois lyonnais : « mathevoner », c'est-à-dire étêter les arbres, et par analogie les hommes. D'autres avancent que le sobriquet est synonyme de traître, en souvenir d'un certain Mathevon qui aurait fait échouer un complot royaliste à Lyon en 1790. (*cf.* G. Lenôtre, *La compagnie de Jéhu,* Paris, Perrin, 1961, p. 118-119).

203. Quartier septentrional de Lyon.

204. **Louis-Dominique Cartouche** (1693-1721) et **Poulailler**, célèbres et efficaces rançonneurs de diligences grâce à un réseau d'informateurs qu'ils avaient mis sur pied.

205. Cette rencontre est peu vraisemblable. Il est cependant possible que Nodier, incarcéré quelques jours pour tapage nocturne à Besançon, se soit trouvé dans la même prison qu'Amiet et ses complices déférés devant le conseil de guerre de la ville pour avoir attaqué une diligence (voir notes 208 et 209).

206. Voir note 208.

207. Charles (ou Karl) Moor, bandit au grand cœur, personnage du premier drame de Schiller, *les Brigands* (1782). *Robert, chef des brigands*, mélodrame de La Martelière (1792), tiré de l'œuvre de Schiller.

208. La réalité historique de ces quatre personnages n'a rien à voir avec la biographie que trace Nodier : **Antoine Leprêtre** était un charlatan, vendeur de « drogues miracles » à Lyon, usé par la débauche ; il fut arrêté à trente ans. **Etienne Hivert** (et non **Hyvert**) était un marchand de bois. **Laurent Guyot** (et non **Guyon**) fut le clerc d'un procureur, avant de vendre du plâtre à Lyon. **François Amiet** était un boulanger de Neuville-sur-Saône (voir Lenôtre, *op. cit.*).

209. Cette attaque se produisit la nuit du 17 mars 1800, sur la diligence Genève-Lyon, à hauteur de Nantua. Les quatre hommes furent arrêtés peu après.

210. Les plus célèbres d'entre eux étaient le pseudo-chevalier **du Bosc** (ou **Debosc** ou **de Boze**), visiteur à la douane de Lyon, l'un des principaux chefs Jéhu de Lons-le-Saunier, qui organisa à Lyon la chasse aux dénonciateurs et qui se vanta d'avoir tué trois cents personnes ; Anthelme Astier, doreur à Lyon, arrêté sur dénonciation anonyme comme chef des nobles assassins ; Storkenfeld, danseur au grand théâtre de Lyon.

211. Il s'agit de **Laurent Piard,** originaire de Lons-le-Saunier, à qui l'on attribuait plusieurs meurtres et dont Nodier parle plus loin.

212. La participation de nobles aux exactions des compagnons de Jéhu tient en fait de l'intoxication pratiquée par les jacobins (voir Lenôtre, *op. cit.*). De manière générale, le rôle criminel que Nodier prête à cette organisation est très exagéré et relève d'une véritable création littéraire. On retrouve la même tendance et les mêmes procédés épiques dans *Les Philadelphes*.

213. Marius vainquit les Cimbres, peuplade germanique, en 101 avant Jésus-Christ, à la bataille de Verceil, après qu'ils eurent anéanti plusieurs armées romaines.

214. **Charles Marc** (1771-1841), Hollandais, fut membre de l'Académie de médecine et premier médecin de Louis-Philippe. Il a laissé de nombreux ouvrages.

215. Voir note 43 et le chapitre qui lui est consacré.

216. Laurent Piard, cité à la note 211.

217. L'instruction et le jugement, dont la sentence fut rendue en 1799, avaient été particulièrement longues et complexes. Sur les cent douze prévenus, trois furent condamnés à mort – ils parvinrent à s'évader avant leur exécution – les autres étaient relâchés, soit pour insuffisance de preuves, soit par l'insignifiance de ce dont ils étaient accusés.

218. **Sir Christopher Wren** (1632-1723), architecte et mathématicien anglais, fut chargé après le grand incendie de Londres (1666) de la reconstruction des monuments principaux de la ville. On lui doit une soixantaine d'œuvres réalisées dans un style antique, dont la cathédrale Saint-Paul.

219. Secte fondée en Bavière en 1776 par **Adam Weishaupt** (1748-1830), dont le but était de lutter contre la religion catholique et l'Etat. Weishaupt a laissé une œuvre philosophique et religieuse à tendance ésotérique très abondante.

220. Le terme désigne l'ensemble des systèmes maçonniques en provenance (réelle ou prétendue) de l'Ecosse, dont beaucoup ne sont pas reconnus par le rite écossais, lequel est l'une des deux grandes obédiences de la franc-maçonnerie française.

221. Du grec Adelphos, frère. Nodier désigne ici un groupe de jeunes gens, liés entre eux par des liens fraternels et amicaux, tels qu'il les a vécus dans la Philadelphie bisontine dont il fut le fondateur. Sur ce sujet, voir *Les Philadelphes.*

222. Nom que se donnaient les carbonari, vingt « bons cousins » (ou *buoni cugini*) constituant une « vente ». L'ensemble forme une société secrète dérivée de la franc-maçonnerie, qui vit le jour à Naples (1808), contre l'occupation française. En France la société se développa à partir de 1818, en opposition au gouvernement de la Restauration. Elle déclina après la chute des Bourbons.

223. Dans sa jeunesse, Nodier n'a été ni charbonnier, d'autant plus que le carbonarisme n'apparaît en France que sous la Restauration, ni, *stricto sensu,* franc-maçon, mais philadelphe. Sur sa bonne connaissance de la franc-maçonnerie, voir D. Ligou, La vision maçonnique de Charles Nodier, in *Colloque Nodier*, Paris 1981.

224. **Jean, marquis du Chasteler** (1763-1825), général belge au service de l'Autriche, se signala à la bataille de Wattignies en 1794, et lors de la campagne d'Italie, sous les ordres de Souvarov. A partir de 1808, il lutta très énergiquement contre l'occupation française du Tyrol – qui avait été arraché à l'Autriche et cédé à la Bavière depuis 1805 – jusqu'à sa

défaite devant le maréchal Lefebvre. Après cela, il fut gouverneur de Venise jusqu'à sa mort. Lors de l'insurrection du Tyrol en 1809, du Chasteler organisa des milices populaires. Qu'il y ait eu à ce moment des carbonari est peu probable.

225. *Revue de Paris*, mai 1829.

226. **René de Renneville** (1650-1723), accusé d'espionnage, fut enfermé à la Bastille de 1702 à 1713. Après sa libération, il fut expulsé et passa en Angleterre, où il rédigea ses Mémoires sur la Bastille sous le titre : *Histoire de l'inquisition française* (1715). L'ouvrage eut un grand retentissement.

227. Pour son opposition à la République et à l'Empire, Charles Nodier revendiqua huit incarcérations ou poursuites diverses entre 1793 et 1805 ; « casier judiciaire bien fourni mais dont il faut raturer ou annuler presque toutes les pages », écrit Léonce Pingaud (*op. cit.* p. 201).

228. Voir note 190.

229. Nodier fut arrêté le 23 décembre 1803. Cet épisode est la conséquence de la publication de *La Napoléone*, poème satirique paru en 1802, sans nom d'auteur (reproduit dans *les Philadelphes*). Le texte avait déjà paru à Londres dans *l'Ambigu*, la même année. Pour des raisons obscures, Nodier se signala lui-même à la police comme l'auteur de ce texte. Il fut incarcéré trente-six jours à Sainte-Pélagie jusqu'au 26 janvier 1804. Durant ce séjour en prison, il écrivit un autre texte, favorable à Napoléon, *Prophétie contre Albion*, qui fut transmis à l'empereur par l'intermédiaire du maréchal Lefebvre, ce qui lui valut sa libération et sa mise en surveillance à Besançon. C'est la seule incarcération de Nodier qui soit indiscutable, les autres...

230. **Pierre Veyrat** (1756-après 1835), inspecteur de police sous l'Empire, refusa de se rallier à la Restauration. Comme il témoignait à un procès où l'accusé prétendait que l'inspecteur avait offert ses services aux Bourbons, Veyrat eut cette phrase : « je n'ai jamais été ni traître, ni parjure », ce qui, évidemment, fit sensation.

231. Détail inventé par Nodier, dont l'arrestation fut tout à fait pacifique.

232. Dans la mythologie grecque, lieu de ténèbres provisoires, où séjournent les âmes des morts pour expier leurs fautes.

233. **Antoine Eve dit Demaillot ou Desmaillot** (1747-1814), jacobin pendant la Révolution, fut incarcéré à plusieurs reprises sous l'Empire pour avoir conspiré contre Napoléon. Il laissa une dizaine de pièces de théâtre et un *Tableau historique des prisons d'Etat en France, sous le règne de Bonaparte* (1814).

234. **Jean-Marie Roland de La Platière** (1734-1793), très lié avec les girondins, fut ministre de l'Intérieur en 1792. Il protesta contre les massacres de Septembre et s'attira la haine de la Montagne. Compris dans la proscription des girondins, il s'échappa mais se suicida en apprenant la mort de sa femme, la célèbre Mme Roland.

235. Il est impossible d'identifier tous les détenus que Nodier cite

dans ces pages. Beaucoup sont le produit de son imagination. Quant à ceux ayant existé, comme Renou, chef de bandes vendéen par exemple, leur présence ici n'est pas vérifiable.

236. **François Toussaint dit Toussaint-Louverture** (1743-1803) dut faire face aux troupes de Napoléon, après avoir proclamé l'indépendance d'Haïti et fondé la République dont il était le président à vie. Déporté en France en 1802, il fut enfermé au fort de Joux où il mourut.

237. La Constitution de l'an VIII, proclamée le 15 décembre 1799, rédigée par Sieyès (qui la voulait « courte » et « obscure ») et révisée par Bonaparte, était très discrète sur le chapitre des libertés publiques. L'opposition vint essentiellement du Tribunat que la Constitution avait créé et où siégeaient d'illustres personnages comme Benjamin Constant ou Daunou. Le renouvellement du Tribunat en 1802 était destiné à faire cesser toute opposition.

238. **François Hanriot** (1761-1794) participa à la journée du 10 août et aux massacres de Septembre. En tant que commandant de la garde nationale, il dirigea l'insurrection des sections de Paris contre les girondins (mai-juin 1793). Arrêté avec Robespierre, il fut libéré par la Commune, tenta en vain de s'opposer par la force à la Convention et fut exécuté.

239. Voir note 13.

240. Marguerite Goupil, la femme d'Hébert, ex-religieuse, fut exécutée avec les dantonistes (avril 1794).

241. Prison créée après le 10 août 1792, dans le donjon d'un ancien monastère fortifié de l'ordre des Templiers. Elle fut détruite en 1811. Selon certains auteurs, Nodier n'a sans doute jamais été au Temple, dont la description serait extraite du *Tableau des prisons sous Bonaparte* d'Eve-Demaillot (cité à la note 233).

242. Sade, arrêté le 5 avril 1801 pour la publication de *Justine* et de *Juliette* (1797), passa deux années à Sainte-Pélagie et à Bicêtre. Il fut transféré à Charenton le 27 avril 1803 où il resta jusqu'à sa mort, le 2 décembre 1814. Rappelons pour mémoire que Nodier fut interné à Sainte-Pélagie du 23 décembre 1803 au 26 janvier 1804.

243. **Antoine, comte de Barruel-Beauvert** (1756-1817), publiciste, s'offrit en otage à la place du roi. Pour ses *Caricatures politiques* (1800), il fut enfermé deux ans au Temple et libéré sur intervention de Joséphine. Il fut plus tard inspecteur des poids et mesures à Besançon.

244. Voir note 31.

245. **Louis, marquis de Fontanes**(157-1821), écrivain et homme politique, ami de Chateaubriand, président du Corps législatif en 1805, grand-maître de l'Université de 1808 à 1815. Il se rallia à Louis XVIII.

246. **Jean-Antoine Roucher** (1745-1794), poète, célébra le mariage du dauphin avec Marie-Antoinette et se fit connaître par un long poème didactique : *Mois* (1779). Il s'opposa à la Révolution, fut arrêté sous la Terreur et exécuté le 7 thermidor.

247. Voir note 5.

248. Ce que Nodier a effectivement fait sous le titre *Du mouvement*

intellectuel et littéraire sous le Consulat et l'Empire dans la *Revue de Paris*, en plusieurs livraisons, entre novembre 1834 et juillet 1835.

249. Voir note 219.

250. **Emmanuel Swedenborg** (1688-1772), ingénieur, savant et philosophe suédois, eut une influence considérable sur les recherches techniques de son temps. La deuxième moitié de sa vie fut occupée par l'exploration du monde suprasensible et divin. La dimension visionnaire de son œuvre abondante le rendit très célèbre. Il fut déclaré hérétique à la fin de sa vie pour avoir prophétisé la naissance d'une nouvelle Eglise – la sienne – qui se développa au XIXe siècle. Balzac, entre autres, fut influencé par lui (*cf.* Séraphita).

251. **Louis de Saint Martin, dit le philosophe inconnu** (1743-1803), théosophe, disciple de Swedenborg, traducteur de Jacob Boehme. Sa théorie providentialiste de la Révolution influença Joseph de Maistre et la pensée catholique de la Restauration.

252. Héros de la mythologie grecque, célèbre dès le VIe siècle avant Jésus-Christ pour son sanctuaire souterrain où se rendaient des oracles.

253. Voir note 33.

254. Voir note 34.

255. Voir note 242.

256. « Ce dîner était gras ; en voici le détail : un excellent potage, une tranche de bœuf succulent, une cuisse de chapon bouilli ruisselant de graisse et fondant, un petit plat d'artichauts frits en marinade, un d'épinards, une très belle poire de crésane, du raisin frais, une bouteille de vin vieux de Bourgogne, et du meilleur café de moka... » Marmontel, *Mémoires d'un père pour servir à l'instruction de ses enfants.* Paris 1891, t. 2 p. 135 (1re édition 1804). Marmontel explique avec humour, qu'il dut laisser ce dîner à son domestique pour avoir, par suite d'une méprise, avalé celui de ce dernier, plus frugal mais fort bon.

257. *Revue de Paris,* juillet 1829.

258. Prison qui était située dans un ancien couvent de la Montagne-Sainte-Geneviève. Elle fut créée en 1790 à l'intention des détenus politiques et des condamnés pour dettes, et détruite en 1895.

259. Arrêtée après le 31 mai, Mme Roland fut internée à Sainte-Pélagie où elle passa cinq mois, y rédigeant notamment ses *Mémoires.*

260. La secte des théophilanthropes fut fondée en décembre 1796. Elle attira la bienveillance du Directoire qui lui attribua plusieurs églises. Elles lui furent retirées peu après. Le but de la secte, qui se réclamait du « vicaire savoyard » de Rousseau, était de chanter les louanges d'un dieu bon et puissant.

261. Voir note 238.

262. **Charles, prince de Ligne** (1735-1814), maréchal belge au service de l'Empire, conseiller de Joseph II, était réputé pour sa finesse, son intelligence et sa culture. Il a laissé des *Mélanges militaires, littéraires et sentimentaux* en trente-quatre volumes (1795-1810).

263. **Marie-Anne Vichy de Chamrond, marquise du Deffand** (1697-

1780) était célèbre pour son salon (dans un appartement du couvent Saint-Joseph) fréquenté par la plupart des philosophes. Elle a laissé une correspondance importante dont les *Lettres à Horace Walpole* avec qui elle eut une longue liaison.

264. Néologisme formé par Nodier à partir de spinthrienne, terme servant à désigner des médailles et des pierres gravées dont les sujets sont obscènes. L'origine de ce mot provient de spinthrie : nom donné aux compagnons de débauche de Tibère à Capri.

265. **Alexandre Le Riche de la Popelinière ou Poupelinière** (1692-1762), fermier général, célèbre pour sa fortune, son mécénat et les fêtes somptueuses qu'il donnait dans sa maison de Passy, fréquentée entre autres par Marmontel, Van Loo, Quentin La Tour et Vaucanson. Il est l'auteur d'un érotique, *Daïra, histoire orientale* (1760).

266. **Evariste de Forges, vicomte de Parny** (1753-1814), poète élégiaque français, d'origine créole, auteur d'un grand nombre de recueils dont les *Poésies érotiques* (1778), le plus célèbre.

267. **Ambroise d'Hozier** (1764-1830), généalogiste, fut impliqué dans les affaires Pichegru, Cadoudal, Moreau et contraint à l'exil. On a de lui, entre autres, les deux premiers registres de *l'Armorial général* (1823). Quant aux autres noms cités, voir la remarque de la note 235.

268. Le chevalier de Saint-Régeant, chef vendéen, fut chargé par Cadoudal d'assassiner le premier consul (attentat dit de « la machine infernale »). Il fut condamné à mort et exécuté avec un autre soldat chouan, Carbon, le 20 avril 1801.

269. A la suite de l'attentat manqué de la rue Saint-Nicaise, dit de « la machine infernale », le 3 nivôse an IX (24 décembre 1800) organisé par des royalistes et Cadoudal, Bonaparte décida de frapper les jacobins et les babouvistes et en fit déporter 130 par le sénatus-consulte du 5 janvier 1801.

270. Voir note 56.

271. Le précepteur de Candide.

272. **François, marquis de Bouillé** (1739-1800), général, tenta d'organiser la fuite de la famille royale arrêtée à Varennes le 21 juin 1791, ce à quoi Nodier fait ici allusion. Il se réfugia ensuite à Coblence. Il menaça, dans une lettre célèbre, de détruire Paris si l'on touchait « à un seul cheveu de Louis XVI ». Cela lui valut d'être immortalisé dans *la Marseillaise* : « Et les complices de Bouillé/Ces tigres qui sans pitié/Déchirent le sein de leur mère ».

273. **Jean-Jacques de Cambacérès, duc de Parme** (1753-1824), fut président de la Convention après le 9 thermidor et siégea au Comité de salut public où il se signala par sa modération. Ministre de la Justice en 1799, choisi par Bonaparte comme deuxième consul, il est l'auteur, pour l'essentiel, du code civil. A la Restauration, il fut exilé jusqu'en 1818.

274. **Antoine, comte Boulay de la Meurthe** (1761-1840), avocat, député aux Cinq-Cents dont il devint le président, il s'opposa progressivement au Directoire et prit parti pour Bonaparte, favorisant son coup

d'Etat. Il fut exilé à la Restauration après une brillante carrière administrative durant l'Empire.

275. Voir note 127.

276. **Philippe, comte Merlin, dit Merlin de Douai** (1754-1838), conventionnel et régicide, travailla activement à la chute de Robespierre. Il fut nommé peu après président de la Convention et siégea au Comité de salut public où il mena une énergique politique de réaction. Ministre de la Justice pendant le Directoire, brillant magistrat sous l'Empire, il fut exilé à la Restauration.

277. Voir note 43 et le chapitre qui lui est consacré.

278. Voir note 42.

279. **Jean-Baptiste Carrier** (1756-1794), conventionnel, envoyé en mission dans l'Ouest contre les Vendéens, tristement célèbre pour les noyades de Nantes qu'il organisa (oct. 1793-fév. 1794). Quoique ayant participé à la réaction thermidorienne, il fut exécuté.

280. Voir note 191.

281. **Alphonse, chevalier de Tinteniac** (mort en 1795), conspirateur royaliste contre la République, servit d'intermédiaire entre Pitt et les Vendéens. Il prépara le débarquement de Quiberon et fut tué devant le château de Coëtlogon.

282. **Joseph, comte de Puisaye** (1755-1827), colonel des Cent-Suisses de la maison du roi, fut député de la noblesse aux Etats généraux et prit rapidement parti contre la Révolution en se battant aux côtés des chouans. Il conspira avec l'Angleterre, organisa le débarquement malheureux de Quiberon, émigra ensuite au Canada et revint vivre à Londres en 1801, où il obtint la naturalisation britannique.

283. **Alexandre de Rohan-Chabot, prince de Léon** (1761-1816), fut député suppléant de la noblesse aux Etats généraux mais n'y siégea pas. Il émigra.

284. **Jacques Cathelineau** (1759-1793), chef chouan, surnommé le saint de l'Anjou pour sa douceur et sa piété. En tant que généralissime de l'armée catholique et royale, il remporta de brillants succès militaires avant d'être tué lors de l'attaque de Nantes au mois de juin.

285. **Olivier de Clisson** (1336-1407) nommé connétable de France en 1380.

286. **Jean-Baptiste Coster Saint-Victor** (1771-1804) participa aux campagnes de l'émigration à partir de 1791. Il fut l'un des organisateurs de l'attentat de la rue Sainte-Nicaise pour conspirer ensuite avec Cadoudal (1804, voir note 402). Il fut exécuté.

287. **Aimé Joyaut de Villeneuve** (1778-1804), chef chouan, exécuté avec Cadoudal.

288. Raoul de Gaillard et son frère Armand prirent part au complot de Cadoudal (1804). Le premier fut exécuté et le second sauvé sur l'intervention de sa sœur auprès de Joséphine.

289. **John Wesley-Wright (1768-1805)**, capitaine dans la marine anglaise

conspira avec les chouans. Il fut fait prisonnier à deux reprises et se donna la mort en prison à l'annonce de la défaite de Mack à Ulm.

290. **Armand de Chateaubriand** (1768-1809), cousin de François-René, servait d'agent de liaison entre les chouans et les princes.

291. Le duc d'Enghien, le 21 mars 1804.

292. **Ann Radcliffe** (1764-1823) auteur de très célèbres romans noirs, ou « gothiques », comme *Les Mystères d'Udolphe* (1794).

293. Il s'agit dans doute d'**Antoine, vicomte d'Agoult** (1750-1823) qui suivit Louis XVIII en exil et fut nommé gouverneur du château de Saint-Cloud en 1921 et pair de France en 1823.

294. **Jacques Carpentier dit Marigny,** l'un des chefs vendéens les plus impitoyables qui ne faisait pas de prisonniers. Il fut jugé par un conseil de guerre et exécuté.

295. L'ami de Cadoudal s'appelait Louis Picot, exécuté le 9 juin 1804. Il s'agit ici de **Jean Picot** (1767-1803), chef vendéen, surnommé « le boucher des bleus », fusillé pour complot contre le premier consul.

296. Ancien mode d'écriture grecque où les lignes sont tracées alternativement de gauche à droite et de droite à gauche.

297. **Victor Couchery** (1779-1846) servit sous Pichegru dans la conspiration duquel il fut impliqué, ce qui lui valut la prison jusqu'à la Restauration. Il fut ensuite secrétaire-rédacteur de la Chambre des députés puis lecteur du comte d'Artois.

298. Les deux frères, **Armand, duc de Polignac** (1771-1847) et **Jules, prince de Polignac** (1780-1847), conspirèrent avec Cadoudal. Le premier fut condamné à mort et sa peine commuée en détention à perpétuité sur intervention de Joséphine. Le second fut condamné à la prison. Ils s'évadèrent ensemble en 1813.

299. C'est-à-dire Brie-comte-Robert, aux environs de Melun.

300. Bonneville est mort à Paris le 9 novembre 1828.

301. Il ne s'agit pas d'un livre mais de quelques fragments parus sous le titre *L'ami de la vérité traduit ici quelques passages du livre de Job.* N. de Bonneville, *De l'esprit des religions,* Paris, 1792, p. 7 à 9.

TABLE DES CHAPITRES
DU TOME PREMIER

ACHEVÉ D'IMPRIMER
SUR LES PRESSES DE
L'IMPRIMERIE CHIRAT
42540 ST-JUST-LA-PENDUE
EN JANVIER 1988
DÉPÔT LÉGAL 1988 N° 3401
N° D'ÉDITEUR 2649
ISBN : 2-238-1772-3

IMPRIMÉ EN FRANCE